高田 純
Takada Makoto

カント実践哲学と応用倫理学

カント思想のアクチュアル化のために

行路社

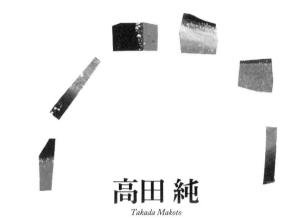

目　次

第Ⅳ章 自然への依存と自然からの独立——カント哲学の環境倫理的射程 87

第Ⅴ章　自由と権利の根拠づけ——人間の権利と人間性の権利　110

凡例

一　欧文原語は〔　〕のなかに示す。

二　引用文中の［　］の部分は本書の著者による補足である。

三　引用文中の、傍点の箇所は、本書の著者によって付加された強調箇所である。

四　引用文中の、傍点の箇所は、原書における強調箇所である。

五　地の文における「　」の部分は基本的に当該思想家の用語を示す。

六　カントおよびその他の思想家からの引用文献の表記法（略記等）は、次頁以降の「引用の出典」に示す。

六　引用のさいには、可能なかぎり邦訳を示すが、引用文の訳文は邦訳に必ずしも従わない。書名についても同様である（とくに岩波版『カント全集』の訳と拙訳とのあいだにはかなりの相違があるばあいがあり、専門の読者には原文の確認をお願いしたい）。

七　各章の「注」は巻末にまとめる。

引用の出典

一．カント

カントからの引用は基本的にアカデミー版『カント全集〔*Kant's gesammelte Schriften*〕』［**KgS.** と略記］に基づき、その巻数をローマ数字で、その頁数を算用数字で示す。続けて岩波書店『カント全集』（『全集』と略記）の巻数を丸数字で、その頁数を漢数字で示す。著作名の訳は、以降で太字で示したものを基本とする。

a．『**純粋理性批判**〔*Kritik der reinen Vernunft*〕』［**KrV.** と略記］：邦訳『全集』④⑤⑥。原書の頁はB版を基本とし、Bのあとに頁を漢数字で示す（A版に固有の箇所はAのあとに頁を漢数字で示す）。

b．つぎの著作については、原書名を（ ）内のように略記することがある。KgS. の頁数に続けて、邦訳の頁数を漢数字で示す。邦訳の著作名の訳が本書のものと異なるばあいには、（ ）内に邦訳著作名を示す。

『**美と崇高の感情の観察**〔*Beobachtung über das Gefühl des Schönen und Erhabenen*〕』［**GSE.**］KgS.II：邦訳『全集』②（『美と崇高の感情にかんする観察』）。

『世界市民的見地における普遍史の構想〔*Idee zur einer allgemeinen Geschichte in weltbürgerlicher Absicht*〕』（『**普遍史観**』）［**AG.**］KgS.VIII：邦訳『全集』⑭（『世界市民的見地における普遍史の理念』）。

『啓蒙とはなにかへの回答〔*Beantwortung der Frage: Was ist Aufklärung?*〕』（『**啓蒙とはなにか**』）［**Auf.**］KgS.VIII：邦訳『全集』⑭（『啓蒙とは何か』）。

『道徳形而上学の基礎づけ〔*Grundlegung zur Metaphysik der Sitten*〕』（『**基礎づけ**』）［**Gr.**］KgS.IV：邦訳『全集』⑦（『人倫の形而上学の基礎づけ』）。

『**実践理性批判**〔*Kritik der praktischen Vernunft*〕』［**KpV.**］KgS.V：邦訳『全集』⑦。

『**判断力批判**』［**UK.**］KgS.V：邦訳『全集』⑧、⑨。

『たんなる理性の限界内の宗教〔*Die Religion innerhalb der Grenzen der bloßenVernunft*〕』（『**宗教論**』）［**Rlg.**］KgS.VI：邦訳『全集』⑩。

『理論においては正しいかもしれないが、実践には役立たないという通説について〔*Über Gemeinspruch: Das mag in der Theorie richtig sein, taugt aber nicht für die Praxis*〕』（『**理論と実践**』）［**TP.**］KgS.VIII：邦訳『全集』⑭。

『永遠平和のために〔*Zum ewigen Frieden*〕』（『**永遠平和論**』）［**EF.**］KgS.VIII：邦訳『全集』⑭。

『**道徳形而上学**〔*Metaphysik der Sitten*〕』［**MS.**］KgS. VI：邦訳『全集』⑪（『人倫の形而上学』）。

『実用的見地での人間学〔*Anthropologie in pragmatischer Hinsicht*〕』（『**人間学**』）［**Ath.**］KgS.VII：邦訳『全集』⑮［『実用的見地における人間学』］。

『**学部の争い**〔*Der Streit der Fakulitäten*〕』［**SF.**］KgS.VII：邦訳『全集』⑱［『諸学部の争い』］。

『**教育学**〔*Immanuel Kant über Pädagogik*〕』［**Pd.**］：邦訳『全集』⑳。

『**倫理学講義**〔*Eine Vorlesung von Kant über Ethik*〕』（P. Menzer 編）［**VE.**］：邦訳『全集』⑳［『コリンズ道徳哲学』］（メンツァー版と比較し、邦訳『全集』が依拠した版には欠落部分がある）。

『**人間学遺稿**〔*Reflexionen zur Anthropologie*〕』［**RzAth.**］KgS.XV：邦訳『全集』⑮（抄訳）。

『**法哲学遺稿**〔*Reflexionen zur Rechtsphilosphie*〕』［**RzRph.**］KgS.XIX.

『**道徳哲学遺稿**〔*Reflexionen zur Moralphilosphie*〕』［**RzMph.**］KgS.XIX.

『**法論準備稿**〔*Vorbereiten zur Rechtslehre*〕』［**VzRL.**］KgS.XXIII：邦訳『全集』⑱（「『人倫の形而上学』準備原稿」・抄訳）。

『**徳論準備稿**〔*Vorbereiten zur Tugendlehre*〕』［**VzTL**］KgS.XXIII：邦訳『全集』⑱（「『人倫の形而上学』準備原稿」・抄訳）。

二．ホッブズ

ホッブズの『リヴァイアサン〔*Leviathan*〕』［**Lv.** と略記］については、部［Part］、章［Chapter］をローマ数字の大文字、算用数字で示し、水田洋訳、岩波文庫（一）（二）（一九九二年）の巻数と頁を示す。

三．ロック

ロックの『市民政府論〔*Two Treatises of Government*〕』〔**TG.** と略記〕の第二部については、章〔Chapter〕、節〔Section〕をローマ数字の大文字、算用数字で示し、鵜飼信成訳、岩波文庫（一九六七年）の頁を示す。

四．ルソー

ルソーの『社会契約論〔*Contrat sociale*〕』〔**CS.** と略記〕については、編〔Libre〕、章〔Chaptre〕、をローマ数字の大文字、算用数字で示し、桑原武夫・前川貞次郎訳、岩波文庫（一九五四年）の巻数と頁を示す。

五．フィヒテ

フィヒテの著作については、基本的に *J. G. Fichtes sämmtliche Werke*〔**FSW.** と略記〕に基づき、その巻数をローマ数字の大文字で示す。邦訳としては、哲書房『フィヒテ全集』の巻数と頁数を丸数字と漢数字を示す。

六．ヘーゲル

ヘーゲルの著作については、

a．Suhrkamp 版の *G. W. F. Hegel Werke in zwanzig Bänden*〔**HzB.** と略記〕に基づき、その巻数をローマ数字で示す。邦訳としては、岩波書店『ヘーゲル全集』の巻数と頁数を丸数字と漢数字を示す。

b．『法哲学〔*Grundlinien der Philosophie des Rechts*〕』については、節（§）の番号のみを示す。

第Ⅰ章　カント哲学の応用倫理的射程

第一節　はじめに

一・一　カント哲学は役立たないか

本書においては、カント実践哲学の現代的意義を明らかにするために、現代の応用倫理学（応用倫理）〔applied ethics〕を念頭におき、その対象である諸問題の解決にたいしてカント実践哲学がどのような方向を示すかを検討したい。しかし、カントは哲学的原理を高度に抽象化し、経験的世界と断絶させているため、このような原理を経験的世界へ応用することは困難であるか、このような応用が行なわれるとしても、図式的で硬直した形態でにすぎないと見なされがちである。応用倫理学はそもそも、それまで倫理学が、現実生活の諸問題と結合してなかったことにたいする批判から登場した。応用倫理学が生まれたアングロサクソン圏（アメリカ、オーストラリアなど）においては功利主義の影響が強いが、有用性を基本とする功利主義についてさえ、その有効性が問われているのであるから、ましてや、アプリオリな原理に基づくカントの実践哲学は、応用力の乏しい理論の典型ということになる。

ところで、今日の応用倫理学的議論においてカント道徳論がまったく無視されているのではない。一方で、アングロサクソン圏の生命倫理学においては、自律性をもつ個人と、そうではない個人とを分断し、両者の保護を区別するために、人格の自律にかんするカントの理論がしばしば援用される。他方で、ドイツの生命倫理学においては、人間の尊厳（精確には人格における人間性の尊厳）にかんするカントの理論が、医療技術の応用、およびそれをめぐる議論を妨害する役割を演じているという批判が強まっている。

　私見では、応用倫理学的議論においてカントの理論を利用する論者も、これを批判する論者もその伝統的解釈に拘束され、この理論自身の応用力に注目しておらず、それを活かすに至っていない。応用倫理学にとってのカントの実践哲学の意義と限界を明らかにするためには、この哲学の基本性格の再検討が必要となる。

　哲学や倫理学の原理の応用は古くから多くの思想家によって試みられてきた。近代においても経験論者のロック、ヒューム、合理論のスピノザ、ライプニッツ、ヴォルフらが社会生活のさまざまな分野について哲学的、倫理学的に考察しているが、カントは彼らにもまさって、広くかつ活発に法、所有、国家（政治）、文明、教育、宗教などについて論じている。カントは実践哲学の原理的考察を深化するとともに、その応用可能性をも考慮に入れている。哲学が現実生活において効力をもたないという批判は彼の当時にも出されていたが、彼はこれに反論しているのである。

一・二　原理の応用とはなにか

　本書においては、応用倫理学的諸問題の現存を前提に、これらの考察にとってのカント実践哲学の意義を検討するが、「応用倫理学」という表現を自明のものと見なすわけではない。このような表現においては、あらかじめ確立された倫理学的原理が現実へ応用されるとイメージされがちである。しかし、原理が現実へ一方的に応用されるだけではない。「応用倫理学」は自然科学における「基礎科学」と「応用科学」との区別を念頭においたものであろうが、厳密に見れば、自然科学においても、基礎的研究が確立され、それが個別的、具体的研究へ応用される過程とともに、個別的諸領域における研究がその基礎としてのより普遍的研究の発展を刺激し、前者が後者へ逆作用する過程もある。応用倫理学においてはこのことがより顕著であるといえる。

応用倫理学が登場したのは、一方で、現実の諸問題の解決のための規範的、倫理的方向づけが必要となったためであるが、他方で、応用倫理学においては、従来の原理に基づいては解決できない諸問題が生じたためである。たとえば生命倫理学の登場の背後には、医療技術の急速な発展によって人間の生命の操作が可能となり、これを規制する必要とともに、生命の観念そのものを再検討する必要が生じたことがある。このように応用倫理学は、〈原理に従って現実的諸問題を考える〉という面とともに、〈現実のなかで原理を考え直す〉という面ももつが、〈原理−応用〉という枠組みにおいては後者の面は明らかにされにくい。そのため、応用倫理学に替わるものとしてたとえば、現実の生活領域に即した〈具体的倫理学〉が提唱されている[1]。

応用倫理学にかんしてはこのような方法論上の問題のほかに、つぎのような内容上の問題があることにも注意する必要がある。すなわち、応用の重視が一面化され、応用の結果として有用性が確証された理論のみが意義と価値をもつと見なされがちになる。今日の社会生活においては、「役立つ」ことが誇張され、倫理学にも「役立つ」ことが強く求められつつある。たしかに倫理学も現実的諸問題の解決というニーズに応える任務をもつが、その意義や価値は目先の個別的な有用性に還元されるのではない。理論の応用をつうじてその意義が検証されるが、この検証はさまざまな段階を経るのであり、長期的で幅広い観点から行なわれる必要がある。本書では、「応用倫理学」のこれらの問題点を意識しつつ、この用語を限定的に使用することにしたい。

カントは、〈原理−応用〉という枠組みをしばしば使用するが、この関係を一方的なものとは見なしていない。また、彼は、原理をその応用から分離することとともに、原理の応用の意義をその目先の有用性と同一視することをも批判する。彼は、理論（とくに実践哲学）をその応用から切り離すことを「杓子定規」と見なし、理論と応用との結合の必要性を主張しており、理論が「役立たない」という通説に反論し、真に役立つ実践哲学をめざしている。

カント哲学の形成過程を振り返れば、明らかなように、彼にあっては自然と人間・社会の具体的考察とそれらの原理の根本的考察とは相互に連関しながら、展開されてきた[2]。彼は広範な生活領域について考察を行なっている。それは自然、人間、倫理、法（国家）、文明、歴史、教育、美学、宗教などに及ぶ。自然の認識（理論哲学）の意味も生活における実践との関係で理解される。カントはとくにルソーの文明批判の影響のもとで、文明の役割、道徳へのその関係を二面的に捉え、このような文脈で人間の具体的あり方、および人間形成や教育について論じている。自然にたいする文明の関係は今日の環境倫理上の問題とも関連する。自然論、美学は道徳的原理の応用ではないが、道徳論と密接に関連する。このようにカントの実践哲学的考察は包括的であり、さまざまな関連部門の考慮に基づく学際的なものである。

一・三　本書の目的と展望

第Ⅰ章、第Ⅱ章は本書全体の基礎部門に相当し、そこではカントの道徳原理とその応用力（応用可能性）を検討する。第Ⅲ章と第Ⅳ章では、生命倫理と環境倫理にかんする諸問題へのカントのアプローチを扱う。第Ⅴ章～第Ⅷ章では、カントにおける法論、国家論、所有論、教育論がもつ今日的意味について考察する。これらの理論は今日の狭義の応用倫理の領域に属さないが、広義にはそこに含まれるといえる。第Ⅲ章～第Ⅷ章をつうじて、それぞれの分野におけるカントの理論について、これまでの解釈とは異なった解釈をいくかの点で提案したい。

第Ⅰ章の第二節以降では、予備的研究として、カントが道徳原理とその応用をいかに理解しているかを検討する。そのさいに問題となるのは、カントの道徳論において基本とされる〈道徳法則－格率－行為〉である。この関係を捉え直すことは、カント道徳論の応用可能性を検討するために、不可欠である。また、カントは道徳原理を深化させながらも、原理をその応用から切り離することを「杓子定規」として批判し、現実生活において効力（有用性）をもつ原理、真に役立つ哲学をめざしていることに注目したい。

第Ⅱ章では、道徳原理を現実生活へ応用するさいに人間学が介在することを明らかにする。実用的人間学は日常的生活における人間の経験的あり方を考察するが、道徳原理を生活諸分野へ応用するためには、これらの分野にかんする人間学的知見が不可欠になる。カントは人間を、理性（道徳性）を頂点に、動物的階層、技術的階層、実用的階層から構成される重層的構造をもつ全体として捉えている。カント哲学の応用倫理的射程は、人間の倫理学的考察と人間学的考察とを結合させるこのような全体的人間観の立場から明らかにされるであろう。

第Ⅲ章では、生命倫理学に関連して、カント実践哲学における生命と身体の位置づけを明らかにする。彼の道徳論は理性を中心にしており、生命や身体を軽視していると思われがちである。しかし、彼は生命を道徳性の基盤と見なし、また身体を人格の構成部分と位置づけ、このような観点から生命と身体の道徳的扱いを主張している。また、これらは人間性の尊厳にふさわしく扱われなければならないが、人間性の尊厳に反せずに、手段化されうることをもカントは認めている。このような見解は、生命倫理において機械的、教条的に理解されがちな尊厳概念の捉え直しにつながるであろう。

第Ⅳ章では、環境倫理学に関連して、自然にたいする人間の道徳的関係についてのカントの見解を取り上げる。カントは自然にたいする人間の優越性を強調している点で、人間中心主義的であると環境倫理学的議論においてしばしば批判される。しかし、彼は人間を自然内存在と超自然的存在との両面から捉えており、人間は文明（とくに科学・技術）に依存するかぎりでは、自然内存在にすぎず、これへの道徳的反省を土台にして、超自然的存在へ高まると主張している。また、自然は人間生活の基盤であり、自然にたいする謙虚な態度が必要であるとカントは見なしている。このような見解は、環境倫理における人間中心主義と自然中心主義とを乗り越えるうえで、手がかりを与えるであろう。

第Ⅴ章では、カントの法論について考察する。法論は伝統的に倫理学の主要部門の一つと見なされてきた。カントにおいても法論は社会論の基本をなしている。応用倫理的諸問題の多くは社会生活において生じており、それらの解決のための法のあり方が重要な問題となる。カントの法論の対象は人間の権利であるが、権利は人間の他人との関係における外的自由のための条件である。カントは人間の権利（人権）を深く根拠づけるために「人間性の権利」の理念を掲げる。彼の見解はドイツの後進的状態によって制約されているが、フランス革命における人権宣言に先行し、その後の人権論の展開を方向づける先駆的意義をもっていたことを明らかにしたい。

第Ⅵ章では、カントの法論の第二部をなす国家論を独立に取り上げる。彼は、先行の近代の社会契約論（ホッブズ、ロック、ルソーら）を踏まえつつ、国家設立について独自の理論を展開している。彼は、とくにルソーによって明確にされた人民主権と共和制を理念として純化し、その漸次的実現をめざす。また、彼は人権を世界市民の立場からも理解し、平和に生きる権利の実現のために世界市民的体制を構想した。彼の理想主義的平和論は実現性が乏しいという批判があるが、彼はその着実な実現のために、段階的措置を提案してもおり、そのいくつかは歴史上、部分的に実現されてきた。彼のこのような構想が今日のグローバル化のなかでもつ意義について検討したい。

第Ⅶ章はカントの所有論を考察の主題とする。近代において所有権は基本的人権の重要な一部であり、カントも法論の前半でこれを主題としている。彼の見解は独自のものであり、土地の「根源的な共有」の理念を前提とし、この共有の基礎にある共同的意志によって承認されることをつうじて、各人の私的所有が成立すると見なす。このような見解は所有の公共的側面を考慮し、私的所有に制限を加えるものである。それは自然的、歴史的環境の保護の意義を所有の観点から理解するうえで示唆を与えるであろう。

第Ⅷ章では、カントの教育論について検討する。彼は『教育学』（講義）において、道徳を基礎としながら、「さまざまな自然素質の均衡的発達」をめざすことを教育の使命と見なす。このような見解は、道徳（理性）中心の彼の実践哲学と異質なものではなく、重層構造を含む人間の全体的あり方の把握（全体的人間観）の具体化であることを明らかにしたい。カントの見解は、〈人格の十全な発達〉という、教育についての第二次世界大戦後の国際的理解を先取りするものである。また、日本の教育基本法、第一条において教育の目的が「人格の完成」に求められているが、それへのカントの思想の影響についても検討したい。

第二節　カント実践哲学の応用力

二・一　「役立つ」ことの意味

意外に思われるかもしれないが、カントは、生活に真に役立つ哲学をめざしている。哲学（とくに道徳論）が具体的実践への応用力を欠き、「役立たない」という批判はすでにカントの時代にも出されていた。彼は後期の『理論と実践』（『理論の点では正しいかもしれないが、実践には役立たないという通説〔Gemeinspruch〕について』一七九三年）においてこのような批判につぎのように反論している。理論は「役立たない（効力をもたない）〔nicht taugen〕」といわれるが[3]、理論が経験から学ばないために「不十分」、「不完全」であることが多い。「理論が実践にほとんど役立たなかったとすれば、それはその理論のせいではなく、そこに理論が十分に存在しなかったせいである。人びとはこのような理論を経験から学んでおくべきであったのであり、このような理論が真の理論である」（TP.275：⑭一六四頁）。そのうえでカントは道徳、国家法、国際法の次元で真に「役立つ」哲学について論じている。

哲学とその応用との関係についてカントはつぎのようにいう。自然科学は技術と結合しているので、後者へのその応用を疑うのは愚かである[4]。これに対して哲学（道徳論）は実践との関係にかんして特有の困難さをもつ。哲学の対象は自然科学のばあいのように直観にたいして与えられず、概念によってのみ把握されるため、それが「空虚な観念」にすぎず、実践において使用できないと見なされがちである（TP.276：⑭一六五頁）。たしかにカントにおいて道徳的原理は行為の経験的条件から独立している。しかし、この原理が経験的対象と合致しないことを理由に、その非現実性を批判することは誤りであり、逆にこの対象が原理に合致させられなければならない。道徳においては「理性（実践における）の基準が問題であり、ここでは実践の価値は、それがその基礎としての理論に適合しているかどうかに全面的に依存する」（TP.277：⑭一六六頁）。

二・二　杓子定規の批判

カントによれば、原理にとってその応用は不可欠である。彼は、原理をその応用から切り離し、固定的に把握する者を「杓子定規の徒〔Pedant〕」と呼ぶ（TP.277：⑭一六七頁／MS.206：⑪一七頁）。それは、「ふさわしく応用するケースかどうかを認識せずに」、原則に固執する者（『人間学遺稿集』KgS.XV.180）、「識別する判断力」を欠き、「状況に適合した見方」を取れない者（『人間学講義』KgS.XXV.853：⑳二九二頁）[5]を意味する。つぎのようにさえいわれる。「抽象的道徳論の諸規則はすべて具体的に考察されなければ、欠陥をもつ」（『ペーリッツ論理学』KgS.XXIV.551：⑳五一五頁）。

「杓子定規〔Pedantrie〕」にたいする批判は「学校知（学界知）〔Schulkenntnis〕」にたいする批判と結合している。学校（学界）においては、「世間（世界）〔Welt〕」から隔絶された専門知としての学校知が重視される。[6]ここでの世間は日常の経験的な生活世界であり、道徳的次元とは異なる実用的次元に属す。「世間知〔Weltkenntnis〕」が欠けるならば、学者（学校人）は「杓子定規の徒」になってしまう（Ath.139：⑮四一頁／『論理学（イエッシュ編）』KgS.IX.46：⑰六四頁／『ペーリッツ論理学』KgS.XXIV.523：⑳四七三頁）。

「学校的な意味」では哲学者は、「熟練・技能〔Geschicklichkeit〕」を備えた「理性的技術者」（いわば知性的職人）であるが、「世間的概念」から見れば、哲学者は「理性的立法者」であり、「知恵〔Weisheit〕」に基づきながら、世間におけるその「有用性〔Nützlichkeit〕」をも考慮する（『論理学』KgS.IX.24：⑰三一頁／KgS.IX.26：⑰三六頁）。「本来の哲学者」は「理説と実例をつうじた知恵の教師」としての「実践的（実際的）哲学者」でなければならない（『論理学』KgS.IX.24：⑰三四頁）。哲学（道徳論）の真の「有用性・効力〔Tauglichkeit〕」はこの意味で理解されなければならない。このことがおろそかにされるために、道徳については理論は抽象的で非現実的であり、常識の方がまさっているという理解も生じる。「道徳においてはすべてのケースが具体的に与えられているという特別な事情がある。そこではしばしば普通の悟性（常識）が思弁的悟性よりも正しく判断する」（『論理学』KgS.XXIV.551：⑳五一五頁／Vgl.『ペーリッツ論理学』KgS.IX.79：⑰一一一頁）[7]。

二・三　道徳原理の応用とフィードバック

カントの実践哲学はいくつかの次元を含み、応用（適用）もいくつかの段階を経る。[8] その最も基本的な段階区分は〈道徳的原理論―道徳形而上学―人間学〉である。①道徳的原理の批判的検討（道徳原理論）は『基礎づけ』と『実践理性批判』において行なわれる。②この原理に基づいて、『道徳形而上学』の『徳論』（MS.375：⑪二三五頁／MS.379：⑪二四一頁）において、基本的な道徳的諸関係（人格の自分自身にたいする関係、他の人格にたいする関係）に応じた基本的諸義務が示される（Gr.421：⑦五四頁／MS.419ff.：⑪二八八頁以降／MS.448ff.：⑪三三〇頁以降）。③これらの基本的諸関係はさらに、経験的に観察される人間の「状態」に応じたより具体的な諸関係へ応用される（KpV.66：⑦二一九頁／MS.468：⑪三五八頁）。④最終的には諸義務は行為の個別的ケースへ応用されるが（MS.468：⑪三五九頁）、このような応用を体系的に示すことは困難であるので、その考察は「決疑論〔kasuistik〕」として体系へ付加されるにとどまる。[9]

①～④の諸段階のそれぞれにおいてより基本的な関係からより具体的な関係への移行のさいに人間の経験的あり方（人間学の対象）が考慮される。また、これらの段階における移行はより普遍的なものからより特殊的、個別的なものへの過程とともに、その逆の過程を含む。このようにカントの実践哲学においては応用は一方的な過程ではなく、フィードバックの過程を含む。

第三節　道徳法則・格率・判断力

三・一　原理の応用と判断力

普遍的な規則（原理）を特殊的なケース（事例、場合）〔Fall〕へ適用（応用）するためには、判断力が必要である。「ふさわしく応用されるケースかどうか」を「識別する判断力」が欠如すれば、杓子定規となる（『人間学講義』KgS.

XXV.853：⑳二九二頁）。道徳的諸規則の行為への適用についても同様である。「道徳的諸法則は」、「それらがいかなるケースに適用されるかを判定するために」、「経験をつうじて鋭くされた判断力をさらに必要とする」（Gr.389：⑦八頁）。「感性においてわれわれに可能な行為が規則に従ったケースかどうかを判定するためには、実践的判断力が必要であり、この判断力によって、規則において一般的に（抽象的に）述べられたことが行為へ具体的に適用される」（KpV.67：⑦二二一頁）。

判断力は理論的、論理的判断力、美的判断力（および目的論的判断力）、実践的判断力を含み、実践的判断力はさらに技術的判断力、実用的判断力、道徳的判断力を含む。しかし、カントにおいては道徳的判断力に特有のあり方についての考察は乏しい。このことは、道徳論において力点が道徳的法則と行為の格率との関係におかれ、道徳的法則の行為への応用は決疑論に委ねられることにも起因するであろう。

さらに問題となるのは道徳における判断力と理性との関係である。一般に判断力は悟性と理性とを媒介する役割を果たす。悟性は、「普遍（規則）を認識する能力」であり、判断力は、「普遍のもとに特殊を包摂する能力」であり、理性は、「普遍によって特殊を規定する（原理から導出する）能力」であるといわれる（『判断力批判第一序論』KgS.XX.201：⑨二〇〇頁）。ただし、道徳においては法則（規則）を示すのは（認知的な）悟性ではなく、実践的理性である。[10]実践的理性のこのような機能は、普遍から特殊を導出する機能といかに関係するであろうか。

注目されるのは、道徳において理性は立法の機能をもつだけなく、行為を判定する機能をももつといわれることである。法廷をモデルに、良心にかんしてつぎのようにいわれる。判断力は、行為が「ある法則（法律）のもとにあるかどうか」を判断するが、理性は「行為を法的結果と結合すること」によって、行為に「判決〔Sentenz〕」を下す（MS.438：⑪三一五頁）。判断力によって法則を適用された行為と法則との必然的関係が理性によって吟味され、行為に評価が下されるといえる。行為の責任を問うのも理性である。悟性と判断力は行為に先行して作用するが、理性は行為を規制し、またその結果を評価しもするのであり、行為の過程全体において作用する。理性は、「原則に従って判断し、（実践的な点では）行為する能力」といわれる（Ath.199：⑮一三〇頁）[11]。ここでは理性が広い機能をもつと見なされている。

三・二　道徳的法則と実践的規則

道徳的原理を現実的生活へ適用するさいの過程や手続きについてのカントの説明には、あらためて検討されるべき点が含まれる。彼は、普遍的な道徳的法則が行為へ適用されるかのように主張することがあるが（Gr.389：⑦八頁／KpV.67：⑦二二一頁）、このような主張は誤解を招きやすい。最も普遍的な規則は、すべての経験的内容を度外視したまったく形式的な法則である。なんらかの内容を伴う規則は適用可能であろうが、まったく形式的な道徳的法則もそうであろうか。カントは論理的規則や法律との類比で普遍的規則の適用をイメージしているようであるが、論理的規則や法律は個別的ケースにとっては普遍的であっても、一定の内容や形態を伴う点では、特殊的である。

カントはまったく形式的な道徳的法則を単数形（Gesetz）で使用し、一定の内容をもつ実践的諸規則を複数形（Regeln）で使用することが多い[12]。道徳的行為にとって重要なことは、〈なにが義務の内容であるか〉であるが、それは特殊的な道徳的諸規則によって示されるであろう。これらの諸義務（それを示す諸規則）は階層をなす。〈寄託物の返却〉の義務というカントが挙げている例（KpV.27：⑦一五九頁）にかんしていえば、これは、〈約束を守るべきである〉というより基本的、普遍的な義務（規則）の適用であり、この義務はさらに、〈嘘をつくべきではない〉といういっそう普遍的な規則の適用である（Gr.402f：⑦二五頁／Gr.419：⑦五一頁／Gr.422：⑦五五頁）。いずれの次元の義務（規則）も一定の道徳的関係において特殊的内容を含むとともに、普遍的妥当性をもつ。

しかし、カントは、諸義務の内容を示すはずの特殊的な道徳的諸規則には言及しない。彼が述べる実践的諸規則は多くのばあい非道徳的な実践的諸規則（技術的あるいは実用的諸規則）を意味する（Gr.389：⑦八頁／Gr.410：⑦三八頁／KpV.22：⑦一五一頁）。これに対して、道徳的法則は、いかなる内容も含まないまったく形式的なものであり、義務の形式を示すにすぎない。このためつぎに見るように、諸義務の内容は、普遍的法則として妥当する格率において示されることになる。

三・三　格率と行為

ここで、「自分自身を同時に普遍的法則とすることができるような格率に従って、行為せよ」（Gr.436：⑦七七頁）、「君の意志の格率がつねに同時に普遍的立法の原理として妥当しうるように、行為せよ」（KpV.30：⑦一六五頁）という定言命法において示される〈普遍的法則－格率－行為〉の関係を厳密に検討する必要がある。

道徳的行為は気まぐれで、なりゆきまかせのものであってはならず、なんらかの原則に基づかなければならない。それぞれの行為主体が自主的に立てる行為の主観的な原則（あるいは規則）が「格率〔Maxime〕」である。それは、普遍的に妥当する客観的なものであるとはかぎらないので、普遍的道徳法則と一致しなければならない（Gr.400：⑦二〇頁／Gr.420f.：⑦五三頁）。カントは格率をさまざまな意味に理解しているが、彼の用法を整理すれば、格率はつぎのような特徴をもつといえる。①格率はなんらかの内容を含み、これを動機から獲得する（Rlg.36：⑩四七頁）。道徳法則が普遍的であり、行為が個別的であるのに対して、格率は特殊的であるといえるであろう。②格率は、行為者によって自主的に選択され、採用された原則である（MS.226：⑪四二頁）。③行為の道徳的価値が問題となるのはたんに行為の結果にかんしてではなく、格率との関係においてである。行為の責任が問われるのも、この行為が格率に基づくばあいである。行為は、「自発的に採用された悪い不変的な原則〔格率〕の結果」であることによって、「責任あるもの〔antwortlich〕」となる（KpV.100：⑦二六八頁）。④「心術〔Gesinnung〕」や「品性〔Charakter〕」（経験的性格から区別される道徳的性格）も格率と密接に連関する。「不変な格率に従う首尾一貫した心構え（心術）〔Denkungsart〕」が「品性」と呼ばれる（KpV.152：⑦三四〇頁）。⑤格率は、人生全体にかんするものから生活の特殊的領域にかんするものまで、いくつかの階層をなす[13]。

道徳的行為においては〈普遍的道徳法則－格率〉の段階と〈格率－行為〉の段階とがいちおう区別される（のちに見るように、厳密にはそうでない）。後者の段階には適用の関係があるが、前者の段階にはこの関係はない。求められるのは、格率が道徳法則に「適合する〔sich schicken〕」ことであるが、このことは法則が格率へ適用されることではない。カントは〈法則－格率－行為のケース〉の関係をつぎのように説明していることが注目される。「私はこの格率を現在のケースに適用し、それがたしかに法則の形式をとるかどうかを問うことにする」(KpV.27：⑦一五九頁)。

カントは『道徳形而上学』において、行為へ直接に適用されるのは格率であることを明確にする。「倫理学は行為に諸法則を与えるのではなく」、「行為の格率に諸法則を与えるにすぎない」(MS.388：⑪二五四頁／Vgl. MS.390：⑪二五五頁)。道徳法則を立法するのは「意志〔Wille〕」であり、格率を設けるのは「選択意思〔Willkür〕」である。[14]「意志から法則が生じ、選択意思から格率が生じる」(MS.226：⑪四二頁)。選択意思の特徴は、「選択の能力」としての自由をもつことにある。[15] 格率はさまざまな動機から内容を獲得するが、可能な諸格率のあいだで選択を行ない、ある格率を採用する。このことは、選択意思が理性と感性のあいだにあることに由来する。これに対して、意志の自由は、感性的なものからまったく独立し、道徳法則を自分で立法すること（自律）にある（Gr.446：⑦九〇頁／KpV.29：⑦一六二頁）。

第四節　道徳法則と義務内容

四・一　道徳法則とその立法

普遍的道徳法則は、いかなる内容ももたないまったく形式的なものである。「行為の格率が適合すべきものとしては法則一般の普遍性しか残らない」(Gr.421：⑦五三頁／Vgl. KpV.27：⑦一五九頁)。「実践的理性」は、「選択意思の格率が普遍的法則に適合する（役立つ）こと〔Tauglichkeit〕という形式以上のものを」「選択意思の規定根拠とすることはできない」(MS.214：⑪二六頁)。

「格率の普遍的法則への適合」は、ときおりイメージされるように、格率による普遍的法則の順守（服従）を意味しない。順守されるのは、一定の内容をもつ法則であり、いかなる内容ももたない法則の形式を順守することは本来的意味では考えにくい。ここで求められているのは、格率が「合法則性〔Gesetzmäßigkeit〕」をもつことである（Gr.402：⑦二五頁／KpV.25：⑦一五六頁）。「普遍的法則の形式をとる」、「普遍的法則として妥当する」（KpV.28：⑦一六〇頁）、普遍的法則に「役立つ〔tauglich sein〕」（Gr.426：⑦六二頁／KpV.27：⑦一六〇頁）、普遍的立法への「資格をもつ〔sich qualifizieren〕」（MS.225：⑪四一頁）という表現も使用される。

求められるのは、ある格率が普遍的法則とされたばあいに、自分自身と一致し（自己矛盾せず）、首尾一貫するかどうかである（Gr.422：⑦五六頁／Gr.424：⑦五八頁）。このばあいの自己矛盾は道徳的諸関係（人格の自分自身にたいする関係および他の人格にたいする関係）における「実践的」なものであり（KpV.35：⑦一七二頁）、たんに「論理的」なものなのではない[16]。格率が普遍的法則の資格をもつかどうかの吟味はのちの研究者によって、〈格率の普遍化可能性のテスト〉と呼ばれるようになった。このように、「普遍的法則」は格率にたいしてあらかじめ与えられ、格率をそれに一致させるのではなく、格率の普遍化可能性のテストの過程ではじめて機能する手続き上のものであろう。

普遍的道徳法則がまったくの形式なものであることは、道徳法則の立法という概念にも厄介な問題を生じさせる。本来の意味で立法されるのは、一定の内容をもつ法則（規則）であろう。このような法則が行為者にたいして外部から与えられることは他律であるが、それを行為者が自分で立てる（立法する）ことは自律である（〈Autonomie〉は本来自己立法を意味した）。しかし、いかなる内容ももたない普遍的法則については、「立法」という表現は本来的意味では使用されえず、比喩的に使用されえるにすぎないであろう。カントがじっさいに主張しているのは、格率が普遍的法則として妥当する（普遍化可能である）かどうかを自分で吟味することにほかならない。ここで主張されているのは、普遍的法則の立法という積極的な作用ではなく、格率の普遍化可能性の吟味という消極的な作用である[17]。

このように見れば、「君の意志の格率がつねに同時に普遍的立法の原理として妥当しうるように、行為せよ」（KpV.30：⑦一六五頁）という定言命法の意味は、まず普遍的法則を立法し、つぎに格率をこれに適合させ、さらにこの格率を行為へ適用することではない。『基礎づけ』においてはつぎのようにいわれる。「いかなる行為も」、「意志がその格率をつうじて自分自身を同時に普遍的に立法すると見なすことができるような格率以外の格率に従って行なわれてはならない」（Gr.434：⑦七三頁）。さらに注目されるのは『実践理性批判』におけるつぎのような説明である。「ここで私が知りたいのは、あの諸格率が普遍的法則としても妥当しうるかどうかのみである。そこで私はあの諸格率を現在のケースに適用し、〈それらが法則の形式をとるかどうか〉を問うことにする」（KpV.27：⑦一五九頁）。ここで示されるように、普遍的立法は格率に先行してではなく、「格率をつうじて同時に」行なわれ、しかも行為への格率の適用をつうじて行なわれる。さきには、〈普遍的法則－格率〉と〈格率－行為〉の段階をいちおう区別したが（本章、三・二）、じつはこれらの段階は一体であり、時間的に分離されない。格率の行為への適用と格率の普遍化テストとは同時に行なわれる。このことは従来のカント研究においては十分に留意されてこなかったように思われる。

四・二　格率の普遍化と義務の内容

〈格率を行為のケースに適用し、格率が法則の形式をとるかどうかをテストする〉ことが、カントの主張する基本的手続きである。普遍的形式をとる格率は義務に一致したものであり、それぞれのケースにおける義務の内容は格率の普遍化をつうじて示されるであろう。カントは『道徳形而上学』の『徳論』において諸義務を体系化するために、完全義務と不完全義務との区別、ある人間の自分自身にたいする義務と他の人格にたいする義務との区別に基づいて、四種の基本諸義務を示す（MS.421ff.：⑪二九二頁以降／MS.444ff.：⑪三二五頁以降／MS.448ff.：⑪三三〇頁以降／MS.462ff.：⑪三四九頁以降／Vgl. Gr.421：⑦五四頁）が、これらの義務は道徳的諸関係において格率の普遍化のテストをつうじて示されるといわなければならない。カントが、「諸格率を現在のケースに適用し、〈それらが法則の形式をとるかどうか〉を問う」と述べているように、諸格率が普遍的法則の形式をとるばあいに、それらの内容が義務に一致するのであり、それぞれのケースにおいて義務の内容が明らかにされるのである。

このことは『基礎づけ』における義務の例にも示されている。まず自分自身にたいする完全義務の例として、災厄のため人生に絶望した人間が自殺を企てるばあいには、このことの格率が普遍的法則（普遍的自然法則）とされるならば、それ自身に矛盾し、普遍的法則としては成立できないことが指摘される（Gr.422：⑦五五頁）。つぎに他人にたいする不完全義務の例としては、余裕のある生活を送っている人間が、困窮した他人を助けようとしないという格率が普遍的法則にされても、そこに自己矛盾は生じない（普遍的法則と消極的に一致する）が、このことを積極的に意欲することは、普遍的法則として自己矛盾する（普遍的法則と積極的に一致しない）といわれる（Gr.423：⑦五七頁／Vgl. MS.453：⑪三三七頁）。このようにして、それぞれの行為のケースにおいていかなる内容の格率が普遍的法則に適合し、義務に一致するかが明らかにされる。『徳論』における基本的諸義務の体系は、基本的な道徳的諸関係における格率の普遍化テストの結果を総括し、あらかじめ示したものであろう。

ところで、道徳的諸関係（人格の自分自身にたいする諸関係、他の諸人格にたいする諸関係）は基本的、普遍的なものから、特殊的、個別的なものまで、いくつかの次元、階層をもち、〈基本的関係－人間の状態に応じた関係－行為の個別的ケースにおける関係〉に大別されうるであろう。『実践理性批判』においては、道徳形而上学における諸義務の分類のためには、「現にある性状〔Beschaffenheit〕を伴う人間」の「人間の本性にたいする特殊的関係」の認識（〈人間学によって与えられる〉）が必要であると述べられている（KpV.8：⑦一三〇頁）。また、道徳的関係は、ある人格の「人格性にたいする」関係、「人格の状態にたいする」関係、「ある人格の他の人格にたいする相互的な」関係（KpV.66：⑦二一九頁）に区分される（Ⅱ-二-三、参照）。『徳論』においては、人間相互の道徳的諸関係にかんして、基本的諸関係と、「人間の状態〔Zustand〕」に応じた諸関係とが区別されるが（MS.468：⑪三五八頁、MS.493：⑪三八九頁）、「人間の状態」は、「身分、年齢、性別、健康や貧富の状態など」を意味する（MS.469：⑪三五九頁）。

このように道徳的諸関係が異なる次元をもつのに応じて、諸義務も異なる次元をもつ。カントは、他人にたいする完全義務として寄託物の返還の例を挙げている。寄託者が死亡し、関係者もなく、寄託の証文もない状態においても寄託物を自分の所有とすることを格率とするならば、この格率は首尾一貫することはできないと批判される（KpV.27：⑧

一六九頁以降）。寄託物の返還の義務の基礎には、〈約束を守るべきである〉という義務があるが、さらにその基礎には、〈真実を語るべきである〉という義務がある（本章、三・二）。

四・三　義務内容の発見と反省的判断力

義務の内容は個々のケースに先立って格率に与えられるのではなく、個々のケースにおける格率の普遍化テストをつうじて見出されるというべきであろう。この点についてカウルバッハはつぎのようにいう。「カントがいう定言命法も、行為の格率を獲得するための尺度とは見なされない。この尺度を具体的なケースへ適用することによって、そこから個々の義務が導出されるのではない」[18]。道徳において普遍的法則が判断力をつうじて個別的な行為へ適用されるとはいえない。それでは、判断力は〈普遍的法則―格率―行為〉という関係においてどのような役割を果たすのであろうか。

ここで注目されるのは、『判断力批判』において「規定的判断力」から「反省的判断力」が区別されていることである（KU.179f.：⑧二六頁以降）。規定的判断力は、普遍的規則（原理、概念）を個別的ケースへ適用する（あるいは前者に後者へ包摂する）能力であるが、反省的判断力は、個別的ケースのなかに普遍的規則を「見出す」能力である（KU.179f.：⑧二六頁）。ただし、ここでは反省的判断力は趣味判断と自然の目的論的判断とにかんするものと見なされ（KU.249：⑧二六頁／KU.385：⑧四五頁）、実践や道徳における反省的判断力には言及されていない。カントは倫理学的著作において実践的判断力、道徳的判断力について語るが（Gr.389：⑦八頁／KpV.67：⑦二二一頁／MS.438：⑪三一五頁）、これらは、規則を行為へ適用する規定的判断力である。すでに見たように、格率の普遍化のテストをつうじて義務の内容が明らかにされるが、格率は普遍的法則の適用ではないので、ここで作用するのは規定的判断力ではなく、反省的判断力であろう[19]。反省的判断力をつうじて行為のケースのなかで義務の内容は発見されるといえるであろう。

カントは法律を、行為へ適用される普遍的な実践的規則の典型と見なしているように思われる。法律は行為のケースに厳格に適用される（道徳においては義務は適用の幅をもつが）と彼は述べている（MS.390：⑪二五五頁）。ここでは規定的判断力が作用するであろう。しかし、法律においては、その適用をつうじてその意味が吟味されるのであり、その改定が必要となることがある。このことについてカント自身もつぎのように述べている。「さまざまなケースにおける法律の同一の実行はむしろ試行と見なされるべきであろう。また、そのあとも法律は吟味され、廃止され、明確化されなければならない」(『人間学遺稿』KgS.XV.175:⑮三六〇頁)。

法律においても、それが個別的ケースへ適用されるという過程とともに、法律の意味の確証という逆の過程が含まれることは現代の多くの法学者が認めている。[20] カウルバッハもつぎのように述べている。「普遍的な法概念の立場から……物件や人格の状況の個別的本性の立場への移行はたんに個別的なものへの法律の適用と解釈することはできない。法的実践における行為と思考の課題はたんに法律的思考の立場から個別的ケースを把握し、評価し、判定することではなく、逆に個人の個々の状況を把握する立場から法律を問題にすることである」。「法的思考の運動」はこのような「往復移動」を含む。「カントであれば、ここで権限をもつ力を〈規定的判断力〉とは呼ばずに……むしろ〈反省的判断力〉について語るであろう」[21]。法律でさえもこのような性格をもつとすれば、不完全義務を含む道徳における規則にはこのことがいっそう該当するであろう。カウルバッハがさきに述べていたことを勘案すれば、彼はここで、道徳的義務の内容も反省的判断力に基づいて明らかにされると見なしているように思われる。

第五節　諸義務の体系と優先関係

五・一　諸義務の優先関係

『道徳形而上学』の『徳論』においては基本的諸義務の体系が示される。その基本枠は完全義務と不完全義務の区別と、自分自身にたいする義務と他人にたいする義務の区別との組み合わせである。ここでは完全義務は不完全義務に、自分自身にたいする義務と他人にたいする義務に優先するといわれる。しかし、このような見解の図式的、機械的適用にたいしては批判がしばしば出される。

完全義務と不完全義務との関係についていえば、完全義務は無条件な履行を要求するので、「狭い義務」、「必然的で負い目ある〔schuldig〕義務」とも呼ばれる（Gr.429：⑦六六頁）。この義務は多くのばあいに、「〜してはならない」という禁止の形態をとるので、「制限的、消極的義務」とも呼ばれる（MS.419：⑪二八九頁）。これに対して不完全義務は「広い義務」である。それは積極的に履行されるべきであるが、そこには幅があり、どこまで履行されるべきかは定かではない。このためそれは「拡張的、積極的義務」、「偶然的で功績のある〔verdienstlich〕義務」とも呼ばれる（ibid.）。

法的義務は完全義務であり、しかも他人にたいする義務に限定されるが、この義務は、行為主体が自分自身に課し、行為の動機とすることによって、同時に道徳的義務ともなる。不完全義務と自分自身にたいする義務は道徳に固有のものである（MS.390：⑪二五五頁以降）。たしかに道徳において完全義務は最低限の義務であり、このかぎりでは不完全義務に優先するであろう。しかし、不完全義務において道徳的義務の本来の特徴が明瞭に示されるのであり、カントもこれを重視している（MS.391ff.：⑪二五七頁以降）。不完全義務の履行には幅があり、確定されていないことを理由に、不完全義務に完全義務をつねに優先させることは硬直しているといわざるをえない。

つぎに、自分自身にたいする義務が他人にたいする義務に優先するというカントの見解は適切であろうか、『道徳形而上学』では、「自分自身にたいする義務」が「まったく存在しないと仮定すれば、外的義務〔他人にたいする義務〕をも含め、すべての義務は存在しないであろう」（MS.417：⑪二八七頁）といわれる。[22] しかし、ここでは義務〔Pflicht, Ver- bundenheit〕と義務づけ〔verpflichten, verbinden〕とが混同されているように思われる。カントの基本見解は、道徳的義務は他人による義務づけ（強制）にではなく、自分による義務づけに基づくというものである。道徳においては他人にたいする義務も他人にたいして自分を義務づけることに基づく。「私が私自身に義務を負わせる〔verbinden〕かぎりで、私が他人にたいして義務を負っている〔verpflichtet〕と認めることができる」（MS.417：⑪二八七頁）。たしかに、自分自身にたいする義務は自分自身による義務づけにのみ基づき、ここに道徳的義務の特徴が顕著に現れるが、自分自身による義務づけが他人による義務づけに優先することから、自分自身にたいする義務が他人にたいする義務に優先するという結論は生じないであろう。

五・二　人間性の保存と人間性の促進

カントによれば、道徳的義務の基本内容は自分の人格と他人の人格とにおける人間性の尊重にある。それは不完全義務においては人間性の促進という積極的形態をとり、完全義務においては人間性の保存（その毀損の禁止）という消極的形態をとる。人間の自分自身にたいする完全義務は、「動物的存在としての自分自身にたいする義務」（生命と身体の保存、あるいはそれらの毀損の禁止）の次元と、「たんに道徳的存在としての自分自身にたいする義務」（虚言、過度な節約、卑屈の禁止）の次元とに区別される。人間の自分自身にたいする不完全義務は、自分自身の完成（能力の開発）の義務であり、それは「実用的な点での自分自身にたいする義務」（心身の能力の開発）の次元と、「道徳的な点での自分自身にたいする義務」（道徳性の完成）の次元とに区別される（MS.419ff.：⑪二八八頁以降）。

他人にたいする完全義務の基本は他人の人格における人間性の尊厳の尊重にある（MS.462：⑪三五〇頁）。他人にたいする不完全義務は他人の幸福の援助にある。他人の尊重は他人の人間性の保存（それを損なわない）という消極的なものであるのに対して、他人の幸福の援助は他人の人間性の促進という積極的なものである。しかし、他人の援助はつぎのような問題をはらむ。援助者が相手にとっての幸福と思うものが、相手自身にとってはそうでなく、援助が〈ありがた迷惑〉になるばあいがある。また、〈恩を施す〉ような援助が相手に精神的負担をかけ、相手の自立心と自尊心を損なうばあいもある（MS.453：⑪三三八頁）。さらに、相手が幸福と思うものであっても、援助者が、そうではなく、むしろ非道徳的なものと考え、その援助を控えることもありうる（MS.388：⑪二五二頁）。これらのことは、幸福の観念が普遍性をもたず、それについて自他のあいだで厳密な一致がないことに由来する。カントはこの問題を解決するために、つぎのような方途を考慮していると思われる。

他人の援助はまず一方的に要求される。各人は見返りを期待せずに、他人を援助すべきである。しかし、他人の援助はまったく一方的、利他的なものではない。人間は幸福を自力のみでは実現できず、その実現のために他人の援助を必要とする。相互援助のなかで各人はまず他人を援助することによって、結果的に自分も他人の援助を受ける。カントはつぎのように述べている。人間たちは「仲間〔Mitmenschen〕と見なされ、一つの居住地において相互に援助するよう本性上結合された、欠乏した〔bedürftig〕理性的存在者」である（MS.453／⑪三三七頁）。自分の幸福を他人の幸福に優先させることは利己的〔eigennützich〕であり、道徳的に是認されないが、自他の相互援助をつうじて結果として各人自身の幸福が実現されることは許容される〈情けは人のためならず〉。「君のいかなる他人にも好意をもつという条件のもとで、君自身に好意をもつことは許容される」（MS.451／⑪三三四頁）。

他人の幸福の援助は、他人の目的である幸福を自分の目的とし、これを達成することである。ここには目的の交換があり、これは、「他人の立場に立つ」ことを意味するが、このことは、他人の目的を自分に引き受ける（他人→自分）ことを意味するだけでなく、自分の目的を他人の立場から理解し直すこと（自分→他人）、自分が幸福と見なすものを他人もそのように見なすかどうか吟味することをも意味するであろう（他人→自分→他人）。相互援助においてはこの過程が自他のあいだで相互的に行なわれる。このことをつうじて、自他の幸福の内容は徐々に共通なものとなっていくであろう（その普遍性は厳密なものではなく、蓋然的なものにとどまるとしても）[23]。

カントは他人にたいする完全義務としての実践的な愛（他人の援助）と他人にたいする不完全義務としての尊敬（他人の人間性の尊重）との調和をめざす。「理性的存在者相互の道徳的関係は愛と尊敬に還元させられる」（MS.488：⑪三八五頁）。相互の愛は自分と他人を接近させ、結合するのに対して、相互の尊敬は相互に距離を取ることを含む。愛と敬の調和は「引力と斥力との均衡」との類比で説明される（MS.449：⑪三三一頁／MS.470：⑪三六一頁）。愛と尊敬との結合の理想的姿は友情において見出される。ここでは、他人の援助が他人に負い目を与えることはなく、他人の自尊心を損なうこともない。ただし、友情の本質は相互援助（相互愛）にあるのではなく、相互援助は相互の尊敬に基づかなければならない(MS.469:⑪三六六頁)。友情においても不完全義務にたいする完全義務の優先という原則が適用されているように思われる。

五・三　義務の異なる相手と異なる種類

義務のあいだの葛藤は古来しばしば問題にされてきた。今日では〈モラル・ジレンマ〉が話題になっている。しかし、カントによれば、「諸義務〔Pflichte〕や諸責務〔Schulde〕のあいだの衝突はまったく考えられない」。二つの義務が対立するように見えるのは、これらの義務の根拠づけのあいだに強弱があるためである。二つの責務が「相互に矛盾するばあいには」、「より強い責務が優位を占めるとはいわずに、責務を課するさいのより強い根拠が位置を占めるといわれる」(MS.224:⑪四〇頁)。このようにカントが義務のあいだの対立を否定するのは、完全義務が不完全義務に優先し、自分自身にたいする義務が他人にたいする義務に優先すると見なすためと思われる。しかし、このような優先関係が適切かどうかが、あらためて問われなければならない。

個別的行為においては二つの義務のあいだの関係だけでなく、多くの義務のあいだの関係、また異なった相手にたいする異なった種の義務のあいだの関係が問題になることが少なくない。その典型例は批判期の『人間愛からの虚言』(一七九七年『人間愛からの虚言にかんする誤った権利について』)に見られる。そこでは、自分の友人が、その殺害をめざす人間に追われ、自分の家に逃げ込み、友人が家にいるかどうかをこの追手から脅迫的に尋ねられるというケースが取り上げられる。カントは、たとえ人間愛に基づいて友人を危害から守るためであっても、追手に嘘をついてはならない(「窮余の嘘〔Notlüge〕」の無条件的禁止)と主張する。その理由はつぎのようなものとされる。「真実を告げる義務」は、「すべての人間にたいする形式的義務である」。嘘は「だれか特定の他人にたいしてでないとしても、人間一般にたいして害を与える」(KgS.VIII.426:⑬二五四頁)。[24]「真実を告げることが義務であるのは、真実を要求する権利をもつ人間」にたいしてのみであるが、このケースでは追手はこのような権利をもたないので、この者に真実を告げる義務はないという主張があるが、カントはこれに反論する（KgS.VIII.425：⑬二五三頁）。

このケースでは、追手に真実を告げる義務と、友人の生命・身体を危害から保護する義務、さらには自分の生命・身体を守る義務という三種の義務のあいだの関係が問題になるが、これについてのカントの考察には単純化が見られる。追手に真実を告げる義務と、友人の生命を保護する義務との関係についてカントは、第二者としての追手にたいする行為が第三者としての友人に与える影響は間接的、「偶然的」である（追手に真実を告げることが必然的に友人を危険にさらすのではない）ので、前者にたいする義務を後者にたいする義務に優先すると見なしているようである（KgS.VIII.426：⑬二五五頁）。ここでは、行為の結果にたいする責任（とくに法的責任）が問題にされている。たとえ、追手に真実を告げることによって友人の生命・身体に危害が加えられても、このことに責任は問われないと見なされる（KgS.VIII.426：⑬二五六頁）。しかし、これはあまりにも防衛的な態度であり、道徳にはふさわしくないであろう。[25] また、カントはつぎのように考えているのかもしれない。追手に真実を告げる義務は完全義務であるのに対して、友人の生命・身体を保護する義務は不完全義務であるので、前者の義務が後者の義務に優先する。しかし、異なった相手にたいする異なった種類の義務のあいだの関係に、不完全義務にたいする完全義務の優先という図式を機械的に適用することは適切でないであろう。『人間愛からの虚言』におけるこのような見解は図式的で硬直しているといわざるをえない。ただし、カントは別の論稿においては窮余の嘘の類似の例にかんして、より柔軟な主張を行なっている。[26]

第Ⅱ章 人間観と応用倫理学——道徳原理の応用の媒介

第一節　人間学の位置

一・一　道徳論と人間学

カントの実践哲学において道徳的原理が応用〔適用〕されるのは経験的な状態における「人間」とその生活へであるが、このような人間のあり方を観察するのは「実用的見地での人間学」（実用的人間学）である。カントにおいて「人間」といわれるばあいに、実用的人間学の対象としての人間〔狭義の人間〕を意味することが多い。人間学の対象は、「実践的な事柄に関係する観察された人間の諸特性」である（Ath.121：⑮一五頁）[1]。

カントは『人間学』において人間〔人類〕の素質を「技術的素質」、「実用的素質」、「道徳的素質」とに区分する（Ath.322：⑮三一三頁）。技術的素質は、なんらかの任意の目的の実現のために手段を巧みに使用することに関わり、「熟練・技能〔Geschicklichkeit〕」への素質である。理論的活動は技術的活動に含められる。実用的素質は、自分の幸福のために世間〔社交〕において他人を巧みに利用することに関わり、「怜悧・賢慮〔Klugheit〕」への素質である（Gr.416f.：⑦四七頁）。怜悧は、技能を人間関係、社会関係に適用したものであり、この点では技能と怜悧との区別は相対的である[2]。道徳的素質は「知恵〔Weisheit〕」への素質である（KpV.111：⑦二八六頁）。〈技術的－実用的－道徳的〉という区分はカントにおいて一七七〇年代以降一貫している[3]。

経験論的、幸福主義的道徳の基盤は、幸福をめざす実用的生活にある。趣味や社交の基礎も実用的生活にある。カントは経験論的道徳を批判し、本来的意味での道徳的次元を実用的次元から区別しつつも、後者を固有の対象とする人間学の役割を重視する。道徳的原理をさまざまな道徳的関係へ、また個々のケースへ応用するためには、人間学において示される「人間」についての知見が必要になる。『道徳形而上学』において基本的な道徳的諸義務を体系化するさいにも人間学的知見が必要になる。「道徳学〔Moral〕を人間へ応用するためには、人間学が必要である」（Gr.412：⑦四〇頁）。「諸義務を分類するために、とくに人間の諸義務として規定することが可能なのは、この特定の主体（人間）がまえって、自分が現実的におかれた性状の面から……認識されているかぎりでである」（KpV.8：⑦一三〇頁）。われわれは、「経験をつうじてのみ知られうる人間の特殊的な本性をしばしば対象として取り上げ、それに即して普遍的な道徳的原理からの帰結を示さなければならないであろう」（MS.217：⑪三〇頁）。

カントの実践哲学の体系は〈道徳原理論→道徳形而上学→人間学〉という応用の段階を含む（Ⅰ - 二・三）。道徳論と人間学との関係は二重である。一方で、行為主体は、経験的なあり方から純化された理性的存在者として把握されなければならず、道徳論は人間学から峻別される。「道徳哲学」は「人間に適用されるばあいにも、人間についての知見（人間学）から少しも借りずに、理性的存在者としての人間にアプリオリな諸法則を与える」（Gr.389：⑦一八頁）。しかし、他方で、人間学がなければ、道徳論は空虚なものとなり、両者の結合が必要である。「道徳哲学は人間学ときわめて密接に関連している。道徳哲学は人間学なしには、存立できない。たしかに実践哲学は人間学なしにも十分に考えられるが、そのばあいには実践哲学はたんなる思弁的観念となる」（VE.3：⑳一一頁）[4]。

道徳論の内部では〈原理→道徳的諸関係→行為のケース〉の段階が区別される。『道徳形而上学』においては基本的な道徳的諸関係（人格の自分自身にたいする関係、他の人格にたいする関係）、およびそこにおける基本的諸義務が考察されるが、道徳的諸関係もいくつかの段階をもち、「人間の状態」に応じた諸関係には付随的に言及され（MS.468f.：

⑪三五八頁以降）、行為のケースへの適用の検討は（決疑論として）付加されるにすぎない（MS.411：⑪二八二頁）。

一・二　道徳原理の応用の場としての世間

カントは、哲学が抽象的な「学校知〔Schulkenntnis〕」として「杓子定規〔pedantrie〕」に陥ることを批判し（本章、一・二）、哲学が実践的、実際的な世界知（世間知）〔Weltkenntnis〕」と結合されることを重視する。ここでは〈Welt〉はまず人間相互の社交の領域、実用的な生活の領域を意味し、これは日本語の「世間」あるいは、今日いわれる〈生活世界〉に近い。世間は、「私と共同の関係をもつ他の存在者の全体」（Ath.130：⑮二八頁）を意味する。「世間は、われわれの技能の発揮という演技が行なわれる基盤〔Substanz〕、舞台〔Schauplatz〕である。世間は、われわれの認識が獲得され、応用される地盤〔Boden〕である」（『自然地理学』KgS.IX.58：⑯一七頁）。道徳原理が応用される場も世間であり、その応用のためには、世間知が必要になる。「世間」は人間生活の場であるから、「世間知」はたんに理論的であるだけではなく、実践的でもある。理論的に「世間を知る」だけでなく、実践的に「世間をもつ」ことが重要になる（Ath.120：⑮一二頁）。道徳においても「世間知」が不可欠である。「実践哲学は道徳的世界知以外のものではけっしてありえないであろう」（MS.217：⑪三一頁）。このような見解は一七七〇年代以来のカントにおいて一貫したものである。

人間学は世間における人間の具体的あり方を考察するものであり、そこでは人間知は世間知と不可分である。「理性を付与された地上の存在者〔Erdwesen〕として彼〔人間〕を認識することは、とくに世間知と名づけられるに値する」（Ath.119：⑮一一頁）。「世間知」を示すのは「実用的人間学である」（RzAth.801：⑮四二八頁）。ところで、〈Welt〉は国際社会をも意味し、人間学は人間を世界市民〔Welbürger〕としても考察する。人間学は「世界市民としての人間の認識を含んではじめて、実用的といわれうる」（Ath.120：⑮一二頁）。さらに、人間は「世界観察者〔Weltbeschauer〕」であるだけでなく、ともに生きる実践的な「世界市民」でもあることが求められる（RzAth.518：⑮四〇三頁）[5]。

今日の応用倫理的諸問題の多くは世間において生じている。生命倫理学の対象とされる人間の生命と身体、環境倫理学の対象とされる自然環境は自然学（自然科学）や技術学の対象であり、実用的人間学には関係しないように思われるかもしれない。しかし、今日では人間の生命・身体の扱いが実用的見地で行なわれることが倫理的問題を引き起こしている。また、環境問題は自然にたいする人間の技術的および実用的態度によって生じさせられている。

包括的に見れば、法や国家の地盤も実用的生活にある。法は人間関係の具体的側面を度外視し、それを権利の関係として捉えるが、その背後には実用的生活があり、法はそこへ応用される（Ⅴ－一・三）。国家的原理の実現としての政策〔Politik〕においては実用的要素が入り込む（Ⅵ－一・四）。法論と国家論は道徳論と人間学とを媒介する位置にあるといえる。人間学は、人類の歴史（とくに文明史）の最終段階における市民社会、世界市民社会の設立を展望する。さらに、教育学は人間学と密接に関連しており、人間のさまざまな素質の発達のなかで、市民となるための実用的素質の発達を重視する（Ⅷ－一・二）。

一・三　自然的人間学と実用的人間学

カントはケーニヒスベルク大学において人間学の講義の開設を申し出て、この講義を一七七二年から一七九六年まで約二四回行ない、一七九八年にこれをまとめて『実用的見地における人間学』として出版した（Ath.122：⑮一四頁）。人間学の講義は、さきに一七五六年から開始されていた自然地理学の講義とともに「通俗の講義」と呼ばれる（Ath.122：⑮一五頁）。人間学と自然地理学とは世界知の二大部門であり、密接な関係にある。[6] カントが「通俗の講義」を長年継続したのはたんに職務上の必要からではなく、哲学的思考を実生活に生かそうとする基本的態度に基づき、人間学の講義は倫理学（道徳哲学）の講義と並行して行なわれ、人間学は倫理学とも関連させられていた（本章、一・一）。両者の関係は教育学講義においても重視されている（Ⅷ－一・二）。人間学は、カントが実践的部門において長年最も力を入れた分野であり、その講義への人気は高かった。彼の道徳論には変化と発展があるが、人間学的考察は一七七〇年代から連続性を保持しており、彼の実践哲学の形成過程のなかで安定した底流をなす。[7]

カント以前の人間学は自然的、理論的であるのに対して、彼の実用的人間学は実践的であるといえるであろう。また、彼の人間学は人間の経験的考察を道徳の原理に従って総合する点で、「哲学的人間学」（MS.217：⑪三〇頁）という性格をもつ。〈Anthropologie〉は一六世紀に登場したが、おもに自然学に関連させられ、とくに生理学的、医学的に理解されてきた。カントは実用的人間学を「生理的人間学」（Ath.119：⑮一一頁）から区別する。[8] また、彼はそれを経験的心理学からも区別しつつ、そのなかに、経験心理学が扱う内容を含める（KrV.B877：⑥一二五頁）。なお、彼の時代のドイツにおいてはヴォルフ学派の合理的心理学が普及しており、それは人間の魂（心）〔Seele〕を理性的なもの、非身体的な実体と捉え、その不死を主張した。カントはこのような魂の考察を人間学から除外し（Ath.161：七四頁）、形而上学に委ね（バウムガルテンの教科書を使用した形而上学講義の対象）、その実践的側面を道徳論において人格として捉え直す。

〈Anthropologie〉は「人類学」と「人間学」という意味をもつ。カントがいう人間はたんに個人ではなく、人類をも含むので、〈Anthropologie〉は人類学という性格をももつ。現代においては人類学は自然人類学と文化人類学とに区別される。生理学的人間学は自然人類学につながったといえる。カントの人間学は、自然人類学と文化人類学とにつながる面をもつ。彼は人種についての考察（一七七五年『さまざまな人種について』、一七八五年『人種概念の規定』）を行なっており、これは自然人類学的研究を含む。また、彼は地域の風土に適応した生活様式（慣習、思考様式、学芸・技術、統治様式など）にも言及しており（一八〇二年編集、『自然地理学』）、これは文化人類学的研究に関係する。[9]

一・四　人間学と全体的人間観

カントにおいて実用的人間学は実践哲学の応用部門という位置におかれるが、つぎのように、哲学全体を統括する位置におかれることもある。『論理学』（一七八〇年代の講義のイェッシュによる編集）においては、「世界市民的な意味での哲学の分野」における問いとして、「①私はなにを知ることができるか、②私はなにをすべきか、③私はなにを望んでよいか、④人間とはなにであるか」が挙げられ、「第一の問いにたいしては形而上学が、第二の問にたいしては道徳学が、第三の問にたいしては宗教が、第四の問にたいしては人間学が回答する」と述べられている（第一の問いに回答する形而上学は理論哲学、認識論の基礎であり、『純粋理性批判』をも含むであろう）。さらに続けてつぎのようにいわれる。「しかし、根本的にはこれらのすべての問いを人間学に算入することができるであろう。というのは、最初の三つの問いは最後の問題に関係するからである」（KgS.IX.25：⑰三四頁）。『形而上学』（一七九〇年代の講義のペーリッツによる編集）においても、これら四つの問いが「世界市民的な」視点から立てられ、「はじめの三つの問いは最後の［人間とはなにかの］問いに関係するので、すべてを人間学と名づけることができるであろう」といわれる（KgS.XXVIII.2-1.534：⑲二四四頁）。

ここでは、理論哲学、実践哲学（道徳論）、宗教論の問いが人間の問いに収斂し、人間学が哲学を総合する位置にあると見なされているのかどうかが問題になる。この問題にかんしては一般的につぎのようにいえるであろう。認識、道徳、宗教（さらに芸術など）はけっきょく人間のあり方と生き方に関わるのであり、これらの分野における諸問題は、「人間とはなにか」という根本問題に帰着する。この根本問題へ回答しなければ、哲学全体はいわば臥竜点睛を欠くことになる。この意味で人間についての学は哲学の諸部門を統合する位置にあるであろう。つぎに、カントがこれらの問いを哲学一般においてではなく、「世界概念の点で」、「世界市民的立場」から立てていることが注目される。[10]この点ではこれらの問いは、世界（世間）で生活する人間の実用的立場からのものである。この点にかんしてつぎのような断片が残されている。「世間知。自然と人間。すべては人間に関係する」（VzAth.659）。

実用的人間学が、哲学的考察全体を統合する位置にあるかどうかをめぐっては論争が繰り返されてきた。[11]「人間とはなにか」を明らかにする学を実用的人間学とは別の人間学に求めようとする試みも登場した。私見では、前者の学は、実用的人間学ではなく、人間存在の全体を把握する全体的人間観である。実用的人間学もこのような人間観の一環をなすが、その重点は人間存在の経験的側面の把握におかれる。求められる全体的人間観は道徳論を中核としながら、認識論、宗教論、および人間学を統合するものであろう。しかし、けっきょくこのような人間観は〈書かれざる〉ものに終わった。次節ではカントの実践哲学的論稿を整理し、彼が抱いた全体的人間観を推測したい。

第二節　人間の全体的把握の構想

二・一　人間存在の重層構造

従来は、道徳中心の狭い意味での人間観がカント本来のものと見なされ、またそれにたいする批判がくり返されてきた。しかし、カントは人間を、理性を頂点とするいくつかの内部階層から構成される全体として把握し、人間の経験的あり方（人間学において示される）をそのなかに位置づける。カントは人間の内部構造について、論稿によって異なった階層区分を行なっているが、これらを整理すれば、つぎのようになる。

①人間は、「感性的な動因（動機）によって刺激された存在者」としての「有限な理性存在者」（KpV.32：⑦一六八頁）である。この点から見れば、人間存在の内部構造において〈理性的（英知的）－感性的（感覚的）〉という二つの階層が区別される（二層説）。感性的階層は動物と共通の部分であり、〈動物的・自然的〉階層と呼ばれうる。『道徳形而上学』においては、これらの二つの階層に対応して、人間の自分自身にたいする義務として「動物的存在者としての自分自身」と「道徳的存在者としての自分自身」とが区別される（MS.420f.：⑪二九〇頁）。

②より詳細に見れば、人間の感性的階層は動物的階層のほかに「技術的」階層と「実用的」階層とを含む。人間（人類）の自然素質は「技術的」、「実用的」、「道徳的」の次元をもち（本章、一・二）、これらに対応して、人間存在は〈技術的階層－実用的階層－道徳的階層〉の三層を含む全体をなす（三層説ａ）。「実用的」階層の考察はとくにイギリス経験論（スコットランド学派）の人間論を摂取したものである[12]。

③『宗教哲学』においては人間の素質は、〈動物性の素質―人間性の素質―人格性の素質〉に区分される（Rlg.26ff.：⑩

三四頁以降)。第一の「動物性〔Tierheit〕の素質」は『道徳形而上学』における「動物的存在」の階層に属すといえる。問題は第二の「人間性〔Menschheit〕の素質」である。それは、「他人との比較においてのみ自分を幸福あるいは不幸であると判断する」ことに関わる(Rlg.27:⑩三六頁)。ここでの〈Menschheit〉は道徳的次元にではなく、実用的次元に属し、他の論稿では〈Menschlichkeit〉、〈Humanität〉(人間味)と呼ばれる(本章、二・二)。第三の「人格性の素質」は、『人間学』における「道徳的素質」に相当する。「人格性」は人類的、共同的なものとしての道徳的人間性が人格へ個別化、内面化されたものである(本章、二・三)。なお、『宗教論』においては技術的素質に言及されていないが、技術的素質と実用的素質との区別は相対的であるので、両者の素質は実用的な意味での人間性の素質に含められるであろう。したがって、内容の面から見れば、ここでは〈動物的階層—実用的階層—道徳的階層〉という三層区分が採用されるといえる(三層説b)

④第二と第三の分類を組み合われば、人間存在は〈動物的階層—技術的階層—実用的階層—道徳的階層〉という四層から構成されるといえるであろう(四層説)。技術的階層と実用的階層とを一括し、全体を三層に大別することも可能であろう。

人間は、動物的階層を基底とし、技術的、実用的階層を経て、道徳的階層を頂点とするヒエラルヒー的な内的構造をもつ。技術的階層と実用的階層は広義の感性的なものであるが、動物的階層(狭義の感性的階層)を道徳的階層へ媒介する点で、独自の位置にある。このような人間の把握がカントの全体的人間観の基本であるといえるであろう。[13]〈動物的階層—技術的階層—実用的階層—道徳的階層〉という区分は現代の応用倫理学的考察にとっても重要な意味をもつ。たとえば、生命倫理は直接的には、人間の動物的階層に属す生命と身体に関係するが、医療技術の発展によって生命と身体の人為的操作が可能となり、動物的階層と技術的階層とのあいだに緊張が生じている。また、医療技術の利用は社会において行なわれ、それは実用的階層にも関係する。さらにこれらの活動の規制のための倫理の役割が問われており、人間の重層的構造の頂点にあるべき道徳的階層のあり方の再検討が迫られているといえる。

二・二　人間性の多様性

カントにおいて「人間」は、すべての個人に共通であるが、具体的なあり方である。これに対して、「人間性」は、人間を人間とする根本的特徴を示す。一七世紀後半にイギリス（とくにスコットランド）では人間本性〔human nature〕の経験論的研究（観察）が重視され、カントは早くからこれに注目していた[14]。カントはこのような研究を本来の道徳論から区別しながらも、人間の全体的把握のさいには受容した。カントにおいて〈Menschheit〉の意味内容は多様である。それは一般的用法では、「人間性」、「人間であること（人間存在）」、「人類」などの意味をもつが、カントにおいてはつぎのような意味を与えられる。

①人間の本質は道徳性にあるので、〈Menschheit〉の中核には道徳性がある。「現象人」としての「人間」から区別される「本体人」の次元に「人間性」が属すといわれるさいには、このような狭義の人間性が念頭におかれている（MS.418：⑪二八八頁／MS.423：⑪二九四頁）。カントは多くのばあいに〈Menschheit〉をこのように狭義に理解している。

②〈Menschheit〉は「人間的存在〔menschliches Wesen〕」、「人間存在（人間というあり方）〔Menschsein, huma being〕」、「人間本性〔menschliche Natur〕」という意味にも使用される。それはとくに「動物性〔Tierheit〕」、「動物的存在〔das animalische Wesen〕」と対比され、経験的、記述的性格と理念的、規範的性格とをもつ。人間学において考察される〈Menschheit〉は、技術的、実用的生活もあり方をも考慮した広義のものである[15]。人間性の経験的側面の把握の点ではイギリス経験論における人間研究が継承されている。

③〈Menschheit〉はさらに個々の人間から区別され、人間の全体、「人類〔Menschengattung〕」を意味することもある。人類は理念的性格と経験的性格とをもつ[16]。理念的意味での人類性は尊厳をもつ。経験的な人類性はそれ自体で直ちに尊厳をもつとはいえないであろうが、理念的な人類性を支えるものとして、尊厳と無関係ではない。経験的人類性の侵害は理念的人類性（人間性）の侵害につながる。経験的人類性は自然性、共同性、歴史性を特徴とする。まず、人

類は生殖の系列をつうじて維持されるのであり、人類の生命の維持は人類の維持全体の自然的基礎をなす。人間の自分自身にたいする道徳的義務にかんして、自然が個人に与えた使命としての自分の生命の保存から、自然が種としての人間に与えた使命としての種の保存が区別される（MS.424：⑪二九六頁）。つぎに、人類においては人間の共同性が明確になる。さらに、人間の自然素質の発展は基本的には個人としてではなく、類として共同的に行なわれる（AG.18：⑭五頁）。さらに、生殖の系列をつうじた人類の生命の維持、また文明と道徳の進展は歴史的である（AG.19：⑭六頁／Ath.329f.：⑮三二四頁）。

なお、カントは〈Menschheit〉から区別して、〈Menschlichkeit〉という用語を使用することがある。〈Menschlichkeit〉は第一に、感性的な人間愛や人間味を意味する。第二に、〈Menschlichkeit〉は、「洗練された〈Menschheit〉」（Ath.282：⑮二五一頁）であり、〈Humanität〉ともいい替えられる（Ath.277f.：⑮二四四頁以降）[17]。これらのばあいには〈Menschlichkeit〉は道徳的なものではなく、実用的なものである。

二・三　人格・人格性・人格の状態――人格の円錐構造

「人間」は類的であるが、これが個別化されれば、「個人」となる。〈Person, person〉は「個人」という意味ももつが、カントは人格を個人よりも限定的な意味に理解する[18]。個人は、他の個人から経験上も区別される存在者であるが、人格は個々の有限な理性的存在者（Gr.428：⑦六四頁／KpV.25：⑦一五七頁）として理性をその中核とする点で、たんなる個人から区別される。〈Persönlichkeit〉は〈Person〉の本質（人格性）、あるいはそのあり方（人格存在）である[19]。「人格」という訳語は規範的、価値的意味あいを強くもつが、この訳はキリスト教における「位格」のほかに、カントの道徳論を念頭においたものと思われる。しかし、カントは〈Person〉を、道徳性を基本としながらも、広い意味に理解している。彼によれば、人間（人類）は内的階層構造をもつ全体的存在であるが（本章、二・一）、個人、人格も同様である。個人の内部構造も、動物的階層を基礎に、技術的、実用的階層を経て、道徳的階層を頂点とする。人格においては、その内部構造における最上の道徳的階層が明確にされる。しかし、それぞれの人格は有限な理性的存在者として具体的、個別的性格をもつ。人格の動物的素質、技術的・実用的素質、道徳的素質とそれらの発達は各人によってさまざまであり、ここに個々の人格の多様性が生じる。いずれの人格においても、道徳的素質を頂点とし、さまざまな素質を均衡的に、バランスよく結合することが求められ、その促進が教育の目的となる（Ⅷ - 三・二）。

カントは、人格性と人間性とが道徳的、規範的性格の点で（「本体人」として）同一の次元に属すと見なすことがあり、そのように解釈する研究者が少なくない。[20] しかし、両者にはつぎのような相違がある。人間性は、類的、共同的なものであり、すべての人間を結合する。これに対して、人格性は人格の本質である点では、他の人格と共通するが、それぞれの人格を他の人格から区別して、固有のものとする本質である。そこでは人格相互の結合は背後に退く（共同性が無視されるのではないが）。人格性と人間性の相違にかんしてつぎのような説明が注目される。「すべての権利の結合力は人格に固有のもの［人格性］のなかにあるのではなく、むしろ人間性のなかにある」（RzRph.538）。このような相違が看過されるならば、人格や人格性は狭い人格主義の立場から原子論的に理解されてしまう。この問題は人間性の尊厳と人格の尊厳との関係にも関わる（本章、三・一）。

さらに、カントは具体的な人格を「人格の状態〔Zustand der Person〕」と「人格性〔Persönlichkeit〕」との結合としても理解している。人格の状態は、人格がおかれる外的境遇（富、身分など）、人格の内的な状態（快、年齢、性別、健康状態など）、人格の内的な属性（気質、経験的性格、才能、能力など）を含み、いずれも経験的なものである。[21] 人格性は「内的、道徳的価値」をもつのに対して、人格の状態は「外的価値」をもつにすぎない（VE.151：⑳一〇七頁／Vgl. KpV.60：⑦二一〇頁／KpV.88：⑦二五一頁）。人格の状態は人格にとって偶然的、付随的である。[22] 広義の人格は人格の状態を含むが、狭義の人格は人格の状態を含まない。人間の生命や身体は人格の内的構成要素であり（VE.185：⑳一四二頁）、狭義の人格に属し、人格の状態には属さない（Ⅲ - 一・二）。狭義の人格と人格の状態とのあいだには道徳的扱いにかんして相違がある。

さまざまな道徳的関係はいずれも自他の人格の状態を媒介にする。『実践理性批判』においては道徳的関係が、ある人格の自分の「人格性にたいする関係」、「［自分の］人格の状態にたいする関係」、「他人の人格の状態にたいする関係」に区分される（KpV.66：⑦二一九頁）。『道徳形而上学』においては人格相互の道徳的諸関係における諸義務が「人間の状態にかんする人間相互の倫理的諸義務」と捉えられる（MS.468：⑪三五八頁）。

広義の人格は人格性を中核とし、その周辺に人格の状態をもつ（〈人格性―人格―人格の状態〉）という同心円的構造をなす。また、人格は〈動物的階層―技術的階層―実用的階層―道徳的階層〉という位階的、垂直的構造をもつ。両面を合体すれば、人格は円錐的構造をもつであろう。ただし、人格の同心円的構造と垂直的構造との対応は単純ではない。一方で生命と身体は動物的階層という基底階層に属すが、人格の内的構成要素であり、人格の状態には属さず、人格の周辺部分ではない。他方で、技術的、実用的な階層は基本的に人格の状態に属し、人格の周辺部分に属す。

第三節　人間性の尊厳とその承認

三・一　人格における人間性の尊厳

社会的には一般に「人間の権利（人権）〔Menschenrechte（human rights）〕」との関係で「人間の尊厳〔Menschenwürde（human dignity）〕」について語られ、「人格（個人）の尊厳」も話題になるが、カントは「人格における人間性の尊厳」という表現を基本としている。[23]『基礎づけ』においてはつぎのような有名な定言命法が掲げられる。「君の人格とあらゆる他人の人格における人間性をつねに同時に目的［それ自体］として使用し、けっしてたんに手段として使用しないように、行為せよ」（Gr.429：⑦六五頁／Vgl. KpV.131：⑦三一三頁）。[24]『道徳形而上学』の『徳論』における道徳的諸関係はこの定言命法の具体化として説明されている（MS.420：⑪二九〇頁／MS.462：⑪三五〇頁）。カントは、人間や個々の理性的存在者が人間性を内在させるかぎりで、「人間の尊厳」、「理性的存在者の尊厳」という簡略的な表現を使用することがあるが（後述）、「人格の尊厳」という表現の使用はきわめてまれである。

カントは人間性の尊厳を「目的自体」の概念によってつぎのように特徴づけている。①目的と手段のあいだには無限の連鎖があり、任意の目的はより高位の目的のための手段となり、また、ある手段はその獲得のために下位の手段をさらに必要とする。これに対して、もはやいかなる手段ともなりえない最上位の目的は「目的それ自体〔Zweck an sich〕」であり、人格における人間性がこのようなものである（Gr.428：⑦六八頁）。②事物（物件）〔Sache〕はなんらかの目的のための手段として「相対的価値」をもつのに対して、人格における人間性は目的自体として「絶対的価値」をもつ（Gr.435：⑦七四頁）。相対的価値をもつものは他のものとの比較で見積もられうるが、絶対的価値をもつものは等価物をもたない。相対的価値は価格によって表示されるが、絶対的価値は尊厳を意味する（Gr.434f.：⑦七五頁）。また、相対的価値をもつものは他のものと比較考量〔abwägen（weigh up）〕されうるが、絶対的価値をもつものはそうでない（比較考量不可能性）ともいえるであろう。③尊厳をもつものは、他のものと交換されえず、これによって「代替され」ず（Gr.434：⑦七四頁）、〈かけがえのない〉ものである（代替不可能性）。④尊厳は相対的な「価値評価〔Wertschätzung〕」の対象ではなく、端的に「承認〔Anerkennung〕」の対象（MS.462：⑪三五二頁）とされるべきである（評価不可能性）。

カントにおいては〈人間性―人間―人格―個人〉という次元が区別されており（本章、二・三）、これに応じて尊厳の次元も区別されるであろう。まず、経験的側面を伴う人間の尊厳について語られることがあるが（MS.429：⑪三〇三頁／MS.435：⑪三一一頁）、このような人間は人間性を内在させるかぎりで、尊厳をもつ。また、「理性的存在者の尊厳」について語られることがあり（Vgl. Gr.434：⑦七三頁／KpV.87：⑦二五〇頁）、これを〈人格の尊厳〉といい替えることもできるであろう（意外に思われるかもしれないが、カントが人格の尊厳について語ることはきわめてまれである）。一般的には個人の尊厳も話題にされるが、個人は人格よりも経験的性格が強い。ただし、人間性の尊厳と人格の尊厳との関係についてはつぎのことに注意が必要である。一方で、人格の尊厳は人間性の尊厳の派生である。すでに見たように（本章、二・二）、人間性は普遍的、共同的性格をもっており、この性格を無視し、人格の尊厳を原子論的に理解してはならない。しかし、他方で、人間性を現実に担うのは個々の人格である。それぞれの人格は他の人格とは異なる特性をもつが、尊厳（絶対的価値）をもつ点で、他の人格と代置不可能なものである。この点で人格の尊厳は固有の意義をもち、人間性の尊厳には解消されないであろう。[25] なお、人間性の尊厳が人格へ内面化、個別化されて、人格性も尊厳をもつともいえるであろう（Vgl. MS.462：⑪三五〇頁）。

また、カントは人格にかんして〈人格性－人格－人格の状態〉という次元を区別しており、これらの位相の相違に応じて、尊厳にたいする関係も異なる。人格性は人間性の理性的、道徳的側面を明確にしており（ただし個の次元で）、人間性と同様に尊厳をもつ。人格およびその内的構成要素（生命、身体などを）を任意に手段化することは人格における人間性の侵害となるので、禁止される。これに対して、人格の状態を任意に手段化することは許容される。「人間は自分の状態を処理することはできるが、自分の人格を自由に処理することはできない」（VE.150：⑳一〇六頁）。ただし、人格の状態は人格の偶然的属性にすぎないとしても、やはり人格の属性であるから、たんなる物件のようにまったく任意に手段として扱われてはならず、人格における人間性とのその関係が考慮されなければならないであろう。

三・二　人間性の手段化の意味

「自他の人格における人間性をたんに手段として扱うのではなく、同時に目的自体として扱うべきである」であるという定言命法においては人間性の手段化の禁止あるいは制限が主張されている。しかし、人間性の手段化が具体的になにを意味するかは明らかでない。規範的、理念的なものとしての人間性が直接に手段とされることはじっさいには考えにくい。直接に手段化されるのは、経験的、具体的な人間とその性質や能力であろう。[26] 人格の手段化から人格における人間性（およびその尊厳）の侵害が生じ、それが間接的に人間性の手段化となるであろう。

カントの基本的見解は、自他の人格（およびその構成要素）は人間性にふさわしく扱われなければならないということである。この面から見れば、「自他の人格における人間性をたんに手段として扱うのではなく、同時に目的自体として扱え」という定言命法の表現はラフであり、厳密には、〈自他の人格をたんに手段として扱うのではなく、自他の人格における人間性を同時に目的自体として扱え〉というべきであろう。

カントが挙げている例においても問題にされているのは人間性の手段化ではなく、具体的な人格、その生命や身体の手段化である。自殺については、それは苦痛に満ちた生活への絶望から行なわれるが、自殺者は生命を幸福の実現のためのものと見なしたうえで、幸福でない生命を自分で否定する点で、自分の「人格」を任意に扱うと非難される。ここでの人格は具体的にはその構成要素としての生命を意味する。自殺は、「耐えられうる状態を人生の最後まで維持するための一手段として人格をたんに利用する」（Gr.429：⑦六六頁）。また、他人に嘘の約束することは、「他人をたんに手段として利用すること」を意味する（Gr.429f.：⑦六六頁）。ここでも手段化されるのは他の人間あるいは人格である。ただし、〈Menschheit〉が人類（とくに経験的な人類）を意味するばあいには、その直接の手段化がありうるであろう。生命倫理においても遺伝への人為的介入にかんして人間における「類」の扱いが議論の対象となっている（Ⅲ‐四・六）。

三・三　人格の手段化の可能性

カントは人格の手段化が人間性の尊厳と一致する可能性を考慮している。彼は有名な定言命法においては注意深く、「人格における人間性をたんに〔bloß〕手段として使用してはならず、つねに同時に目的自体として使用しなければならない」（Gr.428：⑦六五頁／Vgl. KpV.87：⑦二五〇頁／MS.462：⑪三五〇頁）と述べ、これをくり返しているが、このことの意味を正確に理解する必要がある。ここでは、「たんに……なく」、「同時に……」という表現が付加されているが、この付加はたんなる強調のためのものではなく、その両部分が一体となって、人格の手段化を制限している。ここで禁止されるのは、自他の人格を「たんに」、あるいはもっぱら任意の目的のための手段とすることである。しかし、そのことが「同時に」自他の人格における人間性に合致するばあいがあることが認められている。

人格の手段化が人間性の尊厳の尊重と両立する余地があることはつぎのような例からも明らかになる。自殺は、不幸な境遇への絶望からの自殺は生命を幸福の実現のために「たんに」手段として扱うことになるので、禁止される。しかし、高位の目的（社会の福祉など）のために、生命を自発的に犠牲にすることは人間性に背反せず、許容されうる（Ⅳ‐二・二）。また、男女がたんなる性欲の満足のために、自分と異性との身体（性器）を使用することは禁止されるが、夫婦が相互の人格の独立を基礎に、それぞれの性欲を相互に満足させるために、自他の身体を相互に使用することは許容される（Ⅲ‐四・二）。さらに、契約に基づく雇用労働において、個人が自分の労働（身体活動）を他人（雇用者）に提供し、他人がこれを使用するばあいに、労働の提供と使用は労働者の人間性を侵害しないように行なわれるかぎり、許容されるという例が挙げられるが、[27]ここでは、労働、労働力（それは人格の構成要素でなく、人格の状態に属す）が同時に人間性に一致するように、手段化されうることが示されている。仕事における技能や勤勉は「市場価値」をもつともいわれる（Gr.435：⑦七五頁）。

三・四　人間性の尊厳と比較考量

カントは人格とその構成要素の比較考量や手段化をまったく禁止しているのではない。彼によれば、それらを高位の道徳的目的のために手段化することが、同時に人格における人間性と一致するばあいがあることを認めている。ただし、人格のどのような手段化が人間性に一致するかはそれぞれの状況において具体的に判断されなければならない。カントは『道徳形而上学』の『徳論』において、人間の自分自身および他人にたいする義務の基本を、自他の人格における人間性の尊重（その棄損の禁止）に求める。ただし、そこで示されるのは基本枠にすぎず、人格の手段化が同時に人間性と一致しうるケースの検討は個別の判断に（決疑論の対象として）委ねられる。たとえば、個人が自分の生命を祖国のために自ら犠牲にする例、自分の身体を手段とする例が挙げられる（MS.423：⑪二九五頁）。

カントの見解のこのような本来の趣旨が無視されるため、一方で、カントの見解を根拠に、人格の手段化の無条件的禁止という硬直した立場が登場し、他方でこれへの反発としてカントの主張を否定し、あるいは希薄化する立場が登場した。生命倫理の分野では後者の立場から、人間の尊厳の概念が医療技術の応用と発展の阻害、それにかんする自由な議論の妨害〈〈ストッパー〉〉となっているという批判が出されている。また、尊厳概念への教条主義的な理解と使用はこの概念の〈インフレーション〉を引き起こし、その内容を希薄化して、その規範的妥当性を弱めるともいわれる。ドイツにおいてはこの種の批判は、基本法（憲法）第一条でうたわれる「人間の尊厳」がカントの尊厳論の影響のもとにあることをも念頭においている。(28) カントの説の硬直的理解がこのような反発を呼び起こしているが、このような理解が是正されることによって、このような反発の根拠は除去され、少なくとも弱められるであろう。

第四節　歴史における文明と道徳

四・一　開化・文明化・道徳化

カントによれば、人間の技術的、実用的、道徳的素質はたんに個々人それぞれにおいて発展させられるのではなく、基本的には人類によって歴史的に発展させられる。「人間のばあいは、自然素質〔Naturanlage〕が十全に発達するのは類においてであって、個においてではない」（AG.19：⑭五頁／Ath.329：⑮三二四頁）。具体的には、自然素質の発展は共同体（市民社会と世界市民社会）において可能となる（AG.22：⑭一八頁／Ath.333：⑮三三〇頁）。

　類としての人間の技術的素質の発展は「開化〔Kultur〕」として、実用的素質の発展は「文明化（市民化）〔Zivilisierung〕」として、道徳的素質の発展は「道徳化〔Moralisierung〕」として特徴づけられる。人類の歴史は大づかみに見れば、未開の動物的あり方から道徳的あり方への進展を意味するが、それらのあいだの中間段階に開化と文明化が位置する。開化は文明化からつぎの点で区別される。〈Kultur〉（開化）は技術的素質（技能のための）の発達に関係し、なまの状態に手を加え〔bearbeiten〕、開発する〔anbauen〕ことを意味する（MS.342：⑪二五八頁）。これに対して、〈Zivilisierung〉（文明化・市民化〉は、実用的素質（怜悧のための）を発達させ、社交と趣味における洗練化をもたらし、「市民〔civis〕」を形成することを意味する（Ath.323：⑮三一五頁）[29]。〈開化－文明化－道徳化〉は、〈技術的－実用的－道徳的〉という人間存在の内部階層を歴史過程の面から捉え直したものといえる。カントは人間学の総括として人間の使命を、「人間が他の人々とともに社会のなかに生き、そこにおいて芸術と学問をつうじて開化し、文明化し、道徳化する」ことに求める（Ath.324：⑮三一七頁）。しかし、カントによれば、これまでの人類史においては開化、文明化が先行した。「それ〔道徳〕における自然〔本性〕は開化から道徳へ進むのであり」、「道徳とその法則から出発して、それに基づく合目的的な開化へ進むよう努力するのではない」（Ath.328：⑮三二二頁）。文明化の進行はルソーによって厳しく批判されたが、カントはこの批判を踏まえ、道徳による文明化の方向づけをめざす。彼は市民的体制と世界市民的体制の確立を文明化の目的と見なし（Ath.333：⑮三三〇頁）、文明化を理念（道徳的性格をもつ）によって導くこと構想する（本章、四・三）。

〈開化－文明化－道徳化〉の関係は現代の応用倫理学の展開にとっても重要な意味をもつ。カントの分類では、科学・技術の発展は開化に関係するが、その社会的利用は文明化に属す。今日、応用倫理学上の少なくない諸問題は開化、文明化の無秩序な進行に起因する。開化、文明化の制御のための道徳の役割が問われているといえる。

四・二　文明化の二面性

カントは人類史をまず実用的見地から文明化の過程として理解し、しかもこの過程を、対立、敵対、抗争を含む動態的なものと捉える。批判期の『普遍史観』（『世界市民的見地での普遍的歴史の構想』）においてはつぎのようにいわれる、人間は、他人との共同や協力を求める「社交的」傾向と、他人と競争し、他人に対抗しようとする「非社交的」傾向とが一体化した「非社交的社交性〔ungesellige Geselligkeit〕」の傾向をもつ。「非社交的」傾向から人間相互、集団相互の「抗争〔Antagonismus〕」が生じる（AG.20：⑭八頁）。一面で、この抗争は人間の技術的、実用的素質の発展を刺激した（AG21f.：

⑭九頁以降）。戦争さえもこれらの素質の発展の動力となってきた（EF.363f.：⑭283頁）。しかし、他面で、抗争を媒介にした開化と文明化の進展は人間の腐敗と堕落、「輝かしい悲惨」（UK.432：⑨一一一頁）もたらした。

ルソーによる文明批判は、カントの実践哲学的考察が啓蒙主義から脱却するさいに、大きな影響を与えた。[30] カントはルソーの文明批判にかんしてつぎのようにいう。「ルソーは野生人〔Wilden〕の状態の方がよいと見なしたが、これはそれほど誤ってはいなかった。われわれは芸術と学問によって高度に開化されている。われわれは煩わしいまでにあらゆる社交上の礼儀や風儀の点で文明化（洗練化）されている。しかし、われわれがすでに道徳化されていると見なすには、なお多くのものが欠けている」（AG.26：⑭一六頁）。「われわれが幸福であるのはわれわれの時代においてであるよりは、このような開化がすべて見出せない粗野な〔roh〕状態においてではないかという問題が存在する」（Pd.451：⑰二九三頁）。[31]

ルソーは「自然状態〔état naturel〕」と「文明状態（市民状態）〔état civil〕」とを、「野生人〔homme sauvage〕」と「文明人〔homme civil〕」あるいは「洗練された人間〔homme policé〕」とを対比したが、カントによれば、ルソーは単純に文明状態の否定と自然状態への復帰を主張したのではない。ルソーは自然状態に照らして、文明の歪みを非難しつつ、新しい文明をめざしたのであり、最終的には自然と文明との結合を課題とした。「ルソーが根本的に求めたのは、人間が自然状態へ逆戻りすべきであるということではなく、人間が現在の段階から自然状態へ戻って眺めるべきであるということである」（Ath.326f.：三二〇頁）。[32] ここでは、従来の文明状態の歪みを把握するためには、自然状態に立ち戻り、そのうえで、道徳と一致する文明状態へ高まらなければならないと見なされている。自然状態と文明状態のあいだには「循環」があり、人類史は螺旋的な歩みをたどるという見解は、歴史を矛盾とその解消、疎外とその除去と捉えるヘーゲルに先行する弁証法的なものであるといえる。このようにカントは、ルソーが鋭く指摘した文明の欠陥を念頭におきながらも、そのなかに新しい文明への可能性を見てとり、ルソーの思想内容を新たな段階へ高めようとする。

四・三　歴史観と自然目的論

カントは独自の自然目的論の立場から人類史を自然の目的の実現の過程と見なす。『普遍史観』においては、人類史は「自然の意図」、「自然の計画」に従うといわれる（AG.18：⑭五頁／AG.27：⑭一七頁）。『人間学』においては、人間の諸素質の歴史的発展は「自然の使命」に従うといわれる（AG.18：⑭五頁／AG.27：⑭一七頁）。『判断力批判』においては、人間にかんして自然の目的が「自然の最終目的〔der letzte Zweck〕」の次元と「創造の究極目的〔der Endzweck der Schöpfung〕」の次元とに区分される（UK.426f：⑨一〇三頁／UK.436：⑨一一六頁）。前者の目的は人間の技術的、実用的素質の展開に関わるのに対して、後者の目的は人間の道徳的素質の展開に関わるが、これも最も広い意味での自然の目的に属す（Ⅳ-三・二）。

カントによれば、市民的体制と世界市民的体制の確立が自然の最終目的であり、自然は文明の発展をそこへ向かわせる。自然は人間のあいだの不和や抗争を利用しつつ、これを「力の均衡」へもたらす。市民的体制（および世界市民的体制）の確立はこのような「自然の機構」に基づいて可能になる（EF.366f：⑭二八五頁以降）。しかし、この体制の確立は自然の機構に従って、自動的に生じるのではない。人間はこの機構を認識し、これを利用し、この体制を能動的に実現しなければならない。自然はその実現に「援助」を与えるにすぎない（EF.366：⑭二八五頁）。

一方で、国家（市民的体制と世界市民的体制）の実現は人間の実用的生活の次元に属し、悟性、怜悧によってもたらされるのであり、このかぎりでは道徳性に依拠する必要はない。道徳の実現の基礎には国家がある。国家において実用的素質が発達させられるだけではない。国家は道徳的素質の発達を自動的にもたらすのではないが、道徳的素質を含む諸素質の発達の基盤をなす。この意味でつぎのようにいわれる。道徳によって「善き国家体制が期待されるのでなく、むしろ逆に後者によってはじめて人民の善き道徳的形成が期待される」（EF.366：⑭二八六頁）。しかし、他方で、国家の実現は法的理念（広義の道徳的性格をもつ）によって導かれ、この実現は義務となる（EF.365：⑭二八四頁）。自然の機構もこのような観点から利用されなければならない（EF.365：⑭二八四頁）。このように、文明（実用性）と道徳（道徳性）の関係は二重であり、一方で前者は後者から独立しているが、他方で前者は後者によって方向づけられなければならない。

第Ⅲ章　人格の構成要素としての生命と身体――カント哲学の生命倫理的射程

第一節　人格における生命と身体の位置

一・一　生命倫理学におけるカント評価

一方で、カント哲学は人格の理性（道徳性）を感性（自然性）から峻別するので、人間の生命や身体を軽視しており、生命倫理的諸問題の解決には役立たないと見なされやすい。しかし、他方で、今日の生命倫理学（生命医療倫理学）[1]においてはカントの人格論、自律論、尊厳論がしばしば援用されもする。

アングロサクソン圏（アメリカ、オーストラリアなど）では、人格（パーソン）をもち、保護の対象となる人間の範囲を狭め、人格の自律（自己決定）を根拠に堕胎や安楽死などを容認する傾向が強い。この傾向は全体としては功利主義の影響のもとにあるが、部分的にカントの（正確には擬似カント的な）自律論を利用する。これに対して、ドイツ語圏では、人間の尊厳についてのカントの観念を拠り所に医療技術の応用を厳しく制限しようとする傾向があり、これをめぐって活発な議論が展開されている。ドイツでは第二次世界戦後に基本法（憲法）において人間の尊厳が明記され、カントの尊厳論のそれへの影響が一つの論点になっている。医療技術の応用の推進をめざす論者は、カントに由来する尊厳論の硬直性を指摘し、それが生命医療倫理についての多様な議論を妨害する点で、「ストッパー」の役割を果たしていると批判する（Ⅱ・三・四）。この潮流は基本的にはアングロサクソン圏における功利主義的傾向の影響を受け、カント離れを志向する。

私見では、これらの潮流におけるカントの自律論、尊厳論の受容と拒否とはいずれもカントの理論のステレオタイプ的な解釈にとらわれている。生命倫理にとってのカント哲学の意義について検討するためには、人格、生命・身体、自律、人間性の尊厳などについての彼の見解を再検討する必要がある。本章では、カントが生命倫理的諸問題にかんして原則と問題解決の方向とをどこまで示しているかを見きわめたい。もちろん今日のような医療技術の発展は彼の時代には予想できなかったものであり、彼の理論が今日の諸問題の解決に直ちに役立つことは期待できない。しかし、彼がすでに一八世紀末の時点で人間の生命と身体の道徳的扱いについて幅広い考察を行なっており、今日においても少なくない示唆を与えることを明らかにしたい。

一・二　人格の基礎としての生命・身体

すでに述べたように（第Ⅱ章、二・一、二・三）、カントは人間あるいは人格の内部構造を〈動物的（自然的）－技術的－実用的－道徳的〉の四層の位階的統一と捉える。生命・身体は人間の動物的階層に属し、また人格の基層をなす。『道徳形而上学』の『徳論』においては生命と身体の保存は「動物的存在者としての自分自身にたいする義務」とされる（MS.421ff.：⑪二九二頁以降）。また、カントによれば、人格は人格性と人格の状態とを含むが（Ⅱ・二・三）、生命と身体は人格の状態には属さず、人格の内的構成要素であるのでたんに任意に手段として扱われてはならない。『倫理学講義』においてはつぎのようにいわれる。「人間は自分の状態を処置することはたしかにできるが、自分自身と自分の生命を処置することはできない」（VE.185：⑳一四二頁）。

生命は人格の基礎をなし、生命が失われれば、人格も保持されなくなる。『倫理学講義』においてはこの観点から自殺についてつぎのようにいわれる。「自分の生命を自分から奪う者は、このことによって自分の人格を保存できなくなる」

（VE.186：⑳一三二頁）。自殺は、自由な選択意思の使用に基づくと主張されることがあるが、この使用は、「主体が存在することによってのみ、可能である」（ibid.）。『徳論』においてはつぎのようにいわれる。自殺は「自分自身の人格における道徳性〔Sittlichkeit〕の主体を絶滅させる」（MS.423：⑪二九四頁）。ここでは生命は道徳性の「主体〔Subjekt〕」と呼ばれているが、それはむしろ〈基体〔Substrat〕〉や〈担い手〔Träger〕〉を意味するであろう。

人間の身体についてはつぎのようにいわれる。「身体は彼の自己の一部である。彼は身体とともに人格を構成する」（VE.208：⑳一六七頁）。生命は人間の「状態」ではないが、身体は「生命の状態」ではなく、したがって人間の状態でもない（VE.185：⑳一四一頁）。身体は生命にその状態として「偶然的に属す」のではなく、生命の「十全な〔gänzlich〕条件」である。身体が生命の偶然的な付属物であるとすれば、個人はこれを任意に扱うことができるであろうが、身体は人格の構成部分であるから、それを人格から切り離し、所有物のように任意に処置してはならない。「人間は自分の所有物ではなく、自分の身体を意のままに取り扱うことはできない」（ibid.）。ロックは、人間が身体（あるいは人身〔person〕）を所有し、これを自由に処分することができると見なすが（TG.II6, 27, 44）、カントの見解はこれとは異なる。[2]

一・三　生命・身体と人間性

生命と身体は人格の感性的な構成要素であるが、それ自体では絶対的価値（尊厳）をもたず、人格における人間性の尊厳に照らして、価値をもつ。ただし、生命と身体は人格の状態とは異なって、たんに任意の目的のための手段とされてはならない。とくに生命は人格の主体、基体をなしており、その侵害は人格そのもの、人間性の侵害につながる。この点で、生命を「任意の目的のためのたんなる手段として」「処置することは」、「自分の人格における人間性（本体人）から尊厳を奪う〔abwürden〕ことを意味する」（MS.423：⑪二九四頁）。自殺はその典型とされる。

ところで、生命や身体をたんに任意の目的のための手段として扱うことは人間性に背反するが、生命や身体の手段化が一律に禁止されるわけではない。のちに見るように（本章、二・二（二）、二・三（二））、生命や身体を高位の目的のための手段として扱うことが人間性と一致することもありうる。〈たんに手段として扱うのではなく、つねに同時に目的自体として扱わなければならない〉という定言命法（Ⅱ - 三・三）は生命や身体の扱いにも該当する。

第二節　生命と身体の道徳的扱い

二・一　生命の保存の義務

（一）生命と身体の道徳的位置

『徳論』においては生命と身体の保存は「動物的存在としての自分自身にたいする人間の義務」と見なされ、この義務は、「動物的本性を備えた自分自身の保存」（個人の生命の維持）、「種の保存」（生殖）、および「動物的生命の享受のための能力の保存」（身体の保全）にかんする義務に大別される（MS.421：⑪二九〇頁）。生命と身体の保全の義務は自分自身にたいする完全義務であるのに対して、体力などの自然素質の開発（「自分の自然的完成」）の義務は自分自身にたいする不完全義務であるといわれる（MS.444f.：⑪三二五頁）。

カントは人間の生命と身体の保存の義務を自然的な面と道徳的な側面から考察する。まず、その自然的な側面についてはつぎのようにいわれる。すべての自然的存在者は、自分とその類（種）を保存するという目的、使命を自然によって与えられているが、人間も同様である（AG.18：⑭五頁／Ath.329：⑮三二四頁）。人間の生命は「自然目的」に従って、保存されなければならない（MS.424：⑪二九六頁）。生命の保存は個人にかんする側面と、種にかんする側面とをもつ（MS.420：⑪二九〇頁）。〈Menschheit〉は人類性という意味をもっており（Ⅱ - 二・二）、個人の生命の破壊は自分の人格における人間性と人類性との破壊につながる。人間の生命と身体の保存のこのような義務は人類にたいする義務でもあり、法的性格のもの（とくに家族において）とも見なされる（本章、五・一）。

つぎに、人間の生命と身体の保存の義務は道徳的な視点から、考察される。この義務に最も背反する行為は自分の生命の「全体的」破壊としての自殺であり、ついで生命の「部分的な」破壊としての肢体の切断あるいは身体の毀損である（MS.421：⑪二九二頁）。自分の生命の破壊は道徳性の担い手の破壊であり、人間性の尊厳の毀損となるが、身体の毀損もこれに準じる。いずれの毀損もたんに自分の任意の目的のための手段として自分の生命と身体を扱うことを意味する（MS.423：⑪二九四頁）。

（二）**人格の手段化としての自殺**

カントは自殺を厳しく禁止する。「自殺はいかなる条件のもとでも許容されえない」（VE.189：⑳一四六頁）。自殺は他の人間や社会（家族、国家）にも影響するので、他人にたいする義務への背反という側面をもち、また宗教的に神にたいする義務への背反とも見なされうるが（MS.422：⑪二九三頁）、根本的には自分自身にたいする義務への背反である。自殺が禁止される主要な理由は、それが人格、生命をたんに手段として扱い、人間性を損なうことに求められる。

自殺の禁止についてのカントの見解は幸福主義にたいする批判と結合する。多くのばあい自殺は、「労苦に満ちた状態から逃れる」ために企てられる。そこでは快適な、幸福な生活が目的とされる。幸福への期待がもてれば、生命を維持するが、そうでなければ、生命を自ら放棄してよいと見なすことは、生命を幸福（あるいは苦痛の回避）のための手段として扱うことになる。自殺者は「一つの人格を、耐えられる一生の最後まで生きるための一つの手段として用いるにすぎない」（Gr.429：⑦六六頁）。人間は、「快楽の欠如を理由に、生命を断つ権能を」もたない（VE.191：⑳一四八頁）。

カントは、人間がその自由な選択意思によって自分の生命を断つことができるという見解を批判する。ストア派においては、幸福な生活にも生命にも執着せずに、生命から静かに「立ち去る」ことが主張される（VE.151：⑳一四八頁以降）。しかし、カントによれば、生命は道徳性の主体、基体であり、自由意思の基盤でもあるから、自殺は自由意思そのものを破壊することになり、矛盾に陥る（VE.185：⑳一四二頁）[3]。さらにカントは、のちに見るように（本章、二・二（二））、恥辱を避け、名誉や尊厳を守るための自殺をも禁止する（VE.187：⑳一四三頁）。

（三）**自殺禁止の非宗教的根拠**

しばしば宗教的な立場からつぎのような理由で自殺が禁止される。生命は神から与えられた神聖なものであり、神の指示や許可なしに、生命を自分の判断で勝手に生命を断つことは、神の意志に背くことである。「この世界を去るように神が明確な命令を下す」まえに、自ら命を断つならば、「神にたいする反逆者」となる（VE.193：⑳一五〇頁）。しかし、カントによれば、自殺が禁止されるのは、「神がそれを禁止した」からではなく、それが人格における人間性の尊厳を損なうからである。「自殺が嫌忌すべきものであるのは、神が禁止したという理由によるのではなく、自殺によって人間の内面的尊厳が……引き下げられるという理由による」（VE.193：⑳一五〇頁／Vgl. VE.149：⑳一六五頁／Vgl. MS.422：⑪二九三頁）。このようにカントは生命を「宗教的側面から」ではなく、「それ自体において」考察する（VE.186：⑳一四三頁）。非宗教的な意味で「神聖」といえるのは、つぎに見るように（本章、二・二）、人格における人間性の尊厳である。人間性の尊厳（神聖性）との関係においてのみ生命は道徳的価値をもつ（VE.198：⑳一四六頁）。

二・二　生命の尊厳をめぐって

（一）生命にたいする人格的価値の優先

すでに言及したように（本章、一・三）、カントによれば、生命はそれ自体では道徳的価値や尊厳をもたず、人格における人間性にたいする関係においてのみ道徳的価値をもつ。このような文脈で、人間性の尊厳にふさわしい生（生命）が、「生きるに値する」生であるといわれる。「重要なことは、長く生きることではなく」、「生きるかぎり、尊敬（名誉）に値する〔ehrenwürdig〕よう生き、人間性の品位（名誉）を汚さ〔entehren〕ないことである」（VE.196：⑳一五三頁）。「生命はそれ自体ではいかなる仕方でも尊重〔hochschätzen〕されえない。むしろ私は、生きるに値するかぎりでのみ、私の生命の保存をめざさなければならない」（VE.188：⑳一四五頁）。

カントは人格の「内的価値」を生命の価値よりも優先させる。「内的価値をもつ者は」「自分の人格の価値を生命よりも優先する」（VE.194：⑳一五一頁）。内的価値は人格における人間性の尊厳に由来する。生命は人格の一部であるから、生命の価値は人格の内面的価値に従属する。カントはさらに「自然的な〔physisch〕生（生活）」（VE.195：⑳一五二頁）と「道徳的生（生活）」（VE.196：⑳一五三頁）とを区別し、後者を前者に優先させる。人間性の尊厳にふさわしく生きることが「道徳的生」であり、たんなる自然的生の保存よりも道徳的生の保存が重要である。たんに肉体的に生きるのではなく、道徳的によく生きることが求められる。「生が人間性の尊厳と一致しなければ、彼〔人間〕の道徳的生は終わってしまう」（VE.196：⑳一五三頁）。

このようにカントは人間の生命の内的価値や尊厳を無条件で主張してはいない。ただし、生命は人格の基盤である点で、人格における人間性の尊厳と結合しており、間接的、派生的に尊厳をもつともいえるであろう。このかぎりで人間の生命の尊厳について語ることは可能であろう。カントのつぎの主張はこのような文脈で理解できるであろう。「目的［自体］としての生命は［手段として］処置されることはできない」（VE.186：⑳一四二頁）。

（二）生命の自己犠牲の可能性

カントは自殺を無条件で禁止するが、生命を自ら犠牲にすることをいかなるばあいでも禁止するのではない。彼はつぎのようにさえ主張する。「生命は特別の条件のもとでは犠牲にされなければならない」（VE.189：⑳一四六頁）。「生命の保存が最高の義務なのではない。もっぱら尊敬に値するように生きたことのために、生命が放棄されなければならないことがしばしばある」（VE.196：⑳一五四頁）。

カントは、任意の目的のために生命を犠牲にすることを禁止するが、つぎに見えるように、道徳的に高位の目的（「普遍的福祉」など）のために、生命を犠牲にするばあいがあることを容認している（VE.195：⑳一五二頁）。しかし、彼は、人間の尊厳を守るための自殺を容認してはない。過去の歴史において「偉大な英雄的な行為」と見なされた自殺の例にかんしてカントはつぎのようにいう。古代ローマにおいてカトー（小カトー）がカエサル軍によって包囲され、捕虜となって辱めを受けることを回避するために、自殺した。しかし、カトーにとっては、拷問や辱めに耐えて生き抜くことがその尊厳にふさわしい行為であった（VE.187：⑳一四四頁／VE.192：⑳一四九頁）。また、ルクレティアがローマ王の子によって凌辱され、彼女の夫と父にたいしてそれへの復讐を訴えて自殺した。しかし、彼女が尊厳を守るため、凌辱に抵抗して殺害されたとすれば、その死は尊敬に値するとしても、彼女の自殺は道徳的に容認されない（VE.187：⑳一四四頁）。これらの例においては、尊敬に値するよう生きる余地がなお残っていたとカントは見なす。

（三）運命による死と自殺との相違

カントによれば、ある人間が「普遍的福祉」のために自分の生命を自ら犠牲とし、この点で生命を手段化することは彼の人格における人間性に一致しうる。カントはその例として兵士の死を挙げ（VE.195：⑳一五二頁）、兵士の死と自殺とのあいだの根本的相違を指摘する。兵士は最悪のばあいには生命を失うことをいとわないが、可能なかぎり生き伸びることをめざし、結果として生命を犠牲にする。これとは異なって、自殺は自分の生命の否定を直接にめざす。死を恐れないことと、自分の生命を自分で断つこととは区別されなければならない[4]。カントは兵士におけるような生命の犠牲を「運命」による犠牲と呼ぶ（VE.188：⑳一四五頁）。ただし、彼は兵士のいかなる犠牲をも容認するのではないであろう。生き残る可能性がまったく、あるいはほとんどないような無謀な戦闘に身体を投じることは自殺に類似しており、このような犠牲を命令することは許されないであろう[5]。

ところで、カントは、なにが高位の目的であり、そのために生命をどこまで犠牲にすべきかはケース・バイ・ケースで判断されると見なす。「われわれがどの程度まで自分の生命を尊重すべきであり、どの程度まで自分の生命を賭けるべきであるかの規則はきわめて微妙である」（VE.195：⑳一五二頁以降）。カントは『実践理性批判』においては、難破船の多数の乗員を救済するため、また祖国を救済するため、自分の生命を犠牲にする例を挙げ、他人や社会の救済の義務が自分の生命の維持の義務に優先することには「若干の疑惑」が生じると述べている（KpV.158：⑪三四九頁）。

カントの分類では、社会のために個人の生命を犠牲にする義務は他人（あるいは社会）にたいする不完全義務に属すが、自分の生命を維持する義務は自分自身にたいする完全義務に属す。カントの原則によれば、完全義務が不完全義務に優先し、自分自身にたいする義務が他人にたいする義務に優先するが、この原則から、国家や他人の救済の義務よりも自分の生命の維持の義務が優先するという結論は機械的に導出されえないであろう（Ⅱ‐四・三）。

二・三　身体の保存の義務

（一）身体の物件的扱いの禁止

すでに述べたように（本章、一・二）、カントによれば、身体は「生命の十全な条件」であり、人格の不可欠の一部である。人間の身体を自分の所有物として意のままに扱ってはならない。たとえば、金銭の獲得などの私的な目的のために身体の一部を他人に売り渡すこと、自分の身体の一部を他人の使用に委ねること（歯を他人に売り渡し、他人に移植することなど）は人間性の尊厳を損うので、禁止される（MS.423：⑪二九四頁／VE.208：⑳一六六頁）。より明確な例は売春である。「淫売（淫欲）」は、「金銭を目当てに他人の性的性質［性欲］の充足のために他人に自分を委ねる」ことであり、「自分の人格を物件とすること」である（VE.208：⑳一六七頁）。

（二）身体の手段化の可能性

生命の保存の義務は道徳的に無条件的でないが（本章、一・二、二・二（一））、身体の保存の義務も無条件的ではない。高位の道徳的目的のために身体の一部が犠牲にされなければならないばあいもある。このばあいには身体の手段化は人間性の尊厳に背反しない。自分自身にたいする関係については、自分の生命の保存のために身体の一部を切断、切除することも例として挙げられる。「器官として不可欠な部分」を自分から奪うことは「部分的自殺」であり、禁止されるが、「すでに死んでいる器官」、あるいは「死にかけている器官」を切除することはこれには該当せず、ばあいによっては許容される。また、身体の一部ではあるが、器官ではないもの（毛髪など）は人格の構成要素ではないので、これを身体から切断することも許容される。ただし、利得を目的として、このような切断を行なう（毛髪を他人に売り渡すなど）ことは禁止される（MS.423：⑪二九四頁）。

また、カントは、生命の保存のためであるはずの医療措置が、生命を脅かす危険性を含むことに留意している。彼はその例として種痘を挙げ、このような医療措置を受けることが適切かどうかを決疑論的問題としている（MS.423：⑪二九六頁）。危険な航海に出るさいのリスクは人間自身によって作り出されるものではないのに対して、医療行為のリスクは、人間自身が生み出すものであるので、いっそう回避されるべきであるとカントは主張する。このような主張は、今日から見ても、先駆的なものである。(6)

（三）健康管理と健康増進の義務

カントは『徳論』において身体にかんして、まず自分自身にたいする完全義務（消極的義務）への背反として不節制を挙げる（MS.427f.：⑪三〇〇頁）。ただし、不節制の禁止が必要になるのは第一義的には、不節制によって将来生じる損害や苦痛を防止する（将来の幸福）という実用的目的のためではなく、人格の「自己麻痺化〔Selbstnetäubung〕」の防止という道徳的目的のためである。「自己麻痺化」の最も明瞭な形態は麻薬の使用である（MS.427：⑪三〇〇頁）。

つぎに身体にかんする自分自身にたいする不完全義務（積極的義務）の基本は「自分の自然的完成」の一部としての「体力の開発〔Kultur der Leibeskräfte〕（本来の体育〔Gymnasstik〕）」に求められる（MS.444：⑪三二五頁）。それは、身体を、「ありうるあらゆる目的のための手段」として使用するためのものである（ibid.）。ここでは身体の手段化が容認される。(7)『倫理学講義』においては「身体そのものにかんする義務」についてより詳しい説明がある。この義務は第一に「身体の訓練」であり、節制と節度がその主柱をなすが、これは完全義務に属すであろう。第二の義務は「身体のあらかじめの配慮」（健康の管理と増進）であり、これは不完全義務に属すであろう（VE.197ff.：⑳一五五頁以降）。カントは虚弱な体質をもっていたため、健康管理に人一倍留意し、規則正しい散歩を行なったことは有名である。

第三節　カント人格論の射程

三・一　〈パーソン〉論とカント人格論

（一）人格の要件をめぐって

アングロサクソン圏の生命倫理学においては、「パーソン（人格）」を狭く理解し、その資格をもつ人間の範囲を限定するという説、いわゆる〈パーソン〉論が有力である。そこではしばしばカントの人格論が援用されるが、人格が強調される文脈、人格の意味内容はカントのばあいとは異なる。カントは、人格の資格をもつ個人の範囲を拡大するのに対して、〈パーソン〉論においては、この範囲が狭められ、人格をもたない人間を保護の対象から除外する傾向がしばしば見られる。

〈パーソン〉論の先駆的な主唱者はトゥーリーである。彼は人格の資格として、「経験あるいはその他の心的状態の主体として存在し続けたいという欲求」、「持続的主体の観念」、「自己意識」をもつことを挙げ、とくに最後のものを重視する。このような見解においては、乳幼児、植物人間だけではなく、重度の精神障碍者や重度の認知症の個人などは人格をもたないとされ、保護の対象から除外される。(8)

〈パーソン〉論は経験論的であり、ロックの人格論につながる。ロックによれば、人格は、「理性と反省をもち、自分自身を自分自身と考えることができるような思考する知的存在」（『人間知性論』第二巻、第二七章、第九節）、あるいは、「法や幸・不幸を意識することができる知的行為者」に属す（同、第二巻、第二七章、第二六節）。

（二）自己決定と自律をめぐって

カントは、人格を多義的に理解しながら、道徳的人格の核心を自律＝自己立法に求める。〈パーソン〉論においては、自律を自己決定と見なす立場からカントの自律論がしばしば援用される。たとえば、P・シンガーは人間に特有の「パーソン」の要件を「自己意識」だけではなく、「自己決定によって行動する能力」、すなわち「自律」に求める。(9) しかし、カントにおいては自律（オートノミー）は自己決定には還元されない。〈Autonomie〉の語源は〈auto-nomia〉（「自分にとって法律であること」）であり、カントはこれに立ち戻り、〈Autonomie〉の意味内容を〈Selbstgesetzgebung, eigene Gesetzgebung〉（自分に法律を与えること、自己立法）に見出す（Gr.435f.：⑦七五頁／Gr.447：⑦九一頁／KpV.33：⑦一六九頁）。オートノミーは自己決定という意味をも含むが、これは任意の自己決定ではなく、万人に普遍的に妥当する実践的法則に従った自己決定であり、そこでは自発性が共同性と結合している。しかし、オートノミーの日常的用法においては普遍性、共同性の側面が無視されがちであり、〈パーソン〉論もこの影響を受けている。[10]

（三）社会的意味での人格と社会的有用性

エンゲルハートはトゥーリーやシンガーの〈パーソン〉論の狭さを脱却するために、自己意識や自己決定の能力をもつ人格を「厳密な意味での人格」と見なし、それとは別に、「社会的意味での人格」を想定する。後者の人格は、最小限の社会的相互作用に参加し、なんらかの社会的役割を担うことのできる個人である。ここでは社会的役割が広く、緩やかに理解され、保護の対象となる人間の範囲が幼児、認知症の人間、重度の知的障碍者などへ拡張される。しかし、重度の無脳症児、脳死状態の人間はこのような人格からも排除される。また、幼児、認知症の人間、重度の知的障碍者などの保護は、「厳密な意味での人格」の保護と同等とはかぎらない。

エンゲルハートにおいては功利主義的な観点から、社会の利益への寄与に応じて「社会的意味での人格」の扱いに差別が設けられる可能性がある。[11] 幼児は、将来社会的寄与の可能性をもつ人間として、認知症の人間は、過去に社会的寄与を行なった人間としてそれなりに処遇されるであろうが、重度の知的障碍者の社会的寄与が困難であれば、人格としてのその保護は制約されるであろう。社会的寄与のためには理性や自己意識がなんらかの程度必要であろうから、けっきょく「社会的意味での人格」も「厳密な意味での人格」をモデルとし、「あたかも」そのような人格である「かのように」見なされているにすぎず、〈パーソン〉論の基本枠を超えていないといわなければならない。[12]

カントとの関係についてはエンゲルハートはつぎのようにいう。カントにおいては道徳的共同体の成員としての人格は、その自律に基づいてこの共同体に参加する人間に限定され、この意味で人格は「厳密な意味での人格」に属す[13]。しかし、カントは少なくとも法的人格を社会的寄与やその可能性から独立に、新生児や胎児に認めており、人格を「厳密な意味での人格」に限定しないだけでなく、「社会的意味での人格」よりも広く理解している（本章、次節）。

三・二　人格の範囲

（一）人格としての新生児

カントはどの範囲の個人を、尊重されるべき人格と見なしているのであろうか。新生児の人格については『法論』においてつぎのような興味深い主張が見出される。新生児は「一個の人格」、「自由を付与された存在者」である。子は「自由な存在者」として産み出されたのであり、両親のたんなる「作り物〔Gemächsel〕」ではなく、両親が子を「所有物」（物件）のように任意に扱うことは許されない。両親は子を「あたかも自分たちの作り物のように（自由を与えられた存在者は作り物ではありえないから）、また自分たちの所有物のように、破壊したり、もっぱら偶然に委ねたりすることはできない」（MS.281：⑪一一四頁）[14]。新生児は未熟であるが、人格であることが明確に認められている。

新生児は両親にたいして一方的に権利をもち、また、両親は新生児にたいして一方的に養育の義務をもつ。その理由はつぎの点に求められる。「産み出された者は一個の人格であり、また自由を与えられた存在者をなんらかの物理的（自然的）操作によって産み出すこと〔Erzeugung〕は理解不可能であるから、子をもうける（生殖）〔Zeugung〕作用自身を、われわれが一個の人格をその同意なしにこの世にあらしめる作用……と見なすことは、実践的な点でまったく正当かつ必然的な観念である。このような作用のため両親は、このような人格をこのような状態に満足させるよう努めるという……責務を負う」（MS.280f.：⑪一一三頁）。新生児は当人の自己決定や同意に基づかず、一方的に誕生させられたので、人格として満足できるようになるよう、両親を一方的に義務づけるといわれるのである。

また、カントはつぎのようにもいう。両親は「子にかんしてたんに世界存在者をでなく、世界市民をも、法概念に照らして両親にとっても無関心でいられないような状態へ引き入れた」(MS.281：⑪一一四頁)。ここでは、この世に生きる「世界存在者〔Weltwesen〕」と「世界市民〔Weltbürger〕」とが区別され、子をたんに「世界存在者」として扱うだけでなく、市民社会、さらには世界市民社会の一員として迎え入れ、その権利を承認する義務が両親に発生するといわれる。このように新生児は法的人格として、また政治的共同体の担い手としても承認される。

(二) 胎児の道徳的地位

さらに注目すべきことに、カントは、胎児も人格であるようも主張している。『法論』においては妊婦の自殺についてつぎのようにいわれる。「自分自身の任意の生命の剝奪〔Entleibung〕はそもそもわれわれ自身の人格にたいして行なわれる犯罪なのか、このような自分の生命の剝奪をつうじて他の人格にたいしても行なわれる犯罪なのか(たとえば、妊娠した人格が自分自身を死に至らしめるばあいのように)が証明されるばあいに、はじめて自殺と呼ばれうる」(MS.422：⑪二九三頁)。妊婦の自殺は自分の人格の生命だけでなく、「他の人格」としての胎児の生命をも奪うことになるというのである。このようにカントは新生児だけでなく、胎児(妊娠後期の胎児であろう)をも人格と見なす方向を示している。これは当時としてはラジカルな見解であり、今日においてもこの特徴を失っていない。人胚の道徳的扱いについてはカントはなにも語っていないが、その考察にとって示唆となる見解を示している(本章、五・一)。

(三) 自己決定能力を欠く個人の扱い

生命医療倫理においてしばしば話題となるのは、自己決定の能力をもたない、あるいは失った個人の道徳的扱いである。功利主義的立場においても(たとえばエンゲルハートにおけるように)、乳幼児は、将来社会のために寄与できる個人と見なされ、認知症の個人は、過去に社会的に寄与した者として処遇されるであろう。しかし、先天的に重度の精神障碍を抱え、将来の社会的寄与を見込めない個人はこの処遇の外におかれる。また、功利主義においてはこのような個人のケアは近隣者や社会の好意や経済的配慮に委ねられ、ばあいによっては安楽死の対象とされかねない。

ここで、すべての個人が能力の発達の状態、その障碍の状態の相違にかかわらず、人間性にふさわしく扱われるような社会的、倫理的関係はいかなるものかが問題となる。この点でもカント哲学は示唆を与えるように思われる。彼によれば、人格は理性的存在者として道徳共同体に属し、その成員として尊重されるが、現実の個人は理性的存在者からなんらかの点で乖離している。人間は「道徳的素質」をもち、これを発達させるが、この発達は内的、外的条件によって制約されざるをえない。しかし、道徳的素質の発達の状態やその制約の相違にもかかわらず、すべての個人はこの制約の克服のために努力する点で、理念上で道徳共同体の成員として処遇されなければならない。このようなカントの見解は道徳的素質以外の素質の発達とその障碍にも該当するであろう。障碍は発達の諸段階でさまざまな程度、形態で生じうるのであり、いかなる個人もこれを完全に逃れることはできない。重度の先天的疾患のため、素質の発達が著しく困難なばあい、傷病によってその能力が極度に弱められ、失われるばあいはその極端な例にすぎない。

個人の発達状態が固定的に理解されたうえで、その社会的寄与の有無やその度合いの相違によって道徳的扱いに差別が設けられてはならないであろう。人間の素質の発達は可塑的であり、さまざまな可能性をもっている。障碍も固定的に理解されるべきではない。医療技術の発達、社会的援助の充実などによって、それが補われる可能性が存在する。この点でも、カントの見解から摂取できる要素がある。彼は人間のたえざる道徳的努力を強調するが、この努力は個々人によって独力で行なわれるのではなく、他の個人との相互の協力をつうじて行なわれると述べている。『宗教論』においては、「最高の道徳的美」は他人との協力、「倫理的共同体」のもとで実現されると述べられている（Rlg.97f.：⑩一二九頁以降）。このことは、道徳以外の分野における個人の発達、および障碍の克服にも該当するであろう（本章、四・一）。

（四）死者の人格と名誉

カントはさらに死者も人格をもち、その「名声〔der gute Name〕」にたいする権利をもつと見なしている。「名声はたとえまったく観念的な私のもの君のものであるとしても、人格としての主体に備わる生得的な外的なものである。たとえ、人格のこの自然性［生命］が死亡とともに完全に消滅するにせよ、なおそのままで［身体の形態で］残存するにせよ、私はこの自然性を度外視することができるし、そうしなければならない。というのは、私はいかなる人格をも他の人格との法的関係において、もっぱら彼らの人間性の面から本体人とし現実的に考察するからである」(MS.295：⑪一三二頁以降)。死者は生命という経験的、自然的諸条件をもたないが、法的関係において人格はこれらの条件から独立しており、死者も名声（名誉）にかんして人間性にふさわしく扱われる権利を、生存する他の人間にたいしてもつというのである。死者が人格として権利をもつ可能性は名声以外の面にも拡張できるであろう[15]。

カントは遺体の扱いに言及していない。しかし、故人の身体は故人の「道徳性の基体」としての生命の「十全な条件」であるから（本章、一・二）、遺体は故人の人格における人間性にふさわしく扱われなければならないであろう。他人が遺体を故人の人格から切り離し、たんなる物件（資源）のように任意に扱うことは、容認されえないであろう。

三・二　インフォームド・コンセントと共同的決定

今日、患者が医療措置について医師（広くは医療従事者）からの十分な情報提供を受け、これに同意あるいは不同意を表明することが求められている。生命医療倫理学においては、このようなインフォームド・コンセント（ＩＣ）を根拠づけるために、しばしばカントの自律論が援用されるが、そのさいに自律は患者の自己決定と見なされる。しかし、カントにおける自律は任意の自己決定ではなく、普遍的妥当性、共同性をもつ自己決定を含む（本章、三・一（二））。このようなカントの自律論から見て、ＩＣがいかに理解されうるであろうか。

第一に、医療行為は患者と医師とのあいだの合意に基づかなければならず、そのために両者の意思疎通、情報交換が必要である。ＩＣにおいては患者の自己決定が不可欠であるが、カントにおいては、自律は共同性を含んでおり、患者の自己決定はたんに一方的にではなく、医師との関係において共同的に行なわれる[16]。

第二に、カントによれば、自分の生命と身体の保存のためには、それらを危険から保護することが必要になるが、医療措置のリスクを回避することもそれに含まれる。カントは当時の医療水準において種痘のリスクの回避を主張している（本章、二・三（二））。医療措置のリスクについて患者が医師から十分な情報を得て、これに同意あるいは不同意を表明する必要性はカントの見解からも生じるであろう。しかし、ＩＣの意義は医療のリスクの回避（とくに医師の医療措置にたいする責任の回避）のための消極的なものであるだけではなく、患者自身が自分の病状とその改善の方法について知り、自分もこの改善の努力を行なうための積極的なものでもある。

第三に、医療上のパターナリズムの立場から、医師は専門家として患者のために適切な医療措置を判断でき、その情報をすべて患者に伝達することが患者のためにならないばあいには（患者に大きな精神的打撃を与え、病状を悪化させるなど）その伝達を控えることが必要であるといわれることがある。パターナリズムにかんしてはカントのつぎのような見解が示唆的である。幸福の内容とその追求はどのようなものかは当人が判断すべきであり、他人がこれに替わって判断することは不適切である（Ｖ‐四・二）。ある医療措置を患者が自分の生命や身体の保全（幸福につながる）のために受け入れるかどうかは専門家の判断に一方的に委ねるのではなく、必要な情報を得て、自分で判断する必要があることがカントの立場からも一般的に示されているといえるであろう[17]。

第四節　カント人格論と生命倫理学

四・一　ＳＯＬ説とＱＯＬ説を超えて

生命倫理学においては「生命の神聖〔sanctity of life〕（SOL）」と「生命の質〔quality of life〕（QOL）」との関係をめぐって論争がある。ＳＯＬ説は人間の生命に「神聖性」、絶対的価値を認め、生命の無条件的保護を主張する[18]。これに対して、ＱＯＬ説は、生命のあいだに、価値あるものと、そうではないものとの質的区別を設ける。この説は、生命や生活の質を向上させるという積極的傾向をもつが、質の低い生命を終結させ（安楽死）、その誕生を中断し（妊娠中絶）、選択的出産（産み分け）を行なう消極的方向へも向かう。

カントは生命の神聖性をどのように考えているであろうか。彼によれば、神聖性や尊厳をもつのは自他の人格における人間性であり、生命はそれ自体では神聖性や尊厳をもたず、生命の価値は人間性の尊厳との関係でのみ理解される（本章、二・二（一））。このかぎりではカントの見解はSOL説と一致しない。また、カントによれば、生命の維持それ自体が道徳的義務なのではなく、「生きるに値する」ように、「尊敬に値する」ように生きることが重要である（本章、二・二（一））。このような見解は、生命のあいだに、「生きるに値する」ものと「生きるに値しない」ものとの質的区別を認める点で、QOL説と一致すると理解されそうである。[19] しかし、カントの見解はつぎの点でQOL説は異なる。

第一に、カントが問題にする生命の質の区別は人間性への一致あるいは不一致にかんする道徳的な区別であり、QOL説でいわれるような快苦の区別にかんするものではない。第二に、カントにあっては、たとえ「生きるに値しない」生命であっても、自分や他人がこの生命を奪うことは容認されない。「私はいかなる宿命や不運をも恐れず、生きなければならない」（VE.192：⑳一四九頁）といわれるが、「宿命や不運のなかには、QOL説でいわれる〈低い質〉の生命も含まれるであろう。第三に、カントは「生きるに値する」生と、「生きるに値しない」生との区別を固定せず、「生きるに値しない」生を、「生きるに値する」生へ転化させるための努力を重視する。しかも、このような努力はたんに個々人によってではなく、他人との協力によって行なわれる。カントは道徳的完成についてつぎのように述べている。「個々の人格が自分自身の道徳的完成に向けて努力をするだけではなく」、「倫理的共同体」において他の人格と協力して、このように努力することが必要である（Rlg.97：⑩一二八頁以降）。[20] このことは道徳にだけでなく、人間生活全体にも該当するであろう。「生きるに値する」ための生は人びと相互の協力と援助をつうじて実現される。苦痛に満ちた生命・生活も医療技術の発展によって、また他人との協力のなかで改善されうるのであり、〈価値の低い〉生命を固定化して、それを〈終結させる〉ことは正当化できないであろう（本章、三・二（四））。このようにカントにおいては、人間性の観点から神聖性と生命の質とが捉えられることによって、SOL説とQOL説との対立を超え出る方向が示されているといえる。[21]

四・二　子殺しと妊娠中絶

〈パーソン〉論においては人工的妊娠中絶（堕胎）のほかに、ばあいによっては子殺しも容認される。これらの問題はカントの立場からどのように評価されるのであろうか。子殺しについて古くから議論があるが、カントはつぎのような例を挙げている。未婚の女性が出産し、その恥辱と不名誉を避けるために、この子を殺害するばあい、この行為はたしかに「殺人〔homicidium〕」であり、処罰されなければならないが、それは「謀殺〔homicidium dolosum〕」ではないので、その処罰のさいには情状酌量の余地がある（MS.336：⑪一八四頁）。また、婚外出産によって誕生した子はそもそも社会的に認知されず、「法律の保護の外」にあるので、その殺害も通例の処罰の対象の外にある。ここでは、母親の恥辱、不名誉を回避することが子殺しの動機とされているが、考察は名誉のための行為とその処罰との関係という文脈に限定されている。カントの主張は婚外出産された子の殺害を一般に許容するものではないであろう。彼は捨子養育院にたいする国家の援助に言及しているが（MS.326f.：⑪一七一頁以降）、この施設に収容される子どものなかには、婚外出産され、殺害されかかった子どもが含まれていた。親の事情によって新生児が殺害されないように、社会的保護を整備する必要性がここに示されている。

古来、とくに重度の障害をもつ乳幼児は子殺しの対象の一つとなってきた。このような子を〈生きるに値しない〉と見なし、安楽死させること（いわゆる慈悲殺）は、カントの原則に照らして、容認されないであろう。第一に、慈悲殺は、当人が判断力をもっていれば、生きることを望まないであろうと他人が想像し、その人間を死に至らせることであるが、これは、嘱託殺人（同意殺人）の拡張形態であろうから、カントの原則によれば、禁止されるであろう。

第二に、すでに述べたように（本章、四・一）、カントは、「生きるに値する」生命と、そうでない生命との区別を固定せずに、後者を前者へ転化させるよう努力することを求めている。必要なことはこのような転化のための社会的援助と医療技術の進展であろう。重度の障碍をもつ乳幼児の死亡や殺害が減少してきたのはこのための歴史的努力の成果である。慈悲殺の容認はこのような努力に背を向けるものであろう。

カントは妊娠中絶（堕胎）には言及していない。しかし、妊婦の自殺が人格としての胎児の殺害となるという彼の主張（本章、三・二（二））を敷衍すれば、この自殺に伴う胎児の殺害は間接的、結果的であるのに対して、妊娠中絶による胎児の殺害は直接的、意図的であるから、一種の子殺しとして禁止されるであろう。ただし、その社会的制裁には、子殺しのばあいよりも広く情状酌量の余地が認められると思われる。

四・三　安楽死と尊厳死

カントの立場から安楽死や尊厳死はどのように評価されるであろうか。彼は苦痛の回避のための自死を禁止するので、他人の手による（積極的）安楽死は、自殺に替わる嘱託殺人の変形として禁止されるであろう。末期癌などにおける極度の苦痛はカントの想定を超えるものであろうが、安楽死やはり禁止されるであろう。

今日ＱＯＬにかんして話題になっているのは、過剰な延命措置の中止による尊厳死であるが、これはカントの見解とは対立しないと思われる。彼は直接には言及していないが、〈人間らしく（人間性の尊厳に一致して）生命の終末を迎える〉ことは、〈人間らしく生きる〉ことの一部であろう。カントの立場においても、延命措置を中止し、死への自然的過程に委ねる（死ぬに任せる）消極的安楽死は苦痛回避のための積極的安楽死から区別されるであろう[22]。

延命措置の停止は、患者の意志に従うかぎり、当人の生命の維持の義務（自分自身にたいする完全義務）にも、医師による患者の生命の維持の援助の義務（他人にたいする不完全義務）にも背反しないであろう。このばあい延命措置の停止は、ＱＯＬ説でいわれるように、延命における生命の質の欠如という理由によるのではなく、延命と人間性との不一致という道徳的理由による。しかし、どこまでが過剰な延命措置であるかの基準は固定的ではない。延命措置が必要かどうかの判断は、当人の人間性の尊厳に照らして、最終的には当人自身が下すべきであり、そのさいにＩＣが必要になる。当人が判断能力を失うまえに、延命措置の停止について事前の意志表示を行なうことが望ましいが、それがないばあいには、近隣者が当人の日常の言動から、その意向を推察することがベターである。近隣者や社会の都合（経済的負担の回避など）による延命の一方的中止は当人の人間性の尊厳に背反する。

四・四　臓器移植

臓器移植についてはどうであろうか。カントによれば、「器官として不可欠な部分を奪う」ことは「部分的な自殺」に属すので、禁止される（MS.423:⑪二九四頁）。臓器は人格の構成部分であるから（本章、一・二）、これを物件（パーツ）のように、任意に身体から切断することは容認されない。しかし、自分の生命の維持を著しく困難にしない範囲内で、他人の生命の救済などの高位の道徳的目的のために自分の臓器を提供することは自分の身体の手段化であるにもかかわらず、同時に当人の人格における人間性と一致しうるであろう。

そのさいに、自分の生命の維持（自分自身にたいする完全義務）と、他人の生命の救済（他人にたいする不完全義務）との優先関係は事情によってさまざまであり、比較考量が必要になる（自分にたいする義務が他人にたいする義務に、完全義務が不完全義務に優先するというカントの原則を機械的に適用することはできないであろう）。ここで重要なのはこの比較考量が公平であることである。臓器提供が当人の意志に基づかず、また他人（近隣者や社会）の圧力によるばあいには、公平性は失われる。判断の能力がない個人（幼児、重度の精神障碍者など）の臓器移植は多くの問題を残す。今日、移植される臓器へのニーズが増大しており、臓器提供者の範囲の拡張のために、臓器提供者の意志の確認の条件を緩和し、撤廃する（臓器提供者に幼少者を含めるなど）傾向が強まっている。そのさいに、臓器提供者が臓器資源の確保のためのたんなる手段とされる危険が生じることが十分に考慮されなければならない。

すでに見たように（本章、二・三（二））、カントは、「すでに死んだ、あるいは死にかけた器官」を切除することを容認している。彼のこのような見解を拡大解釈して、脳死者の臓器の提供についてつぎのように考えることが可能かもしれない。脳の機能の停止が不可逆的であるばあいには、脳は「死んだ器官」となり、心臓その他の臓器も「死にかけたもの」となり（脳の停止によって早晩他の臓器も停止に至る）ので、臓器を他人に移植することが許容される。ただし、このことが許容されるとしても、つぎのような条件のもとでであろう。第一に、脳機能の停止の過程が不可逆的であることが完全に証明されることが必要である（そうでなければ、脳の停止をもって、他の諸器官を「死にかけた器官」と見なすことは不可能となる）。第二に、ある個人が脳死状態に陥ったさいに、自分の「死にかけた器官」を他人に提供することについて事前の意志確認が必要になる。

第五節　生命倫理と類倫理

五・一　人胚の扱い

カントは新生児、またばあいによっては胎児をも人格と見なしているが、この主張をそのまま初期の発生段階の人胚に拡張することは困難であろう。しかし、人格、人間性、生命の相互関係についてのカントの見解を人胚の考察に適用することは可能と思われる。

人胚が人格であるかどうかについては意見の対立がある。①すべての発生・発達段階の人胚を人格とは認めない説、②発達の特定段階以降の胚に人格を認める説、③どの発生段階の人胚にも等しく人格を認める説（初期胚を潜在的、可能的人格と見なす説も含む）が区別される。なお、②、③の説の内部でも、発達段階に応じて人格における尊厳に相違を見出すかどうかについて意見が分かれる。[23]また、人胚の保護にかんしては、ａ人胚を人格と認め、その手段化を禁止する説、ｂ人胚を人格と認めるが、その手段化を容認する説、ｃ人胚を人格とは認めないが、その任意の手段化を禁止する説、ｄ人胚を人格とは認めず、その任意の手段化を容認する説、に区分できるであろう。

本書ではこの論争に立ち入る余裕はないが、いずれの説を採用するにしても、人胚を人間性にふさわしく扱うことが必要であろう。ここで問題となるのは、人胚が人間性といかなる関係にあるかである。人間性にかんしては、初期の人個体としてやがて発達し、自立的人格となりうる人胚における人間性（人個体に内在する人間性）と、当該の人個体に内在するだけでなく（あるいは、この個体に内在しなくても）、他のすべての人個体、人格に内在する人間性（人個体の外部の人間性）とが区別できるであろう。後者の人間性は人類的なものであり、それ自体で尊厳をもつか、尊厳に関係する（Ⅱ‐二・二）[24]。たとえ、ある個体の手段化によって、それに内在する人間性が毀損されなくても、後者の人間性＝人類性は毀損されうるであろう。また逆に、ある個体の手段化がこの人間性＝人類性と一致しうるばあいもあるであろう。ただし、人胚の人為的な操作や改変が人間性あるいは人類性とどこまで、いかに一致するか、それらの保護がいかに行なわれるべきかについての判断は一律には下せず、胚の発生・発達段階、ケースによって異なるであろう[25]。この点で、カントの見解に照らしても、人胚の任意の手段化を許容する主張も、その手段化を無条件に禁止する主張も一面的である。

五・二　人クローンの扱い

カントは新生児をも人格と見なすが、その背景には、子の誕生が非人為性、偶然性を伴うことがあるであろう。子どもの誕生は両親の意志によるとしても、自然の過程に従い、両親にとって偶然性を含む。カントによれば、産み出された子は両親の人為的作用、「物理的操作」による「こしらえ物」ではなく、子どもの誕生が非人為性、偶然性を含む（本章、三・二（二））。人間のクローン化はここでいわれる「物理的操作」に、クローン人間は「こしらえ物」に該当するであろう。

今日医療技術の発展に伴って、生殖過程への人為的介入が強まりつつあるが、人間のクローン化は体外受精、代理出産、卵子・精子の外的提供、出生前診断などと比較しても、生殖過程の偶然性を著しく逃れる。それは生殖を親や社会の特定の目的に従属させることにつながり、社会生活に大きな変化を及ぼす。このような見解に対しては、クローン化された胚の生育によって誕生した個人の発達は遺伝的にのみ決定されるのではなく、社会的、文化的条件の影響も受け、また、このような個人は人格的同一性を維持するので、クローン人間の人格における人間性の尊厳は侵害されない、という見解が出されるであろう。しかし、クローン化はクローン人間の発達を一義的に決定しないとしても、クローン化が、親や社会の特定の目的に従った〈デザイン化〉に従うばあいには、クローン人間の発達は他の人間よりもあらかじめ著しく制約される。

人間のクローン化はクローン人間自身にとってこのような問題を抱えるほかに、つぎのような重大な社会的問題を含む。一方で、それは人間のあいだの生来の不平等をいっそう拡大する。クローン人間は親の長所を遺伝的に継承する点で、偶然的に誕生した他の人間よりも有利になるばあいには、そうである。他方で、人間のクローン化が多数の人間に拡大すれば、生来の不平等は減少する可能性が生まれるであろうが、その替わりに、諸個人は画一化され、多様性を失うであろう。このことは個人にとっても、社会にとっても、人類にとっても否定的結果を生じさせる。

五・三　生命の類的継承の倫理的意味

ハバーマスは、遺伝子操作の技術の発展によって人類の自然的基礎が脅かされ、このことによって人間相互の平等な関係の基盤が破壊されることを危惧する。彼によれば、人間の生来の平等は、誕生が自然の偶発性に委ねられていることにも基づき、そこで生じる不平等は受け入れざるをえず、社会的平等には背反しない。しかし、遺伝子操作（誕生する子の「プログラム化」）のために、誕生が他人の意志によって強く支配されようになれば、このような平等が否定されるという危険性が生じる。(26)

ハバーマスは、自然の過程に基づく世代の継承という人類の過程がもつ道徳的、社会的意味を考慮して、「類倫理〔Gattungsethik〕」を重視する。彼は遺伝子操作による「人類の自己道具化」を批判するが、すでに見たように、人類の道具化の批判はカントにさかのぼる。ハバーマスは言及していないが、カントの理論は〈類倫理学〉の性格を含むといえる。カントによれば、人間がそのさまざまな素質を発展させ、自分を完成することはたんに個々人の使命ではなく、人類の使命である。このことは、世代から世代へと生が生物学的、社会的・文化的に継続されていくことに基づく。「自然が与えた人類の萌芽を、自然の意図に完全に適合するような完成された段階までついに発達させるためには、おそらく自然は一つの世代から他の世代へ開化〔Aufkläriung〕を伝達するというようにして、産出（生殖）〔Erzeugungen〕の、見きわめがたい系列を経なければならないであろう」（AG.19：⑭六頁）。さらに、カントは人間における「種の保存」のための「遺伝的多様性」の意義にも注目する。[27] 彼によれば、人類は「遺伝的多様性」を基礎に、多様な風土に適合した生活様式と文化を産み出し、地球の変動のなかで存続してきた。[28]「遺伝的多様性」の喪失は人類の存続にとって大きなマイナスとなるであろう。

第六節　性倫理の考察

六・一　家族の役割と性生活

カントは人間の両性の問題を『道徳形而上学』の『法論』においては家族法の枠内で扱い、『徳論』においては夫婦の道徳的関係のなかで考察している。『法論』においては、家族は「自然的な性共同体〔Geschlechtsgemeinschaft（commercium sexuale）〕」と性格づけられる（MS.277：⑪一一〇九頁）。その「自然目的」は「種全体の保存」にあり（MS.424：⑪二九七頁）、具体的には、「子をもうけ〔erzeugen〕、教育する」ことにある（MS.277：⑪一一〇頁）。夫婦の性的交渉および性欲の充足が是認されるのは、まずそれらが「自然目的」に適合するばあいである（MS.277：⑪一〇九頁／MS.424f.：⑪二九六頁以降）。「生命への愛」が個体（個人）の保存のためのものであるのに対して、「性への愛（性愛）」は種の保存のためのものであり、後者が前者に優先する（MS.425：⑪二九七頁／Ath.276：⑮二四三頁）。ここでは、自然目的論に従って（Ⅱ‐四・三）、人類の存続の立場から夫婦関係が理解されているが、より狭くは夫婦関係の社会的役割が主張されているといえる。

生殖（子作り）と性欲との関係をめぐっては両極の見解がある。一方には、子作りとは無関係に夫婦の性欲の充足をめざすという快楽主義的見解がある。他方には、子作りから性欲の充足を排除しようという禁欲主義的見解がある。後者は、「厳格な道徳家や聖者」（VE.206：⑳一六四頁）が主張する「潔癖主義〔Purismus〕」（『人間学遺稿』KgS.15.482f.）と結びつく。カントはいずれの見解をも批判する。

カントによれば、一方で、「性愛〔Liebe zum Geschlecht, Geschlechtsleibe〕」は「性欲（性的傾向性）〔Geschlechtsneigung〕」として現象し、その充足は「感覚的快」を伴うが、人間に特有のものである（MS.426：⑪二九九頁）[29]。それはそれ自体では「いかがわしく〔unanständig〕」ないが、それが「他人をたんなる享楽の対象」とするばあいには、「肉欲〔Fleischerlust〕」、「情欲〔Wollung〕」（MS.425：⑪二九七頁）と等しくなり、「いかがわしく」なる（『人間学遺稿』RzAth.482）。他方で、性交と、それをつうじた性欲の充足を排除するならば、夫婦関係は成立しない。「このような〔性的〕傾向性をもたない人間は不完全な人間であろう。というのは、このような人間にはそのような傾向の制御のための道具が欠落していると考えられるからである。しかしこの難点がとりつくろわれ、このような傾向が人間の品位を下げるという理由で、これを抑制するよう求められた」（VE.206：⑳一六四頁）。このように性欲についての快楽主義と禁欲主義とは裏返しの関係、むしろ相互補完の関係にある。性欲を排除するのではなく、それを適切に制御することをカントは主張する。

ところで、カントによれば、子作り（生殖）をめざさなければ、夫婦関係が成立しないわけではない。「子をもうけること」は「自然目的」であるが、「結婚する人間がこの目的を立てなければならないということがこのような結合の適法性のために要求されるわけでない。そうでなければ、子をもうけることがやめられれば、結婚はそれと同時に解消するであろうから」（MS.278：⑪一一九頁）。ここでいわれているのは、夫婦の性交と性欲の充足が子作りからまったく独立に許容されることではなく、個々の性交がつねに子作りのためである必要はないということである[30]。

六・二　性愛の合法性の条件

性交が容認されるのはまず、自然目的（生殖）に従うばあいであるが、さらにそれが男女の人間性に一致することが求められる。ここで、「いかにして性的交渉が人間性を汚さずに、道徳性を損なわずに、可能となるのか」（VE.210：⑳一六九頁）が問題となる。すなわち、夫婦が自他の身体（性器）の使用によって、それぞれの性欲を充足しあうことは、自他を手段として扱うことであるので、それぞれの人格における人間性への背反となるという問題が生じる（MS.278：⑪一一〇頁）。カントはこの問題についてつぎのように独特の主張を行なう。結婚によって男女は夫婦として「全人格的に〔allerpersönlich〕」結合し、相互にたんに自分の人格の一部（性器）を相手の使用に委ねるだけでなく、相互に全人格を相手に委ねるが、このことをつうじてそれぞれが自分の全人格（人格性）を取り戻す[31]。夫婦のこのような関係において自他のたんなる手段化は回避され、性欲の相互充足はそれぞれの人格における人間性に背反せずに、許容されるといわれる（MS.278：⑪一一〇頁／Vgl.VE.210：⑳一六九頁）。

『法論』においてはこのような関係は所有論の角度から、夫婦が相互に相手を取得し、占有する関係（物権的債権の関係）として説明される（Ⅵ‐六・一）。夫婦関係は「性的性質の生涯にわたる相互占有のための結合」と特徴づけられる（MS.277：⑪一一〇頁）。この関係において相手を占有することは「最も全人格的な権利」とされ（MS.277：⑪一〇九頁）、これは自他の人格における人間性に一致するといわれる。これに対して、売春および内縁関係における性交は男女の同意（契約）に基づくとしても、全人格的結合に基づくものではないので、容認されない。そこでは男女は相互に自分の人格の一部（性器）を相手の使用に委ねるにすぎず、相手を手段化することになる。また、そこでの同意は真の意味で自由で対等なものではない（VE.209：⑳一六八頁／Vgl. MS.279：⑪一一一頁）。同様の批判は一夫多妻制（あるいは一妻多夫制）にたいしても向けられる。そこでは一人の夫（妻）が多数の妻（夫）にたいして自分の全人格を委ねることはできないにもかかわらず、これらの妻（夫）の全人格の放棄を受けるのであり、このような不平等のためにこれらの妻（夫）は手段化される（MS.278：⑪一一一頁／Vgl. VE.211：⑳一六九頁以降）。

六・三　性愛と人間愛

『道徳形而上学』の『法論』においては道徳的側面（人間愛）は度外視されるため、結婚が夫婦の性器の相互使用のためのものと見なされているかのような印象を与え、さまざまな反発を招いた[32]。しかし、カントは『徳論』においては性交について道徳的な観点から考察している。夫婦の性交と性欲の充足が道徳的に許容されるのは、それらが「人間愛」（VE.205：⑳一六三頁）、「道徳的愛」（MS.426：⑪二九九頁）に基づくばあいのみである。『倫理学講義』においてはつぎのようにいわれる。「性欲（性的傾向性）はたしかに人間愛と結合しうる」。夫婦関係においては相互に自他の「全人格を処置する」が、このことは、他人の「幸福、運命」、「全人格にかんするすべての状態」の配慮という「人間愛」に基づく（VE.205：⑳一六三頁）。『徳論』においてはつぎのようにいわれる。性欲はそれ自体では「道徳的愛」ではないが、「実践的理性が制約条件として加わることによって、道徳的愛と密接に結合するようになりうる」（MS.426：⑪二九九頁）。

人間愛の根底には人間性の尊厳がある。夫婦はそれぞれの性欲の充足のために、自他の身体（性器）を相互に手段として使用するが、それが人間愛に基づくかぎりは、各自の人間性の尊厳に背反しない。法関係においては夫婦はそれぞれの人格の全面的自己放棄をつうじて人格全体を取り戻すと見なされたが、道徳においてはこのような全人格的結合が「道徳的愛」、「人間愛」として捉え返されるといえる。社会に「損害や混乱」をもたさないかぎり、性欲の相互充足は是認されるという主張（フリーセックス論）があるが、カントによれば、これは「怜悧の規則」に従った実用的な見解にすぎず、法的立場からも道徳的立場からも是認されえない（VE.207：⑳一六六頁）。

第Ⅳ章　自然への依存と自然からの独立——カント哲学の環境倫理的射程

第一節　カント哲学は人間中心主義的か

一・一　カントにおける人間中心主義と非人間中心主義

環境倫理（学）においてはしばしばカントは人間中心主義者の典型と見なされている。その理由はいくつかある。第一に、彼は『基礎づけ』において、人格は、諸目的を立てる主体として「目的自体」であるのに対して、事物（物件）は、人格によって任意に使用されうる「手段」にすぎないと見なしている（Gr.428：⑦六四頁）。ここでは技術的な面で人間の自然にたいする優位が表明されている。

第二に、カントは人間以外の自然的存在者にたいする人間の直接的な義務を認めていない。『道徳形而上学』において示されるように、動物の虐待や美しい自然物の破壊は人間の尊重の道徳的感情を損なうことにつながり、道徳的感情を準備する美的感情を損なうという理由で、禁止される。動物や自然物の愛護はこれらの存在者に「かんする」義務であっても、これらの存在者に「たいする」義務ではなく、本来は「人間にたいする義務」であるといわれる（MS.442f.：⑪三二一頁以降）。ここでは道徳上の人間中心主義の立場が取られる。

第三に、カントは『判断力批判』において、自然の美は自然そのものに内在する客観的なものではなく、人間の判断力によって生み出された主観的なものであると見なし（UK.212：⑧六八頁）、また、自然の崇高は、人間の道徳的卓越性の自然への投影に基づくと述べている（UK.246：⑧一一五頁）。このような見解は美学上の人間中心主義といえる[1]。

しかし、カントの見解のなかには自然にたいする人間の関係について非人間中心主義的な要素も見られる。現代の環境倫理においては、科学・技術を用いた人間による自然の支配を正当化する立場が人間中心主義の主流をなしているが、カントはこのような立場を明確に批判している。彼によれば、人間はその技術的素質を発展させ、自然を巧みに利用するが、人間はそのかぎりではなお自然体系全体のなかに組み込まれている。人間が自然を超え出ることができるのは道徳的存在としてのみである（UK.434：⑨一一四頁）。

一・二　自然の手段化をめぐって

人間による自然の手段化についてカントは『基礎づけ』においてつぎのようにいう。「理性をもたない存在者」（無生物、生物、人工物）は「事物（物件）〔Sache〕」であり、相対的価値をもつにすぎず、人間にとっての「手段」として用いられる。これに対して、理性的存在者、「人格〔Person〕」は絶対的価値をもち、たんに手段として用いられてはならず、「目的自体」として尊重されなければならない（Ⅱ‐三・二）。

また、カントは『人類史の憶測上の始原』（一七八六年）において『旧約聖書』のモーセ第一書を念頭におき、人間が地上の他の被造物を支配することは神によって許可されたと述べる。「人間が羊にたいして、〈お前が身に着けている毛皮は、自然がお前のためにではなく、私のためにお前に与えたものである〉と語る」権利が神によって人間に与えられた（第二一節）。このように、人間は、「すべての動物にたいして行使しうる特権」を獲得し、動物は、人間の「任意の意図の達成のために人間の意志に委ねられた手段、道具」として扱われることになった（KgS.VIII.114：⑭一〇二頁）。

今日の環境倫理学の議論においては、『旧約聖書』の「創世記」のつぎの一節が、自然の支配という人間中心主義的観念を正当化したとしばしば批判されている[2]。「神は人間を祝福してつぎのようにいった。〈地上を支配せよ。そして、海の魚、空の鳥、地を這うすべての生き物を従えよ〉」（創世記、第一、八章）。「創世記」にたいするこのような批判は、いま言及したカントの見解にも該当するようにも見える。しかし、これから考察するように、カントのこのような見解はじつは、限定された文脈におけるものにすぎない。

一・三　科学・技術の役割と限界

人間が自分の目的に従って自然を利用し、変化させることができるのは「技術〔Kunst〕」や「技能〔Geschicklichkeit〕」をつうじてである。科学・技術の役割を近代の初期に明確にしたのはF・ベーコンである。彼は、知（科学）は技術による自然の支配に転化すると見なし、「知は力である」と述べた。また、彼によれば、人間が技術をつうじて自然を「支配する」ことができるのは、科学において自然の法則を認識し、これに従うかぎりにおいてである。「人間は自然に従うことによって、自然を支配する」。人間は自然の運動の原因と結果との関係を認識し、目的とされる結果と結合するような原因を実践によって生み出すことによって、目的に従って自然を変化させることができる。ベーコンは『聖書』を援用しつつ、人間による自然の「支配」を強調したため、人間中心主義の先駆者としばしばいわれる。彼はたしかに、人間の技術は自然の技巧の模倣であるというアリストテレス以来の伝統的見解を批判し、人間の技術の能動性を強調した。しかし、ベーコンは、人間が自然の一部であり、人間の認識や技術が自然に基づくことを前提にしており、今日におけるような人間中心主義の立場を取ってはいない[3]。

カントも、技術をつうじた自然にたいする働きかけは自然の法則（とくに因果法則）に従うことを確認する。彼によれば、人間の自然にたいする作用は「世界における原因と結果との実践的結合」に基づくが、この結合は「自然法則の知識と、それを自分の意図のために利用する自然的（身体的）能力に従う」（KpV.113：⑦二八九頁）。したがって、技術をつうじた人間の自然にたいする働きかけは自然のメカニズムに従うのであり、この点では人間の活動は自然に依存している。「意志の自由を形而上学的見地においてどのように理解するとしても、意志の現象すなわち人間の行為は、やはり他のあらゆる自然の出来事と同様に普遍的な自然法則に従うよう、規定されている」（AG.17：⑭三頁）。
したがって、人間は技術をもつというだけでは、他の動物にたいして優位にあるとはいえない。「人間が悟性［科学・技術］の点で動物に優越しており、自分自身のために目的を立てることができるということでさえ、人間が他のものにまさって有用であるという外的価値（有用価値）を与えるにすぎない」（MS.434：⑪三一〇頁）。カントのこのような見解は、科学・技術を用いた人間による自然支配を正当化する人間中心主義を明確に批判するものである。

第二節　自然内存在としての人間

二・一　自然における人間の位置

カントは『判断力批判』において、自然における人間の位置について考察するさいに、独特の目的論的自然観に従う。彼は『純粋理性批判』においてはニュートン物理学を念頭におき、自然をおもに機械論的に認識するが、『判断力批判』においては自然を目的論的にも理解し、つぎのようにいう。自然は全体として目的と手段の連鎖から構成される。自然は、自分の目的のために手段を使用する点で、一種の「技巧〔Technik〕」（「自然の技巧」）を含む[4]。これは人間の「技術〔Kunst〕」と類似しているが、これを超えるものである（UK.375：⑨三一頁）。

このような自然の目的論的体系のなかで人間は自然にたいして能動（独立）と受動（依存）の二重の関係に立つ。人間は一方で、目的を自分で立て、技術あるいは技能によって自然を巧みに利用し、自然にたいする能動性を増大させる。しかし、他方で、人間の自然にたいする働きかけは自然全体の〈目的－手段〉の連鎖に組み込まれており、その活動も、他の自然的存在者の維持と自然全体の維持のための手段となる。「たしかに彼［人間］は多くの目的（人間が自分自身を目的とするために、自然は……人間をこれらの目的に向けて規定したように思われる）にかんしては原理であるが、その他の項の機構における合目的性を維持するための手段である」（UK.430f.：⑨一〇九頁）。

人間が任意に立てる諸目的の内容は、一括すれば、幸福を意味するが、幸福の実現はけっきょく自然条件に依存している。幸福は、「自然の好為〔Wohltätigkeit〕のおかげで満足させられる種の目的である」（UK.430：⑨一〇八頁）。しかし、自然は人間を他の動物よりも厚遇するわけではない。「自然は人間を自然の特別の寵児として迎え入れたのではなく、またあらゆる動物以上に人間に恩恵を与え（厚遇し）〔begünstigen〕たのでもない」（ibid.）。人間は理性（正確には悟性、科学と技術）によって「幸福と、それに到達するための手段との構想を案出する」が、理性は幸福の実現の手段としては「弱々しく、当てにならない」（Gr.395：⑦一六頁）。

二・二　自然の基盤性と根源性

人間の生活は自然全体に依存しており、自然は、人間の生活を支える基盤である。自然は人間にたいして肯定的にともに否定的に作用する。このことについてカントはつぎのようにいう。一方では、自然は人間に「恩恵を与え〔günstigen〕」（UK.428：⑨一〇六頁）、人間にたいして肯定的に作用する。自然は物質的な面だけでなく、精神的な面でも「恩恵〔Gunst〕」をもたらす。「自然は有用なものだけではなく、さらに美や魅力的なものをも……豊かに分配したことを、自然がわれわれに与えた恩恵と見なすことができる」（UK.380：⑨三九頁）。しかし、他方で、自然は人間にたいして破壊的、否定的にも作用する。地球の歴史においてはたびたび大変動（噴火、洪水、津波）があり（UK.428：⑨一〇六頁）、また、病気、霜害、動物（害虫や細菌）の襲撃などによって人間に損害を与える（UK.430：⑨一〇九頁）[5]。

また、カントは自然を人間（道徳的存在者の面を含め）にとって包括的であるとも理解している。「人間の本性〔Natur des Menschen〕」は経験的な内的自然のほかに道徳性を含む人間性を意味することがある。自然の包括性は「自然素質〔Naturanlage〕」という用語においても表現される。カントによれば、自然はさまざまな自然的存在者（とくに生物）に自然素質を与え、それを発展させることを自分身の目的とする。「ある被造物のすべての自然素質は、いつか目的に従って十全に発展させられるよう、定められている」（AG.18：⑭五頁）。人間のばあいも同様であり、その自然素質を発展させることは「自然の目的」である（Ⅷ‐二・二）。人間の自然素質は技術的素質、実用的素質のほかに道徳的素質をも含む（Ath.324f.：⑮三二六頁以降）[6]。また、カントは人間の歴史も「自然の目的」の実現の過程に組み込まれると見なす（Ⅱ‐四・四、Ⅳ‐一・四）。

自然の包括性は別の面から見れば、自然の根源性を意味する。経験される外的自然（自然環境）と内的自然（感性、欲求など）は根源的自然の現象である。また、道徳的秩序の説明のさいに自然の秩序がモデルにされる。『基礎づけ』においては道徳法則が自然法則との類比で説明される。「君の行為の格率が、君の意志によって普遍的自然法則となるかのように、行為せよ」という定言命法が掲げられる（Gr.421：⑦五四頁）。『実践理性批判』においてはこのことは、自然が道徳にとっての「範型〔Typus〕」となると説明される（KpV.69：⑦二二四頁）。また、『基礎づけ』においては道徳共同体としての「諸目的の国〔Reich der Zwecken〕」は「自然の国」との類比で説明される。「目的論は自然を諸目的の国として考え、道徳学は諸目的の可能な国を自然の国として考える」（Gr.436：⑦七六頁）といわれる（Ⅳ‐三・二）。

二・三　人間の生態的、風土的制約

人間は幸福の実現のために、目的を立て、その実現のために自然の利用と支配をめざすが、人間のこのような活動は自然によって制約される。人間の生活は自然全体における〈目的‐手段〉の連鎖に組み込まれている。人間は「つねに自然的諸目的の連鎖における項にすぎない」（UK.431：⑨一〇九頁）。人間は、「悟性をもち、したがって自分自身のために任意に目的を立てる能力をもつ地上の唯一の存在者」であり、「肩書きの上で自然の主人」であるが、このような限界をもつ（ibid.）。人間の活動は自然の体系、とくに生態系の維持のための手段として機能するにすぎない[7]。この点で大局的には人間は他の生物と同等である。「自然の体系における人間……はさほど重要ではない存在者であり、人間が大地の産物としての他の動物と共通の価値……をもつ。悟性の点で他の動物に優越しており、自分自身のために目的を立てることができるということでさえ、人間が他のものにまさって有用であるという外的価値（有用価値）を与えるにすぎない」(MS.434：⑪三一〇頁)。「このように、人間はある点ではいかに目的として尊重されるとしても、他の意味では再び手段の地位をもつであろう」(UK.427：⑨一〇四頁)。

ところで、人類が自然の変動、自然被害にもかかわらず、生き延びてきたのは、それぞれの地域の風土の特徴に適応し、多様な生活様式と文化を生み出したことによる。カントは、人間の生活様式と文化がそれぞれの地域の風土に制約されることに早い時期から留意している[8]。彼はすでに一七五〇年代につぎのように述べていた。人間は「生活する地帯に由来する傾向」、「先入観と思考様式の多様性」をもつ(『自然地理学講義の要綱と広告』一七五七年、KgS.II.9：②二六八頁)。「人間は、すべての風土と土地のそれぞれの性状に適合するように定められていた」(『さまざまな人種について』一七七五年、KgS.II.435：③四〇五頁)[9]。

第三節　超自然的存在としての人間

三・一　機械的自然観と目的論的自然観

カントは『純粋理性批判』においてはとくにニュートンの物理学を念頭において、自然を機械論的、因果論的に把握していたが、『判断力批判』においては自然を目的論的に考察している。自然の目的論的考察は「反省的判断力」に基づく。通常の判断力は「規定的判断力」であり、それは普遍的なものへ個別的なものを包摂するが、「反省的判断力」は個別的なもののなかに普遍的なものを「見出す」(UK.179:⑧二六頁)。「規定的判断力」は「因果結合〔Kausalverbindung〕」、「機械的法則」を前提とし、個別的事象相互の関係について判断する(UK.372：⑨二七頁/UK.387：⑨四七頁/UK.409：⑨八〇頁)。これに対して、「目的結合〔Zweckverbindung〕」においては諸事象は目的と手段との関係にある(UK.367：⑨二一頁)。「目的論的法則」は「反省的判断力」によって見出されなければならない。そこでは、あたかも諸事象が「目的論的法則」に従って生じるかのように見なされる(UK.360：⑨一一頁/UK.404：⑨七三頁/UK.409：⑨八〇頁)。ただし、機械的法則と目的論法則とは異なった次元に属しており、相互に対立しない（UK.388：⑨四九頁／UK.409：⑨八〇頁）[10]。自然全体は「機械的諸法則と目的論的諸法則との大規模で普遍的な結合」に基づく（UK.414：⑨八七頁）。

カントは自然目的論をとくに有機的存在者（生物）の把握にとって重要と見なす（UK.417f.：⑨九一頁以降／UK.425f.：⑨一〇一頁以降）。そこでは全体と部分との関係が目的と手段の関係として把握される。カントはさらに無生物を含む自然全体のなかにも目的を見出し、「自然全体」を「諸目的の規則に従った一つの体系」として捉える（UK.378：⑨三七頁）。自然において諸部分が目的に従って産み出され、これらが相互に調和的に機能させられる。ここには「自然の技巧〔Technik〕」が認められる（UK.375：⑨三一頁／UK.390f.：⑨五三頁）。

カントは自然における「物理的・機械的結合〔pysisch-mechanische Verbindung〕」と「目的結合〔Zweckverbindung〕」とを区別し、後者の典型を生物に見出す（UK.388：⑨四九頁）。彼は物活論（自然全体が生命をもつと見なす）への警戒から（UK.394：⑨五八頁）、自然全体を有機的なものと見なしてはいないが、自然全体のなかに目的結合を見出す点では、有機体的自然観に接近する。自然の目的論的考察については近・現代の自然科学者のあいだでその思弁性が批判されたが、今日では機械論的自然観の限界が明らかにされ、有機体論〔organicism〕が再び注目されるようになり、「全体論〔holism〕」や「システム論」などの形態で展開されている。なお、自然目的論を（とくに生物について）部分的に、あるいは弱い意味で認める科学者も登場している。

機械論的自然観によれば、①それぞれ孤立し、自立した諸部分が相互に結合して、全体が構成され、②部分および全体の運動は因果関係に基づき、③全体の運動は同一のものの反復である。これに対して、有機体的自然観によれば、①諸部分は相互に依存しつつ、全体の維持に寄与し、②全体の運動は原因の結果への一方的関係には依存せず、③全体は歴史的に進化し、発展する。『判断力批判』における自然の目的論的考察はつぎの点で有機体的自然観に対応している。①「諸部分は……全体への関係によってのみ可能である」（UK.373：⑨二八頁）。②諸部分は「それぞれ相互にそれらの形成の原因と結果となることによって、一つの全体の統一へ結合される」（ibid.）。諸部分は「相互に産出しあい、自分

●行路社：人文・思想系 520-0016 大津市比叡平 3-36-21 ph.077-529-0149 fax.529-2885 http://kohrosha-sojinsha.jp/

ア

アウグスティヌスの哲学 J. ヘッセン／松田禎二訳 四六判上製 144 頁 1300 円（**本体価格、以下同**）
亜空間 日常に潜むもう一つの空間 秋岡久太 四六判上製 264 頁 2000 円
衣装の美学 身体と世界の接点 塚本瑞代 四六判上製 304 頁 2500 円
イスパニア図書 1 号 1000 円 **2 号** 1300 円 **3 号** 1400 円 **4 号** 1500 円 **5 号** 1700 円 **6,7 号** 1800 円 **8 号** 1600 円 **9 号** 1800 円 **10,11,12 号** 1900 円 **13 号**(『スペイン学』に改題) 2000 円
遺族の声とどく 京都・大阪靖国訴訟証言集刊行会 A5 判上製 484 頁 6000 円
医の哲学 共感と思いやりの医学論 池辺義教 四六判上製 240 頁 2400 円（4刷）
エルンスト・トレルチと歴史的世界 竹本秀彦 四六判上製 320 頁 2800 円
「教える」ことと「育てる」こと 教育の基礎論的考察 高井薫 A5 判上製 280 頁 2500 円

カ

核時代の科学と哲学 現代の危機と良心の楽観 相原信作 四六判上製 288 頁 2500 円
柏木義円書簡集 片野真佐子編・解説 A5 判上製 604 頁 5000 円
柏木義円史料集 片野真佐子編・解説 A5 判上製 468 頁 6000 円
柏木義円日記 飯沼二郎・片野真佐子編 A5 判 572 頁 5000 円
柏木義円日記補遺 付・柏木義円著述目録 片野真佐子編 A5 判上製 348 頁 3000 円
「神の国」論 アウグスティヌス、平和と秩序 E. ジルソン／藤本雄三訳 四六判上製 292 頁 2500 円
神の死と誕生 「即」の展開を求めて 本多正昭 四六判上製 260 頁 2500 円
カール・ヤスパース その生涯と全仕事 ジャンヌ・エルシュ 北野裕通・佐藤幸治訳 四六判上製 260 頁 2000 円
環境倫理の課題 新たなコスモロジーの探求 プロセス研究シンポジウム 四六判 128 頁 1500 円
還元と贈与 フッサール・ハイデッガー論考 J-L. マリオン／芦田宏直他訳 A5 判上製 408 頁 4000 円
観光の構造 その人間的考察 高井薫 四六判上製 212 頁 1800 円
カント『純粋理性批判』註解［上・下；**上巻品切**］ N.ケンプ・スミス／山本冬樹訳 A5 判 総 1110 頁 各 6000 円
カント『第一序論』の注解 批判哲学の全体像から H. メルテンス／副島善道訳 A5 判上製 320 頁 3200 円
カント哲学と現代 疎外・啓蒙・正義・環境・ジェンダー 杉田 聡 A5 判上製 352 頁 3400 円
カントにおける形而上学と経験 W. ブレッカー／峠尚武訳 A5 判上製 226 頁 2500 円
カントの目的論 J. D. マクファーランド／副島善道訳 A5 判上製 220 頁 2500 円
カント実践哲学と応用倫理学 カント思想のアクチュアル化のために 高田純 A5 判上製 328 頁 3200 円
来るべき思想史 情報／モナド／人文知 清水高志 四六判上製 312 頁 2600 円
逆説から実在へ 科学哲学・宗教哲学論考 田中 裕 A5 判上製 278 頁 2500 円
キリスト教と仏教の接点 本多正昭 四六判 144 頁 1500 円
近現代日本の教養論 1930 年代を中心に 渡辺かよ子 A5 判上製 264 頁 2500 円
近世哲学史点描 デカルトからスピノザへ 松田克進 四六判上製 256 頁 2500 円
近代科学と芸術創造 19～20 世紀のヨーロッパにおける科学と文学の関係 真野倫平編 A5 判上製 456 頁 4000 円
近代思想の夜明け デカルト・スピノザ・ライプニッツ S.H.メローン／中尾隆司訳 四六判上製 192 頁 1800 円
空間の形而上学 副島善道 A5 判上製 164 頁 2200 円
ゲーテとフランス革命 芳原政弘 A5 判上製 256 頁 2500 円
現代世界における霊性と倫理 宗教の根底にあるもの 山岡三治・西平直・森野善右衛門ほか 四六判 2000 円
現代に生きるフィヒテ フィヒテ実践哲学研究 高田 純 A5 判上製 328 頁 3300 円
古代ローマの思想と文化 松田禎二 A5 判上製 248 頁 2000 円
古代ギリシァの思想と文化 松田禎二 A5 判上製 264 頁 2000 円
古典ギリシァの人間観 松田禎二 A5 判上製 240 頁 2000 円
ことばと人間 三嶋唯義 A5 判 170 頁 2000 円

サ

三次元の人間 生成の思想を語る 作田啓一 四六判上製 222 頁 2000 円
シェリングとその時代 ロマン主義美学の研究 神林恒道 A5 判上製 284 頁 3000 円
自覚の現象学 北野裕通 四六判上製 258 頁 2500 円
死か洗礼か 異端審問時代におけるスペイン・ポルトガルからのユダヤ人追放〈マラーノ文学・歴史叢書 2〉 フリッツ・ハイマン／小岸昭、梅津真訳 A5 判上製 214 頁 2600 円
時間体験の哲学 佐藤 透 A5 判上製 248 頁 3800 円
時間の映像＋映像の時間 副島善道 四六判 170 頁 2000 円
思索の森へ カントとブーバー 三谷好憲 A5 判上製 340 頁 3500 円
死生観と医療 生死を超える希望の人間学へ 本多正昭 四六判 244 頁 2400 円
至誠心の神学 東西融合文明論の試み 延原時行 四六判上製 262 頁 2000 円
自然神学の可能性 Ch. ハーツホーン／大塚稔 訳 四六判上製 240 頁 2500 円
宗教哲学入門 W. H. キャピタン 三谷好憲・北野裕通・菱木政晴訳 A5 判 304 頁 2000 円

宗教と政治のインターフェイス　ゲンダイ政教関係の諸相　丸岡高弘・奥山倫明　Ａ５判上製 288 頁 2600 円
集合的記憶　M. アルヴァックス／小関藤一郎訳　四六判上製 280 頁 2800 円
女性キリスト者と戦争　奥田暁子,加納実紀代,早川紀代,大里喜美子,荒井英子,出岡学　四六 300 頁 2600 円
女性・戦争・人権　女性・戦争・人権学会編　Ａ５判　2 号 1800 円、3-20 号 2000 円
人格主義の原理　三嶋唯義　A5 判上製 292 頁 4000 円
ジンメルとカント対決　社会を生きる思想の形成　大鐘 武　Ａ５判上製 304 頁 3800 円
スペイン語世界のことばと文化　京都外国語大学イスパニア語学科編　A5 判 224 頁 2000 円
生活世界と歴史　フッセル後期哲学の根本特徴　H.ホール著　深谷昭三・阿部未来訳　A5 判上製 148 頁 1600 円
「政治哲学」のために　　飯島昇藏・中金聡・太田義器　A5 判上製 392 頁 3500 円
政治と宗教のはざまで ホッブズ、アーレント、丸山真男、フッカー　高野清弘　A5 判上製 304 頁 2000 円
聖と品と俗 宗教社会学論考　高橋憲明　A5 判上製 208 頁 3000 円
ソローの精神と現代　東西融合論へ向けて　新保 哲　四六判上製 160 頁 1500 円
存在の解明　安藤孝行　四六判上製 166 頁 2000 円
存在の忘却　中世の存在概念　安藤孝行　A5 判上製 336 頁 3800 円

タ・ナ

大地の神学 聖霊論　　小野寺功　四六判上製 260 頁 2500 円
《対話》マルセルとリクール　三嶋唯義訳・解説　A5 判上製 140 頁 1600 円
タウラー全説教集〈全 4 巻〉E.ルカ編・橋本裕明訳　A5 判上製　I (3000 円) II (3200 円) III (3000 円) IV (3000 円)
知的公共圏の復権の試み　高野清弘・土佐和生・西山隆行編　A5 判上製 354 頁 3000 円
中世における理性と啓示　E. ジルソン／峠 尚武訳　四六判上製 132 頁 1300 円
超越論的な問いと批判　カント『純粋理性批判』超越論的分析論の研究　香川 豊　四六判上製 280 頁 2400 円
デカルトの誤謬論　池辺義教　A5 判上製 244 頁 2800 円
デュルケームドイツ論集　J・C.フィユー編／小関藤一郎・山下雅之訳　A5 判上製 280 頁 3500 円
デュルケムの教育論　J・C.フィユー編／古川敦訳　A5 判上製 274 頁 3000 円
東洋的キリスト教神学の可能性　橋本裕明　A5 判上製 240 頁 2500 円
日本とスペイン思想　オルテガとの歩み　木下智統　A5 判上製 184 頁 2200 円
認知の発生と発達　大野晋一編著　A5 判上製 254 頁 2000 円

ハ

パスカルの人間観　天使でもなければ,野獣でもない　児玉正幸　四六判上製 216 頁 2200 円
判断力批判への第一序論　カント／副島善道 訳・校訂　四六判上製 192 頁 2000 円
ピアジェ 晩年の思想　三嶋唯義　四六判上製 200 頁 1600 円
吹き抜ける風　スペインと日本,ちょっと比較文化論　木下 登　四六判上製 168 頁 1500 円
仏教的キリスト教の真理〔増補版〕 信心決定の新時代に向けて　延原時行　四六判上製 360 頁 3800 円
フランス教育思想史　デュルケーム／小関藤一郎訳　四六判上製 712 頁 5000 円
プロセス思想　日本ホワイトヘッドプロセス学会編　1〜8 号　A5 判　各 1600 円
ヘーゲルからニーチェへ　意志論の展開を地平として　石川康晴　四六判 82 頁 1500 円
ベルジャーエフ著作集　新たな宗教意識と社会性　青山太郎訳　四六判上製 408 頁 4000 円
ベルジャーエフ著作集　創造の意味　弁人論の試み　青山太郎訳　四六判上製 568 頁 4500 円
ベルジャーエフ著作集　共産主義とキリスト教　峠尚武訳　四六判上製 352 頁 4000 円
ベルジャーエフ哲学の基本理念　実存と客体化　R.レスラー／松口春美訳　A5 判上製 336 頁 2500 円
ヘルムート・シュミット対談集 回顧から新たな世紀へ　田村万里・山本邦子訳　Ａ５判上製 200 頁 2000 円
法の原理 自然法と政治的な法の原理　トマス・ホッブズ／高野清弘訳　Ａ５判上製 352 頁 3600 円
ホスピス入門　その全人的医療の歴史,理念,実践　日本ホスピス・在宅ケア研究会編　四六判 264 頁 2100 円
ホワイトヘッドと教育の課題　プロセス研究シンポジウム編　四六判上製 188 頁 1500 円
ホワイトヘッドと文明論　プロセス研究シンポジウム編　四六判上製 220 頁 1500 円
ホワイトヘッドの宗教哲学　山本誠作　四六判上製 250 頁 2000 円
ホワイトヘッドの哲学 創造性との出会い　Ch.ハーツホーン／松延慶二・大塚稔訳　A5 判上製 404 頁 3500 円

マ・ヤ・ラ・ワ、A—Z

マイスター・エックハルトの生の教説　松田美佳　四六判上製 288 頁 2600 円
遊撃の思想　長征の途上にて　大沢真一郎　四六判上製 512 頁 2600 円
ラショナリスムの学問理念　デカルト論攷　三嶋唯義　A5 判上製 300 頁 3000 円
ラテンアメリカの民衆文化　加藤隆浩編　A5 判上製 296 頁 2600 円
理念と世界意志　ヘーゲルの批判者としてのショーペンハウアー　A・シュミット/峠尚武訳　四六判 276 頁 2500 円
倫理の大転換　スピノザ思想を梃子として　　大津真作　A5 判上製 296 頁 3000 円
若きヘーゲルの地平　そのアポリアと現代　武田趙二郎　四六判上製 256 頁 2200 円
Aristotle's Theory of Practical Cognition　Takatura Ando　菊判上製 354 頁 5000 円
Reflections on God, Self & Humanity　Takatura Ando　A5 変型上製 120 頁 2000 円

の原因性に基づいて、一つの全体を産出するが、この全体の概念は逆に、……ある原因に従ったこの全体の原因であることができる」。諸部分は、「他の諸部分を産出する器官」である（UK.374：⑨二九頁）。全体と部分との関係は「生命の類比物〔Analogon〕」（ibid.）と呼ばれる。③カントは、自然が歴史をもつことを認めているが（UK.428：⑨一〇六頁）、『判断力批判』においてはその具体的説明は乏しい(11)。

環境倫理学をめぐる論争においては、機械論的自然観は、科学・技術を利用して自然を支配できるという人間中心主義と結合しやすいと批判される。そこでは、人間は自然における機械的、因果的結合の認識に基づいて、この結合を人為的に作り出し、自然の運動を制御し、支配することができると見なされる。これに対して、有機的結合に基づく自然の運動を人間が自分の目的に従って制御し、支配することは困難である。この点では有機体的自然観は非人間中心主義的性格をもつといえる(12)。

カントは目的論的立場から、科学・技術を利用した人間の活動も自然（とくに生態系）における〈目的－手段〉の連鎖のなかに組み込まれ、手段の位置を占めると見なす（UK.427：⑨一〇四頁）。今日では人間の活動は生態系を大きく破壊しており、カントの指摘は該当しないように見えるが、将来を展望するさいにはカントの見解は有効であろう。人間の活動の基盤である生態系を破壊することは、自分の生活の存続を困難とする。人間の生活が持続可能であるためには、自然の〈目的－手段〉の連鎖の枠内にとどまる必要がある。

三・二　「自然の最終目的」と「創造の究極目的」

カントは『判断力批判』において自然を目的論的に考察するさいに、「自然の目的」をいくつかの次元に区別している。①自然におけるさまざまな存在者は相互に他の存在者にとっての手段となり、その外部の目的によって左右される。このようなあり方は「外的な合目的性」と呼ばれる（UK.368：⑨二二頁）。厳密な意味では、〈目的－手段〉のこの外的関係は無生物相互の関係には認められない。②「内的な合目的性」は「有機的存在者〔organisiertes Wesen〕」、すなわち生物に見出される。[13] このような存在者は自分自身が目的であり、自分を全体として維持するための手段としてその諸部分を再産出するのであり、「自然目的〔Naturzweck〕」と呼ばれる（UK.373：⑨二九頁）。

③人間は自分で意識的に目的を立て、その達成のための手段として自然を利用する。人間はこのことによって他の自然的存在者に優越し、自然全体の目的論的統一の「頂点」に立つ。「人間は諸目的を理解し、合目的的に形成された諸事物の集合を自分の理性によって諸目的の一つの体系とすることができる唯一の存在者である」（UK.427：⑨一〇四頁）。人間はこの点で「自然の最終目的〔der letzte Zweck〕」である（UK.429：⑨一〇八頁）。しかし、このような人間の活動は技術的、実用的次元におけるものであり、自然における〈目的－手段〉の連鎖になお組み込まれ、制約されている。「人間はつねに自然的諸目的の連鎖における項にすぎない」（UK.431：⑨一〇九頁）。

④人間は道徳的存在者としてのみ他の自然的存在者にたいして決定的に優位に立つことができる。道徳的存在者としての人間はもはや「自然の最終目的」ではなく、「自然の外部にある究極目的〔der Endzweck〕」（UK.431：⑨一一〇頁）、「創造（造化）〔Schöpfung〕の究極目的」（UK.435：⑨一一六頁）と呼ばれる。ただし、人間の道徳的素質の発展が自然の目的であるとすれば（Ⅳ－二・二）、自然を超える道徳的存在者としての人間を生み出すことも、最も広い意味で自然の目的であろう。カント自身も「自然の究極目的」という表現を使用することがある（UK.378：⑨三六頁）。

カントによれば、人間が自然の〈目的－手段〉の連鎖の内部で「最終目的」にふさわしいのは、自分を道徳的存在者へ高めるための準備を行なうことによってである（UK.431：⑨一一〇頁）。「自然の最終目的」は自然に属すが、その達成は自然の内部で自動的にもたらされるのではなく、超自然的な目的としての「創造の究極目的」による方向づけ、それに向けた人間の道徳的努力を必要とする。「それ〔自然〕が一つの目的論的体系と見なされるばあい、使命から見て、人間は自然の最終目的であるが、つねに条件つきでそうであるにすぎない。この条件となるのは」、「究極目的……でありうるような目的関係を自然と自分自身とに与えることを理解し、そのための意志をもつことである」（UK.431：⑨一〇九頁）。「人間においてあの最終目的をどこにおかれるべきかを見出すためには、究極目的であるために人間自身が行なわなければならないことに向け、人間に準備を与えるために自然がなにを果たすことができるかをつきとめなければならない」（UK.431：⑨一一〇頁）。

人間は道徳的存在として自然から独立し、道徳法則を自分で立法する点で、創造の究極目的にふさわしい。「人間において、しかも道徳の主体としての人間においてのみ、目的にかんして無条件の立法が見出される。したがって、このような立法のみが人間を究極目的とする」（UK.435：⑨一一六頁）。目的論的に統一された道徳的世界は「諸目的の国」と呼ばれる（UK.444：⑨一二八頁）。すでに『基礎づけ』において、道徳共同体としての「諸目的の国」は、理性的存在者（人格）が相互に「目的自体」として尊重し、この相互関係のもとで相互に手段として扱うことができるような領域であり、〈目的－手段〉の重層的諸関係を含むと見なされていた（Gr.433：⑦七二頁）。また、「諸目的の国」は、「合目的的秩序」をもつ「自然の国」との類比で説明されていた（Gr.438：⑦七九頁）。ここでは自然の目的論的体系が道徳的体系とパラレルに理解されているが、『判断力批判』においては二つの体系が結合されるようになる。

しかし、人間は独力では自然の目的論的秩序を道徳における目的論的秩序に服従させることはできない。このことが可能になるのは、「諸目的の国」と「自然の国」とを同時に統治する神の助力によってである（Gr.438f.：⑦八〇頁）。『実践理性批判』においては道徳的立場から神が「要請」されるが（KpV.124：⑦三〇三頁）、『判断力批判』においては自然目的論と道徳目的論との結合という観点から、神の存在の「道徳的証明」が行なわれる（UK.447ff.：⑨一三三頁以降）。

三・三　人間の尊厳と自然にたいする謙虚

自然の合目的性は自然の因果性とは異なって、悟性によって客観的に認識されるのではなく、反省的判断力によって、あたかも客観的であるかのように見なされるにすぎない（UK.369：⑨二四頁／UK.404：⑨七三頁）。このかぎりで自然の目的論的考察においては認識論上で人間中心主義の立場がとられている。しかし、この立場は実践上の人間中心主義の立場を意味しない。自然の目的論的考察は人間の自然にたいする技術的作用の任意性を強めるのではなく、逆にこのような任意性を制限するのであり、非人間主義的な要素を含む（本章、一・三、二・三）。

　人間（人格における人間性）は尊厳をもち、自然にたいして優位にあると見なす点で、カントは道徳上の人間中心主義の立場に立つとしばしば批判される。しかし、人間の尊厳は無条件的なものではない。自然内存在としての人間の有限性の意識がなければ、人間の尊厳についての意識（自己尊重〔Selbstschätzung〕）は不遜となるであろう。カントによれば、人間（人格における人間性）の尊厳の意識は基本的には、道徳法則との比較で（他人との比較ではなく）有限であると意識する謙遜と結合しなければならない（KpV.73：⑦二二八頁／MS.435：⑪三二一頁）。このように人間性の尊厳の観念が人間の有限性についての意識と結合することに基づくことは人間の自然にたいする関係にも敷衍することができるであろう。

　カントは、自然をもっぱら人間にとっての有用性という観点から考察することを「僭越」と見なす（UK.369：⑨二三頁）。また、彼は、自然目的論の立場に立てば、「自然の賢明、節約、配慮、好為」と見なされてきたものは適切であると述べる。ここでは自然の尊重の一つの根拠が示されているといえるであろう。カントはそのばあいに、「自然の上に」、「知性的存在者」を「親方」としておくことは「僭越」であると批判する（UK.383：⑨四三頁）。ここでの「知性的存在者」は直接には人格神を指すが、今日の人間中心主義においては、科学・技術をもつ人間が神の代役を演じている。

　人間は自然の基盤性、根源性、包括性を認識し、自然における自分の位置を全体的に認識することによって、他の自然的存在者とは異なって、自分の自然的限界を超出することができる。人間の尊厳は自然との関係においては、自分の自然的存在への自己反省、自然にたいする謙虚さに基づくといえるであろう[14]。このような自己反省は道徳的なものであり、人間はこのような道徳的能力をもつ点で、自然に優越する。ただし、道徳性の実現によっても人間は自然を支配することはできない。『実践理性批判』においては、有限な存在者の限界を誤認するうぬぼれを制限するのが謙虚であるといわれるが、謙虚は根本的には道徳法則との比較で生じるとされる（KpV.86：⑦二四八頁）。ただし、『道徳形而上学』においてはこのような謙虚が自然における人間の有限性のあとで論じられていることが注目される（MS.434f.：⑪三一〇頁）。

第四節　自然の崇高と自然の恩恵

四・一　自然の美の根拠

すでに述べた自然の目的論的考察は『判断力批判』の後半において行なわれており、その前半においては自然の美と崇高の問題が扱われる。このことにかんしては、カントは美的な人間中心主義の立場に立っているという批判があるとともに、自然の美的考察は環境倫理における人間中心主義を制限することができるという評価もある。

カントによれば、美は自然の客観的性質ではなく、主観の感情に依存する。あるものが美しいのは、それを表象する主観に「快〔Lust〕」を与え、主観がこれに気に入る（「適意〔Wohlgefallen〕」）からである[15]。「あるものが美しいか、そうでないかを判別するために、われわれは［その］表象を……客観へではなく、主観と主観の快へ関係づける」（UK.203:⑧五五頁）。快の感情は外的対象についての感情ではなく、「心的状態についての感情」（UK.204：⑧五六頁）である。自由に遊動する〔spielen〕人間の認識諸能力に対象（その表象）が適合するばあいに、美的な（情感的な）快が生じる（UK.189:⑧四一頁）[16]。

美的な快にとって重要な認識能力は「構想力（想像力）〔Einbildungskraft〕」である。構想力は再生的構想力と生産的構想力とを含むが、美的構想力は前者に属す。このような構想力は「可能な諸直観の任意の形式の創造者」であるが（UK.240:⑧一〇七頁）、たんに個人的、恣意的ではなく、ある種の法則（規則）に従う普遍的なものでなければならない。構想力（自由）と悟性（合法則性）との調和によって美的快が生じるが（UK.218：⑧七六頁）、構想力が従う法則は、悟性（概念）がもたらすような強制的な法則ではなく、「法則を欠く合法則性」（UK.241：⑧一〇七頁）である。美的感情は「普遍妥当性〔Allgemeingültigkeit〕」をもたなければならないが、この妥当性は認識や道徳のばあいとは異なって、客観的妥当性でなく、「主観的な妥当性」（相互主観的な妥当性）、「共通妥当性〔Gemeingültigkeit〕」である。しかし、美的な快の共通性が客観性と取り違えられ、美が「あたかも事物の性状であるかのように」思い込まれる（UK.212：⑧六八頁）。このような「共通の感情」は「共通感〔Gemeinsinn〕」であり（UK.238：⑧一〇三頁）、他人に普遍的に「伝達可能〔mitteilbar〕」である（UK.238f.：⑧一〇三頁）。

このようなカントの見解は美的な人間中心主義の立場におけるものと評価されるであろうが、つぎのことに注意する必要がある。美的構想力はたしかに「生産的、自発的」であり、自然についての表象を自由に結合することによって、自然に美の形式を与えるが、この作用はまったく「創造的」であるのではなく、その素材は自然から与えられる。『人間学』においてはつぎのようにいわれる。「このように、構想力がいかに偉大な芸術家であるとしても」、「それはやはり創造的ではなく、その形式のための素材を感官から受け入れなければならない」（Ath.169：⑮八五頁）。自然の美は、心的状態（感情）のなかに内的根拠をもつだけではなく、自然のなかに外的根拠をもつのであり、むしろ後者の根拠が基本である。「自然の美しいもの」の「根拠」は「われわれの外に」ある（UK.246：⑧一一五頁）。このため「人工美（芸術美）〔Kunstschönheit〕」よりも「自然美〔Naturschönheit〕」が優位におかれる（UK.299：⑧一八八頁）。芸術の所産が美しいのは、それが「あたかも自然の所産であるかのように」見なされるかぎりでである（UK.306：⑧一九七頁）。

四・二　自然の崇高の源泉

『判断力批判』においては自然の美に続いて、自然の崇高（性）〔Erhabenheit〕が考察されるが、後者においては前者におけるよりも人間にたいする自然の優位性が示されているように見える。しかし、カントによれば、自然の崇高性は自然への人間の道徳的な卓越性の投影によって生じる。このような見解は道徳上の人間中心主義の所産であるとも批判されうる。

カントは自然の崇高をつぎのように説明する。「構想力を最大限に拡張しても、「及びがたい」大きさや力をもつ自然を理性は「絶対的全体性」の理念へ高めるのであり、このように及びがたいという感情から崇高の観念が生じる（UK.268：

⑧一四五頁)。崇高は、大きさにかんする「数学的崇高」と、力にかんする「力学的崇高」とに区別される(UK.247:⑧一一六頁)。自然の数学的崇高は自然そのものに属すのではなく、自然における無限大のものを捉えようと努力する人間の「超感性的能力」(UK.250:⑧一二一頁)に由来するが、このような能力は認識に関わり、道徳には関わらない(UK.247:⑧一一六頁)。道徳との関係で重要なのは力学的崇高である。この崇高は人間の道徳的感情を前提とする。自然の力は人間にとって「抵抗できない」ものであって、これと比較すれば人間は「無力」であり、「取るに足らない微小なもの」であるという感情が生じる(UK.261:⑧一三六頁)。しかし、人間が一方的に自然に屈服している状態においては自然にたいする恐怖の念が生じても、自然の崇高の念は生じない。人間が自然にたいして無力であることを意識しながらも、人間が自然にたいして一定の「抵抗能力」をもつばあいにのみ、自然の崇高の観念が生じる(ibid.)。崇高なものにたいして尊敬(尊重)や畏敬(畏怖)が生じる(UK.245:⑧一一三頁/UK.264:⑧一三九頁)。

人間は自然的存在者としては自然に屈服せざるをえないが、道徳的存在者としては自然からの独立をめざして、努力し、障害を乗り越えていくのであり、人間のこのような道徳的卓越性に自然の崇高は由来する(UK.264:⑧一三九頁)。自然の崇高と呼ばれるものは、われわれが「人間の卓越性〔Überlegenheit〕」(UK.261:⑧一三六頁)あるいは「人間の使命の崇高性」(UK.262:⑧一三七頁)を自然に「持ち込み」(UK.246:⑧一一五頁)、投影することによって表象されたものにすぎない。しかし、われわれはしばしば「われわれ自身の使命にたいする尊敬」(あるいは人間自身の崇高)と〈自然にたいする尊敬〉(自然の崇高)とを「取り違える」(UK.257:⑧一三〇頁)[17]。

人間が自然内存在としては有限であるが、道徳的存在としては無限であるという二重性は『実践理性批判』の末尾のつぎのような有名な部分においても表明されている。「驚嘆と畏敬をもって心を満たす」二つのものがあり、それらは、「私のうえの星を散りばめた天空と、私のなかの道徳法則」である。「第一の無数の世界群の眺めは動物的被造物としてのわれわれの重要さをいわば無に帰す。これに対して、第二のものは知性としての私の価値を私の人格性をつうじて無限に高める」(KpV.162:⑦三五四頁)。ここでは外的世界(宇宙)の崇高と道徳的存在としての人間の崇高について語られ、一方でニュートンの宇宙観が美学的に捉え直され、他方でルソーの由来する道徳的自律の思想が表明されているといえる[18]。ここでは自然的存在としての人間の有限性と道徳的存在としての人間の無限性とは分離しているのではなく、呼応している。

四・三　自然の恩恵と自然の愛好

環境倫理学的議論においては、科学・技術を使用した人間の自然支配を正当化する人間中心主義を批判するための手がかりを『判断力批判』における美的見解に求める論者もいる[19]。しかし、美的考察は、美的と見なされる自然の保護の根拠になりうるにすぎず、それ以外の自然、自然全体の保護にはつながらないであろう。私見では、自然全体の保護にとって注目すべきなのは「自然の恩恵〔Gunst〕」という観念である。

カントは、自然は人間にたいしてその有用性や美を「恩恵」として与え、人間はこのような自然を愛好すると見なす。「自然が有用なもののほかに、さらに美や魅力をこれほど豊かに分配したことを、自然がわれわれに施した恩恵〔Gunst〕として観察する〔betrachten〕ことができ、この理由から自然を愛することができる。このことは、自然をその測りがたさ〔崇高〕のために尊敬を込めて観察することができるのと同様である」（UK.380：⑨三九頁）。

〈Gunst〉は二重の意味をもち、それは、人間が自然にたいして能動と受動との二重の関係をもつこと（本章、二・一）に関わる。〈Gunst〉は一方で、人間にたいする自然の「愛顧〔Gunst〕」、「自然がわれわれに示す恩恵〔Gunst〕」という意味をもつが、他方で、人間による自然の「愛顧〔Gunst〕」、「われわれが自然を受け入れるさいの愛好〔Gunst〕」という意味をもつ（UK.350：⑧二五七頁）。人間の自然にたいする「愛好」は自然の美に関わるのに対して、自然の人間にたいする「恩恵」は自然の客観的目的性に関わる[20]。まず美しいものは、「関心を伴わない自由な適意」の対象であり、この適意が「愛好」といい替えられる（UK.210：⑧六五頁）。「われわれは自然の形態にたいして、関心を伴わないまったく自由な適意をもつことによって、われわれは愛好をもって美しい自然を眺める」（UK.380：⑨三九頁）。つぎに自然をその客観的合目的性の面から見れば、自然の美は、自然が人間に与えた「恩恵」という意味をもち、人間はこれに呼応して、自然を「愛好」する。

ただし、自然は人間に恩恵をもたらす（好意的である）だけではなく、人間にたいして猛威をふるい、人間の生活を危険に陥れもする（UK.430：⑨一〇九頁）。自然の恩恵と脅威とは表裏一体の関係にある。人間にたいする自然のある作用が人間にとって正か負かの区別は相対的である。人間にとって不利と思われる作用も有利なものに転化することがある[21]。人間の生活は道徳以外の分野においては、正の面でも負の面でもけっきょく自然に依存している。人間は科学・技術によって自然から恩恵を能動的に引き出そうとするが、根本的には自然に依拠しているのである。

なお、カントは、人間が自然の恩恵にかんして自然にたいして感謝するとは見なしていない。彼によれば、感謝の対象は人格（他の人間あるいは神）に限定される[22]。また、自然の崇高は自然の恩恵とは異なる。自然の崇高は自然にたいする尊敬を生じさせるが、これは人間自身の道徳的存在にたいする尊敬の派生にすぎない（本章、四・二）。

第五節　「自然の使命」と自然への義務

五・一　「自然にたいする義務」と「自然にかんする義務」

カントは『道徳形而上学』の『徳論』においては自然物の愛護を道徳的義務に含め、つぎのようにいう。美しい事物をいたずらに破壊し、動物を残酷に扱うことは道徳的義務に背反する。動物の屠殺も、苦痛を和らげるために素早く行なうべきであり、動物実験を必要最低限に抑制すべきである。また、長年仕えた家畜にたいして家族の一員であるかのように感謝することも義務である（MS.443：⑪三三三頁）。『倫理学講義』においても類似の主張が見られる（VE.303：⑳二六頁）。動物の扱いについてのこのような見解は現代の動物倫理（P・シンガーらの）を先取りするものといえる。

しかし、カントは自然的存在者の愛護はこれらの存在者「にたいする［gegen］」義務ではなく、この存在者「にかんする〔in Ansehung〕」義務にすぎないと主張する。動物愛護も動物にたいする義務ではなく、人間自身にたいする義務であり、前者の義務はそこから「間接的に」生じるにすぎず、正確には、動物にかんする義務と呼ばれるべきであるとされる（MS.443：⑪三二三頁）。動物を残酷に扱うことは、他の人間の苦痛にたいする共感を鈍化させ、「他の人間との関係における道徳性」を損なうことにつながるという理由で、禁止される（MS.302：⑪二九六頁）。「動物をすでにこのように残酷に扱っている者は人間にたいしてもそれと同様に無慈悲となる」（VE.303：⑳二七一頁）。人間以外の存在者の保護の義務は人間における道徳性の形成と促進のためのいわば教育的手段としてのみ認められることになる。

カントがこのように義務の直接的な対象（受け手）を人間（他の人間と自分自身）に限定する理由の一つは、「義務づける」能力をもつ存在者にたいしてのみ人間は義務をもつことにある。「たんなる理性に従って判断すれば、人間はふつう人間（自分自身あるいは、ある他の人間）にたいして以外にはいかなる義務をもたない。というのは、なんらかの主体にたいする人間の義務はこの主体の意志による道徳的強要〔Nötigung〕であるからである。したがって、強要する（義務づける）主体は……人格でなければならない」。「われわれは人間以外には、……義務づけの能力をもつような存在者を知らない。したがって、人間はふつう人間にたいする義務のほかになんらかの存在者にたいするいかなる義務をもつことはできない」（MS.442：⑪三二一頁）。しかし、つぎに検討するように、このような主張は問題をはらむ。

五・二　自然への義務づけの可能性

カントによれば、「非人格的対象」としての無生物（「たんなる自然物質」）、植物（「繁殖のための器官をもつが、感覚を欠く自然部分」）、動物（「感覚や選択意思を備える自然部分」）にたいして人間は（直接的な）義務をもたない。人間以外の存在者「にたいする」義務が存在すると考えるのは、動物「にかんする」義務をこの動物「にたいする」義務と「取り違える」ことから生じる。「人間がこのような［人間以外の存在者にたいする］義務をもつと表象するばあい、このことは反省概念のあいまいさから生じる。そして、人間が他の存在者にたいする義務と思い込むものは、自分自身にたいする義務にすぎない。このような誤解に惑わされるのは、人間が他の諸存在者にかんする義務をこれらの存在者にたいする義務と取り違えることによる」（MS.442：⑪三三二頁）。

しかし、「取り違え」はむしろカント自身にあるのではないであろうか。人間以外の存在者にたいする義務をカントが否定するさいには、人間を義務づける能力をもつ存在者、すなわち人格にたいしてのみ人間は義務をもつことが前提にされているが、ここでは、〈いかなる存在者によって義務づけられるのか〉と、〈いかなる存在者にたいして義務をもつのか〉とが、「取り違え」られているように思われる（Ⅰ - 五・二）。

カントは、「私が同時に私自身を拘束する（私自身に責務を課する）〔verbinden〕かぎりでのみ、私は他人にたいして拘束される（責務を課せられる）〔verbunden〕と認めることができる」と述べており（MS.417：⑪二八六頁）、これが彼の基本的立場であろう。道徳においては人間は他人によって義務づけられなくても、他人にたいして自分を義務づけ、義務を負うことができる。この立場から見れば、人間の義務の対象は、他の人間を義務づける能力（自立的な人格的能力）をもたない人間、さらには自然的存在者にも拡張することができるであろう（Ⅲ - 三・二、参照）[23]。ただし、カントは、このような理解が擬人化や神秘化となることを警戒していると思われる。いかなる意味で人間は自然的存在者にたいして自分を義務づけるのかを、明確な理性的な「反省」に基づいて明らかにする必要があるであろう（本章、五・四）[24]。

五・三　自然の尊重と人間性への関係

カントによれば、人間の自分自身と他の人間にたいする義務の基本は自分の人格と他人の人格における人間性の尊重にある。したがって、人間以外の存在者「にかんする」義務もけっきょく人間性の尊重の義務（人間性にたいする義務）に基づくことになる。「動物、他の存在者および事物にたいするすべての義務は間接的に人間性にたいする義務に向けられる」（VE.303：⑳二七一頁）。

たとえば動物の愛護が義務となるのも、それが人間性の尊重に関わるからである。動物の虐待は、他の人間にたいする「道徳的共感」を鈍化させ、他の人間をも残酷に扱うことによって、人間性を損なうという理由で禁止される。[25]「動物を手荒にまた同時に残酷に扱うことは人間の自分自身にたいする義務と……対立する。というのは、このことによって、人間における動物の苦痛にたいする共感〔Mitgefühl〕が鈍磨され、このことによって他の人間との関係における道徳性にとってひじょうに役立つ自然的素質［道徳的感情にかんする］も弱められ、しだいに抹殺されるからである」（MS.302：⑪二六九頁）。たしかに動物の虐待を反復する人間が他の人間にたいする「共感」を鈍化させ、凶悪な犯罪にさえ至ることが今日深刻な問題となっている。

それでは、動物の愛護はなぜ人間性の尊重につながるのであろうか。それは、動物と人間（人間性）とのあいだになんらかの重要な点で共通性があるからであろう。このことについて『倫理学講義』にはつぎのような説明がある。「動物は人間性の類比者〔Analoga〕であるから、われわれがこの類比者にたいする義務を遵守すれば、人間性にたいする義務を遵守することになる」。「したがって、動物の行為が、人間の行為が生じるのと同一の原理から生じ、前者が後者の類比者であるならば、われわれは動物にたいする義務を［間接的］にもつことになるであろう」（VE.302：⑳二六九頁）。ここでは、「類比者」、「同一の原理」がなにかについては具体的に説明されていない。しかし、動物の苦痛にたいする共感を鈍化させることは、他の人間の苦痛にたいする共感を鈍化させることになるという文脈から見れば、それらは、シンガーらの動物倫理学において強調されるような〈苦痛を感じる能力〔sentiency〕〉に相当するであろう。[26]なお、カントはいわゆる高等動物も選択意思をもつことをも認めている（MS.442：⑪三三二頁）。

ところで、苦痛は生命の活動が妨げられることについての感情であり、その基礎には生命がある。このことを拡張するならば、すべての生物（植物を含む）の生命の尊重を義務に含めることも可能であろう。ただし、カントはほとんどのばあいに保護の対象にかんして植物を無生物と同一次元で扱い、しかも、保護の対象を有用な、あるいは美しい無生物や植物に限定しているように思われる。「自然において、たとえ生命をもたなくても美しいものにかんしては、それをたんに破壊する性癖……は人間の自分自身にたいする義務に背反する。というのは、そのことは人間におけるつぎのような感情を準備させるような感情を弱め、あるいは抹殺するからである。この感情とは、たしかにそれだけですでに道徳的であるのではないが、それにもかかわらず道徳性をひじょうに促進するような感性の気分にたいして少なくともなにか(たとえば、美しい結晶、植物世界の表現しがたい美しさ)を、利益とは無関係に愛するような感情である」(MS.442：⑪三二二頁)。

五・四　「自然の恩恵」と「自然の使命」——環境倫理学への示唆

(一)「自然の恩恵」の意味

美しい自然や動物だけでなく、自然全体を保護することを義務づける根拠をどこまでカントの見解のなかに見出すことができるであろうか。著者がまず注目したいのは、すでに言及した自然の恩恵についての見解である（本章、四・三）。彼は自然の恩恵をおもに自然の有用性と美に限定しているが、この見解をより広く理解することが現代の環境倫理にとって重要と思われる。自然の恩恵は、自然がさまざまな面で人間の生活の基盤であることを示している（本章、二・二）。自然の恩恵は、自然がその個々の価値——有用価値、精神的、文化的価値（美的価値を含め）などには還元されない。また、恩恵を与える自然は個体、種だけでなく、生態系を含む自然全体である。自然の恩恵は、一方で、自然によって人間に与えられる。人間はこの恩恵を引き出す点で能動的でありうるが、このばあいにもやはり根本的には自然に依存する。他方で、自然の恩恵は、人間にとってのものであり、人間なしにはありえない。人間にたいする関係を無視し、自然そのもののなかにその尊重の義務の根拠（「内在的価値」など）を求める自然中心主義は、人間中心主義と正反対の狭さに陥っている[27]。人間は、自然が自分の生活の基盤であることの意識に基づいて、自然にたいして自分を義務づけるというべきであろう。

自然の恩恵について論じるさいには地球環境の有限性をも考慮しなければならない。カントによれば、「地球」の表面は球面をなし、閉鎖的で、有限的であるが、とくに重要なのは土地（大地）〔Erde〕である。土地は最広義には生態系をも含む。土地はこのように有限であるため、その利用と所有は住民によって共同的に規制されなければならないといわれる（Ⅶ・二・一、参照）。カントのこのような立場から見ても、有限な地球環境を保全し、人びとがその恩恵を持続的に、また公平に享受できるようにすることは地球面のすべての居住者、「地上（大地）の市民〔Erdbürger〕」（MS.353：⑪二〇五頁）の共通の使命といえるであろう。

（二）「**自然の使命**」**の意味**

つぎに注目したいのは「自然の使命〔Bestimmung〕」というカントの観念である。人間は〈自然内存在〉の限界内で自然を利用することができるのであり、この利用が適切であるのは、「自然の使命」に適合するかぎりであろう。しかし、人間は技術的、実用的素質を発展させるに伴って、「自然の使命」に背反するようになった。カントはルソーによる文明批判をこのような文脈で捉え直し（Ⅱ・四・三）、つぎのようにいう。「自然から人類に与えられた使命は、たえざる前進によって一歩一歩より高い善に接近していくことである」。しかし、人間においては、「自然の使命からの絶えざる逸脱」が生じた（Ath.325：⑮三一七頁）。「ルソーが考えていたのは」、「文明社会（市民社会）が自然の使命〔Naturbestimmung〕から逸脱していることである。しかし、人間性のより高次の目的を念頭におくならば、動物的な状態〔自然状態〕も人為……も同様に自然の使命に従う」（『人間学遺稿』RzAth.617）。「人類がその使命に向けて進展することを妨げる最大のものは、人間がますますさらに自然の使命から離反すること〔Abkommen〕である」（同書、RzAth.888）。

「自然の使命」という観念は自然目的論に基づいており、現代ではそのままでは受容されにくいであろうが、注目すべきなのはこの観念の具体的内容である。カントは、人間による動物の狩猟は、動物の数を環境において適正なものに調整するという生態上の役割も果たしているという例を挙げ、そこでは「自然における産出力と破壊力との均衡」がもたらされると見なしている（UK.427：⑨一〇四頁）。[28] ここでいわれる「均衡」は生態系における調和を意味するが、広い意味では自然全体における調和につながるであろう。人間の活動は自然における調和的秩序の維持の枠内にとどまるかぎりで、持続可能となるであろう。しかし、人類は動物の乱獲によって生態系の均衡を損なってきたという歴史をもち、今日では産業の無秩序な発展によって自然全体の深刻な破壊を引き起こしている。人間の生活を「自然の使命」に従ったものとするためには、法的、社会的規制が必要であるが、全体的、長期的視野からそれを導くのは道徳であろう。ここに環境倫理の固有の役割があるといえる。

（三）世代間倫理への示唆

さらにカントは環境にかんする世代間倫理についても啓発的な見解を示している。この倫理の基本は、すべての世代が自然の恩恵を公平に享受し、その保護にかんする負担を公平に引き受けることにある。

まず、カントは、人類の発展を世代から世代への活動成果の継承に基づくと見なす。「自然が人類に与えた萌芽〔自然素質〕をついに、自然の意図に完全に適合した段階まで発展させるためには、おそらく自然は、一つの世代からはつぎの世代へと知見を伝達するという見きわめがたい〔人類の〕産出（生殖）の系列を必要とするであろう」（AG.19：⑭六頁）。ただし、そのさいに、「最後の世代のみが、世代の長い系列を経て苦労して作り出された建物に住む幸運を得るが、その祖先は、自分で準備した幸福にあずかることはできない」。カントは、世代間のこのような不平等は「奇異」、「不可解」に見えるが、不可避的であると述べている（AG.20：⑭七頁）。

しかし、今日では自然の恩恵としての幸福にかんして、逆の世代間の不平等が生じている。前世代は活動の結果としての自然破壊を後世代に〈負の遺産〉として残している。カントも、われわれは「はるか将来の子孫に」「歴史の重荷（負荷）〔Last〕を残すかもしれない」と指摘している（AG.30：⑭二一頁）。後世代が豊かな自然の恩恵を享受できるようにすることは人類とその生活の持続的発展にとって不可欠であり、このことは人類全体にたいする重要な義務に含まれるであろう[29]。

第V章　自由と権利の根拠づけ――人間の権利と人間性の権利

第一節　実践哲学における法論の位置

一・一　カント法論の先駆性

法論・国家論は原理的部分と応用的部分とを含むが、全体として今日の応用倫理学には含められない。しかし、応用倫理にとって法は重要な意味をもつ。応用倫理的諸問題は社会生活において生じており、それらの解決のためには社会的な枠組みが重要になる。古来、社会論の基本は法論・国家論におかれた。アリストテレス以来の伝統に従って、カントも法論（および国家論）を道徳論（広義）に含める。後期の『道徳形而上学（人倫の形而上学）〔Metaphysik der Sitten〕』第一部、「法論の形而上学的基礎〔Metaphysische Anfangsgründe der Rechtslehre〕」（一七九七年、以降『法論』と略記）は彼の社会哲学の中心をなす。

カントの法論（自然法）の講義は一七六七年から開始され、一七八八年まで約一二回行なわれたが（人間学の講義は一七七二年から開始）、その出版は大学退官後の一七九七年となった(1)。法についての彼の研究が蓄積されていたにもかかわらず、その出版が大きく遅延したことの外的事情として、宗教論の準備が先行し、その刊行の弾圧への対応に追われたことがある。法論の内容にかんしては、所有論の説明に手間取ったことが報告されているが(2)、さらに、法を道徳的原理から説明し、道徳形而上学に法論を位置づけることに苦労したという内的事情もあると思われる。

　これまで、『法論』は先行の法思想と比較して、独創性が乏しく、またドイツの後進的状態に制約されて、前近代的諸要素を含むという問題が指摘されてきた。しかし、当時のプロイセンでは、「[法の]形而上学」が「革命の原因」として警戒されており（『理論と実践・準備稿』KgS.XXIII.126：⑱二五七頁）、カント自身の法論（法の形而上学）もそれに含められていた。また、カントの法論には、ロックやルソーと異なった形で近代法思想を発展させる努力が見られる。カントはルソーの影響のもとで初期から人間の自由と権利を重視しており、彼の考察はフランス革命期における「人権宣言（市民の権利と人間の権利）」（一七八九年）を先取りし、その後の人権の実現の方向を指し示している。さらに、彼は「人間性の権利」の観念によって市民の権利や人間の権利をさらに深く根拠づけようとした。彼の法論にかんしては、第二次世界大戦後まず一九七〇年代に所有論（『法論』の前半部）への関心が高まり、一九八〇年代以降はカントの法論全体（国家論を含む）についての研究が進展し、その現代的意義についての議論が、英米圏をも含め、活発化するようになった。

一・二　自由と権利の哲学

　カントにおいて道徳の基礎には意志の内的自由があるが、法・権利の基礎には行為の外的自由がある。彼はルソーから意志の自由の思想を継承し、これをさらに内面的に深化させた。この点についてヘーゲルはつぎのように述べている。ルソーは「国家の絶対的権利づけ」の原理を「自由意志」に求めたが（HWzB.XX.306:『ヘーゲル全集』⑭c、四七頁）、「カントがはじめて自由を法・権利の基礎にすえた」（HWzB.XX.S.413:『ヘーゲル全集』⑭c、一五六頁）。「自由の原理はルソーにおいて高く掲げられ、このことによってカント哲学への移行がもたらされた。カント哲学はこの原理を理論的見地において自分の根底にすえた」（『ヘーゲル全集』⑭c、四八頁）。「意志の自由」はフランスにおいては革命という形で実践に移されたが、ドイツにおいては、とくにカント哲学に見られるように、「冷静な理論」にとどまった（『歴史哲学』

HWzB.XII.524：『ヘーゲル全集』⑩b三〇六頁以降）。

ルソーにおいては政治的、社会的自由は精神的、道徳的自由と結合しているが（Ⅵ・五・一）、カントは自由を道徳へ内面化しつつ、この内的自由から法・権利における外的自由を説明しようとする。この試みは厄介な問題を含むが（本章、二・三）、けっきょく内的自由は人格相互の外的関係において外的自由となり、それを実現するためのものが権利と見なされる。「外的な法・権利一般の概念はまったく人間相互の外的関係における自由の概念から発生する」（TP.289：⑭一八六頁）。このように（外的）自由は諸権利の源泉であり、それ自体が「唯一の根源的権利」である。自由は、「それが、普遍的法則から見て、いかなる他人の自由とも共存しうるかぎりで、いかなる人間にもその人間性のおかげで帰属するこのような唯一の根源的権利である」（MS.237：⑪五八頁）。このようにカントの法論は基本的に自由の実現としての権利の哲学であるといえる。

一・三　法論と道徳論

カントの実践哲学の基本的対象は自由であり、それは道徳においては内的なものとして、法においては外的なものとして示される。批判期には道徳と法とが峻別され、両者に共通する自由についての考察は明確ではなく、また、道徳形而上学が法論を含むことが予定されていたかどうかは疑わしい[3]。道徳的原理が法へいかに応用されるかは、『道徳形而上学』の刊行以前には、カントの実践哲学に関心をもつ人びとのあいだで大きな関心事になっていた[4]。

後期カントにおいては法論が道徳形而上学に含められ、また道徳論が徳論として特化される。そこでは法と道徳との区別がつぎのように説明される。①法においては行為における外的自由（「外的使用における自由」）が問題であるのに対して、道徳においては外的自由だけではなく、意志、選択意思の内的自由（「内的使用における自由」）も問題となる（MS.214：⑪二七頁）。②行為における外的自由は他人に関係する。法は、「行為が相互に……影響を及ぼしあうかぎりで、ある人格の他の人格にたいする外的なかつ実践的な関係」に関わる（MS.230：⑪四八頁）。これに対して、道徳においては内的自由は行為者自身に関係し、この自己関係が他者にたいする関係の基礎におかれる。[5]法的義務は他人にたいする外的義務のみを含むが、道徳的義務は自分自身にたいする内的義務をも含む（MS.220：⑪三五頁）。③法における外的義務は他人による外的強制に基づくのに対して、道徳においては行為者は自分を自分自身によって内的に強制し、義務づけるのであり、他人にたいする義務も自己強制に基づく（MS.417：⑪二八六頁）。[6]④法においては行為の結果が重視されるが、道徳においては行為の動機が優先される。行為の結果が法則に一致することは「適法性」であるが、動機が法則に一致することは「道徳性」である（MS.219：⑪三三頁）。

『道徳形而上学』においてはこのように法と道徳とが区別されるが、両者の基礎にある原理はなにかがあらためて問題となる。同著の「道徳形而上学への序論」の部分では、法論と徳論との共通の「基礎諸概念」として自由、人格、行為、法則、格率などが挙げられるが（MS.222f.：⑪八七頁以降）、この説明は錯綜している。[7]とくに論点となるのは、「同時に普遍的法則として妥当しうるように、格率に従って行為せよ」という「定言命法」が「道徳論〔Sittenlehre〕の最上の原理」（MS.225：⑪二八六頁）とされていることである。ここでの道徳論が広く法論を含むとすれば、この定言命法は法論にも該当するが、このことは批判期の立場とは一致しないようにも見える。[8]

一・四　法論と人間学

カントの実践哲学における法論の位置を理解するためには、人間学とのその関係をも考慮する必要がある。カントの哲学体系は〈原理論－合理的部門（形而上学）－経験的部門〉の三段階を含むが、実践哲学的著作においては〈『実践理性批判』（『基礎づけ』）－『道徳形而上学』－『人間学』〉がこれらの段階に対応する（Gr.388：⑦六頁）。

『道徳形而上学』においては法論と徳論とのあいだには人間学にたいする関係にかんして相違がある。人間学の対象は、実用的世界において自分の幸福を追求する「人間」であるが（Ⅱ－一・一）、徳論においては、自分の幸福を動機に含めず、義務の遂行を動機とすることが要求される（MS.375：⑪二三五頁）。法論においては一方で、各人の行為の動機の内容（それが幸福であれ、ほかのなにであれ）はそもそも問われない。法は、「すべての人間が自然な仕方でもつ目的（幸福の意図）とはまったく無関係である」（TP.289：⑭一八六頁）。法においてはこの意味で幸福が度外視されるが、この度外視は道徳のばあいとは異なる。他方で、法においては各人の幸福追求は排除されず、許容される。ただし、各人の幸福追求が他人の幸福追求を妨害しない範囲で、そうである。「各人は自分の幸福を、自分自身にとって善いと思われる方法で追求してもよいが、そのさいに各人は他人たちの同様の目的を追求する自由を」「損ないさえしなければよい」（TP.290：⑭一八七頁）。このように法はむしろ実用的生活を背景とする。

カントの実践哲学の体系においては〈道徳原理→道徳形而上学→人間学〉という諸段階をたどるが、それは法論における〈道徳原理→法の原理→法的関係→行為のケース〉の諸段階と、徳論における〈道徳原理→徳の原理→道徳的関係→行為のケース〉の諸段階とに分化する。法的関係と法的行為のケースの考察、道徳関係と道徳的行為のケースの考察のさいには人間学的要素が考慮され、全体として法の原理と徳の原理が人間学に適用される（Ⅱ・一・一）。

第二節　道徳と法の関係の再把握——道徳形而上学の新構想

二・一　法における仮言命法と定言命法

『道徳形而上学』の序論的部分において示される、「同時に普遍的法則として妥当しうるように、格率に従って行為せよ」という「定言命法」（MS.225：⑪二八六頁）が法にも該当するかどうかの問題を検討するためには、法則と格率との関係を考察する必要がある。そのさいに、格率はその内容を動機から獲得するので（Rlg.36：⑩四七頁）、法則と動機との関係をも考慮しなければならない。

まず動機にかんしては、法においては、動機がどうであれ、行為（その結果）が法則（義務）に合致していればよいが、道徳においてはさらに、行為の動機が法則に一致することが求められる。「行為の動機を度外視した行為の法則へのたんなる一致あるいは不一致」は「適法性〔Legalität, Gesetzmäßigkeit〕」であるが、「法則に由来する義務についての観念が同時に行為の動機であるような行為の法則への一致」は「道徳性〔Moralität, Sittlichkeit〕」である。「ある行為を義務とし、同時にこの義務を動機とする」「立法」は「倫理的〔ethisch〕」であるが、「義務そのものの観念以外の動機をも許容する」「立法」は「法理的〔juridisch〕である」（MS.219：⑪三三頁）。このような区別は批判期における、「義務に適合した〔Pflichtmäßig〕」行為と、「義務に基づく（義務からの）〔aus Pflicht〕」行為との区別（Gr.397f.：⑦一九頁／KpV.81：⑦二四一頁）に対応する法則に一致する動機を〈適法的動機〉と呼ぶことができるとすれば、法と道徳との基本相違は、適法的動機を必須とするかどうかに関わる。法においては各人の（外的）自由は他人の自由との共存の範囲内に「制限されており、また事実上も他人によって制限される」（MS.231：⑪四九頁以降）。そこでは、各人の自由を他人の自由との共存の範囲内に制限することを動機とすること（適法的動機に基づく行為）は要求されない。一般に行為は複数の動機を含み、動機のあいだの優劣関係が問題になる。道徳においては、適法的動機のみから出発すること、あるいはこの動機に他の動機（幸福追求の実用的動機を含む）を従属させることが要求される(9)。これに対して、法においては、いかなる動機から出発するものであれ、行為の結果が法則に一致すればよい。法においては行為が適法的動機に基づくことは望ましいが、そのさいにもこの動機が他の動機と併存していてもよい(10)。

このように、法においては命法は、〈（動機がどうであれ）行為の結果が法則（義務）に一致するよう、行為せよ〉という定言命法となるであろう。しかし、ここでは反面で実用的動機も容認されるのであり、〈有利な結果を生じさせたい（あるいは不利な結果を回避したい）のであれば、法則に一致するよう、行為せよ〉という仮言命法も成立する。これに対して、道徳においてはこのような仮言命法は成立しない。『基礎づけ』における例を挙げれば、契約の履行という義務の遂行が、その不履行から生じる不利益（信用失墜など）を配慮した動機に基づくことは道徳においては否定されるが（Gr.402：⑪二五頁／Gr.419：⑪五一頁）、法においては許容される。このように法においては定言命法と仮言命法とが異なった水準で作用し、両立しうるのに対して、道徳における命法は、〈法則に一致する動機（適法的動機）から出発して行為せよ〉という定言命法のみである[11]。

二・二　適法的動機と適法的格率

これまで見てきたように、カントは法と道徳との相違を動機と法則との関係にかんする相違に求めるが、さらにそれを格率と法則との関係にかんする相違にも求める。「行為の義務の法則への一致は適法性〔Gesetzmäßigkeit（legalitas）〕であるのに対して、格率の法則への一致は道徳性〔Sittlickeit（moralitas）〕である」（MS.225：⑪四二頁）。ここでは〈普遍的法則―格率―動機―行為〉の段階区分が問題となる。

格率は、行為者が自主的に立てる原則である（I‐三・三）。法則（それに服従する義務）が普遍的であり、動機が個別的であるとすれば、格率は特殊的なものとして両者を媒介するといえるであろう。道徳的行為においては、格率が法則に一致すること（適法的格率）だけでなく、動機が法則に一致すること（適法的動機）、さらにこの一致が意欲されることが要求される。「汝の格率をつうじてそれが普遍的法則となることを同時に意欲することができるように、そのような格率にのみ従ってのみ行為せよ」（Gr.421：⑦五三頁）という『基礎づけ』における定言命法は、格率と動機との結合を念頭においているといえる。

ところで、カントは法においても格率の普遍的法則への一致（適法的格率）が必要であるようにも述べている。つぎのようにいわれる。「普遍的法則から見て[12]、各人の意志の自由がいかなる人間とも両立するならば、いかなる行為も（あるいは自分の格率に従ったいかなる行為も）正しい」（MS.230：⑪四九頁／Vgl. MS.382：⑪二四五頁）。「法論は外的自由の形式的な条件（その格率が普遍的法則にされたさいの自分自身との一致）を扱わなければならなかった」（MS.380：⑪二四三頁）。「普遍的法則から見て、君の自由がだれの自由とも一致するという格率に従って、行為せよ」（VzTL.257）。このような見解によれば、法においても、行為が普遍化可能な格率に基づくことが要求され、「同時に普遍的法則として妥当しうる格率に従って行為せよ」という定言命法（MS.225f.：⑪四一頁以降）が法においても成立することが裏づけられるように見える。

このようにカントには、法が行為の適法的格率を不要と見なすばあいと、それを必要と見なすばあいとがあり、錯綜している。法が適法的格率を必要とすると見なされるのは、つぎのことが考慮されるためであろう。法的評価の対象となる行為は多くのばあいに、気まぐれのものではなく、なんらかの格率に従って行なわれ、とくに行為の責任は格率との関係で問われる（Ⅰ-三・二）[13]。法においても行為主体としての人格が、「行為の責任を問われうる主体」であることが前提にされている（MS.223：⑪三九頁／MS.227：⑪四四頁）。

二・三　適法的格率と目的の格率

法と道徳の決定的相違は、道徳が適法的格率だけでなく、適法的動機をも不可欠とすることにある。『道徳形而上学』の『徳論』においては格率が目的と結合され、「目的の格率」が必要とされる。批判期においては道徳形而上学は道徳的諸義務の体系を示すものとして構想されていたが（Vgl. Gr.421：⑦54頁）、後期の徳論は諸義務の体系をだけでなく、「同時に諸義務であるような諸目的の体系」をも示す（MS.381：⑪二四四頁）。後期においては道徳形而上学は法論を含むとともに、徳論がこのようなものとして特徴づけられる点で、道徳論（広義の）の一つの転換が行なわれる。

道徳論一般（道徳原理論）においては、格率が法則（義務）と形式的に一致することが求められるが、徳論においては、「同時に義務であるような目的」を立て、その実現を格率とすることが求められる。そこでは、適法的格率という選択意思の「形式的な規定根拠」のほかに、「同時に義務である目的」という「実質的な規定根拠」が必要とされる（MS.381：⑪二四三頁）。目的は、行為者が自主的に立てるものであるから、義務を内容とする目的を立て、実現することは、義務を消極的、受動的に（やむをえず、しぶしぶ）ではなく、積極的、自発的に遂行することを意味する[14]。

『道徳形而上学』においては道徳論一般（道徳原理論）、法論、徳論の関係が整理され、徳論の固有の特徴が明瞭にされるとともに、これとの対比で法論に新たな位置づけが与えられる。「同時に普遍的法則として妥当しうるように、格率に従って行為せよ」という定言命法が法論にも該当するといわれるのは、徳論との対比で法論および道徳論一般とのその共通性が念頭におかれるためであろう。従来はこのことの考察が弱かったように思われる。

『道徳形而上学』においては法論と徳論それぞれに固有の定言命法がつぎのように示される。法論の定言命法は、「君の選択意思の自由な作用が、普遍的法則から見て、だれの自由とも共存しうるように、外的に行為せよ」というものであり（MS.231：⑪四九頁）、これは、「普遍的法則から見て、君の自由がだれの自由とも一致するという格率に従って、行為せよ」（VzTL.257）というものに変形される。[15] これに対して、徳論の定言命法は、「目的をもつことがだれにとっても普遍的法則でありうるような、目的の格率に従って行為せよ」（MS.395：⑪二六二頁）というものとされる。

法論と徳論とにおける定言命法の相違について『道徳形而上学準備稿』においてはつぎのようにいわれる。「〈普遍的法則から見て、君の自由がだれの自由とも一致するという格率に従って、行為せよ〉という定言命法［道徳一般と法の］は、人間がどのような目的をもつかを無規定なままにしておく。しかし、〈君の格率が普遍的法則となるべきことを意欲できるように、行為せよ〉という定言命法［徳における］は、われわれがもつべき」「目的に関係する定言命法である」（VzRL.257）。このように、徳においては意欲（適法的動機）を目的と結合する定言命法が示される。[16]

第三節　自由・権利・義務

三・一　法・権利のアプリオリな根拠づけ

『法論』は第一部「私法」と第二部「公法（国家法）」とから構成されるが、狭義の法を扱う第一部では法・権利そのものの根拠が問われる。カントによれば、法・権利の根拠は経験的なものではなく、アプリオリなものである。権利（法）は人格相互の外的関係を表現するが、この関係は英知的である。「すべての諸権利は」「本来、他人の選択意思にたいする選択意思の関係に基づく」（VzRL.227）。「すべての法関係は理性的存在者相互のまったく英知的な〔intelligibel〕関係である」(VzRL.213)。「純粋に道徳的・法的な関係」において人間は「英知的存在者」として扱われる(MS.296:⑪一三四頁)。

〈Recht (jus, right, dorit)〉は「法」をも「権利」をも意味する。個人は他人にたいする関係において自由を実現するために、〈他人にたいしてなにかを要求できる資格〉としての権利をもち、法は、このような自由と権利とを保障する社会的規範である。権利が主体的性格をもつのに対して、法は客観的性格をもつ[17]。

カントによれば、個人の(外的)自由は他人の自由と共存する範囲内でのみ、可能であり(MS.230f.:⑪四九頁)、そのための客観的条件が法である。法は、「自由の普遍的法則から見て、ある人間の選択意思が他人の選択意思と合一しうるための諸条件の総体」である(MS.230:⑪四八頁)。ところで、各人が自分の自由を実現するためには、他人がそれを妨害しないように、他人を強制する必要がある。「権利には」、「それを侵害する者を強制する権能〔Befugnis〕が、矛盾率から見て、結合している」(MS.231:⑪五五頁)。諸個人は法のもとで相互の自由の共存のために相互に強制しあう。このように法は、「いかなる人間の自由とも調和する全般的な相互強制の可能性」である(MS.232:⑪五〇頁)[18]。ここでは、適法的動機から独立に、相互強制に依存する法関係の特徴が明確に示される。

なお、ここで主張されているのは、各人がその自由の実現のために、他人を強制し、義務づけ、また自分も他人によってそうされるという相互関係であって、自他のあいだの権利と義務との相互関係にはまだ言及されていない。たしかに自他が相互強制の関係にあれば、自分が他人を義務づける替わりに、自分も他人によって義務づけられ、他人にたいする義務を遂行することによって、自分の権利は保障されるが、このことはこの段階ではまだ明らかにされていない[19]。

三・二　義務にたいする権利の優先

カントの法論は(外的)自由と、そのための権利を基礎にしている。しかし、彼自身は道徳形而上学全体(法論を含む)を義務論と特徴づけており、法においても義務が権利に優先するかのような印象を与えている。「道徳形而上学の一般的区分」においては「道徳学〔Moral〕」（道徳形而上学と同義）が「諸義務一般の体系」と見なされ、その「基礎論〔Elementallehre〕」が「法の諸義務」と「徳の諸義務」とに区分される（MS.241：⑪六三頁）。また、「法論の区分」においてはまず「法の諸義務の一般的区分」が（MS.236：⑪五六頁）、つぎに「諸権利〔Rechte〕の一般的区分」が示される（MS.237：⑪五七頁）[20]。

歴史的に見れば、キケロはストア派の影響のもとで、法と道徳の基本に義務においていた[21]。しかし、近代になると、ホッブズによって代表されるように（Lv.I.24：（一）二一六頁）、権利が義務に優先させられるようになった[22]。これに対してカントはつぎのように主張する。「なぜ、道徳論〔Sittenlehre〕（道徳学〔Moral〕）」はふつう（とくにキケロによって）諸義務の理論とのみ呼ばれ、諸権利の理論とは呼ばれないのか（一方は他方に関係するにもかかわらず）」。「その理由は、われわれは自分自身の自由を……道徳的命法によってのみ知るが、この命法は、義務を命じる命題であり、この命題から、他人を義務づける能力、すなわち権利の概念がのちに展開されうるということにある」（MS.239：⑪六〇頁）。

このことについてカントは説明していないが、まず道徳についてつぎのことを確認できるであろう。自由は法則への服従の義務と結合しており、この結合はとくに、行為者が自分自身を義務づけることに示される。他人にたいする道徳的義務も他人による義務づけにではなく、自分自身による自分の義務づけに基づく。さらにカントは、他人を義務づける権能としての権利も、他人にたいして自分を義務づけることから生じると見なしているようであるが、その理由は示されていない。『道徳形而上学』におけるつぎのような主張はこのことに関係するかもしれない。「他人との関係において自分の価値を一人の人間の価値として主張する」ことが人間の自分自身にたいする法的義務であり、それは「われわれ自身の人格における人間性の権利」から生じる（MS.236：⑪五六頁）[23]。『法論準備稿』においてもつぎのようにいわれる。「他人への強制（他人を強制する）権能は主体の人格性に基づいており、人格の自由な選択意思はそれ自身人格性の理念のもとにある。この理念から見て、選択意思は、自分自身に向けた行為のさいに自分自身によって強要される」。「したがって、この自分自身にたいするこの責務（拘束性）はわれわれ自身の人格における人間性の権利と呼ばれうるのであり、この権利は他のすべての責務に先行する」（KgS.XXIII.390：⑱三四〇頁）。ここでは、すべての権利の根底には人間性の権利があり、後者の権利は、自分自身の義務づけに基づくことによって、自分自身にたいする義務となるといわれている（本章、三・四）。しかし、ここでは、自分における人間性の権利を自分の義務とすることからすべての権利が生じるといわれているのではない。むしろ、すべての諸権利の基礎をなす人間性の権利が自分にたいする義務の内容と見なされており、この点では権利が義務に優先するというべきであろう。

カントが、法論と徳論を含む道徳形而上学全体を「諸義務一般の体系」と特徴づける（MS.242：⑪六三頁）ことの最大の理由は、法においてはすべての諸義務に諸権利が対応しているのに対して、道徳においてはそうではないことにある。「あらゆる諸義務に、権能（道徳的能力一般）と見なされる一つの権利が対応するが、あらゆる諸義務に、だれかを強制する他人の諸権利（法的能力）が対応するわけではない。そうではなく、このような［諸権利に対応する］諸義務はとくに法諸義務と呼ばれる」（MS.383：⑪二四六頁）。道徳においてはすべての諸義務に対応するのはすべての諸権利ではなく、「道徳的能力一般」としての根源的な意味での「一つの権利」のみである。ここで、道徳は、権利に対応しない義務をも含むといわれるのは、とくに、道徳に固有の不完全義務（広い義務）が念頭におかれるためであろう。

このようにして法のばあいとは異なり、道徳においてはすべての義務に権利が対応するのではないので、道徳論を含む道徳形而上学全体に共通するのは権利論ではなく、義務論であることになる。このような文脈が看過されるため、カントが法関係においても権利にたいする義務の優先を主張しているという誤解が生じる。カントの道徳論は典型的な義務論〔Deontologie〕に属すが、彼の法論の基本は義務論ではない。

さらにカントの『法論』の内容を見ても、法関係において権利が義務に優先する。第一に、「道徳形而上学一般の区分」においては、法的義務の基本は自分自身にたいしては「われわれの人格における人間性の権利」の尊重にあり、他人にたいしては「他人の人格における人間の権利」の尊重にある（MS.240：⑪六一頁）といわれており、権利が義務の対象（内容）であり、この意味で権利が義務に先行すると見なされているといえる。第二に、『法論』の前半の私法の部分において主題とされるのは各人の諸権利であり、法的諸義務にはほとんど言及されない。第三に、『法論』の後半の公法の部分において考察される国家にかんしても、その基本目的は人民の諸権利の保障にあり、人民の諸権利は国家にたいする人民の諸義務に優先すると見なされている。国家の目的は、「公的な強制法のもとでの人間の権利」である（TP.289：⑭一八六頁）。「国家体制の原理はアプリオリな原理としての権利の概念から導出されなければならない」（VzTP.134）。「権利に関係する義務は先行できず」、「人民自身の権利から」、「すなわち、人民が自分自身に課す制限から導出されなければならない」（VzRL.259）。ここでは、人民主権と人民の自己立法の立場から、国家にたいする人民の義務は国家によって課されるのではなく、人民が国家にたいして自分を義務づけることから生じるといわれる。

三・三　人間の権利と人間性の権利

カントの『法論』の歴史的意義は「フランス人権宣言」（一七八九年）との関係で理解されるべきである。同宣言においては「自由、所有、安全および圧制への抵抗」にたいする権利が明確に主張された。[24]カントの『法論』の刊行は同宣言の八年後であるが、彼はすでに一七七〇年代に法・権利についての考察を展開し、一七八〇年代後半には法・権利の英知的性格に注目していた。彼の権利論は同宣言の内容を先取し、その根拠を深く考察するものといえる。

「フランス人権宣言」の正式名称は「人間の諸権利と市民の諸権利〔droits de l' homme et du citoyen〕の宣言」である。ここでは「市民（公民）の諸権利」と「人間の諸権利（人権）」とが区別されるが、カントはさらに「人間の諸権利」（あるいは「人権〔Menschenrechte〕」）よりも根本的なものとして「人間性の権利〔Recht der Menschheit〕」を主張する（「人間の諸権利」は複数でありうるが、「人間性の権利」は単数である）。

人権宣言において同様に、カントにおいてもまず、国家の成員としての市民がもつ権利と、国家に先立って（国家の有無にかかわらず）人間がもつ権利とが区別される。いかなる国家に所属しても、また所属国家をもたなくても、すべての個人は「人間の権利」をもつ。さらに人間の権利の根底に人間性の権利がおかれ（MS.240：⑪六一頁）、これは人間性の尊厳と関連させられる。『法哲学遺稿』においてはつぎのようにいわれる。「すべての諸権利の拘束力」は「人間性の権利」のなかにある。「ところで、いかなる人間も、人間性の尊厳を維持するという義務のもとで」「諸権利を獲得する」（RzRph.538）。人間性の権利の観念はルソーによって触発されたものと思われる。人格における人間性の権利は人格における人間性の尊厳の外的表現ともいえるが、カントの思想形成過程ではむしろ前者の観念が後者の観念に先行した[25]。ここにも道徳論にたいする法論の固有性が示されている。

カントは人間の権利と人間性の権利とを区別する根拠として、つぎのことを考慮していたと思われる。第一に、人間は市民よりも根本的、普遍的であるが、市民と同様に原子論的に理解されやすい。これに対して、人間性においては共同性がより明確になる。第二に、人間の権利は、人間の経験的、具体的なあり方に関係するが、人間性の権利は人間の理性的、英知的あり方に関係する。カントはこの側面を重視する。たしかに「人間」は理性（道徳性）を頂点とする重層的構造をもつが（Ⅱ‐二・二）、その具体的、経験的あり方は現象に捉えられがちである。これに対して、「人間性の権利」という観念においては、人間の内部構造の頂点に位置する理性が際立たせられる。「人間」は「現象人〔homo phaenomenon〕」の次元に属すのに対して、「人間性」は「本体人〔homo noumenon〕」の次元に属すといわれる（MS.239: ⑪六一頁）。『法論準備稿』においてはつぎのようにいわれる。「人間性の権利の原理は絶対的で、主観〔個別的、経験的担い手〕を欠くが、人間の権利の原理は条件づけられている。というのは、前者の権利は本体人〔の権利〕であり、それについてはいかなる経験的諸規定もなく、まったく形式的であるからである。これに対して、後者の権利は経験的に条件づけられている」（VzRL.257）。

ところで、カントは多くのばあいに「人間性の権利」を行為主体に限定し、他の行為主体にかんしてはたんに「人間の権利」を問題とする。「われわれ自身の人格における人間性の権利」が自分自身にたいする義務（完全義務）の対象であるのに対し、他人における「人間の権利」は他人にたいする義務（完全義務）の対象であるといわれる（MS.240 : ⑪六一頁）[26]。その理由については説明されておらず、従来の研究においても必ずしも明確にされていないが、つぎのように理解できるであろう。

他人にたいする義務は、「人間」として権利をもつ他人による強制（拘束）に基づくのに対して、自分にたいする義務は、自分自身による強制に基づくのであり、このような自己強制を行なうのは、たんに「人間」としての自分ではなく、理性的存在者としての自分であり、その権利は「人間性」（狭義）の権利である。[27] たしかに、他人の諸権利の尊重の義務の遂行を徹底的に行なうためには、他人における人間性の権利の尊重に基づく必要があるが、法においてはこのことは必須ではない。これに対して、自分の権利の主張を自分にたいする義務とするためには、自分における人間性の権利まで立ち返ることが不可欠になる。このように、尊重されるべき他人の権利は「人間」としてのその存在に即して「人間の権利」であるだけでよいが、自分の権利は「人間性の権利」でなければならないと考えられているのであろう。ただし、他の人格が「人間の権利」のみをもち、「人間性の権利」をもたないのではないであろう。道徳においては自分の人格も他人の人格も「人間性の尊厳」をもち、このようなものとして尊重されなければならないが、法においても同様に、自他いずれの人格についても「人間性の権利」が尊重されなければならないであろう。『道徳哲学遺稿』（一七七〇年代前半の断片）においてはつぎのようにいわれる。「人間性の諸権利と人間の諸権利とがある。自分自身の人格における人間性の諸権利と、他人の人格にかんするまさに同様の諸権利［がある］」（RzMph.163）。

第四節　権利と幸福

四・一　自由・平等・独立

カントは権利の基本を自由、平等、独立に見出す。『法論』においてはまず、国家の設立に先行して（国家の有無にかかわらず）尊重されるべき「生得的権利」に関連して、自由、平等、独立の関係がつぎのように説明される。自由は、「それが、普遍的法則から見て、いかなる他人の自由とも共存しうるかぎりで、いかなる人間にも、その人間性のおかげで帰属するこの唯一の根源的権利である」（MS.237：⑪五八頁）。このような自由は「根源的」であり、「生得的」である（MS.238：⑪五八頁）。「唯一の根源的権利」としての自由から平等と独立が派生する。平等は、「人間が他人をも相互に拘束する（責務を負わせる）〔verbinden〕以上には、他人によって拘束されないという独立」と結合する。独立は、他人に依存せず、「自分自身の主人である」ことを意味する。独立は平等の言い換えとされる。その他のさまざまな権利は根源的権利としての自由からの派生である（ibid.）

『法論』の別の個所では国家（市民社会）の次元で自由、平等、独立はつぎのように説明される。国家の成員としての「公民〔Staatsbürger〕」は、①「自分が賛同した法則以外のいかなる法則にも服従しない」という「法則的自由」をもつ。これは自己立法としての自由を意味する。②「市民的平等」は、「相手が自分を拘束できるのと同様に自分自身も相手を拘束する」点での平等である。市民は相互強制の点で平等であり、この点でだれも他人よりも上位に立たない。③「市民的独立」は、「自分の生存と生計〔Existenz und Erhaltung〕を自分自身の権利と力に負う」ことにある（MS.314：⑪一五六頁）。ここではとくに国家からの市民の生活上の独立が重視され、国家のパターナリズムが批判される。

『理論と実践』においては「人間としての自由」、「従民（臣民）〔Untertan〕としての平等」、「市民としての独立」が区別されており、これらの内容は『法論』におけるものとは異なる。①「人間としての自由」は、「各人が、自分自身にとって善いと思われる仕方で自分の幸福を追求する」ことにある（TP.290：⑭一八七頁）。これは、『法論』において「市民的独立」の内容とされる「自分の生存と生計」の点での独立と関連するであろう。②「従民としての平等」は、共同体のすべての成員が従民として他の従民にたいして等しく強制権をもつことにある（TP.291：⑭一八三頁）。この平等は法論における「市民的平等」に対応する。③「市民としての独立」は、他の成員とともに「共同的立法者」となることにある（TP.294：⑭一九三頁）。これは『法論』における「法則的自由」に相応するであろう。[28]

カントのこのような説明の基本特徴の一つは、自由と平等のほかに独立を挙げていることにある。[29] ここでは、市民が立法の主体として独立性をもつことが重視される。なお、国家の設立のためには、「万人の意志の合一〔Einheit〕」が不可欠であるという理由で、「合一」（「統一」）が独立とおき替えられることがあるが（TP.295：⑭一九四頁／Vgl. VzRL.141：⑱二八〇頁／VzRL.143：⑱二八二頁）、これは、フランス革命において自由、平等と並んで掲げられた「同胞性（友愛）〔fraternité〕」を念頭においたものと思われる(30)。

四・二　幸福の多様性と権利の優先

しばしば権利は利益と結合したものと理解されている。法学においては、権利は、〈一定の利益を主張し、それを享受することができる資格〉であるという〈利益説〉が有力である（日本語の「権利」はこのような理解を背景にすると思われる）。しかし、カントによれば、権利は経験的諸要素を含まず、利益を顧慮しない。権利は、「選択意思〔Willkür〕の相互関係における形式」であり、「選択意思の実質」を考慮しない（MS.230：⑪四八頁）。法・権利は、「外的権利一般の概念はまったく人間相互の外的関係における自由の概念から生じるのであり」、「すべての人間が自然的にもっている目的（幸福を得ようとする意図）」「にはまったく関係しない」（TP.289：⑭一八六頁）。たしかに権利の保障によって幸福も保護されるが、法・権利は幸福の確保のためのものではない（〈自由→権利→幸福〉）。したがって、「権利の原理」と「幸福の原理」とは混同されるべきではない（TP.301：⑪二〇五頁）。国家の目的も公民の幸福の保障にではなく、公民の外的自由と権利の保障にある（本章、五・三）。幸福にたいする権利の優先についてのカントのこのような見解は現代の正義をめぐる議論においてもときおり参照される(31)。

ところで、すでに言及したように（本章、四・一）、カントは『理論と実践』において幸福追求を「人間としての自由」と見なし、それにたいする権利を承認している。「各人は自分の幸福を、自分自身にとって善いと思う方法によって追求してもよい。ただし、そのさいに各人は、同様の目的〔幸福〕をめざす他人の自由……を妨害しさえしなければよい」（TP.290：⑭一八七頁）。「人間としての自由」を幸福の追求と見なすことは『理論と実践』以外の論稿においてはほとんど認められず(32)、唐突な印象を与える。また、ここでいわれる「人間」は、国家以前のものであるほかに、経験的人間を意味するので、このような主張は経験論的、幸福主義的な立場へ譲歩しているようにも見える[33]。

じつは法における幸福のこのような位置づけは、幸福（人間学）と法（法論）の二重の関係から生じる（本章、一・三）。法においては一方で、個人の外的自由が他人の自由との共存の範囲内におかれることが要求され、各人の自由のための行為の動機の内容が度外視され、それが幸福と結合しているかどうかは不問に付される。他方で、個人の幸福の追求は、他人によるその幸福の追求と共存するかぎりで、許容される[34]。道徳においては、幸福についての観念とその追求の仕方は各人によって多様であり、普遍妥当性をもたないので、幸福を原理とすることはできず、この点で幸福は度外視される。これに対して、法・権利においてはむしろ幸福の複数性が前提とされたうえで、その内容が度外視される。このように法と道徳とにおいては、幸福の度外視の意味が異なる。

カントのこのような主張はパターナリズム的な（家父長的で温情的な）統治にたいする批判を含む。「だれも自分のやり方で（自分が他人の幸福と思うように）幸福であるように私を強制することはできない」（TP.290：⑭一八七頁）。「だれも直接的にはもっぱら自分の利益のために」「行為する生得的な権利をもっている」。「しかし、各人が自分の幸福をどこにおくべきかを国家によって指定されるということはまったく意図されていない」（RzRph.535：⑱三一三頁）。当時のドイツの諸領邦においては啓蒙主義的な絶対主義的統治が行なわれ、そこでは、統治者が人民の幸福と自分で見なすものを上から施し、人民もこれに満足するという状態が存在した（TP.306：⑭二一一頁）。しかし、カントによれば、これは専制への迎合であり、人民の自由と独立に反する（TP.291：⑭一八八頁）[35]。

四・三　生存権と社会福祉

国家によって各人の権利は保障され、その幸福の追求も他人から妨害されないようになる。しかし、個人の幸福の保障は国家の目的ではない。「国家がなすべきことは、彼［各人］が自分の幸福のために自分で配慮することを妨害しかねない人間に対抗して、彼に保障を与えることのみである」（RzRph.535：⑱三一四頁）。国家の設立の目的はその成員の権利の保障にある。重要なのは、「公共体の設立あるいは統治に従民が期待しうる幸福ではなく、なによりもまず、公共体によって各人に保障されるべき権利のみ」である（TP.298：⑪一四九頁）。「公共的福祉」と呼ばれるものも、市民それぞれの幸福（あるいは市民の幸福の総体）を意味するのではなく、市民の自由と権利を保障する国家（法体制）の維持を意味する。「公共的安泰〔das öffentliche Heil〕」は、「各人にその自由を法律によって保障する法律的体制」にある（TP.298：⑭一九九頁）。「公共体の安泰が最高の法である」というブロカルド法における言葉もこのような意味に理解される（MS.317：⑪一六一頁）[36]。ここでは〈市民の幸福↑市民の権利↑法体制の維持〉という関係が成立する。

国家は個人の権利の保障をめざすかぎりでは、個人の幸福を度外視するが、政策をつうじて権利を具体的に実現するさいには、実用的、人間学的要素を考慮する（Ⅵ－一・三）。カントは、人民の「生きる権利」（MS.326：⑪一七二頁）の保障のために国家の福祉政策を主張している[37]。人民による国家の設立の目的のなかには、「自分自身で資産をもたない社会の成員を維持、扶養する」ことも含まれる（MS.326：⑪一七一頁）。生活上での最低限の欲求を満たすことができない人びと、身寄りのない人びと（貧民、未亡人、捨子など）を国家は配慮しなければならない。「全体の福祉は、彼ら［市民］の権利を保障するための、また、彼ら自身があらゆる仕方で幸福となるようにするための手段にすぎない。したがって、彼らは貧者をも扶助しなければならない」（RzRph.560：⑱三一四頁）。「基本的な財〔Fonds〕」にかんして「貧者の生活福祉と裕福者との不均衡」が生まれるので、「貧者のあいだでの分配」が必要となる（Rz.Rph.578：⑱三一五頁、参照）。ただし、貧民の援助の必要性は「市民の権利」からよりも、「人間の欲求」から生じるといわれる。

貧困者の救済のための財源を富者にたいする課税によって確保することは裕福な市民にたいする「国家の権利」である。「政府は」、「資産家を強制して、最も必須な自然的欲求の点でさえもままにならない人々を維持するための手段を調達する権限を与えられている」（MS.326：⑪一七一頁）。救貧をもっぱら慈善団体に委ねることは適切ではない。カントの社会福祉論はフィヒテやヘーゲルのものと比較すれば、簡単であるが、当時のドイツの諸領邦におけるパターナリズム的なポリツァイ政策よりも進歩的であるといえる[38]。

第五節　権利の実現とその障害

五・一　カントの権利論の二面性

カントの権利論・法論のなかには、当時のプロイセンに残存していた大土地所有制（グーツヘルシャフト）によって制約された後進的要素と、近代的原理を理念化した先進的要素とが含まれている。彼は「人間性の権利」、「人間の権利」の理念を掲げ、大土地所有制が根を張る東プロイセンにおいて大土地所有者、土地貴族の特権、農奴制を批判し、中小農民、商工業者の権利を擁護した。彼が想定した市民社会のおもな担い手はこれらの自営業者であるが、役人、大学教師、芸術家などもそこに含まれる（TP.296：⑭一九四頁／MS.314：⑪一五七頁）。この点ではカントは基本的には、労働者を雇用する近代的ブルジョアの立場にではなく、封建制から資本制への移行期における中小農民と商工業者の立場に立っていたといえるであろう[39]。

プロイセンにおいては一七九四年に「プロイセン・ラント一般法」が成立し、そこでは従民（むしろ臣民）の諸権利が制限つきで認められた。カントが主張する諸権利はプロイセン・ラント一般法におけるものと共通性をもつが、彼の構想は同法の以前から抱かれており、また、同法を超える内容をも含む[40]。しかし、同法においてうたわれた諸権利の実現でさえ、残存する封建的勢力によって妨害された。カントの権利論もこのようなプロイセンの後進的状態によって制約されている。彼は、人びとは「人間」として自由であり、「従民」としても平等であるが、現実には「諸権利一般（そのようなものとしてはさまざまな諸権利がありうる）」にかんして「最大の不平等」の状態にあることは従民としての平等と「両立する」（TP.291f.：⑭一八九頁）と述べ、また、「他人の意志への従属と不平等は」「人間としての自由や平等と対立するわけではない」（MS.315：⑪一五七頁）とも主張する。人間の権利、人間性の権利とその実態とのギャップをいかに埋めるかは重要な課題として残された。

五・二　言論の自由と自立的思考

近代において主張された主要な諸権利は、生命・身体・財産の保全、思想・信仰・表現の自由にたいする権利、政治参加にたいする権利である。カントは『法論』の私法の部では所有権を主題としている。このことについては第Ⅶ章で考察したい。また、その公法の部では参政権について論じている。しかし、その他の権利には立ち入った説明を行なっていない。これに対して、『理論と実践』（一七九三年）においては彼は、諸権利のなかで言論の自由にかんする権利を重視している。「意見を公表する〔öffentlich bekannt machen〕」自由、「執筆の自由〔Freiheit der Feder〕」は「人民の権利の唯一の守護神〔Palladium〕」（TP.304：⑪二〇九頁）であるといわれる。この自由は、人民が統治者によって不正を加えられたと判断されるばあいに、これに言論によって抗議する自由をも含む（ibid.）。

このような主張の背景には、カント自身が『宗教論』の出版にかんして言論の弾圧を受けたという生なましい体験がある。プロイセンにおいてはフランス革命（一七八九年）の前夜に国王のフリードリヒ・ヴィルヘルム二世のもとで検閲が強化された（一七八八年に布告の宗教勅令はそのあと拡大解釈された）。フランスにおいては一七九三年三月にジャコバン独裁が登場し、一七九四年七月にテルミドールの反動が生じた。その余波はプロイセンにも押し寄せ、カントは『宗教論』を、別の領邦に属すイエナで出版せざるをえなかった（一七九三年四月）。同書の出版のあと、彼はこの書の使用だけでなく、宗教にかんする講義も禁止され（一七九四年一〇月）、不本意ながら、これに従うことを表明した。このことはカントの臆病、妥協性を示すとしばしば批判されるが、彼は言論弾圧にひたすら屈服したのではない。「［法の］形而上学」を「国家革命の原因」と見なす保守派による言論弾圧を警戒しつつ（『理論と実践・準備稿』KgS. XXIII.127：⑱二五七頁）、カントは『法論』（『法論の形而上学的基本原理』）の出版（一七九七年）に向けて準備した。

カントが言論の自由を重視するのは、それが思考の自由と結合しているからである。『純粋理性批判』（第一版、一七八一年）においては理性による哲学的原理にたいする批判が政治的支配にたいする批判と類比される。また、理性の批判的探求の学問的自由は言論の自由と不可分であり、各自はその見解を公共に委ねることによって、その妥当性を吟味することができるといわれる。このような批判的精神は他の二つの批判書（『実践理性批判』、『判断力批判』）に継承され、さらに社会や政治にたいする批判と結合される。[41]『啓蒙とはなにか』（一七八四年）においては言論の自由の根底に、「自分で考える〔selbst denken〕」ことがおかれる。啓蒙の目的は、他人に依存せずに、「自分自身の悟性を使用する」ができるよう、人びとを導くことに求められる（Afk.38f.：⑭二五頁以降）。各人の思考は単独で孤立して発展するのではない。思考内容は公表され、他人の思考内容と比較検討されることをつうじて、発展することができる。自分の思想を公表する言論の自由がなければ、思考の自由は空虚にすぎない。[42]人民は、立法された法律や、それに基づく統治がこの人民主権の理念と一致するかどうかにかんして「所見」を「公表する」権利をもつ（Afk.39：⑭三〇頁）。[43]

ところで、カントによれば、言論の自由は私的なものではなく、公共的なものであり、「理性の公共的使用」が「理性の私的使用」から区別される。理性の公共的使用は、学者が著作をつうじて「本来の意味での公衆〔Publikum〕」、すなわち世間に語りかける」ために、理性を使用することを意味し（Afk.38：⑭二九頁）、そのために言論の自由が不可欠である。「自分の理性の公共的使用はすべて自由でなければならない」（Afk.37：⑭二七頁）。これに対して、「ある委託された市民的な地位や役職」において理性を私的に使用することは制限される。市民的な諸組織（国家、教会など）においてはそれらの成員の意見の表明は、所属する諸組織の利益のために制限されざるをえない。[44]ここでは、公共性を標榜する国家も公衆と一致せず、公共性をもたない可能性が想定されている。したがって、これらの組織の成員も公共性のためにその学識に従って理性を公共的に使用することは可能でなければならない（ibid.）。[45]

五・三　批判的思考と学問の自由

カントは、最晩年の出版書に属す『学部の争い』（一七九八年晩秋）において、とくに大学における学問の自由の意味について立ち入って考察している。プロイセンではフリードリヒ・ヴィルヘルム二世の死去（一七九七年一一月）のあと検閲はようやく緩和され、同書の序文においてはこれへの歓迎が（宗教論の弾圧とこれへの彼の態度の紹介とともに）示されている（SF.5-11：⑱九〜一七頁）。同書においては学問の役割、学者の役割にかんして、「上級学部」と呼ばれる神学部、法学部、医学部と、「下級学部」と呼ばれる哲学部との相違が指摘され、哲学部における思考の自由の意義が重視される。「民衆〔Volk〕」としての「公衆〔Publikum〕」は有用性を志向し、学問にたいしてもこれを期待するが、上級三学部はこのニーズに応じ、このことによって民衆に影響を及ぼそうとする（SF.30：⑱四一頁）。上級学部は、「実務家」としての聖職者、法律家、医者の育成をめざしており、それぞれの有用性（死後の浄福、所有、健康・長寿）を目的とする。また、上級学部は認識の基準を宗教的、政治的権威に求める（SF.31：⑱四三頁）。上級学部においては自由な議論をつうじた批判は必要とされない。これに対して、哲学部は実利や権威から独立し、真理を追求するのであり、「自由な理性的議論（理屈づけ）〔Vernünftlein〕」を必要とし、「野党（左翼）」の立場を堅持する（SF.35：⑱四七頁）。そのため哲学者は「危険人物」としてしばしば警戒される（SF.89：⑱一二二頁）。

　ここでの学者と公衆との関係の理解は『啓蒙とはなにか』におけるものとは異なっている。後者における公衆は「読者界の全公衆」、「本来の意味での公衆」（Afk.37：⑭二八頁）であったが、『学部の争い』においては、公衆は「市民的共同体（公共体）〔das bürgerliche gemeine Wesen〕」の公衆ではなく、「学者共同体〔das gelehrte gemeine Wesen〕」の公衆（学者集団としての公衆）として理念的なものであり、民衆としての経験的な公衆から区別される（SF.34：⑱四七頁）。なお、『学部の争い』においても、「市民的共同体」の公衆と「学者共同体」の公衆とが区別されながらも、両者の「協調」がめざされるといわれる。一方で「学者共同体」は公共性の理念を体現し、理念的な公衆にたいしては開かれており、他方で民衆（およびそれに影響を及ぼそうとする上級学部）は「学者共同体」から学ぶことによって、公共性の理念に到達することができるといわれる（SF.35：⑱四一頁）。

　哲学部は大学における学問の自由、自治にかんして特別な役割を果たす。上級三学部が民衆や国家のその時どきの利害に左右されやすいのに対して、哲学部は真の公共性のために学問を発展させる。今日、社会に〈役立つ〉学問の大合唱のなかで、人文科学や基礎科学が軽視されつつある。また、社会にたいする学者の批判的言論にたいして職務上（公務員であり、公的支援を受けているなど）の理由で制限を加える傾向も生じている。このようななかで、有用性を基本目的とする上級三学部にたいする哲学部（今日では文学部がこれに相当）の批判的役割についてのカントのこのような主張はリアリティをもつ。

五・四　信仰の自由と参政権

信仰の自由についてカントはつぎのような基本的立場を表明している。国家は信仰を人民に強制し、また人民から奪ってはならない（MS.368：⑪二二六頁）。信仰は「魂の救済」に関わる内面的な事柄であり、国家はそれを各人に委ねなければならない。国家がなすべきことは、他人の信仰を暴力的に妨害するのを予防することである（Afk.40：⑭三一頁）。国家は、教会のあいだの抗争によって公的秩序が危険にさらされないかぎり、教会の活動に介入し、これを制限してはならない（MS.327：⑪一七三頁）。また、国家は教会のために財政的支出を行なってはならない（MS.328：⑪一七四頁）。国家と教会との癒着は禁止され、国家が教会を自分に従属させることも、逆に教会が国家を自分に従属させることも禁止される（MS.368：⑪二二五頁）。

カントは、参政権としては、公民の代表者を選出するための投票権を重視するが、投票権をもつのは、公民のなかで能動的公民のみであると主張する。彼によれば、自立的な生活を営む公民は「能動的公民〔aktiver Staatsbürger〕」であるのに対して、そうではない徒弟、下請け職人、家庭の奉公人、小作人、女性などは「受動的公民〔passiver Staatsbürger〕」であり、投票権をもたないといわれる（MS.315：⑪一五六頁）[46]。しかし、受動的公民も「人間として自由と平等」をもち、このような「依存と不平等」の状態は固定されるべきではなく、「受動的状態から能動的状態へ向上しようと努めうる」ことがすべての成員に対して承認されなければならないといわれる（MS.315：⑪一五七頁）。能動的公民と受動的公民との区別はフランスにおける用法を念頭においたものと思われるが、フランスにおいても能動的公民

〔citoyen activ〕と受動的公民〔citoyen passiv〕との区別は革命によっても撤廃されなかった（一七九一年の憲法でもこの区別が残存する）。

また、カントは投票権にかんして〈一人一票〉の原則を主張する。納税の程度によって持ち票に差別が設けられてはならず、大土地所有者が小土地所有者より多くの票をもつことは禁止される（TP.296：⑭一九五頁）。このような主張は、制限選挙制や複数投票制が残存していた一八世紀末〜一九世紀初のヨーロッパにおいては進歩的なものであった[47]。

第六節　家族における権利

六・一　家族員の法的関係

カントは家族を、夫婦関係、親子関係、家長と奉公人の関係から構成される「家社会〔die häusliche Gesellschaft〕」と見なす。一方で、家社会は「自由な諸存在者の共同体」とされ（MS.276：⑪一〇八頁）、ここには近代的要素が見られる。しかし、他方で、家社会は「命令者と服従者」の関係（家長と奉公人の関係）を含む「家父長的社会〔hausherrliche Gesellschaft（societas herliris）〕」として「不平等な社会」であり（MS.283：⑪一一七頁）、ここには前近代的要素が残されている。カントが重視するのは家社会の成員における人間性の権利である（MS.277：⑪一〇九頁）。彼によれば、その成員は他の成員によってたんに手段として使用されてはならない。また、成員たちはこの権利に基づいて、相互に部分的にではなく、「全人格的に〔allerpersönlich〕」結合している。カントはこのような見解によって、不平等な関係を含む家社会を近代的に再編しようとする。

まず、夫婦は、両者の契約に基づく自由な存在者のあいだの「全人格的」結合である。そこでは夫婦はつぎのようにそれぞれの人格における人間性を損なわずに、それぞれの身体（性器）を使用しあう（Ⅲ・五・二）。夫婦はたんにそれぞれの人格の一部としての身体を使用するのではなく、「全人格」を相手に委ねながらも、このことをつうじて自分の「全人格」を回復する（MS.278：⑪一一〇頁）[48]。カントは基本的には夫婦を「人格の占有と財産の占有」の点で同権と見なすが、「世帯（家組織）〔Hauswesen〕の共同の利益」[49]の実現の面で夫の能力の「自然的優越性」を認めており（MS.279：⑪一一二頁）、この点では妻にたいする家父長的支配を追認していると理解されかねない[50]。ただし、一九世紀のヨーロッパにおいては小家族が登場したあとも父長制が残存しており、カントの見解の後進性がことさら指摘されるべきではないであろう[51]。

つぎに、親子の関係は人格のあいだの対等な関係ではない点で、夫婦関係と異なり、また、そこには合意や契約は存在しない点では、家長と奉公人の関係とも異なる。子を管理し、養育、教育する権利は家父長としての両親の権利（親権）であるが（MS.281：⑪一一五頁）、内容的には子の扶養や教育はむしろ両親の義務であり、これらを与えられることは子の「根源的に生得的な権利」である（MS.280：⑪一一三頁）。子は未熟ではあるが、すでに「自由な存在者」であり（MS.279：⑪一一四頁）、特別な保護を必要とする（Ⅲ-三・二）。両親は子にたいして、養育に見あう返済を請求する権利をもたず、成人した子が両親への「感謝」という形態でその道徳的義務を遂行することを期待できるにすぎない（MS.281：⑪一一五頁）[52]。

さらに、家社会は家長と奉公人〔Gesinde〕（「下男、下女〔Diener, Dienerin〕」）との関係を含む。奉公人は自由な存在者であり、家長との契約に基づいて生涯のうちの一定の期間のみ家長に奉仕するが（MS.283：⑪一一七頁）、その奉仕の範囲や内容は不特定であり、「家の福祉にかんして許容されるすべてのこと」に及ぶ（MS.261：⑪一一六頁）。この点では、〈Gesinde〉は伝統的な下人ではなく、年季奉公人に近い[53]。奉公人は奴隷〔Slave〕や農奴〔Leibeigner〕からも、使用人〔Gedungene〕（職人や日雇人）からも区別される。奴隷は契約に基づかず、一生にわたって主人に奉仕する（MS.283：⑪一一七頁）。また、使用人は「たんなる委託〔Verdingung〕（労働の貸借）」、すなわち雇用契約に基づいて、「種別的に特定された」労働を家長に提供する（MS.360f.：⑪二一五頁）。この関係は基本的には近代的な雇用関係であり、そこには〈全人格的〉結合はない。これに対して、奉公人は「奉公〔Vermietung〕（人間的貸借）」によって、その労働の全体を家父長に提供するのであり（MS.360f.：⑪二一六頁）、奉公人と家長とのあいだには〈全人格的〉結合が成立する。奉公人はこのことよって「家仲間（家人）〔Haugenossen〕」（MS.360：⑪二一五頁）となる。なお、カントは、養育期を過ぎたが、社会的に自立していない子を家長は契約に基づいて、奉公人として扱う権利をもつと見なす（MS.283：⑪一一六頁）。当時は家庭の経済が社会全体の経済の基礎単位であり、家政と社会的経済とは未分化であった。また、都市部では家事労働が生産労働から区別され、奉公人の仕事は前者に限定されつつあったが、農村部では両者の労働は未分化なままであった。奉公人が家仲間に属すといわれるのはこのことを背景にしていると思われる。

奉公人は家長と「命令者と服従者」の「不平等な」関係にあり（MS.283：⑪一一七頁）、奉公人は奴隷と類似の地位に引き下げられる危険性をもつ。この点についてカントはつぎのようにいう。奉公人は、ある貸借契約によって不特定の労働の義務を負う点で、奴隷（農奴）とは異なるように見えるが、それは「偽りの仮象」にすぎない。主人は奉公人の労働力を任意に利用する権能をもつ点で、奉公人は奴隷と大差がなくなる（MS.330：⑪一七七頁）[54]。

六・二　家族権としての物権的債権

これまで見てきた家族のあり方は法的な（とくに所有権的な）観点から考察されたものであり、子孫の産出（生殖）、教育、家計の維持などは考慮されているが、家族の機能は包括的には把握されていない（Ⅲ - 五・三）。ここでの家族論の基本特徴の一つは、「物権的債権」という独特の概念によって家族関係を説明することにある。ローマ法の伝統では私法は物権法（対物法）、債権法（対人法）[55]、家族法に大別されるが、カントは「家社会の権利」を物権と債権との総合と捉え、「物権的（対物的）な仕方での債権（対人権）〔ein auf dinglicher Art persönliches Recht〕」（MS.276：⑪一一八頁）、あるいは「物権的な債権（対物的な対人権）〔ein dinglich-persönliches Recht（ius realiter personale）〕」（以下では「物権的債権」と略記）と特徴づける（MS.260：⑪八六頁）。カントはこれを彼独自のものとして誇示している（MS.358：⑪二一三頁）。「物権〔ein Sachenrecht, ein dingliches Recht〕」（正確には「物件における権利〔ein Recht in einer Sache, ius in res〕」）は、人格が他の人格にたいして排他的に物件を支配する権利である。さきに見た占有権がその典型である（本章、五・一）。物件だけでなく、他人の人格も支配の対象、物権の対象となりうる。これに対して、「債権（対人権）〔ein persönliches Recht, ius personale〕」は、他人に対して特定の行為（給付）を請求する権利であり、他人の人格にたいする権利であるよりも、他人の行為にたいする権利である[56]。

カントによれば、家族員（家の成員）のあいだには特別な法関係がある。一方で、家族員は他の家族員を「あたかも物件のように」手段として使用する権利をもつ点で、家族関係は物権的要素を含む（MS.278：⑪一一一頁／MS.283：⑪一一七頁）。他方で、家族員は他の家族員に給付を求める権利をもつ点で、家族関係は債権的要素を含む。しかし、家族員は自由な存在者（人格）であるから、奴隷のようにたんなる物件として扱われてはならず、この点では家族関係はたんなる物権的関係ではない（MS.276：⑪一〇八頁）。また、家族員が他の家族員に求める給付は限定されたものではなく、この点では、家族はたんなる債権的関係でもない。他の家族員にたいする権利は「最も全人格的な〔allerpersönlichst〕」ものとしての「物権的債権」である（MS.277：⑪一〇九頁）[57]。

カントによれば、「物権的債権」は、「すべての物権と債権とを超える権利」であり、人格における「人間性の権利」と一致する（MS.276：⑪一〇八頁）。その理由は明示されていないが、つぎのことが念頭におかれていると思われる。すなわち、家族員の生活は他の家族員の生活と全面的に結合しているので、人格としての家族員の相互の結合も「全人格的」となり、各成員の「人間性の権利」もそこで実現される。家族員のあいだの全人格的結合の観点から考察することによって、家族における「物権的債権」の意味がより明らかになるであろう[58]。

夫婦の関係については、それぞれの権利は、契約に基づいて相互に他方の身体（性器）の使用を請求する権利を含む点で、債権的（対人的）である。ただし、夫婦の権利は債権一般とは異なり、他方の特定の行為（性行為）を請求するだけではなく、全人格的な献身をも請求する権利である。夫婦の法的関係における物権的要素はとくに、その一方が駆け落ちするさいに、また、他方が一方を自分の権力のなかに連れ戻す権限を排他的にもつことのなかに示される（MS.278：

⑪一一一頁)。

親子の関係においては、両親は、家族から逃げ出した子を、第三者から連れ戻す権利をもっており、ここには物権的要素が見られる(ibid.)。また、両親は子にたいして、「すべての給付と自分たちの命令へのすべての服従を強制する権利」をもっており(MS.360:⑪二一五頁)、ここには債権的要素が含まれる。ただし、両親は子にも、養育に見あう返済を請求する権利をもたない(MS.281:⑪一一五頁)。親子も〈全人格的〉結合の関係にあり、両親が子にたいしてもつ権利はたんなる物権でもたんなる債権でもなく、「物権的債権」である。

家長と奉公人の関係においては、奉公人は契約に基づいてその労働を家長に提供するのであり、そこには債権的要素が含まれる。しかし、奉公人は家長にたいして使用人(雇用人)のように、限定された労働を提供するのでなく、全面的に労働を提供するので、この関係はたんなる債権的なものではない(MS.361:⑪二一六頁)。また、奉公人が家長から逃亡するさいに、家長は、奉公人を連れ戻す権利をもち、そこには物権的要素が含まれる(MS.283:⑪一一七頁)。しかし、奉公人は自由な存在者であり、その人格における人間性の権利は尊重されなければならない。このように家長は奉公人にたいして物権的債権をもつ。この権利は家長と奉公人の〈全人格的〉結合に基づくであろう。

六・三　家社会の近代的再編の試み

カント以前には「家〔Haus〕」と「家族〔Familie〕」との区別はあいまいであり、いずれも夫婦、家族などの親族、奉公人、奴隷を含んでいた。これに対して、カントは「家社会〔häusliche Gesellschaft〕」を「家族〔Familie〕」から明確に区別し、後者は血縁的に結合した成員(とくに夫婦と子)から構成されるのに対して、前者はそれ以外の成員(とくに奉公人)をも含むと見なす(MS282:⑪二六〇頁/MS.360:⑪二一五頁)。また、彼は夫婦同権を主張し、また人格としての子にたいする両親の扶養と教育の義務を強調する。彼はこれらの点では基本的に近代的立場に立つが、奉公人を家族の成員に算入する点では、伝統的な「家社会」(大規模家族)によって制約されている。当時のドイツにおいては家族に変化が生じ、土地貴族や富裕農民のあいだでは、奉公人を含む家父長的家族（家社会）が残存していたが、都市部の商工業者のあいだではそれが崩壊し、家父長的小家族と交代しつつあった。[59] カントはこのような過渡期において「物権的債権」の概念によって家社会を近代的に再編しようとしたといえる。

カントは家族の法的関係を所有論の観点から理解しており（MS.248：⑪七〇頁以降）、物権的債権も所有権論的角度からのものである。[60] 一方で、物権的債権の概念は、家社会の成員をたんに物件化せずに、その人格における「人間性の権利」を尊重するためのものである。他方で、それは他の成員の「支配や取得」を基本とし、とくにそれが家長の権利（妻、子、奉公人にたいする）と結合している点では、前近代的性格を残している。カントは「物権的債権」によって家社会の成員相互の「全人格的」結合を捉えようとしたとも考えられうる。しかし、成員の全人格的結合はたんに法的なものではなく、包括的で根本的なものであり、この点で『法論』における枠組みには限界があるといわざるをえない。[61]

第Ⅵ章　人民主権と世界平和の理念――理想と現実のあいだ

第一節　権利のための国家

一・一　権利国家と法治国家

カントは、『法論』の第二部「公法（国家法）」において国家を主題としている。国家の問題は『理論と実践』や『永遠平和論』においても扱われる。彼の国家論は人民主権を理念とするが、ドイツの後進的状態によって制約され、ロックやルソーより後退しているとしばしば批判される。たしかにここにも、法・権利にかんしてさきに指摘したカントの思想の二重性（V・五・二）が示されている。しかし、彼は人民主権を普遍的意志の理念によって基礎づけようとした。彼は、「形而上学こそが国家革命の原因であるという近年の前代未聞の告発」（VzRL.127）に言及しているが、ここでの形而上学は、彼の『法論（法論の形而上学的基礎）』を念頭においたものであり、その革新的意味を暗示している。彼はドイツの後進状態のなかで人民主権の理念の漸次的実現をめざす。

カントは『法論』において私法と公法とを区別するが、これは私的領域と公的領域とのたんなる区別に基づくものではない。私法の部で考察された権利は、国家の有無にかかわらず尊重されるべきものであり、国家はいかなる形態のものであれ、この権利を確実なものとして保障するにすぎない。

自他の自由が共存できるための相互強制は国家においては共同の権力による上からの強制となる。国家の基本目的は諸個人の権利の保障にある。国家において、「それ自体で義務であり、他のすべての外的諸義務の最高の形式的条件である」「目的」は「公的な強制法のもとでの人間の権利」である（TP.289：⑭一八六頁）。「国家体制の原理はアプリオリな原理としての権利の概念から導出されなければならない」（『理論と実践・準備稿』KgS.XIII.134 ⑱二六九頁）。「国家学において人民の諸義務よりもその諸権利について多く語られることは国家学における欠陥であるのかどうか」。「権利に関係する義務は先行できず」、「人民自身の権利から」、「すなわち、人民が自分自身に課す制限から導出されなければならない」（VzRL.259）。カントにおいて法論が権利の哲学であるのと同様に、国家論も権利の哲学である。

カントは国家を〈法国家〔Rechtstaat〕〉と性格づけているといえるが、〈法国家〉は三重の性格をもつであろう。第一に、国家は、一部の人間によって恣意的にではなく、法に従って統治される点で、〈法治国家〔Rechtstaat〕〉である（ドイツ語では〈Rechtstaat〉は通例、〈法治国家〉という意味をもつ）。そこでは、「法律が自分で支配しており〔selbstherrschend〕、いかなる特別の人格にも依存しない」（MS.341：⑪一九〇頁／Vgl.SF.85：⑱一一七頁）。第二に、さきに確認したように、国家は市民の権利の保障を目的とする点で、〈権利国家〔Rechtstaat〕〉である。第三に、国家は法治国家として法的、適法的で〔rechtlich, legal〕あるだけでなく、正当で〔rechtmäßig, gerecht, legitimate〕もなければならない（TP.297：⑭一九八頁／SF.85：⑱一一七頁）。それは、「人間の権利に完全に適合している」体制（EF.366：⑭二八五頁）である。また、国家が諸個人の同意（契約）に基づいて設立され、彼らによって共同的に立法された法律に従って統治が行なわれることも国家の正当性の条件である。「唯一の正当な〔rechtmäßig〕体制」は共和制を意味する（MS.340：⑪一八九頁）。これとは異なって、「国家が、自分で与えた法律によって専断的に〔eigenmächtig〕遂行する」体制は専制である（EF.352：⑭二六五頁）。

一・二　幸福主義とパターナリズムの批判

カントはこのような意味での法国家の構想に基づき、当時の代表的国家観を批判する。第一に批判の対象となるのは幸福主義的国家観である。国家の基本目的は「共同の善」にあるという見解は絶対主義以来のものであるが、近代においては、国家による個人の幸福（あるいは諸個人の幸福の総和）の保障が重視されるようになった（その典型はロック）。しかし、カントによれば、国家の目的は各人の幸福の保障にではなく、各人の権利の保障にある（V‐五・一）。問題なのは、「従民（臣民）〔Untean〕が公共体の設立あるいは統治に期待しうる幸福ではなく、なによりもまず、公共体によって各人に保障されるべき権利のみである」（TP.298：⑪一九九頁）。「共同の善」、「公共の福祉」と呼ばれるものは、さまざまな市民の幸福の総和を意味するではなく、市民の自由と権利を保障する国家体制の維持を意味する。「なによりもまず考慮されなければならないのは公共の安泰〔Heil〕であり、これがまさに、法をつうじて各人に自由を保障するような法律的体制である」（TP.297：⑭一九九頁）。たしかに国家によって市民の幸福は保障されるが、このことは国家の目的ではなく、むしろ国家の安定化のための手段である(2)（〈幸福↑権利↑法制度・国家〉）。[1]

第二に、法（正）に権力を優先させる権力主義的国家観も批判される。幸福主義的国家観においては国家は諸個人や諸集団の利害の相互調整のためのものであるが、利害の調整はさらに「力の均衡」（〈パワーポリティックス〉）と結合されることがある。カントも国家が利害調整の機能をもつことを認め（EF.366：⑭二八五頁）、「力の均衡」に言及するが（EF.367：⑭二八八頁）、それは法に照らしてのみ正当化されると見なす（Vgl. EF.378f.：⑭三〇二頁以降）。

第三に、パターナリズム的国家観も批判される。この国家観のなかには、統治者が従民の幸福を配慮し、従民に恩恵を施すという型（家父長主義と温情主義）のものが含まれる（V‐四・三）。「家父長的な統治」においては、従民は、「いかに幸福であるべきかについてもっぱら国家首長の判断に」、「もっぱらその善意に期待するというように、受動的にふるまうほかはない」が、このような統治は、「考えられうるかぎりでの最大の専制〔Despotismus〕である」（TP.291：⑭一八八頁）。温情主義と権威主義との癒着は一八世紀のドイツにおいては諸領邦の絶対主義的政策によって強められたが、従民も自分の幸福のために自ら統治者に依存しがちであった（V‐四・三）[3]。

ところで、幸福主義的国家観とパターナリズム的国家観とは共通の面をもつことも指摘される。前者の国家観においては、国家がその目的としての個人の幸福に背反するばあいには、個人は国家にたいして反抗の権利を独善的にもつと見なされるのに対して、後者の国家観においては、支配者は従民の福祉の名のもとに専制的支配者となる。「主権者は自分の観念に従って人民を幸福にしようとして、専制的支配者〔Despot〕となるが、人民は自分自身の幸福の普遍的な人間的要求を放棄しようとせずに、反逆者となる」（TP.302：⑭二〇六頁）。

一・三　国家の理念とその実現――政治と政策

国家は法・権利の実現であるが、それ自体、原理的、理念的側面と実際的、技術的側面とをもつ。『永遠平和論』においては後者の側面は〈Politik〉と呼ばれる。〈Politik〉は多くのばあいに統治としての政治を意味するが、カントはそれをおもに「国家術〔Staatskunst〕」と見なし（VzRph.346）、それに「政策」という意味を与える[4]。広義の国家は、〈原理（法・権利の理念）‐狭義の国家（政治）‐政策〉の段階を含むといえる。『法論』の国家論の部分においては狭義の国家の考察が基本とされるが、『永遠平和論』においては政策も立ち入って考察される[5]。

実用的次元における「才知（怜悧）〔Klugheit〕」と道徳的次元における「英知（知恵）〔Weisheit〕」とが区別されるように（I‐二・二）、国家においても「国家才知〔Staatsklugheit〕」と「国家英知〔Staatsweisheit〕」とが区別される（EF.377：⑭三〇一頁）。「国家才知」が政策に関わるのに対して、「国家英知」は原理、理念に関わる。一方で、政策は法の理念によって導かれなければならない。「法概念を政策と結合し、それどころか政策を制限する条件へ高めること」が必要である（EF.372：⑭二九四頁）。「法が政策に合わせられるのではなく、政策が法へ合わせられなければならない」（『魂の器官』KgS.VIII.429：⑬二五九頁）[6]。しかし、他方で、国家の理念は抽象的なものにとどまらずに、政策として具体化されなければならない。ここで求められる政策は、「経験的政策」から区別される「真の政策」であるが、「困難な技術」

である（EF.380：⑭三〇六頁）。

法の理念（理論）と政策（実践）との関係にかんしてカントは三つのタイプを区別する。その説明は錯綜しているが、つぎのように整理できるであろう。①「道徳的政策家（政治家）〔moralischer Politiker〕」は理念（根本的には道徳的性格をもつ）に政策を従属させる実践家であり（EF.372:⑭二九四頁）、理念を高く掲げながらも、理念への「絶えざる接近」をめざし、理念と現実とを結合しようとする。これはカント自身の立場と一致する。②「政策的（政治的）道徳家〔politischer Moralist〕」は道徳（理念）を政策（技術）に従属させる（ibid.）。このような道徳家はじつは、「道徳ぶる〔moralisierend〕政策家」であり、その実践は本来的意味での「実践〔Praxis〕」ではなく、「実務〔Praktik〕」にすぎない（EF.373：⑭二九六頁）。政策的道徳家は現状の国家を最善のものと見なし、その維持のために国家才知を使用するのであり、カントの批判の対象とされる。③さらに、理想を掲げ、革命によるその実現をめざし、「専制的に振る舞う〔desponisierend〕（実行の面で欠陥をもつ）道徳家」もある（ibid.）。これは、「その目的を性急に暴力によって達成する」道徳家（EF.378:⑭三〇二頁）、「純粋な法概念」に向かう熱狂的な「革命家」（SF.86：⑱一一八頁）を意味するであろう。カントはこのような道徳家の性急さを批判しつつも、その変革意志そのものには好意的である。このような道徳家は経験をつうじてその限界を是正することができるのに対して、政策的道徳家は現状の変革を否定する点で、不適切であるとされる（EF.373:⑭二九六頁）。国家にかんしては、法・権利の理念の追求は定言命法となり、政策とその実現は仮言命法となるであろう。②のタイプにおいては定言命法は否定され、仮言命法のみが問題となるが、③のタイプにおいては、仮言命法から切り離された定言命法が採用される。これらに対して、①のタイプにおいては定言命法は仮言命法と結合されるといえる。(7)

一・四　国家論と人間学

法・権利の原理は国家において政策をつうじて現実的生活へ適用され、そのさいに「人間学的考察のより高い立場が要求される」（EF.374：⑭二九七頁）。国家は法よりも実用的生活と強く結合する（V - 一・三）。国家は全体として実用的領域を基盤としており、市民体制（一つの民族および国際関係における）の確立は人間学における最終目的である（Ath.330：⑮三二六頁以降）。カントの実践哲学においては道徳論が徳論を媒介に人間学に応用される（〈道徳原理→徳論→人間学〉）方向と、法・権利の原理が国家（政策）を媒介に人間学に応用される（〈道徳原理→法論→国家論→人間学〉）方向とを含む。国家は実用的領域を基盤としながら、これを道徳的領域へ橋渡しする位置にあるといえる。

国家は一方で、諸個人や諸集団の相互に対抗する力を「均衡」へもたらし（EF.367：⑭二八八頁／Vgl. AG.26：⑭一五頁）、それらのあいだの抗争を「調整する」（EF.366：⑭二八六頁）という面をもち、これを行なうのは知恵や理性ではなく、才知や技術である（UK.432：⑨一一二頁）。知恵や理性がなくても、才知や悟性によって実用的領域において国家はそれなりに確立されうる。「国家体制の設立は悪魔の民族にとってさえ（悪魔が悟性をもっていれば）、解決可能である」（EF.366：⑭二八六頁）とさえいわれる。しかし、他方では、国家における政策は法の理念によって導かれなければならない。「政策上の格率」は、「目的（意欲）を国家英知の最上の（だが経験的な）原理としてこれから出発してはならず、法の義務の純粋な概念から出発しなければならない」（EF.379：⑭三〇四頁）。政策は「公衆の普遍的目的（すなわち幸福）」もめざすが、これは法・権利の原理に従わなければならない。「公衆の権利においてのみ万人の目的の一致［普遍的福祉］が可能である」（EF.386：⑭三一四頁）。

ところで、カントによれば、国家は人間の能力（国家才知および国家英知）のみによっては実現されず、それらを超える「自然の機構」の支えによって可能になる（EF.360f.：⑭二七八頁／Vgl. AG.27：⑭一六頁）。このような見解はカント独特の自然目的論に基づく（Ⅱ-四・四）。自然は「人間の利己的諸傾向」を利用し、それらを相互に対立させながら、相互に牽制させ、「調整する」のであり、人間を国家の設立へ仕向ける（EF.366：⑭二八一頁／Vgl. Ath.330：⑮三二六頁）。「自然は人間の傾向そのものの機構を利用し」、国家の実現を「保障する」（EF.365：⑭二八四頁）。しかし、国家の確立は人間の努力なしに、「自然の機構」によって自動的にもたらされるのではない。人間は自然の機構を意識的に「利用する」ことによって、国家の能動的実現をめざさなければならない。「自然の機構」は、「理性によって、法的指示〔Vorschrift〕

という理性自身の目的に余地を与えるための手段として利用されうる」（EF.366f.：⑭二八七頁）。このように、自然は、人間が「この目的に向けて努力することを義務とする」（EF.368：⑭二八九頁／Ath331：⑮三三〇頁）[8]。

第二節　根源的契約と国家の管理

二・一　自然状態と自然法

カントは近代の政治思想の伝統に従って、市民的（公民的）状態〔bürgerlicher Zustand〕[9]あるいは法的状態（国家）を自然状態と対比させ、後者から前者への移行について論じているが、彼の自然状態の理解は、ホッブズ、ロック、ルソーのものとは異なる独自のものである。カントによれば、自然状態は、「市民的状態の以前の（あるいはこれを度外視した）状態」であるが（MS.256：⑪八二頁）、自然状態と市民的状態との区別、前者から後者への移行は歴史的なものであるよりも、論理的なものである。ホッブズとロックにおいては、自然状態が経験的なものなのか、論理的なものなのかが不明確であるのに対して[10]、カントはそれを論理的なものに純化させたといえる。

自然状態における法としての「自然法〔Naturrecht, jus naturalius〕」は市民的状態における法としての「市民法（市民的法）〔bürgerliches Recht〕」から区別される（MS.242：⑪六四頁）[11]。後者は、「法的状態を生じさせるために、ある普遍的な告示を必要とする諸法律の総体」（MS.311：⑪一五二頁）を意味する。自然法は二重性をもつ。一方で、それは自然状態における法である。他方で、自然法は、「純粋なアプリオリな原理にのみ基づく」法であり（ibid.）、自然状態においても市民的状態においても妥当する。カントは両者の自然法を区別するために、前者の自然法を「自然的法〔natürliches Recht〕」と呼ぶことがある。このばあいに市民法は公法に対応するのに対して、自然的法は私法に対応させられる（MS.242：⑪六四頁）。これから区別される自然法は自然的法と市民的法（市民法）に区分される[12]。

自然状態から市民的状態（国家）への移行は私法から公法への移行に対応する。国家においても自然法（私法）は妥当し、公法（市民法）は自然法に背反してはならない。「市民的体制の状態における自然法……はこの体制の条例的諸法則によって損なわれえない」（MS.256：⑪八一頁）。国家（公法）は自然状態における権利（私法）をより確実にするものにすぎない。「市民的体制はもっぱら、各人に自分のものを確実にさせるだけの法的状態である」（MS.256：⑪八二頁）。したがって、国家において保障される法・権利は私法（自然状態においても妥当する）における法・権利と同一のものである。「自然状態における私のものおよび君のものにかんする法則は、市民的状態における法則が命じるものとまさに同一のものを含む」（MS.312f.：⑪一五四頁）。

二・二　自然状態と戦争状態

自然状態についてのカントの見解は複雑であり、ホッブズ的要素、ロック的要素、さらにルソー的要素を混在させている。ホッブズによれば（『リヴァイアサン』、一六五一年）、自然状態において各人は、自分の保存のためにすべてのものを（他人をさえも）支配することにたいして自然権をもっており、このことは自然法によって承認されている（Lv.I.14：（一）二一七頁）。しかし、このため自然状態は戦争状態（「各人の各人に対する戦争の状態」）となる（Lv.I.13：（一）二一三頁）。自然状態は悲惨であり、そこでは各人の自己保存（諸権利の維持）はまったく不確実であるので、この自己保存を確実にするためには、各人は他人と「信約〔convenant〕」を結び、自分の諸権利を国家へ放棄あるいは譲渡し、国家によって保護される必要があるが、このことも自然法によって指示される（Lv.I.14：（一）二一八頁、二二二頁）。

これに対して、ロックによれば（『市民統治論』、一六九〇年）、自然状態においてすでに自然法によって諸個人は、他人の生命、健康、自由、あるいは所有物（それらへの諸権利）を損なわないよう、それぞれ拘束されており（TG.II.6：一二頁）、ホッブズが主張するように、直ちに戦争が生じるわけではない。自然状態においては、共同の権力が欠けており、各人は自分の権利を防衛するために、攻撃者を「処罰する権力」（TG.II.7：一三頁）をもつ。各人が処罰権を任意に行使するならば、戦争状態が生じる（TG.II.19：二五頁）。このような「不都合」を除去するために、個人相互の契約に基づいて国家を設立することが必要になる（TG.II.13：一九頁）。

カントによれば、自然状態においては、「各人が、自分にとって正しくまた善いと思われることを行なう」（MS.312：⑪一五三頁）。ただし、そこでは個人がまったく相互に排他的であるのではなく、各人の権利がそれなりに（暫定的にではあるが）尊重される。したがって、自然状態は直ちに戦争状態ではない。しかし、自然状態においてはやはり個人の権利を他人による侵害にたいして保障する公的権力が欠けているため、個人は自分の力によって権利を防衛しなければならない。自然状態と戦争状態とのこのような区別はロックのものと類似している。

カントはホッブズのように自然状態と国家とを断絶させず、ロックよりもさらに両者の接続を重視する。つぎのようにいわれる。「ある人間が自分のものをもち、彼らにとってそれが保障されていることがすでにあらゆる法律の前提となっている。したがって、市民的体制の以前に（またはこの体制を度外視しても）外的な私のものおよび君のものが可能であると考えなければならない」（MS.256：⑪八二頁）。「取得の理性的な権原は」、「万人のアプリオリに合一した……意志の理念のなかにのみある。この理念はここでは［自然状態において］不可欠な条件として暗黙に前提されている」（MS.264：⑪九二頁）。「このような権力が確立される以前にもたしかに法や法律の根拠が存在する」。「ところで、このような根拠をなすのは潜在的あり方における共同的意志〔gemeinschaftlicher Wille in potentia〕である」（RzRph.482：⑱三〇六頁）。

しかし、カントが自然状態における潜在的な敵対状態につぎのように言及するばあいには、ホッブズの見解に接近する。「外的に無法則（無法律）な自由な状態のなかにあり、またそこに留まろうと意図されるばあいに、たとえ彼ら［人間たち］が闘争しあっても、彼らは相互に不法〔Unrecht〕をなすのではない」（MS.307：⑪一四九頁）。ここでは戦争状態が生じる。[13] だれも「悲惨な体験によって他人の敵対的志向を教えられるまで、待つ必要はない」。「そのすでにその本性からみて、彼を脅かす恐れのある者にたいして彼は、ある強制力を加える当然の権能をもつ」（ibid.）。国際関係にかんしてつぎのようにいわれる。「自然状態」は「むしろ戦争である。すなわち、そこではつねに敵対状態が発生するのではないにせよ、絶えず敵対状態の脅威が存在する」（EF.348：⑭二六一頁）[14]。

これに対してルソーは自然状態を肯定的に理解する。彼によれば、自然状態は戦争状態なのではなく、むしろ自然状態は、文明によって歪められない人間の本来の状態である[15]。カントはルソーのこのような自然状態の観念を二面的に評価する（Ⅱ-四・二）。一方で、ルソーが文明における人間の堕落を批判するために、自然状態の概念に依拠したことは正当である（Ath.326：⑮三二〇頁／AG.26：⑭一六頁）。他方で、文明状態と自然状態は機械的に対立させられるべきではない。重要なことは、道徳が指導し、文明（開化）の欠陥を除去することである。カントによれば、ルソーはじつは、いかに文明が道徳化されて、自然状態とは対立しないあり方に転化するのかという課題に取り組んだ（『人類史の憶測上の始原』KgS.VIII.116f.：『人間の歴史の憶測的始元』⑭一六五頁／Vgl. Ath.326：⑮三二〇頁）[16]。

二・三　社会契約による国家の設立

カントによれば、諸個人の権利を確実なものとするため、自然状態から国家への移行が要請される。「自然状態における私法によって、〈君はすべての他人と、ある不可逆的な共存の関係にあるかぎり、自然状態から法的状態……へ移行すべきである〉という公法の要請が生じる」（MS.307：⑪一四八頁）。自然状態はそこからの脱却の必要性を含むという認識はホッブズやロックとも共通するが[17]、カントはその必要性をさらに論理的に深く捉えようとする。カントはつぎのようにいう。自然状態において諸個人がそれぞれの権利の維持のために攻撃しあうことは「不法」でないが、彼らがこのような状態にとどまろうとすることは「極度の不法」である（MS.307：⑪一四九頁）。自然状態において権利（とくに占有権）は暫定的に承認されるが、市民的状態への移行にたいする「期待と準備（覚悟）〔Erwartung und Vorberitung〕」をもつかぎりで、そうである（MS.257：⑪八二頁／Vgl. MS.264：⑪九二頁）。これはカントに固有の見解である。

ホッブズ、ロック、ルソーは、自然状態を脱却するためには、社会契約に基づいて国家を設立しなければならないと見なすが、この点についてもカントは独自の主張を展開する。ホッブズによれば、諸個人は他人との「信約〔convenant〕」によって特定の人間あるいは合議体〔assembly〕へそのすべての権利（自然権）を委譲し、国家〔commonwealth, civitas〕を設立する（Lv.II.17:（二）三三頁）[18]。ロックにおいては、諸個人が「原始的契約〔original compact〕」によって「公共体（共同体）〔community〕」（広義の国家〔commonwealth〕）を設立し、そこへ自分たちの権利を委譲するとされるが、ホッブズのばあいとは異なって、この委譲は全面的ではなく、限定的である（TG.II.129：一三〇頁）。委譲あるいは放棄されるのはとくに処罰権（自然法に反する行為を処罰する権限）にすぎない（TG.II.130：一三一頁）。

ルソーも、「社会的契約〔contrat social〕」、「原初的契約〔contrat primitiv〕」（CS.IV.2：一四九頁）によって諸個人が連合（結合）し、「公共体〔communauté〕」を設立すると見なす（CS.I.2：三〇頁）。「共同の全力を挙げてそれぞれの構成員の人身と財産を防衛し保護する連合〔association〕の形態を見出すこと。この連合の形態によってそれぞれの成員は万人と合一しながらも、自分自身にのみ服従し、連合以前と同様に自由であり続ける。このことこそ根本問題であり、社会契約がそれを解決する」。公共体における諸個人の相互の結合が完全になるためには、彼らは自分の権利を公共体へ全面的に譲渡・放棄しなければならない。「連合した各人は公共体に自分をそのすべての権利とともに全面的に譲渡すること〔totale aliénation〕」が必要である。「このような譲渡は留保なしに行なわれるので、結合は最大限に完全である」。しかし、そのさいに、「各人は万人に自分を与えるのであるから、［特定の］人格に自分を与えない。また、自分が委譲する〔ceder〕のと同一の権利を受け取らないような構成員はだれも存在しないのであるから、各人は失うすべてのものと同じ価値のものを獲得し、さらに自分がもつものを保存するためのいっそう多くの力を獲得する」（CS.I.6：二九頁）。

カントも、国家を設立する契約を「根源的契約〔ursprünglicher Vertrag〕」、「社会契約〔gesellschaftlicher Vertrag. Sozialkontrakt〕」と見なす。「人民が自分たち自身を一つの国家へ構成する作用」は「根源的契約」である（MS.315：⑪一五八頁）。「一群の人間が結合するためのあらゆる契約（社会契約〔pactum sociale〕）のなかで、彼らのあいだで市民的体制を設立する契約（市民的結合契約〔pactum unionis civilis〕）はきわめて特有の性格のものである」（TP.289：⑭

一八五頁）。また、国家（公共対）と個人との関係についてつぎのようにいわれる。「人民に属す万人（万人と各人）は彼らの外的自由を譲渡・放棄する〔aufgeben〕が、それは、ある公共体〔ein gemeine Wesen〕の成員として……直ちに受け取るためにある」。そのさいに、「国家に所属する人民」は「その外的自由の一部」を放棄するのではなく、「その粗野で無法律な自由[19]」を「全面的に放棄・断念する〔gänzlich verlassen〕」が、それは、「その自由一般を、ある法律的状態において、減少させられずに再び受け取るためである」（MS.316：⑪一五八頁）。このような見解はルソーのものと酷似している。

二・四　普遍的意志と社会契約

カントによれば、「一つのアプリオリに合一された意志」（MS.264：⑪九二頁／MS.258：⑪八五頁／MS.263：⑪九一頁）に基づいて国家が設立されるが、このような意志は理念的なものである。ホッブズも、諸個人は特定の人間（あるいは集団）に権利を委譲し、彼らの意志がこの人間において「一つの意志」となることによって、これに基づいて国家が設立されると主張するが（Lv.II.17：(二)三三頁）、この「一つの意志」が経験的なものなのか、理念的なものなのかを問題にしない。ロックも公共体における「一つの意志」に言及している（TG.II.212：二一四頁）。ルソーは、国家が「一般意志〔volonté générale〕」に基づくことを強調する。カントは、「合一された意志」を「普遍的意志〔allgemeiner Wille〕」（MS.256：⑪八一頁／Vgl. MS.250：⑪七三頁／MS.269：⑪九九頁）あるいは「共同的意志〔gemeinsamer Wille〕」（MS.256：⑪八一頁）[20]と呼ぶが、これはルソーの「一般意志」を理念化したものといえる。

しかし、ルソーとカントの見解のあいだには相違もある。第一に、ルソーによれば、個人のあいだの連合（社会契約）をつうじて「万人のなかに一般意志が生まれる」（CS.II.4：五〇頁）。これに対して、カントによれば、社会契約は普遍的意志に基づく。「普遍的な合一された人民意志から生じる根本的法則は根源的契約と名づけられる」（TP.295：⑭一九四頁）。「一つの根源的にアプリオリに合一された意志」は「その合一のために法的作用［契約］を前提としない」

（MS.267：⑪九六頁）。普遍的意志は、自然状態においてすでに潜在する普遍的意志の顕在化によって登場するのであり（本章、二・二）、ルソーにおけるように、社会契約をつうじてはじめて生成するのではない。

第二に、ルソーにおいては、一般意志は経験的なものに依存するのか、それから独立した理念的なものかは必ずしも明確ではない。一方では、人民集会における多数者の意志のなかに一般意志が表現され（CS. II.2：四四頁／CS. III.13：一二五頁／CS. III.18：一四二頁）、また、人民が十分な情報をもって討議し、合意に至れば、一般意志が生じ（CS. II.3：四七頁）、さらに、諸個人の特殊意志から、「相殺しあう過不足を除去すれば」、「一般意志が残る」といわれる（ibid.）。ここでは、一般意志が経験的に合成されると理解されているようにも見える。しかし、他方では、「一般意志はつねに正しい」（CS.II.3：四六頁）が、人民の意志は一般意志に必ずしも一致していないので、このような一致へ強制されなければならない（CS.I.7：三五頁／CS.II.7 六一頁）ともいわれ、このばあいには一般意志は経験的なものではないであろう。カントは一般意志（普遍的意志）を「一つのアプリオリに合一した意志という理念」（MS.264：⑪九二頁）に高めることによって、このような曖昧さを払拭したといえる。しかし、その反面で、カントにおいては、普遍的意志が理念化されるため、このような意志がどこでどのように形成されるかは問題にされない。

二・五　根源的契約の理念の二重性

先行の近代思想家と同様に、カントも、国家は「根源的契約〔ursprünglicher Vertrag (pactum originarium), ursprünglicher Kontrakt〕」に基づいて設立されると見なすが、そのさいに「根源的契約」の理念性を強調する。根源的契約は「理性のまったくの理念」であり、「けっして事実として前提される必要はない」（TP.297：⑭一九七頁）[21]。根源的契約の理念は仮構ではなく、「疑われえない（実践的）実在性」をもつ。ロック、ルソーにおいても原始的契約は理念的性格をもつといえるが、このことは明確にされていない。ロックは、それが歴史において先行して存在したかのようにも語る（TG.II.102：一〇四頁）。

根源的契約の理念は一方で、それぞれの国家の「合法性を吟味するための試金石」となりうる。この理念は、「いかなる立法者も、法律が全人民の合一された意志に由来できたかのように、立法するよう義務づける」（TP.297：⑭一九八頁）。しかし、他方で、現存の国家がなんらかの意味、なんらかの程度でこの理念に合致するという理由で、この国家が正当化されることにもなる。「それ〔立法的意志〕への服従のためのある現実的契約……が根源的に一つの事実として先行したのか、あるいは権力が先行して、法律はのちにのみ現れたのかという問題」は、「すでに市民的法律のもとにある人民にとっては屁理屈であり、これは国家を危険にさらし、目的内容を欠く」（MS.318：⑪一六二頁）。「たとえ低い程度で正当〔rechtmäßig〕にすぎない体制であっても、とにかくなんらかの合法的な〔rechtlich〕体制は、まったくそうでない体制よりもましである」（EF.373：⑭二九五頁）。

カントは、現実の権力が根源的契約に先行するとさえ主張する。国家設立の根源的契約は、すべての個人が同時にそれを意志することによって可能であるが、そのためには、諸個人の意志を「合一する原因」として権力が先行しなければならない。共同的意志の理念の実現のさいに「法的状態を開始するために見込めるのは、権力による開始にほかならない」（EF.371：⑭二九三頁）。「人民の意志」を「一つの主権的な……意志のもとに無条件的に服従させることは、最高の、権力を先占すること〔Memächtigung〕によって始まることができるような行為である」（MS.372：⑪二三一頁）。

国家実力説ともいうべきこのような見解は根源的契約の理念を形骸化するものと理解されかねない[(22)]。しかし、カントの主張の真意は、根源的契約が歴史的、事実的に国家の「設立の原理」になっていなくても、すでに存立している国家が根源的契約をその「管理の原理」として機能させ、国家をこの契約の理念に近づけることにあるであろう。根源的契約は「国家設立の原理でなく、国家管理の原理である」（RzRph.503：⑱三一一頁）という主張もこのような文脈におけるものであろう。カントがめざすのは、「統治方式をあの〔根源的契約の〕理念に適合させ」、「それを徐々にかつ持続的に改変し、唯一の正当な体制、すなわち純粋な共和制の体制と」「一致させる」ことである（MS.340：⑪一八九頁）。

第三節　国家の構造と形態

三・一　立法権と執行権

国家の構造と機能にかんして重要なのは立法権と執行権との関係である。ホッブズによれば、諸個人は信約に基づいて特定の人間あるいは会議体へ権力を委譲し、国家を設立する（Lv.II.17：（二）三三頁）。このように権力を委譲された者が獲得する権力のなかには立法権、執行権、裁判権等が含まれる（Lv.II.18：（二）四三頁、四六頁）。ロックによれば、諸個人は原始的契約に基づいて公共体を設立するが、公共体が直接に立法権を行使するのではない。公共体は立法権を特定の個人あるいは会議体へ「信託し〔trust〕」、立法府を設立する（TG.II.135：一三七頁）。立法府の設立が共同体の「第一の、基本的な行為」である（TG.II.212：二一四頁）。立法府のなかには、共同体から選出される代表者（議員）が含まれる（TG.II.158：一五六頁）[23]。ここでは代議制が採用される。しかし、立法府は常設であるとはかぎらず、立法府は法律の執行を執行府に信託する（TG.II.156：一五七頁）。立法府は執行府に優越し、執行府を解任することができる（TG.II.153：一五五頁）。裁判権に直接に言及されていないが、それは執行権に含められる[24]。

ルソーによれば、人民は立法権をもつが、現実的には人民が立法能力を欠くことが多いので、人民のために法律を考案し、提案する「立法者」が別に必要となる。ただし、立法者は人民に代わって立法権をもつわけではない。ルソーは代議制（代表制）をつぎのように批判する。主権は代表されず、一般意志も代表されない。「代議士〔deputé〕」は人民の代表者ではなく、人民の「委託者（世話人）〔commisaire〕」であり、立法せず、決定もしない（CS.III.15：一三三頁）。執行権についてはつぎのようにいわれる。人民（共同体）は執行権をもたず、これを「施政者〔prince〕」へ「委託する」。施政者は主権者としての人民によって雇われ、委託された「代理者〔agent〕」、「公僕〔ministre〕」にすぎず（CS.III.1：八四頁）、人民は彼らを解任することもできる（CS.III.18：一四〇頁）。執行権を行使する機関は「政府〔gouvernment〕」

である（CS.III.1：八四頁）。政府の成員は「行政官〔roi, magistrat〕」とも呼ばれる（CS.III.1：八四頁）[25]。このように執行権は立法権に従属する。根本的に見れば、「主権は分割できない」（CS.II.2：四四頁）といわれる[26]。

カントによれば、人民は理念上は立法権をもつが（MS.313：⑪一五五頁）、自分たちの合一した意志を具現するような特定の人物（人格）あるいは集団に立法権を委譲しなければならない（MS.338：⑪一八八頁）。人民から区別されるこのような現実的立法者は「元首〔Oberhaupt〕」（「国家元首〔Staatsoberhaupt〕」）、「支配者〔Herrscher, Beherrscher〕」と呼ばれる（MS.317：⑪一六〇頁／MS.318：⑪一六二頁／MS.319：⑪一六四頁）。この立法者は「命令権者〔Befehlhaber〕」として、それに服従する「従民〔Untertan〕」にあい対する（MS.315：⑪一五八頁）。立法権は執行権から区別される。立法者（元首）は同時に執行権をもつことはできず（MS.317：⑪一六〇頁）、執行権を特定の人物あるいは機関へ委任する。執行権をもつものは人格としては「施政者〔Regent（princeps, rex）〕」であり、機関としては、「政府〔Regierung〕」あるいは「行政府〔Direktorium〕」である。国家の元首は国家の「代理者〔Agent〕」であり、「行政官〔Magistrat〕」を任命する（MS.316：⑪一五九頁）。このような説明は内容の点ではロックに近いが、用語の点ではルソーのものに類似している[27]。

カントは立法権、執行権、裁判権の三権の分立を明確化している。彼によれば、立法権と執行権とが区別されない体制は「専制的〔despotisch〕」である。立法権は執行権に優越する。（立法的）元首は施政者を任命し、それを罷免することができる（MS.316：⑪一六〇頁）。また、裁判権は立法権および執行権から独立する。元首も施政者も裁判権をもたず、裁判官を任命できるにすぎない（MS.317：⑪一六〇頁）[28]。カントは三権を「並列の秩序」においてとともに、「上下の秩序」においても理解し、立法権の優位のもとに三権の統合（「政治的三位一体」）をめざす（MS.313：⑪一五五頁／MS.316：⑪一五九頁）。モンテスキューは三権の分立を主張としばしばいわれるが、不徹底な面を残している[29]。これと比較して、カントの見解はより明確であり、現代の三権分立論の直接的先駆といえるであろう。

三・二　共和制と民主制

近代においては、プラトンやアリストテレスの見解が継承され、国家体制（政体）を君主制、貴族制、民主制に区分されることが多かった。カントは『永遠平和論』においてはこのような区分を「支配〔Beherrschung〕の形態」（あるいは「国家の形態」）にかんするものと見なし、これから「統治〔Regierung〕の形態」を区別する。「支配の形態」は、最高の権力（立法権）をもつ人物がだれであるか（あるいはその数）に応じて、「単独支配制（専決制）〔Autokratie〕」（君主制〔Monarchie〕）[30]、「貴族制」、「民主制」に区分される。これに対して、統治の形態は、国家権力の行使の仕方に応じて、「専制〔Despotismus〕」と「共和制〔Republik, Republikanismus〕」とが区別される（EF.352：⑭二六五頁／Vgl. MS.338：⑪一八八頁）[31]。

カントは（直接的）民主制と共和制との混同を批判する。共和制は「根源的契約の理念」に従い、「社会の成員（人間としての）の自由」、「すべての人間（従民としての）の唯一の共同的立法への依存」、「人間の（公民としての）平等」の諸原則に基づく（EF.349：⑭二六二頁）[32]。共和制は「専制」と対比され、君主制、貴族政、民主制の区分とは無関係である（EF.352：⑭二六五頁）。共和制はつぎの二つの条件をもつ。第一に、共和制においては立法権と執行権とが区別される。これに対して、両者が区別されない統治形態は専制的である（ibid.）。民主制においては、立法者は執行権も他人に委任せずに、自分が法の執行者であろうとするので、このような制度は専制的となる（EF.352：⑭二六六頁）。第二に、共和制は「代表制（代議制）〔das repräsentative System〕」を含むが、民主制はそうでない（MS.341：⑪一九一頁）。

ところで、従来の研究では注目されてこなかったように思われるが、カントがいう〈das repräsentative System〉は狭義のものと広義のものとを含む。狭義の代表制は「代議制」であり、そこでは、人民によって選出される代議士の団体（議会）が人民の意志（普遍的意志）を代表する。それは、「人民の名において、すべての公民の結合をつうじて自分たちの議員（代議士）〔Abgeordnete（Deputierte）〕を媒介として自分たちの諸権利のために配慮するような人民の代表制」である（MS.341：⑪一九一頁）。これに対して、広義の代表制においては、人民が立法権を委譲し、自分の代表となる。人格あるいは集団は代議士やその集団とはかぎらず、「国王でも、貴族身分でも、人民全体、すなわち民主的連合体［議会］でもよい」(ibid.)。人民が君主に立法権を委譲すれば、君主制も代表制に基づくことになる。カントは、プロイセンにおいては君主制をこのような体制へ改変することをめざす。「国家はたとえ、現存の制度に従って、なお専制的な支配者権をもつとしても、すでに共和的に統治されることもできる」(EF.372：⑭二九四頁)[33]。ちなみに、フランスにおいても革命の初期には立憲民主制がめざされていた。

カントは『永遠平和論』においては、民主制を直接民主制と見なし、これをつぎのように批判する。君主制、貴族制は代議制を含むばあいには、共和制と両立するが、民主制は代議制を含まないので、専制的である。君主制と貴族制においては、「代議制の精神に即した統治様式を採用することは少なくとも可能である」のに対して、民主制は「それを不可能にする」(EF.353：⑭二六六頁)。しかし、カントは『法論』においては民主制を専制的として批判することを避け、つぎのようにいう。「民主制」は、「まず万人の意志を合一して、そこから一つの人民を形成し、つぎに公民の意志を合一して、一つの公共体を形成し、さらに、主権……をこの公共体の上位におく」という点に特徴をもつ。民主制は「権利そのもの」の保障の点では「最善のもの」である(MS.339：⑪一八八頁)。この点で、『永遠平和論準備稿』におけるつぎのような主張はいっそう注目に値する。「代表制における民主制」は共和的であるのに対して、「たんなる民主制」は専制的である(RzRph.166)。また、「民主制の代表制は社会の平等の体制、あるいは共和制である」(RzRph.342)。ここでは、「たんなる民主制」(直接民主制)から区別された、代表制を含む民主制(議会制民主主義に相当するであろう)が望ましいものと見なされている[34]。なお、ルソーは民主制を直接的民主制と見なし、その実現可能性を限定的に捉え、これを共和制から区別しているが、カントはルソーの見解には言及していない[35]。

三・三　結合契約と服従契約

近代の社会契約論においては、人民に属す諸個人が相互に結合して主権を確立する段階と、主権者となった人民が統治者に執行権を委任する段階との関係が問題となった。このばあいに、人民相互の水平的関係は「結合契約」に基づき、人民と統治者との垂直的関係は「統治契約」あるいは「服従契約」に基づくとされる。中世の末期には統治（服従）契約は、貴族がその権益を擁護するために、君主とのあいだで結ぶものと見なされた。一六・一七世紀にはこの観念を基礎に、人民の抵抗権を根拠づけるために、暴君討伐論（モナルコマキズム）が主張された。

ホッブズによれば、諸個人は相互の信約（結合契約）に基づいて権利を特定の人間あるいは合議体に委譲し、これらに主権を与えるが（Lv.II.17：(二) 三三頁）、この委譲は一方的なものであり、個人と主権者とのあいだに双務的な契約（服従契約）はなく、前者は後者の契約違反を理由に、後者への服従を拒否する権利はない（Lv.II.18：(二) 四〇頁）。また、主権は立法権と執行権を含むため、公共体の設立、立法権の構成、執行権の構成とのあいだに段階の区別はない（一段階説）。

ロックにおいては公共体の設立、立法府の設立、執行府の設立の三段階が区別される。第一に、個人相互の合意（「根源的契約」）に基づいて公共体が設立される（TG.II.95：一〇〇頁）。第二に、共同体はその代表者に立法権を「信託し」（TG.II.135：一三七頁）、第三に、立法府は執行府に執行権を信託する（TG.II.153：一五五頁／TG.II.155：一五七頁）。後者の二段階における信託は一方的なものであるが、ホッブズのばあいとは異なり、受託者が信託の目的に反するばあいには、委託者はこの信託を一方的に解消することもできるとされる（TG.II.149：一五一頁／TG.II.152：一五四頁）。

プーフェンドルフ（『自然法と国際法』、一六七二年）はロックに先立ち、ホッブズを批判し、共同体の設立のために諸個人が相互に結ぶ水平的契約（結合契約）と、その統治を単独あるいは複数の人間へ委任するための垂直的契約（服従契約）とを区別し、この契約を双務的なものと見なした[36]。このような二段階説はそのあと大きな影響を及ぼした。

ルソーはこの問題についてつぎのような独自の見解を展開する。個人相互の「約束」（水平的契約）によって公共体が設立されるが（CS.I.5：二九頁）、この約束は「公共と個人との相互の約束」（CS.I.7：二二頁）、あるいは「政治体とその成員との約束」を伴う（CS.II.4：五二頁）。しかし、この約束は「上位者と下位者との約束」、垂直的な服従契約ではない。社会契約によって個人と全体は一体化するので、この約束は「各人と全員との、全員と各人との」「約束」となる（ibid.）。「各人はいわば自分自身と契約しているので、二重の関係において――個々人にたいしては主権者の成員として、主権者にたいしては国家の成員として――約束している」（CS.I.7：三三頁）。このようにルソーにおいては、個人相互の水平的関係が個人と国家との垂直的関係の基礎にあり、個人相互の約束（結合契約）と、統治者と個人との約束（服従契約）との二段階の約束があるのではない（一段階説）。「国家には一つの契約しかない。それは連合の契約である」（CS.III.16：一三八頁）。また、立法権の確立の段階と執行権の確立の段階とが区別されるが、立法者（人民）が施政者を一方的に任命し、かつ解任することができる（本章、三・一）。このような関係は服従契約に基づくものではない（CS.III.18：一四〇頁）。

社会契約についてホッブズとルソーは一段階説を、プーフェンドルフは二段階説を、ロックは三段階説を主張するが、カントは独自の一段階説を主張する。カントは結合契約と服従契約とを区別しながらも、実際には両者は表裏一体であると見なす。すなわち、国家の設立は「根源的契約」としての「市民的結合の契約〔pactum unionis civilis〕」（TP.289：⑭一八五頁）に基づくが、この水平的契約は同時に支配者（命令者）と人民（服従者）との垂直的関係を生じさせ（MS.315：⑪一五八頁）、「服従契約」となる。人民は結合契約によって、「普遍的に立法的である一つの意志のもとに統合されている」が、この契約は「この立法的意志への服従についての」「市民的服従契約〔pactum subiectionis civilis〕」である（MS.318：⑪一六二頁）。「市民的結合契約は服従契約である」（VzRph.445）。

ところで、カントにおいては、伝統的見解とは異なって、服従契約は一方的なものであり、双務的なものではない。人民は国家支配者に権力を一方的に委譲したのであるから、そこには双務的な契約は存在しない。[37] したがって、統治者がこの契約に反したことを理由に、人民が統治者に抵抗することはできない。この契約は、「その不履行によって一方の側にその破棄を正当とさせるような条件を含む契約ではない」（VzRph.593）。カントのこのような見解はホッブズのものに接近する。[38] ホッブズはカントとは異なり、服従契約を否定するが、個人相互の契約による彼らの権利の一方的委譲を理由に、人民の抵抗権を否定する（本章、四・二）。

第四節　人民主権とその限界

四・一　人民主権の理念化

カントにおいて人民主権は、国家の設立が諸個人のあいだの根源的契約に基づくことに淵源するが、根源的契約も、それを支える普遍的意志も理念的なものであるから（本章、二・四、二・五）、人民主権も理念的なものである。「根源的にまた理念上は主権は人民にある」（RzRph.560）。人民が主権をもつのは、理念的なものとしての「一つのアプリオリに合一された意志」（MS.264：⑪九二頁）に基づくかぎりでである。人民の主権の中心をなすのは立法権であるが、「立法権は、人民の統合された意志のみ帰属しうる」（MS.313：⑪一五五頁）。

しかし、人民主権がこのように理念化されることよって、つぎのような問題が生じる。カントによれば、人民意志に基づいて社会契約が結ばれ、これをつうじて人民の権力が特定の人物あるいは集団へ委譲され、国家（公共体）が設立される（本章、二・三、三・一）。だが、人民の意志の統合、権力の委譲のメカニズムは明確にされていない。カントは民主主義について、「まず万人の意志を合一して、そこから一つの人民を形成し、つぎに公民の意志を合一して、一つの公共体を形成し、さらに、主権……をこの公共体の上位におく」（MS.339：⑪一八八頁）と批判的に述べるが、これに替わる彼自身の見解を具体的に示してはいない。ルソーによれば、人民がその主権を行使するのは「人民集会〔peuple assemblé〕」においてである。「法は一般意志の正当な作用にほかならないので、人民は集会をしたときにのみ、主権者として行動するであろう」（CS.III.12：一二七頁）。これに対して、カントにおいては、「人民の合一された意志」を形成し、確証するための場としての人民集会は必要とされない[39]。

そこで問題になるのは、国家の管理（国家の設立においてだけでなく）において人民主権がいかに貫徹されるかである。具体的には、人民の国政への参加と、人民による国政のチェックとのあり方が重要になる。国政への参加についてはさきに見たように（V‐五・四）、カントは家長（能動的公民）全員に、財産にかかわらず、参政の権利を認め、一人一票の投票権を主張している。しかし、つぎに検討するように、カントは人民による国政のチェック（人民の抵抗）をきわめて限定的にしか認めていない。

四・二　人民の抵抗権・革命権への批判

ホッブズは人民の抵抗についてつぎのように主張する。人民が「一つの意志」に統合され、主権を特定の人間あるいは集団に委譲するが、主権者の行為は人民の意志と一致している。「それぞれの従民は、設立された主権者のすべての行為の本人である」（Lv.II.§18：（二）四〇頁）。したがって、人民は主権者の行為に抵抗し、その権力を剥奪することはできない（Lv.II.§18：（二）四一頁）。ロックは公共体の設立、立法権の設立、および執行府の設立の段階を区別し、後者の二段階が信託に基づくと見なし、立法府と執行府がこの信託に違反するばあいには、人民がこれに抵抗し、この信託を破棄することができると主張する。ロックによれば、立法府と執行府が人民の信託に反するばあいは、自ら人民との「戦争状態」に入るのであり、人民は立法府と執行府から権力を奪うことができる（TG.II.222：二二一頁）。ここに「革命」が生じるが（TG.II.225：二二五頁）、このばあいに人民は決して「反逆者〔rebels〕」ではない。「反逆〔rebellion〕」を行なうのは、人民の意志に反して権力を簒奪する者の方である（TG.II.226：二二六頁）。

ルソーによれば、人民によって執行権を委任された施政者が人民の意志に反した行為を行なうばあいには、国家設立の社会契約は破棄され、人民は「自然的自由」に復帰するのであり、もはや服従を強制されることはない（CS.III.10：一二三頁）。そのばあいに人民は人民集会において、「政府の現存の形態を維持したいと思うかどうか」、「政府の現存の行政を委任した人間に今後もそれを委任したいと考えるかどうか」についてそれぞれ審議し、決定を下す。一般意志に基づく人民集会において人民が政府の交代を決議することは「合法的行為」であり、「暴動〔tumulte séditieux〕」ではない（CS.III.18：一四二頁）。

人民の抵抗権、革命権についてカントはつぎのようにいう。人民は相互の契約に基づいて、一方的にその権限を支配者へ委譲し、支配者とのあいだの服従関係に入ったのであるから、支配者の行為は人民の意志に一致しており、人民は支配者の行為に抵抗する権利をもたない。「人民は、現存の国家元首が意欲するのとは別に判断することはできない」（MS.318：⑪一六二頁）。「支配者の機関である施政者が法律に反してふるまうとしても」、「従民はなんらの抵抗を行なうことも許されない」（MS.319：⑪一六三頁）。「国家元首が根源的契約を侵害し、そのため、立法者の権利を失ってしまったと従民にとって考えられるばあいでも」、「従民のいかなる抵抗は許されないままである」（TP.299：⑭二〇二頁）[40]。「したがって、蜂起〔Aufstand（seditio）〕の、ましてや反乱〔Aufruhr（rebellio）〕のいかなる権利も存在はしない」（MS.320：⑪一六四頁）[41]。このようなカントの見解は全体としてホッブズのものに近いが、ホッブズはカントとは異なり、服従契約を前提にしない。なお、カントは行為による「抵抗〔Widerstand〕」と言論による「抗議〔Gegenvorstellung〕」とを区別し、人民は、不法と判断される統治にたいする不同意を表明する権利（TP.303：⑭二〇八頁）、「異議申し立て〔Beschwerde（gravamen）〕」の権利、「より善いものについて観念を公表する」権利（『理論と実践・準備稿』KgS.XXIII.134：⑱二六八頁）はもつと見なし、この点でホッブズを批判する（本章、五・三）[42]。

カントは国家の変更を下からの急激な「革命〔Revolution〕」によってではなく、上からの漸次的な「改革〔Reform〕」によって遂行することを強調し（MS.321f.：⑪一六七頁）、改革をつぎのようにさらに限定する。改革は執行権にかんしてのみ認められ、立法権にかんしては認められず、しかも執行権の改革は議会をつうじてのみ行なわれる（MS.322：⑪一六七頁）。また、人民には、政府の行為を変更させるための積極的抵抗は認められず、政府の行為に服従しないという消極的抵抗（しかも議会による政府の行為の拒否という間接的抵抗）が認められるにすぎない（ibid.）。また、低い正当性をもつような君主制であっても、立憲君主制に至る過渡的形態として許容されるべきであるとされる。「あまりにも性急な革命」は無政府状態を招くので、「たとえ低い程度で正当であるにすぎない体制であっても、とにかくなんらかの法的な体制」がある方がましである（EF.373：⑭三七三頁）とさえいわれる（本章、二・五）[43]。

四・三　人民の主権と陶冶可能性

カントの国家論においては一面で、根源的契約と人民主権の理念化によって、新しい国家の深い根拠の方向が示されるが、他面で、与えられた経験的現状を受容するという傾向が生じる（本章、四・一）。しかし、根源的契約（原始的契約）の棚上げの傾向はカントにのみ特有なのではなく、先行の思想家においてもなんらかの意味で見られる。

ロックは、人民が同意に基づいて国家を設立した歴史的経験はないという批判に反論し、このような設立の経験的事例を挙げる（TG.II.101：一〇三頁／TG.II.104：一〇七頁／TG.II.112：一一七頁）。しかし、彼は「明示的同意」と「暗示的同意」とを区別し、なんらかの国家のもとですでに権利を享受している者は国家に「明示的同意」をではないとしても、「暗示的同意」を与えていると見なされるべきであるとも主張しており（TG.II.119：一二三頁／TG.II.171：一七三頁）、このばあいには「暗示的同意」の名のもとに現実の国家を正当化する方向を示している。

ルソーは、個人は、その意志が一般意志に一致するかぎり、主権者にふさわしいと見なすが、現実にはそうでないため、個人を一般意志に服従するように強制すること（「自由への強制」）が必要であると主張し（CS.I.7：三五頁）、上からの啓蒙を重視する。「一般意志はつねに正しいが、それを導く判断はつねに啓蒙されているわけではない」。「諸個人については彼らの意志を理性に一致させるように強制しなければならない。公衆については、自分が欲することを教えなければならない」（CS.II.6：六〇頁）。

カントは、人民主権の実現が人民の陶冶可能性に依存することをいっそう強調する。[44] 政治的陶冶は、啓蒙による上からの陶冶と、人民の生活をつうじた下からの陶冶とを含む。カントは一方で、人間の本性のなかに「より善い状態にたいする素質と能力」が含まれ、自己立法に基づく共和制の実現へ人類が向かうことを期待する。「人民はしだいに……法律の権威という純然たる理念の影響を受け入れることができるようになり、したがって、ついに自己立法の能力をもつと認められるに至る」(EF.372:⑭二九四頁)。しかし、カントは他方で、下からの陶冶にとっての障害を考慮し、上からの啓蒙を重視する。「より善い状態への進歩」がもたらされるのは「事物の下から上への進行によって」ではなく、「上から下への進行によって」である(SF.92:⑱一二六頁)。啓蒙をつうじて国家の漸次的な「改革」が可能になる(SF.93:⑱一二七頁)。このような啓蒙を行なうのは、国家に追従する「官職の法学者」ではなく、「自由な法学者」としての「哲学者」(法哲学者)である。[45] ここではプロイセンにおける啓蒙的絶対主義にたいする批判が込められているといえる(フリードリヒ大王への称賛にもかかわらず)。自由な法哲学者は「啓蒙家」というレッテルを貼られ、「国家にとっての危険人物」として非難されるが(SF.89:⑱一二二頁)、カントはこのような立場に立とうとする。

四・四　フランス革命の評価

フランス革命(一七八九年)は『実践理性批判』の刊行(一七八八年)と『判断力批判』の刊行(一七九〇年)とのあいだに勃発した。革命はジャコバン独裁(一七九〇年)、テルミドールの反動(一七九〇年)、ナポレオンによる政権掌握(一七九九年)という過程をたどり、この時期はカントの理論活動の後半期と重なる。『法論』の出版は一七九七年であるが、その本格的準備はそれに先立って、一七九〇年代に開始されたと推定される。ただし、革命とその混乱の状態は彼の理論に必ずしも反映されておらず、初期のフィヒテ(『フランス革命論』、一七九三年)と比較して、革命に距離をおいているようにも見える。しかし、カントの親しい弟子のヤッハマンの報告によれば、カントはフランス革命を共和制の理想の実現の「実験」と見なし、革命の推移についての情報を熱心に収集したとのことである(ヤッハマン『人間カントについて』第一二書簡、邦訳、創元社、一九六七年)。ドイツでフランス革命への共感者はジャコバンと呼ばれたが、カントもその疑いを受けた。[46]

フランス革命の余波によって、プロイセンにおいてはフリードリヒ・ヴィルヘルム二世が検閲を強化し、カントの『宗教論』(一七九三年)の国内出版だけでなく、宗教についての彼の発言をも禁止した。カントは、「[法の]形而上学」

を「国家革命の原因」として危険視する状況のもとで（『理論と実践・準備稿』KsG.XXIII.127：⑱二五七頁）、『法論』（『法論の形而上学的基礎』）の出版（一七九七年一月）を準備せざるをえなかった。同国王の死去（一七九七年一一月）のあと言論弾圧は弱まった。カントは『学部の争い』（一七九八年晩秋）の「序論」においてようやくフランス革命にかんして、「この革命は悲惨と残虐行為に満ちているとしても」、共和制という「よりよい状態」に向けての「人類の道徳的進歩」を示していると評価し、「生気あふれる人民の革命という巨大な政治的な変化」にたいして、「公的に現れる観察者の普遍的で公平な共感」を表明する（SF.85ff.：⑱一一六頁以降）。

ところで、カントはフランス革命直前の状態にかんして、国王による国民議会〔Assemblé nationale〕の招集（一七八九年六月）を念頭においてつぎのように主張する。「君主の統治支配権は全面的に消滅し（たんに停止されただけではなく）、人民に移行してしまった」（MS.341：⑪一九一頁）。「彼〔主権者としての君主〕が彼ら〔人民の代表〕を一たび招集し、彼らは自分で憲法体制を形成することになるのであるから、主権者の権威はたんに停止されるだけでなく、まったく廃棄される」（RzRph.593）。注目すべきことに、カントはここでは、主権が君主から人民の代表へ移行し、共和制に向けた合法的変革が進行したと評価している。しかし、国王が議会の武力弾圧を企てたため、人民が決起し、暴力（一七八九年七月一四日のバスチーユ占拠など）を伴う革命となった。カントは革命の前半の経緯を合法的と見なし、そのあとの独裁や混乱の過程から区別しているように思われる[47]。

カントは「あまりにも性急な改革」（革命）を批判し（EF.373：⑭二九五頁）、「まっすぐに目的〔改革〕に向かうが、この目的を性急に暴力的に引き寄せずに、好都合な情況に応じてたえずこの目的に接近する」ことを重視する（EF.378：⑭三〇二頁）。共和制への移行という人類史の巨大な流れのなかでカントはフランス革命についてつぎのようにいう。不法なやり方によってであれ、一度革命が成功すれば、それに従うことは義務であり、それに抵抗し、反対することは許されない（MS.322：⑪一六七頁）[48]。ここでは国家変革の精神とその実施方法とが区別されている[49]。さらに、「事柄が現在おかれた状態においては」漸次的な改革が望ましいが、革命が事柄のなりゆきによって（「自然によって自ず」）生じるばあいには、「国家英知」はこれを、「より大きな圧制の弁明のために利用せずに」、理念に従った「根本的改革」による共和制の実現への「自然の呼びかけ」として利用すべきであるとも主張する（EF.373：⑭二八五頁）。

第五節　政治的自己立法と道徳的自己立法

五・一　ルソー自己立法論の受容と変容

カントの道徳論と政治論はルソーから強い影響を受けた。道徳的自己立法（自律）の思想もルソーの影響下にある。[50] ルソーは『社会契約論』においてつぎのように述べていた。道徳的自由は、「たんなる欲望の衝動」から独立し、「自分が課した法律にのみ服従する」こと（自己立法＝自律）にあるが（CS.I.8：三七頁）、このような自由は自然状態においてではなく、国家における人民の自己立法によって実現される（CS.I.6：六〇頁）。ここでは道徳的自己立法は政治的自己立法と不可分なものと見なされる。

カントは『基礎づけ』において、道徳的共同体（「諸目的の国」）を共和制との類比で、それぞれの人格による道徳法則の自己立法に基づくものと見なしている（Gr.434：⑦七二頁／Gr.438：⑦七八頁）。しかし、道徳的自己立法と政治的自己立法とのあいだにはつぎのような基本的相違もある。政治的自己立法は外的なものであり、個人のあいだで共同的に行なわれるのに対して、道徳的自己立法は内的なものであり、各人は、他人も同時に同一に立法することを確認できない。道徳的に要求されることは、他人がどうであれ、各人が率先して普遍的法則を自分で立法し、これに服従することである。最も幅広く見れば、法は道徳の外面であろうが、政治的自己立法が道徳的自己立法を前提にするとはいえない。法や政治においては道徳的自己立法は度外視され、あるいは背景化される。[51] カントにおいては政治的自己立法は固有性をもっており、ルソーにおいて両者の自己立法が素朴に一体化されていたのとは異なる。

五・二　カントのリベラリズムをめぐって

ルソーの国家論のカントの国家論への影響についてはすでに述べたが、ここでは両者の関係を自己立法という観点から再考察したい。この問題にかんしてはハバーマスの主張がある。彼は道徳的自己立法と政治的自己立法をそれぞれ「私的自律」と「政治的自律」と呼び、それぞれを人権（法における）と人民主権（国家における）に対応させたうえで、ルソーとカントとのあいだには相違があると見なす。ルソーにおいては私的自律は政治的自律にはじめから「含められる」のに対して、カントにおいては前者は後者に「先行」する（『事実性と妥当化』、一九九二年、邦訳『事実性と妥当性』上、一二八頁以降、一三二頁）[52]。ハバーマスによれば、けっきょくルソーもカントも私的自律と政治的自律との結合を把握しそこねており、この結合は討議倫理学における手続き論によって適切に把握されることになる[53]。

また、ハバーマスは、ルソーの国家論においては集団主義的傾向があるのに対して、カントの国家論にはリベラルな傾向があると見なす。ルソーにおいては市民としての個人の私的自律は政治的自律に包含されるが、この自律は「人民の生活形態の実現」として実質面から捉えられ、人民主権が「人倫的〔社会倫理的〕自己実現」の表現として捉えられる。公民にたいして「同質的な共同的エートス」、「過剰な倫理的要求」が課され、個人は「集合的全体の成員」として「立法実践のマクロ的主体」へ融合される。ルソーは「共和主義的」立場（市民の自己立法に基づき、公共体との一体化をめざす立場）に立ち、私的自律を政治的自律に吸収してしまう。これに対して、カントにおいては私的自律が政治的自律に「先行」し、いずれの自律も形式的なものとして理解される（同訳、一二二頁、一二七頁以降）。

ケアスティングは『善き秩序の自由』新版の「緒論」においてカントの法論のなかに「リベラリズムの最強の形式」を見てとる。彼はルソーとカントとの区別をつぎのように際立たせる。ルソーは「自由と実質的な自己規定とを等値し」、「全体的な政治的生活共同体」を実現しようとするが、「実質的な自己規定」は特定の内容の「公共善」と結合し、正よりも善を優先させることにつながる。また、ルソーは合意形成の場を人民集会に求めた。これに対して、カントは、「人民の合一した意志」を理念化し、「人民の自己決定」を形式的なものとして把握しており、このことによって「手続き的正義」を明確にした。ハバーマスはカント国家論の討議倫理学的読み替えのさいにカントの見解のこのような積極的要素を生かすことに成功していない。また、ハバーマスのように、私的自律（人権）と政治的自律（人民主権）とを対等に結合させる立場から、カント法哲学を解釈することは「ルソー化」となる（邦訳『自由の秩序』、一七頁以降、三三頁、二七六頁、三五三頁、三〇八頁）[54]。しかし、私見では、ケアスティングは、カントにおける法（人権）の国家（人民主権）への先行を強調するあまり、つぎに見るように、国家における自己立法（自律）の固有の性格を無視あるいは否定している。

五・三　自由の積極的共存と消極的共存

ルソーの国家論が全体主義的、集団主義的であるという解釈はとくにアングロサクソン系の学者（ヴォーンら）によって繰り返されてきた[55]。しかし、ルソーの思想、およびカントにたいするその影響にかんしては積極的評価もある。カッシーラーはつぎのように述べていた。ルソーは「近代個人主義の真の先覚者」であり、カントは、ルソーの見解を「完全に理解したほとんど唯一の思想家」である。意志の自由に基づいて社会秩序が形成されること、道徳的自由と社会的変革が接合すること、国家の設立はその担い手の創出と結合することをルソーは「理念的課題」とし、カントはこれを継承した。とくに、市民は、自分が同意した法律にのみ服従することによって「自律的人格」として「真の自由」を得るというルソーの思想は、カントにおいて道徳的自己立法（自律）と政治的自己立法の結合としてより明確に捉えられる（『ジャン＝ジャック・ルソー問題』、邦訳、五頁、二六頁、二四頁、三一頁）[56]。

ルソーにおける全体主義的要素について語られることの根拠の一つは、国家が諸個人の意志の「全面的合一」に基づいて設立されると見なされることにあると思われる（本章、二・三）。ルソーにおいては、諸個人は諸権利を「全面的に委譲すること」をつうじて、これらを「取り戻す」といわれる（CS.I.6：二九頁）。個人は国家と全面的に結合することによって他の個人とも全面的に結合するのであり、そこでは「一般意志」が作用する。これとは異なり、ホッブズとロックにおいては、国家における個人相互の結合は、各人の福利の実現を相互に妨害しないかぎりでの部分的、消極的なものである。ホッブズにおいてはロックにおいてとは異なり、国家に対する個人の諸権利の全面的放棄による個人（個人的意志）の国家（一つの意志）への一体化が主張され、この点ではルソーと共通性をもつ。しかし、ホッブズにおいては国家の目的は各人の自己保存の保障にあり、また個人の自由は他人や国家による行為の妨害の排除という消極的なものである。ルソーにおいて国家における自由は、諸個人が自由を相互に妨害しないという消極的なものではなく、自由の共存の条件を積極的に作り出すことにあり、国家以前の自然状態における自由とは異なる新しい質を獲得する。この点で「自然的自由」から「市民的自由」が区別される（CS.I.8：三六頁）。カントはまずルソーにおける諸個人の意志の全面的結合の思想を摂取する。カントにあっても、諸個人は国家においてその自然的自由を「全面的に放棄し」ながら、これらを「再び受け取る」とされる（本章、二・三）。国家においては諸個人の自由は全面的に結合しているが、この自由は権利にかんする形式的なものであり、この全面的結合も形式的となる。そこでは幸福の内容の全面的一致は問題とされない。ルソーは「共同善」を一般意志に基づくものと見なし（CS.II.1：四二頁）、各人の幸福をそれに一致させるよう要求するが（CS.II.6：六〇頁）、カントはこのような見解を採用せず、幸福の複数性を容認する（V・四・三）また、カントは国家における政治的な自己立法の自由を高次の自由と見なす点でも、ルソーの思想を摂取する。そこでは各人は自由の積極的共同のための条件を諸個人が能動的に作り出す[57]。ただし、カントはルソーのように積極的自由を実質的なものとは理解しない。ハバーマスもケアスティングもこの点でのルソーとカントとの関係を考慮していない。

第六節　永遠平和と国際体制

六・一　世界平和をめぐる理想主義と現実主義

カントは、「平和に生きる権利」、および「相互に平和に生活できる」状態を作り出す権利を人間の基本的権利に含める（RzRL.353）。このような思想は『永遠平和論（恒久平和のために）〔Zum ewigen Frieden〕』（一七九五年）において具体化されている。カントは永遠平和の理念を高く掲げ、その保障のための国際組織の設立をめざしており、ここに彼の理想主義（正確には理念主義）が遺憾なく表明されている。[58] 永遠平和は「空虚な理念」にすぎないという批判はすでに彼の時代にも出され（EF.343：⑭二五一頁／EF.386：⑭三一五頁）、今日まで繰り返されてきた。しかし、この理念は、到達不可能な彼方のものではなく、実現に向け、たえず努力されるべきものである。『永遠平和論』の末尾ではつぎのようにいわれる。「永遠平和」は「空虚な理念ではなく、一つの課題であり、この課題は徐々に解決され、目標にたえずより近づくであろう」（EF.386：⑭三一五頁）。カントは永遠平和の理念をこのように高く掲げながら、その実現のための現実的方策をも考慮しており、そのいくつかはその後の国際政治において実現され、あるいは実現されつつある。問題は、理念と現実との乖離を除去するために、現実に適合するものへ理念を引き下げるのか、理念を維持しつつ、段階的措置をつうじて粘り強くその実現をめざすのかである。

日本においては、永遠平和の理念は戦争と戦力との放棄、また核兵器の廃絶の課題に関連して、特別の意味をもつ。日本国憲法の第九条においてはつぎのようにいわれている。「国権の発動たる戦争と、武力による威嚇又は武力の行使は、国際紛争を解決する手段としては、永久にこれを放棄する」（第一項）。「前項の目的を達するため、陸海空軍その他の戦力は、これを保持しない。国の交戦権は、これを認めない」（第二項）。この条項と現実のあいだの乖離をめぐって、今日議論が活発になっている。この条項に従って現状を粘り強く変革するのか、現状に適合するものへこの条項を変更するのかをめぐって対立が生じている。また、核兵器の廃絶にかんしても、それは建前としては多数の国ぐにのあいだで共有されつつあるが、それを遠い将来に達成されうる課題とし、先送りする傾向が根強い。国連では核兵器禁止条約が採択されたが（二〇一七年）、核保有諸国とそれらの友好諸国（日本政府を含め）はこれに同意していない。この点で被爆国としての日本においてカントの平和の実践的理念の意味がとくに問われる。

六・二　常備軍の全廃と軍事費の削減

『永遠平和論』のなかでも最も理想主義的な部分は常備軍の全廃という構想である。〈力の均衡〉による平和をめざす論者はそのための常備軍の必要性を主張するが、カントによれば、常備軍そのものが戦争の危険を生じさせる。常備軍は「自衛」のためのものと称されても、他国の軍事力への対抗のためのものであり、国家間の無際限な軍備拡張の誘因となる。「常備隊」は、「つねに戦争に向けて武装されているよう見せるために、準備をすることをつうじて戦争［の危険］によって他国を脅かし、また、際限を知らない軍備量の点で、相互に他国に優越するよう諸国家を刺激する」（EF.345:⑭二五四頁）。多くの戦争は自衛の名のもとに行なわれる。なにが最低の自衛力かは恣意的に解釈され、軍事力の強化がめざされる。なお、カントは民族の自衛権を否定してはおらず、人民の自衛（軽装備の「自発的な定期的武装訓練」）を容認するが（ibid.）、自衛のための常備軍の保有は禁止する。

さらに、カントは人間性の尊厳の立場から、常備軍においては兵士は戦争遂行のためのたんなる手段として扱われることを指摘する。「殺しまた殺されるために、兵士として雇われることは、人間をたんなる機械や道具として他のもの（国家）の手で使用され続けるように見える」（ibid.）。兵器とともに戦闘員が戦争遂行の道具となり、現代においては兵士は兵器や軍事装備に従属させている[59]。

カントは、たえまない軍拡競争を批判している。諸民族にとっての「最大の禍」は「戦争によって引き起こされるが、現実の、あるいは過去の戦争によってではなく、軍備（戦争準備）によって引き起こされるのであり、これはけっして縮小されず、たえず増大しさえする」。「国家のすべての力、その文化のすべての成果がそのために消費されている」（『人類史の憶測上の始原』KgS.VIII.121／⑭一一二頁）。この指摘は現在においても該当するであろう。さらに、カントは軍事費の増大も戦争の誘因となることに注意を促す。外国との軍事的均衡のための軍事力の強化は長期の多大な財政支出を必要とするので、この負担を逃れるために（いわばシビレを切らして）、戦争に訴えるよう国家は刺激される。軍事費の調達の有力な手段は国債であり、軍事費の制限のためには軍事国債の禁止が必要になる。国債は「戦争遂行のための金庫」として「危険な金力〔Geldmacht〕」であり、「兵力、同盟力、金力」のなかで金力は「最も信頼できる戦争道具（兵器）」である。国債によって戦争のための資金調達が容易となり、戦争への敷居は低くなる。また、国債の増大によってその国の財政が破綻すれば、他国にも打撃が及ぶ（EF.345f.：⑭二五五頁／Vgl. TP.311：⑭二二〇頁）。

ところで、カントは、「常備軍は時とともに完全に廃止されるべきである」（EF.345：⑭二五四頁）と主張している。彼は、『法論』においてはこの立場を具体化し、常備軍の全廃へ向けた段階的措置を考慮している。ここでは、硬直した〈絶対平和主義〉の立場はとられていない。永遠平和の実現は定言命法として示されるのに対して、それに向けての段階的措置は仮言命法として示されるであろう。『法論』において論じられる「戦争の法」、「平和の法」は後者に関係する（本章、七・一）。このことは、日本国憲法の第九条の意味について考えるうえでも重要である。憲法第九条と日本の軍事力の増強とのあいだの乖離はますます拡大している。このようななかで課題は、戦争の放棄と常備軍の漸次的全廃をめざして着実な措置をとることではないであろうか。核兵器開発競争についても同様であろう。〈現実主義〉と〈絶対平和主義〉との両極を乗り越える方向はカントの理論のなかに示されていると思われる。[60]

六・三　国際国家か国際連盟か

『法論』においては公法は「国家法（市民法）」、「国際法」、「世界市民法」に区分される（MS.311：⑪一五二頁）。民族のあいだの関係を規制するのは「国際法（諸民族の法）〔Völkerrecht〕」である。[61]ある民族の内部で国家の設立よりもまえの状態（あるいは国家を度外視した状態）は自然状態であるが、民族のあいだにも同様の自然状態がある。ただし、特定の民族内部の自然状態は理念的性格をより強くもつのに対して、民族のあいだの自然状態は経験的性格を強くもち、実質的には、ホッブズがいう戦争状態に等しい（本章、二・二）。それは、「敵対行為がつねに生じてはいないが、敵対行為による絶えざる脅威が現存する状態であり、むしろ戦争状態である」（EF.349：⑭二六一頁／Vgl. MS.344：⑪一九四頁）。現代の国際関係においてもこのような自然状態が残存し、部分的には強まってさえいる（排外主義の扇動、民族対立の激化、小集団によるテロルなど)。

　カントによれば、一つの民族の内部で自然状態から市民的体制への移行が必要であるのと同様に、民族のあいだでも自然状態を脱却し、世界市民的体制が設立されなければならない。「力の均衡」に基づく平和は「幻想」であり(EF.312:⑭二二二頁)、国際的な自然状態を解消するものではない。また、休戦や講和のため条約は「一つの戦争」を終結させる一時的、部分的なものにすぎず、「すべての戦争」を終結させる国際的組織が必要である(EF.356:⑭二七一頁)[62]。

　世界市民的体制が一つの民族における市民的体制と類似の構造をもつとすれば、そこではそれぞれの民族(国家)は単一の主権的権力のもとに「公的な強制法則」に服従することになる(EF.357:⑭二七三頁)。このような国際的組織は「一つの国際国家(諸民族統合国家)〔Völkerstaat, civitas gentium〕」(EF.354:⑭二六八頁/Vgl. TP.313:⑭二二三頁)、「一つの世界共和国〔Weltrepublik〕」(EF.357:⑭二七三頁)といわれる(この組織を〈世界国家〉と呼ぶこともできるであろう)。

しかし、カントによれば、国際国家にはつぎのような難点がある。第一に、多くの諸民族を包括するまで拡大した国際国家においてはその効力は弱まり、民族のあいだの対立を解消できなくなり、自然状態(戦争状態)、無政府状態に逆戻りする危険性がある(MS.350:⑪二〇二頁/EF.367:⑭二八七頁)。第二に、「超大国」になった特定の民族の国家によって支配されることによって国際国家は「専制」(TP.311:⑭二一九頁)となる危険性が生じる[63]。このような国際国家は「普遍的な君主国(世界王国)〔Universalmonarchie〕」(EF.367:⑭二八七頁/Rlg.34:⑩四五頁)と呼ばれることがある。第三に、それぞれの民族(国家)は独立の主権をもっており、国際国家に賛同しようとしないので、国際国家は非現実的である(EF.357:⑭二七三頁)。

　『永遠平和論』においては、国際国家に替えて、単一の主権的権力をもたない緩やかな「国際連盟(諸民族同盟)〔Völkerbund〕」(EF.354:⑭二六八頁/MS.350 ⑪二〇二頁)、「自由な諸国家の連邦〔Föderalismus〕」(EF.354:⑭二六八頁)が提唱される[64]。それでは、カントは国際国家をまったく実現不可能なもの、また望ましくないものと見なしているのであろうか。国際国家と国際連盟との関係についての彼の説明は錯綜している。批判期の『普遍史観』においては、「合一した権力」のもとでの「国際連盟」について語られるが（AG.24：⑭一三頁）、これはむしろ『永遠平和論』における「国際国家」に近い。[65]『永遠平和論』の二年前まえの『理論と実践』においては、「一人の元首」のもとで諸国家が結合する「世界市民的公共体」と、「共同で協定された国際法に従う連邦〔Föderation〕」とが区別されるが（TP.311：⑭二一九頁）、前者の型に属す「普遍的な国際国家〔Völkerstaat〕」についてのサン・ピエールの構想は「可能」であると見なされている（TP.313：⑭二二三頁）。[66]『永遠平和論』の二年後の『法論』においては「国家連合〔Staatenverein〕」（MS.350：⑪二〇二頁）の難点が指摘されるにもかかわらず、「すべての国家を残らず結合した共和制」が、「最も適切と思われる体制」ともいわれるが（MS.354：⑪二〇七頁）、この共和制は「国際国家」を意味する。さらに、『永遠平和論』においてさえも、「一つの国家」としての「市民的な社会連盟〔Gesellschaftbund〕」は、「われわれの紛争を平和的に調停する最高の、立法権と統治権と裁判権」を含むが、このような組織は「理解されうる」ともいわれ（EF.356：⑭二七二頁）、この「社会連盟」は国際連盟よりは国際国家を意味する。国際連盟は、国際国家という「積極的理念」にとっての「消極的代用物」であるといわれるが（EF.357：⑭二七三頁）、これに満足すべきであるとはいわれていない。

このようにカントは国際国家をまったく否定しているのではなく、その問題点を指摘しながらも、それに向けての過渡的な組織としての国際連盟が実現するなかで、国際国家の問題点の除去の方途が見出されていくと理解していると思われる。カントは国際連盟と国際国家とを区別するが、両者にはそれぞれバリエーションがあり、両者は必ずしも断絶しないであろう。一方で、カントは国際連盟を緩やかなものと見なしているが、国家間の相互強制をより強める型の国際連盟もあるであろう。他方で、ある民族における共和制国家には中央集権的な形態も、分権主義的形態としての連邦制もあるであろうが、国際国家も、各国の自主性を尊重する連邦制を採用することもできるであろう。[67]

六・四　世界市民的体制への道

『永遠平和論』においては国際連盟は、独立した諸国家の対等な連合としての「自由な連邦〔Föderalismus〕」と性格づけられる。それは加盟諸国の「自由の維持と保障」をめざし、「公的法律、およびそのもとでの強制への従属」を必要としない（EF.356：⑭二七一頁）といわれるが、その具体的内容は明らかではない。これに対して、『法論』においては、「一つの普遍的な諸国家連合〔ein allgemeine Staatenverein〕」（一つの民族を国家とする統一との類比で）から「諸国家の諸結合〔Verbindungen der Staaten〕」が区別される（MS.350：⑪二〇二頁）。前者は『永遠平和論』における「国際国家」に相当する。後者は「若干の国家の連合〔Verein einiger Staaten〕」とも呼ばれ、諸国家の常設的会議を意味する。しかも、それは固定的ではなく、「いつでも解消しうる会合」と見なされる（MS.344：⑪一九四頁／Vgl. MS.351：⑪二〇三頁）。このような組織は、「アメリカの国家結合〔Verbindung der amerikanische Staaten〕」（当時は一三州から構成された合州国）のような、「国憲に基づく解消できない結合」とは異なるといわれる。ここでは国際連盟はかなり緩やかなものと見なされている。

カントは、一七一七年にオランダのハーグで開催された国際諸会議について、それは国際紛争の解決のための「仲裁裁判官」という性格をもち、当時は「全ヨーロッパの同盟によって結合した唯一の国家〔ein einzige förderierte Staat〕」であったが、やがて形骸化し、機能不全に陥ったと批判する（MS.350：⑪二〇二頁）。カントはこのような歴史的経験を踏まえ、「この目標〔世界平和〕への連続的な接近に役立つ国家結合（諸国家の諸結合）〔Verbindungen〕」を構想する。ここで、「国家結合」が複数形で表現されているのは、世界的規模の国家結合に先立ち、地域的な国家結合がめざされるからであろう。カントは、まず近隣諸国のあいだの国家結合（当面はヨーロッパにおける）から出発し、遠隔国との国家結合へと拡大していくと展望していると思われる。

「カントの国際連盟〔Völkerbunde〕」の構想は多くの点でのちに実現されたのであり、空虚な理想ではない。一九二〇年に「国際連盟〔League of Nations, Völkerbunde〕」（ドイツ語表記はカントのものと同一）が結成された。それを提唱したアメリカのウィルソン大統領はカントの平和論をも念頭においたといわれる。結成された国際連盟はカントの構想を部分的に超えている。国際連盟は国際紛争の仲裁を基本任務とする点では、カントの構想に近いが、決定に違反する加盟国にたいする非軍事的（通商上、金融上、人的交流の上での）制裁の機能をもち、また軍縮をめざした。一九二八年には不戦条約（戦争放棄にかんする条約）が締結された。第二次世界大戦後に結成された「国際連合〔United Nations〕」（ドイツ語表記は〈die Vereinten Nationen〉であり、アメリカ合衆国〔Vereinten Staaten von Amerika〕と類比的である）は国際連盟よりも強い強制権（違反国にたいする制裁のほかに、軍事力の行使）をもち、さらに、基本的人権の保障、経済的、社会的発展、生活水準の向上など、戦争の抑止以外の広範な機能をもつ。国際連合はカントにおける国際連盟と国際国家との中間に位置するといえるであろう。

しかし、国際連合の実際の機能は制限されている。その最大の理由は、国際連合の有力加盟国が軍事同盟に固執し、軍縮に消極的であり、核兵器の廃絶にも冷淡であることにある。[68] 国際連合の活性化によってカントの国際国家の構想の実現に接近していくであろう。この構想の実現にかんしては、ヨーロッパ連合（EU）の経験が多くの検討材料を提供している。それは地域的国家結合であるが、国際連合よりもカントの国際国家に近い性格をもち、しかも政治的機能のほかに経済的機能をもつ（各国の法規の共通化、単一市場、域内の移動の自由、統一的軍隊などの点で）。しかし、それは市場経済のミニグローバル化による加盟国間の経済格差の増大、各国の実情を軽視した枠組みの性急な強制などをもたらし、反EUの機運を強めつつある。

第七節　平和の法と戦争の法

七・一　戦争の法の意義と限界

カントは世界平和のための国際組織を構想しつつ、その設立に向けた段階的措置をも考慮しており、ここに彼の理想主義的でかつ現実主義的な態度が示されている。彼は最晩年の『学部の争い』（一七九八年）においてつぎのように述べている。世界平和の目的を達成するための「消極的な知恵」は、「戦争をまずしだいにより人間的なものにし、つぎに戦争をよりまれなものとし、最後に侵略戦争としての戦争を廃止する」ことにある（SF.93：⑱一二七頁）。カントは『法論』において国際法に戦争の法と平和の法とを含めており、[69]これらの法に従って、戦争を制限し、平和のための国際組織の設立へ導こうとする。戦争の法は、「戦争をしだいにより人間的なものにする」ための法であるといえる。「法という言葉が戦争政策からまだ完全に追放されてはいなかった」（EF.355：⑭二六九頁）といわれる。

ところで、『永遠平和論』においては、戦争は「自然状態におけるまことに悲しむべき非常手段」（EF.346：⑭二五七頁）であるといわれ、『法論』においても、戦争は「国家が平和状態に到達するための非常手段」であり（MS.347：⑪一九八頁）、「戦争への権利・法」は自然状態における「許容された権利」（MS.346：⑪一九七頁）であるといわれる。このように、戦争が平和の確保のための手段として容認されていることは、「いかなる戦争もあるべきではない」（MS.354：⑪二〇七頁）という定言命法に反するのではないかという疑問が生じうる。戦争を規制する戦争の法は仮言命法として示されるであろう。これから考察するように、カントは仮言命法の積み重ねをつうじて定言命法に接近しようとする。法において定言命法と仮言命法とが必ずしも対立しないように（Ⅱ-二・一）、平和にかんしても定言命法と仮言命法とは区別されながらも、相互に関連しもする。

戦争の法（権利）の観念は中世以来の伝統をもち、近代においてはグロティウスが戦争の法に従って戦争を制限しようとした（『戦争と平和の法』、一六二五年）。彼は先行の国際法論を整理し、「戦争への権利・法」と「戦争における（戦争中の）権利・法」とを区別し、前者の法によって戦争の発生を抑制し、後者の法によって、発生した戦争を規制しようとした。また、彼は正当な戦争（正戦）と不当な戦争とを区別し、とくに戦争開始にとっての正当な理由を問題とした。このような正戦論はそののちの国際法に大きな影響を与えた。[70]

カントは正戦論についてつぎのようにいう。先行の（グロティウス、プーフェンドルフ、ヴァッテルらの）説は戦争の歯止めとならず、「戦闘開始の正当化」のために利用されさえした（EF.355：⑭二七〇頁）。カントは戦争の法（権利）をより厳格に規定することによって、戦争を抑止、規制しようとする。したがって、「戦争への権利（法）」は、戦争の回避に向けた限定的、過渡的な意義をもつにすぎない。つぎに見るように、戦争の法（権利）を固定化することは、「自然状態を永遠化する」という不正を犯すことになる（MS.349：⑪二〇一頁）。

七・二　戦争前の法と戦争中の法

グロティウスは戦争の法（権利）を「戦争への権利・法〔ius ad bellum〕」と「戦争における権利・法〔ius in bellum〕」とに区分した。カントは『法論』において、「戦争への権利・法〔Recht zum Kriege〕」と「戦争における権利・法〔Recht im Kriege〕」のほかに「戦争の後の権利・法〔Recht nach dem Kriege〕」を加えており（MS.343：⑪一九三頁）、これら全体が戦争の法を構成するといえる。

まず、「戦争への権利・法」は「戦争前の権利・法」であり、戦争を開始するための権利・法を意味する。カントは戦争の開始の正当な理由として、他国からの「実際の侵害〔tätige Verletzung〕」のほかに、他国からの脅威としての侵害を認め、後者として他国の「先手を打った武装」、勢力の増大による脅威を挙げる（MS.346：⑪一九七頁）[71]。ただし、カントはグロティウスとは異なり、正戦を自衛権の行使に限定し、他国の懲罰を戦争開始の正当な理由とは認めない（MS.347：⑪一九八頁）。しかし、カントが、他国の脅威の増大を戦争開始の正当化の根拠と見なすばあいには、なにが脅威かにかんして各国の恣意的な判断が作用する余地があり、問題が生じる。

カントは、『永遠平和論』において、ある国における紛争（騒乱や内戦）はその国にたいする武力攻撃の理由となりえないと主張する。「いかなる国家も他国の体制と統治とに暴力的に干渉すべきではない」（EF.346：⑭二五六頁）。「ある国が他国に影響を及ぼすスキャンダル（騒動）」にかんしても同様であるといわれるが、ここではとくにフランス革への干渉が念頭におかれていると思われる。カントによれば、国内の紛争は当該の人民によって自主的に解決されるべきであり、外国の武力介入こそが「スキャンダル（醜聞）」となる[72]。

戦争の遂行過程においても権利・法があり、これは「戦争中の（戦争における）権利・法」と呼ばれる。ある国家は他の国家にたいして命令者と服従者との関係にはないので、他国にたいする懲罰の戦争を行なってはならない。また、他国にたいして殲滅戦争〔Ausrottungskrieg〕を行なってはならない。さらに、戦争による他国の征服は他国の「道徳的な抹殺〔Vertilgung〕」であり、禁止される（MS.347f：⑪一九八頁）。このような見解は、グロティウスが処罰のための戦争を「戦争への権利・法」として認めたこととは異なる。また、カントは、自国の国民を「手段」として用いること（具体的にはスパイ、暗殺者、毒殺者として扱うこと）、さらに、敵国の国民から財産を略奪することも禁止する（MS.348：⑪一九九頁）。これに対して、グロティウスは敵国の人民の財産の破壊や略奪を戦争における権利として容認した[73]。

カントによれば、戦争中の権利・法は暫定的、過渡的なものにすぎず、それ自体として固定化されるべきではなく、それが固定化されるならば、自己矛盾に陥る。「戦争中の権利・法こそは、最も多くの難点を含む国際法であって」、「これを理解しようとすることさえ」「自己矛盾に陥らざるをえない」（MS.347：⑪一九八頁）。戦争が「正当性」をもつのは、国際的な自然状態を終結させ、国際組織の設立をめざすかぎりでである。戦争中の権利・法は、「諸国家のあの自然状態……を脱却し、ある法的状態を結成することをなお可能とするような原則に従って戦争する権利」である（ibid.）。このような主張は、ある民族の内部で自然状態における人間が他人にたいする権利（とくに懲罰権）をもつのは、この状態を脱却する用意があるばあいであるという主張（本章、二・三）に接続する。

カントは戦争の法・権利を、世界平和に向けたステップとして位置づける。戦争の法を強化する努力はそのあとの歴史において蓄積されてきた。第一次世界大戦前の一八九九年のハーグ平和会議における陸戦条約、海戦条約、毒ガス禁止条約、第二次世界大戦前の一九二九年のジュネーヴ条約（戦闘員の地位とその扱いなどにかんする）と一九四九年のジュネーヴ条約（傷病者、捕虜、民間人の保護などにかんする）などの経験がある。また、第一次世界大戦の教訓に基づき、一九二〇年の国際連盟設立に続いて、一九二八年には不戦条約が締結された（六三カ国）。さらに、第二次世界大戦後は人道の法〔Humanitarian Law〕」について活発に論じられるようになった。これは「人間性の権利（法）」についてのカントの思想の具体化でもあるといえる。

七・三　戦争後の法と平和の法

カントは「戦争前の権利（法）」、「戦争中の権利（法）」に「戦争後の権利（法）」を付加するが、「戦争後の権利（法）」は彼に独自のものであり、具体的には、「講和条約〔Friedensvertrag〕の時点での法、およびその帰結にかんする法」（MS.348：⑪一九九頁）である。その基本内容は、敗戦国に対して戦費の賠償を求めないこと、また、敗戦国の自律（自治）を否定して、この国を植民地としないこと、さらにその国民を奴隷としないことである（ibid.）[74]。

カントはさらに「戦争の法（権利）」（「戦争前の権利（法）」、「戦争中の権利（法）」および「戦争後の権利（法）」）のほかに「平和の法（権利）」（MS.349：⑪二〇〇頁）について簡単に語っている。これによれば、講和条約は平和をもたらすが、本来の意味の平和は平和の法に従うことによってもたらされる。平和の法のなかには戦争時における中立にかんする法、講和条約による平和の持続にかんする法、共同防衛のための同盟にかんする法が含まれる。この同盟は他国にたいする攻撃のため、国内における勢力の増大（国内の反対勢力への抑圧）のためのものであってはならないとされる（MS.349：⑪二〇一頁）。戦争後の権利（法）が消極的であるのに対して、平和の法（権利）は積極的であるといえるであろう。戦争後の権利（法）は戦争の権利（法）に属しながら、平和の法（権利）への移行点に位置するといえるであろう（MS.350：⑪二〇二頁）。

第八節　地球共同体と世界市民権

八・一　世界市民権の意味

カントは公法の全体を市民法（国家法）、国際法、世界市民法に区分する（MS.311：⑪一五二頁／EF.349：⑭二六一頁）。世界市民法という概念は彼独自のものである。それは「自然法」という性格をもち、ある民族内部の、また国際関係における市民的組織に先立って（自然状態において）も、妥当する普遍的な法であるといえる（Vgl. EF.358：⑭二七五頁）。世界市民権は、個人が特定の国家や国際的な組織の成員（市民）であるまえに、「人間」として（厳密には「人間性」に従って）もつ根本的権利であろう。すべての人間はまず「地球（地上）市民〔Erdbürger〕」（MS.353：⑭二〇五頁）であり、このようなものとして世界市民的権利をもつであろう。[75]『永遠平和論』においては、「人びとおよび諸民族が相互に影響しあう関係にあり、一つの普遍的な人類国家〔ein allgemeine Menschenstaat〕の市民と見なされうるかぎりで」、世界市民法は妥当するといわれるが（EF.349：⑭二六一頁）、ここでの人類国家は理念的なものであり、直ちに国際国家をも国際連盟をも意味しない。それは〈国際的公共圏〉といわれるべきものであろう。今日では世界市民権、地球市民権の実現はさまざまな次元の国際組織（NGOを含め）によって重層的に行なわれることが期待される。

基本的人権も全体として世界市民権として捉え返される必要があるであろう。カントはつぎのようにいう。「地球上の民族のあいだにあまねく普及した共同は広範囲に及び、一つの場所における権利の侵害はすべての場所で感じられるようになっているので、世界市民的権利の理念は」「公共的な人権一般のために」、「国家法と国際法の不文の法典にとっての不可欠な補足である」（EF.360：⑭二七七頁）。このような見解は世界人権宣言（一九四八年）と、市民的および政治的権利にかんする国際規約（一九七九年）の精神に一致する。

八・二　交流権と訪問権

カントは、さまざまな民族に属す人びとが交流する権利、交流権を世界市民権の中心にすえる。カントによれば、この権利の基盤は、地球の表面が球状で閉ざされており、そこで居住する人びとが相互交流に入らざるをえないことにある（Ⅶ-三・三、参照）。「すべての民族は根源的に」「ある民族が他の民族にたいして相互の交流（交通）〔Verkehr〕を申し出るというあまねく確認される関係におかれており、このような交流を試みる権利をもつ」（MS.352：⑪二〇四頁）。ここでは〈地球共同体〉が想定され、そこでの交流権が説明されており、この権利は世界市民的（地球市民的）権利に

属すであろう。(76)

交流権のなかで最も重要なのは、他国を訪問する権利である。「訪問権〔Besuchsrecht〕」は、「地球表面の共同的占有という権利に基づいて、相互に社交を申し出るという万人に帰属する権利」である（EF.358：⑭二七四頁）(77)。訪問権は「接待〔Hospitalität〕（客としての処遇〔Wirtbarkeit〕）」への権利であるが、「客としての歓待への権利〔Gastrecht〕」という積極的なものではなく、敵対的に扱われないという消極的なものである（EF.358：⑭二七四頁）。訪問権は他国に短期間滞在する権利であり、そこに長期間居住する権利ではない（MS.353：⑪二〇五頁）。それは旅行、観光、交易、文化交流にかんするものであろう。移住権はこれとは異なり、それぞれの国家内法によって制約される（ibid.）。なお、『法論』においては事実上の移住権に言及されてもいる。国家は自国の成員の他国への移住を承認するとともに、他の国家の成員の（自国の成員の私的所有を侵害しないかぎり）自国への移住を（自国の成員がこれを「ねたむ」としても）承認すべきであるといわれる（MS.338：⑪一八七頁）(78)。このような主張は、移民や難民の処遇が問題になっている現在から見ても、先駆的であろう。

商業の展開は訪問権の保障に基づくが、その裏面にはつぎのような否定的事態が存在することをカントは指摘する。ヨーロッパの商業諸国は他の諸国（アメリカ、アフリカ、東南アジアなどの諸地域）への訪問の名のもとに他国を植民地として支配した（MS.353：⑪二〇五頁）(79)。彼によれば、先住民族が利用しない土地に、他国の人間が契約に基づいて植民することは正当であるが（ibid.）、ヨーロッパ諸国の植民地政策はこれに反する（EF.358：⑭二五八頁）。

八・三　世界平和の実現の条件

永遠平和とそのための国際組織の設立は理念であるが、カントはその実現のための基盤にも着目しており、ここに彼の現実的なアプローチが見られる。すでに述べたように（本章、八・一）、地上が球面で閉鎖されているために、諸民族はその生活の拡大につれて、他の民族に相互に依存せざるをえなくなり、民族のあいだの和合と平和に向かわざるをえないという基本認識にカントは基づく（EF.358：⑭二七四頁／MS.352：⑪二〇四頁）。彼の冷徹な分析によれば、諸民族は競合、対抗をつうじて切磋琢磨し、相互に発展していくのであり（戦争さえもそのバネとなる）、これを基礎にして新しい共同がもたらされる（EF.367：⑭二八七頁／UK.433：⑭一一二頁／AG.24：⑭一三頁）。

カントは交易（商業）〔Handel〕の拡大が世界平和の経済的基盤となることに注目する。交易の拡大は物資と人間の相互交流を拡大し、諸民族の相互依存を強めることによって、相互の敵対と戦争の除去を余儀なくする。「まさに交易の精神〔Handelsgeist〕は戦争と両立することはできない」（EF.368：⑭二八八頁）[80]。今日、経済的グローバル化を基礎に、人間、物資、および情報の国際的な相互交流がますます拡大されつつあり、このことは基本的人権の拡大にとっての基盤となる。「地球上の民族のあいだにあまねく普及した共同は広範囲に及び、一つの場所における権利の侵害はすべての場所で感じられるようになっている」（EF.360：⑭二七七頁）という指摘の意味がますます明らかになってきた。

世界平和の実現の過程は自然目的論の立場からも説明される（本章、一・四）。自然は諸民族を文化的相違（言語、宗教などの面での）の点で相互に分離させながらも、最終的には諸民族を和合と共同へもたらすことを「目的」とする（EF.367：⑭二八七頁）。しかし、世界平和は「自然の目的」に従ってもっぱら受動的にもたらされるのではない。人間はこの「自然の機構」を「利用する」ことによって、世界平和の実現のために努力しなければならない（EF.361：⑭二七八頁）。「自然は人間の傾向性の機構そのものをつうじて永遠平和を保障するが、［人間が］この目的に向けて努力することを義務とする」（EF.368：⑭二八九頁）。このような自然目的論的な歴史観は思弁的であり、受け入れにくいであろうが、平和のための社会的、経済的条件への注目は現代にとっても重要な意味をもつであろう。

しかし、カントの平和論については、その先進的意義を評価する論者のあいだでも、いくつかの限界が指摘されている。たとえばハバーマスはカントの平和論のつぎのような問題点を挙げる。第一に、カントにおける戦争概念は狭く、国家間の限定的な戦争を意味するにすぎず、国家間の全面戦争（世界大戦）、非国家的な集団によるゲリラやテロルを想定していない（『他者の受容』邦訳、一九二頁）[81]。たしかに現代の戦争は多様化しており、古典的な定義ではカバーできない事態も生じている。しかし、カントの見解が世界大戦やゲリラ戦争にはまったく該当しないわけではないであろう。ゲリラやテロルは多くのばあい内戦の形態であるが、内戦の抑止と解消はホッブズの時代から話題にされた。ドイツにおける三〇年戦争は内戦であるとともに、近隣諸国をも含むヨーロッパの戦争（大戦の萌芽）の性格をもっていた。カントの見解はこのような経験をも踏まえていると思われる。

第二に、カントが国際連盟における加盟国の主権の独立を前提にしていることが批判される（同訳、七五頁）。とくに、加盟国において国民の人権の侵害の危険が生じても、国際組織がその抑止の権限を欠くことが指摘される（同訳、二〇八頁）。カントは武力による内政干渉の排除を主張するが、彼が構想する国際連盟は加盟国にたいしてまったく制裁力をもたないのではなく、経済制裁などの間接的な方法をもつであろう。国際国家においては、ある内部組織における人権の侵害に対しては制裁の権限が生じるであろう。組織が加盟国にたいして弱い権限しかもたない段階から、強い権限をもつ段階へいかに進展するか課題となる（本章、六・三）。

第三に、交易の国際的拡大が平和の基盤となるとカントが述べたことも楽観的として批判される（同訳、一九一頁）[82]。今日の経済的グローバル化は光の面とともに陰の面（各国間の、集団間の競争の敵対への転化、差異の格差への転化、共通化の画一化への転化など）をもっている。カントは、人間が社交性と非社交性とをもち、文明の発展において後者が強まり、敵対関係が生じると見なしており、交易の発展においても同様であることを考慮していると思われる。今日のグローバル化のなかに、国際的な和合と平和の傾向性をいかに見出し、これを発揮させるかが課題になっている[83]。

八・四　世界市民主義と愛国主義

カントは近代の思想家のなかで、「世界市民主義（世界主義）〔cosmopolitanism, Weltbügertum〕」[84]を強調したことでも有名である[85]。カントの世界市民主義は民族とその文化の固有性を無視しており、抽象的でリアリティを欠くとしばしば批判される。しかし、彼は民族の文化の多様性と世界市民主義との関係についてつぎのようにいう。異なる文化（とくに言語と宗教）をもつ諸民族は相互の競合をつうじて相互理解と共同とへ向っていく（EF.367：⑭二八七頁）。諸民族が競合し、切磋琢磨することをつうじて国際関係も豊かになる。世界平和は「［民族の］すべての力を弱めることによってではなく、これらの力のきわめて活発な競争における力の均衡によってもたらされ、保障される」（EF.367：⑭二八七頁）。これらの文化的多様性や競合に基づかない諸民族の直接的な統一はむしろ危険である。「言語と宗教および統治様式の統一は直ちに」「諸民族の融合、すなわち普遍的君主制〔国際国家の形態〕を生じさせるであろうが、この制度は有害である」（『永遠平和論準備稿』KgS.XXIII.170：⑱二九五頁）。各民族の風土と伝統文化は尊重されなければならない。「祖国的〔vaterländisch〕」あるいは「愛国的〔patoriotisch〕」とは、「国家における各人が公共体を母体と見なし、あるいは国土を父祖の土地、すなわち、自分自身が生まれ育ち、貴重な担保として後世に残さなければならない土地と見なす考え方」である（TP.291：⑭一八八頁）といわれるが、ここでの土地は郷土を意味し、風土と文化を含むであろう。

カントは偏狭で熱狂的な愛国主義を批判しつつ、真の愛国主義の必要性を認めている。彼によれば、愛国主義〔Patriotismus〕は世界市民主義〔Kosmopolitismus〕と結合し、開かれたものとならなければならず、また、世界市民主義は諸民族の多様性を基礎とし、愛国主義（愛国心）と結合しなければならない。自民族の「自負〔Stolz〕」は「うぬぼれ〔Eigendünkel〕」になりがちであるが、「民族的妄想〔Nationalwahn〕」は根絶されるべきであり、「その替わりに愛国主義者と世界市民主義が登場すべきである」（RzAth.590f.：⑮四一〇頁）。カントの結論は、「原則に基づく愛国者は世界市民である」（RzAth.873）というものである。[86]

第Ⅶ章　所有と公共性――私的所有の共同的根拠づけ

第一節　英知的占有の意味

一・一　カント所有論の射程

所有権は基本的人権の重要な部分であり、私的所有をいかに理論的に根拠づけ、正当化するかは近代の社会思想の根本問題の一つであった。カントは彼以前のさまざまな近代思想家の理論を踏まえ、独自の仕方でこの問題に取り組んだ。『法論』においては「私法」の部の多くが所有の考察に当てられている。所有論は、『法論』の執筆のさいにカントがとくに苦労した部分であったと伝えられている(1)。カントの法論全体のなかで所有論は、戦後研究が進展した分野であり、とくに一九七〇年代以降議論が活発化したが(2)、そこではカントの所有論の問題点も指摘された。その主要なものは、方法論的には所有の説明にアプリオリな原理が図式主義的に持ち込まれること、内容的には所有の根源について労働起源説が後退させられ、ロック以前に逆戻りしていることなどであった(3)。

カントの所有権の基本特徴は、第一に、感性的占有から「英知的占有」を区別することにある。このことは、〈感性的―英知的〉という二分化（いわゆる〈二世界説〉）の図式主義的適用の典型であると批判されてきた。しかし、なぜカントが英知的占有を主張したかを検討することは、所有権の根本性格を明らかにするために、重要である。第二に、カントによれば、このような占有は人格と事物との関係から生じるのではなく、人格相互の関係に基づくが、この関係も英知的なものであって、占有は共同的意志の理念によって支えられる。カントは〈所有的個人主義〔possessive individualism〕〉（マックファーソン）の立場に立つという評価もあるが[4]、彼の立場は近代主流の原子論的なものではない。彼は、私的所有にかんしていかなる状態においても共同的意志による承認を求めており、私的所有に公共性による制約を課している。このことは今日の公共財や、環境と所有との関係をめぐる議論に示唆を与えるであろう。

一・二　経験的占有と英知的占有

「占有〔Besitz（possessio）〕」は、ある人格がある事物を自分の意志によって支配することを意味する。広義の所有は「占有〔Besitz〕」を含むが、狭義の「所有〔Eigentum〕」は、権利として保障された占有を意味する（伝統的には〈Eigentum, propiium〉は「所有権」を指すばあいが多い）。カントが問題にするのは、ある人格がある事物を直接に所持して〔haben〕いなくても、これを占有でき、他人がこの事物を使用することが不法となるのはなぜか（たとえば、だれかがリンゴを所持しておらず、別の場所においておくとしても、他者によるその使用が禁止されるのはなぜか）である。カントによれば、経験的なものを根拠にするかぎり、この問題は説明できない。たとえば、私がある事物を長期間所持していたので、以後もそれを所持するであろうという理由で、他人によるその使用を排除することはできない。

カントは「感性的占有」から「英知的（可想的）占有〔intelligibler Besitzt〕」（「本体的占有〔possessio noumenon〕」）を区別し、後者の占有を「純然たる法的占有」と見なす。「所持〔Inhabung（detention）〕」を伴う占有は「現象的占有」〔possessio phenomenon〕）であり、物理的条件（空間的、時間的関係）によって制約されるのに対して、所持を伴わない占有は「英知的占有」であり、物理的条件から独立する（MS.253：⑪七七頁）。「私が空間における、ある対象（ある有体的事物）を私のものと呼ぶことができるのは、たとえ私がそれを物理的に占有していなくても、それをある別な現実的な（非物理的な）仕方で占有していると主張することが許されるばあいにほかならない」（MS.247：⑪

六九頁）。(5)

英知的占有の概念はカントに固有のものである。(6) 彼によれば、英知的占有は直観的に洞察されるのでも、理論的に証明されるのでもなく、「実践的理性の法的要請」に基づく（MS.252：⑪七六頁）。その要請は、「私の選択意思のいかなる対象も客観的に可能な私のものおよび君のものと見なし、またそのように扱う」というものである（MS.246：⑪六八頁）。このことはつぎのように説明される。「諸対象の使用」が「法的に私の力の範囲内におかれないとすれば」、「選択意思が諸事物の使用の点で形式的には」「いかなる人間の外的自由とも調和しているとしても」、「諸対象を無主物とすることによって、選択意思の自由を奪う（MS.246：⑪六七頁）。「ある格率に従い、それが［普遍的］法則とされるばあいに、選択意思の諸対象がそれ自体で無主物にならざるをえないとすれば、このような格率は違法である」（MS.246：⑪六七頁）。このような要請は、諸対象を占有可能なものと見なすことは要求もされず、禁止もされず、諸対象を無主物としないために、許容されるという「実践理性の許容法則」といわれる（MS.247：⑪六八頁）(7)。

ここでは一種の背理法によって、諸対象がだれにとっても使用不可能であれば、諸対象は無主物となり、不合理であるといわれる。その理由は示されていないが、論理面からつぎのように考えているのであろう。事物はだれかのものとなるまえには、無主なのではなく、なんらかの仕方で（共有であれ、私有であれ）だれかのものである。(8) 私による対象の使用が不可能であることはこの対象にかんして他人の外的自由を損なわないとしても、対象の使用の不可能性を格率として普遍化すれば、だれも対象を使用することができなくなり、対象はそれ自体で無主となる。このことは、対象の支配によって外的自由を実現する人間の選択意思の本性に反する。

一・三　英知的占有の相互人格性

英知的占有は対象（事物）にたいする人格の「知性的な〔intellektuell〕関係」（MS.253：⑪七七頁）に基づくが、この関係はさらに人格の他の人格に対する知性的、英知的関係に基づく。すでに見たように（Ⅵ‐三・四）、カントによれば、一般に権利（法）は人格相互の「英知的関係」に基づくが、占有についても同様である。「ところで、諸対象……にたいする人格の関係としての占有からこれらの感性的条件を脱落させるばあいに」、「そこに残るのは、ある人格の［他の］諸人格にたいする［英知的］関係にほかならない」（MS.268：⑪九八頁）。「あらゆる法関係は理性的存在者相互の英知的関係であり、この関係をつうじた、客体に対する選択意思の関係である」（VzRL.213）。

事物における権利（物権）が事物そのものや、事物にたいする人格の関係から直接に生じるという見方をカントは斥ける。「私の権利はあたかも事物に伴い、さながら他人のすべての攻撃を防御する守護神のように、つねに他の占有者に私が訴えるように指示するかのように」主張されるが、これは「不合理」である（MS.260：⑪八七頁）。「私の選択意思のこのような外的な法的関係は有体的事物にたいするなにか直接的な関係であろうか。もしそうであるならば、自分の権利を直接的には［他の］人格にではなく、事物に関係したものと考える者は」、「たとえ最初の占有者が外的事物を失なったとしても、この事物はこの者にたいしてなお義務づけられているということを表象しなければならないであろう」（MS.261：⑪八八頁）。のちに検討するように（本章、四・三）、ここで批判される見解の典型はロックに見られる。

一・四　英知的占有とアプリオリな共同的意志

カントによれば、英知的占有は人格相互の関係に基づくが、この関係は同意を含む。この関係は英知的であるから、同意も英知的であり、理念としての共同的意志（普遍的意志）に基づく。ある人格がある事物を所持するとしても、それはこの人格の一方的意志によるのであり、一方的意志は、この事物を使用しないように他の人格を拘束することができない。占有にかんして他の人格を拘束することができ、占有を権利づけることができるのは、人格のあいだの共同的意志である。「ところで、ある外的な、したがって偶然的な占有にかんして、一方的意志はだれにたいしても強制法となることはできない」。「したがって、さきの保障をだれにも与えることができるのは、いかなる他人をも拘束するような、したがって集合的‐普遍的（共同的）な……意志のみである」（MS.256：⑪八一頁）。

ここでの共同的意志はアプリオリなもの、一つの理念である（Ⅵ・二・四）。さまざまな人格は、「合一したものとしてアプリオリに考えられた意志の普遍的立法に適っているかぎりで、すべて諸事物の使用の点で拘束されるのであり、したがってこのようなあり方は」「これらの事物の英知的占有となる」（MS.268：⑪四八頁）。「法関係における二つの意志のあいだの合一した意志の理念においてのみ」「外的ななにかを自分のものとしてもつことができる」（VzRL.327）。カントは、このような共同的意志の理念によって、人格相互の英知的関係を根拠づけ、さらに事物にたいする人格の英知的関係としての英知的占有をも根拠づけようとする（共同的意志→英知的な相互人格的関係→英知的占有）。

第二節　根源的共有から私的所有へ

二・一　根源的共有の理念

国家においては共同的意志に基づいて占有が保障されるが、国家の設立以前の（あるいは国家を捨象した）自然状態においても占有が共同的意志に基づくかどうかが問題になる。カントはアプリオリな共同的意志を具象化するために、「根源的共有〔ursprüngliche Gemeinschaft〕」という概念を導入する。カントによれば、ある個人が、ある事物を使用しないよう、他人を拘束することができるためには、この事物がまず根源的共有のもとにあり、そこで潜在的に作用する共同的意志によって共有の事物の私的使用が承認されると考えられなければならない。「ある事物における権利とは、私がすべての他人とともに、総体的占有〔Gesamtbesitz〕……をなすある事物を私的に使用する権利のことである。というのは、このような総体的占有は、私がいかなる他の占有者をも当の事物の私的使用から排除することを可能にする「唯一の条件であるからである」。「一方的な選択意思によっては私は、ある事物の使用を控えるよう、いかなる他人をも拘束することができない」。「したがって、私がそのような拘束を行なうことができるのは、ある総体的占有における万人の合一した選択意思によってのみである」（MS.261：⑪八八頁）。

ところで、まず根源的に共有されるのは土地である。土地は「実体」であるのに対して、そのうえにあるさまざまの事物（動産）は、この実体の「偶有性」である。したがって、ある個人は土地を占有しているかぎりでのみ、そのうえにあるさまざまの事物を占有することができる（MS.261：⑪八九頁）。このように、「根源的共有〔ursprüngliche Gemeinschaft（communio originaria）〕」は理念的なものであって、歴史上原初的に存在したと想定される共有としての「原始的共有〔anfängliche Gemeinschaft（communio primaeva）〕」から区別される（MS.258：⑪七八頁）。「土地、またそれとともに土地のうえの事物の根源的共有は」、「客観的な（法的に実践的な）実在性をもつ一つの理念である」（MS.251：⑪七四頁）[9]。カント以前には、私的所有に歴史的に先行するものとして「原始的共有」が想定されてきたが、彼はこれを批判する（本章、四・四）。「根源的共有」は、他の占有形態、すなわち私的占有から「派生」しない共有という点で、根源的であるが、これは理念にすぎない。現実の共有は、私的占有を基礎に、私的所有者のあいだの共同に基づいて、派生した共有、「取得され、導出された共有」（MS.258：⑪八四頁／Vgl. MS.251：⑪七四頁）である。現実に存在する所有は私的所有であるとカントは見なしているように思われる。ただし、遊牧民族のばあいは、「土地の私的所有権がまったく存在しない」点で、「例外」をなすといわれる（MS.324：⑪一六九頁）[10]。

カントは、すべての法的行為（取得）に先立つ土地の占有を根源的共有と見なす理由として二つのものを挙げている。第一の理由は経験的なものであり、地球の表面が球面であるために、人間は閉鎖的で統一された地球面のうえで一つの共同体を形成しており（Ⅵ・八・一）、すべての土地はこの共同体によって占有されるというものである。「球面としての地球面のうえのすべての場所が統一されているために、この占有は共同占有である。というのは、地球面が無限の平面であるならば、人間はそのうえに分散してしまい、相互にまったくなんらの共同体も形成できないであろうから」（MS.262：⑪九〇頁）。第二に、つぎのような論理的な理由も考慮されていると思われる。すべての対象はそれ自体で無主物であってはならないが（MS.246：⑪六七頁）、土地が特定の個人によって私的に占有獲得される以前にそれが無主物でないとすれば、それは万人による共有のもとにあると考えるほかはない（本章、一・二）。

二・二　根源的占有と潜在的共同意志

カントによれば、根源的共有においては共同的意志が、潜在的に作用しており、この共同的意志によって共有の土地の一部を個人が使用することが暗黙に承認される。「一つの合一した意志」の理念はいかなる状態においても（自然状態においても、国家においても）「不可欠な条件として暗黙に前提されている」（MS.264：⑪九二頁）。「この権力〔国家権力〕が確立されるまえにも、たしかに法・権利や法律の諸根拠が存在する。これらの根拠は、潜在的あり方における共同的意志〔der gemeinschaftliche Will in potentia〕である」（RzRph.482：⑱三〇六頁）。根源的共有の理念、およびそこにおける共同的意志の理念によって私的占有（「私のものと君のもの〔Mein und Dein（meum et teum）〕」、より一般的には「自分のもの〔Sein〕」）が根拠づけられ、正当化される。

共同的意志に基づいて根源的共有から私的占有がいかに生じるかについて、カントはまずつぎのように説明する。土地の根源的共有のもとでも個人は、自然によって偶然におかれた場所を占める「生得的権利」をもつ。「すべての人間は根源的に……土地の適法的占有を行なっている。すなわち、彼らは、自然あるいは偶然によって……おかれた場所にいる権利をもつ」（MS.262：⑪九〇頁）。「すべての人間は、身体的に占めている土地を生得的に法的に占有する」（VzRL.286）。各人は、「まだ内的に所有していない〔取得されていない〕土地を法的に占有するが、自分のものとしてではなく、潜在的に自分のものとして占有する」（VzRL.285）。このような「生得的占有」は私的占有の萌芽であるが、共有の一環をなすものであり、本来の私的占有ではない。このような占有、「私のもの」は、「君のもの」と対立する「本来的に私のもの（私有）〔das eigentlich=Meine（proprium）〕」から区別され、「共有的に私のもの〔das gemeinschaftlich=Meine（meum commune）〕」（VzRL.307）と呼ばれる。このように、根源的共有のもとでも、各人の潜在的な私的占有が潜在的な共同的意志によって承認されている。「私は土地の生得的占有によって、私の生存の維持のために必要な……土地をだれにたいしても排他的に行なうが、しかし、私は同様に、他人が占めた土地の場所の使用を他人のがわからも排除されるのであり、このことはすべて共同的意志をつうじて行なわれる」（VzRL.286）。

つぎに、根源的共有のもとでのこのような潜在的占有はつぎのように本来の私的占有へ転化すると説明される。「このような共同占有」「からつぎのような権利、すなわち、各人が自分のために、ある場所を特殊的な［各個の］占有として」「選び、それを」「自分のものとするという権利が、だれにとっても必然的に帰結する」（VzRL.311）。「占有者は土地の生得的な共同占有に基づき、また、この共同占有にアプリオリに対応して、この土地における私的占有［Privatbesitz］を許容する普遍的意志に基づく（というのは、そうでなければ、空位の諸事物はそれ自体で、またある［普遍的］法則から見て、無主とされるであろうから）」（MS.250：⑪七三頁）。ここでも無主（空位から区別される）の否定の論理が私的占有の重要な根拠とされる。このように根源的共有における潜在的な共同的意志に基づいて、潜在的な個別的占有は本来の私的占有へ転化する（根源的共有→共同的意志→潜在的な個別的占有→私的占有）。

二・三　根源的取得としての先占

カントは、無主物の存在を現実的にも理念的にも認めないので、無主物の取得によって私的占有が成立するという見解をとらない。彼によれば、私的占有に先行するのは根源的共有以外にはない。「地球上のすべて人間のすべての法的行為［取得］に先行する占有は根源的共有である」（MS.260：⑪九〇頁）。各人は、根源的共有のもとにある土地の一部を、共同的意志に基づいて、適法的に占有することができる（MS.262：⑪九〇頁）。

ところで、このような「生得的占有」（「潜在的に私のもの」）が本来の私的占有（「本来的に私のもの」）に転化するためには、取得が必要であるが、それは「根源的取得［ursprüngliche Erwerbung］」と呼ばれる（MS.263：⑪九一頁以降）。カントはローマ法以来の伝統に従って、このような取得の経験的条件を「先占［Bemächtigung（occupatio）］」に見出す（MS.259：⑪八五頁／MS.263：⑪九一頁）。先占は、まだいかなる特定の個人のものとなっていない事物（これは無主物ではない）を他人よりも時間的に先行して「占有獲得すること［Besitznahme（apprehensio）］」である。「占有者は土地の生得的な共同占有［根源的共有］に基づき、また、この共同占有にアプリオリに対応して、この土地における私的占有を許容する普遍的意志に基づき」、「最初の占有［先占］によって、ある特定の土地を根源的に取得する」（MS.250：⑪七三頁）。〈根源的共有→根源的取得（先占）→私的所有〉。

先占は、ある個人（選択意思）の一方的行為であり、それ自体では他人とのあいだの同意を必要としない（MS.259：⑪八六頁）。また、先占は「空間における、ある有体的事物の所持の開始」であり、他人にたいする時間的先行を条件とする点で、物理的、経験的なものである（MS.262f.：⑪九〇頁以降）。ここで、先占という一方的な、しかも物理的な作用によって占有獲得された事物がいかにして、他人によるその占有を控えさせる拘束性をもちうるのかが問題となる。カントによれば、ある個人が他人に先立って物理的に占有獲得した土地の一部を取得できるのは、土地の根源的共有の根底にある共同的意志によってこのことが承認されるばあいである。「このような一方的意志が、ある外的取得［先占］を正当化しうるのは、この意志が、アプリオリに合一した意志のなかに含まれているかぎりでである」（MS.263：⑪九一頁）。「このような共同占有の理念において」「つねに土地の専断的取得が可能であって、このような取得においてじっさい私的意志ではなく、共同的意志が……最初の占有獲得を可能とする」（VzRL.323）。

ところで、このように、先占という一方的行為が取得を正当化することは、「洞察されえず」、「証明されるのでもなく」、実践的理性の要請からの直接的帰結である（MS.263：⑪九一頁／Vgl. MS.259：⑪八六頁）といわれる。すでに見たように（本章、一・二）、「選択意思のあらゆる対象を私のものとしてもつことは可能である」ことは「実践的理性の法的要請」であるが（MS.241：⑪六七頁）、先占はそのための経験的条件であり、この要請からの帰結であるとされる（MS.263：⑪九一頁）。[11] このようにして、「取得の経験的権原」は、「土地の根源的共有に基づく物理的占有獲得」にあるが、「取得の理性的権原」は、「万人の一つのアプリオリに合一した意志」にあると結論づけられる（MS.264：⑪九二頁）。

二・四　土地の分割と私的占有の成立

それでは、先占によって取得されたものが共同的意志によって私的占有として承認されるのはなぜであろうか。カントはこの点について直接に説明していないが、つぎのように理解していると思われる。

まず、根源的共有は理念にすぎず、実在的なものでなく、現実の所有は私的占有として存在する。「土地は人民（しかも集合的にでなく、個別的に考えられた人民）に所属する」（MS.324：⑪一九六頁）。私的所有は共同的意志によって承認されなければならないが、このことは、共有の土地が共同的意志によって各個人に分配されるというように、表象され、このような分配にとっての経験的要件と見なされるのが先占である。〈根源的共有（潜在的な共同的意志）→潜在的な私的占有→共有の土地の分配（先占によるその取得）→本来の私的占有〉。

このように、土地の共有が私的所有に転化されるさいに、土地の分割・分配の観念は重要な役割を果たす。『法論』においてはつぎのようにいわれる。「すべての人間は根源的に全地球の土地を総体的に占有しているが」、「彼らには（それぞれ）、その土地を使用しようとする意志が自然的に属しており」、「この意志によって占有が行なわれる。この意志が同時に、各人にたいして共有の土地における特殊的［各個の］占有を規定しうる法則を含まないとするならば、ある者の選択意思と他者の選択意思とのあいだの自然的な不可避的対立のために、この意志による共有の土地のあらゆる使用が不可能とされてしまうであろう」。「しかし、土地にかんして各人にたいして私のものおよび君のものを分配する〔austeilen〕法則は」、「根源的にかつアプリオリに合一した意志」「からのみ生じうる」（MS.267：⑪九六頁）。『法論準備稿』においてはより明確につぎのようにいわれる。「土地が分割〔Einteilung〕によって……、あるいは先占によってのみ取得されるのかどうかを問うためには」、「土地があらかじめ完全に人類に所属していること」「が前提とされる。しかし、このような意志［人類の合一した意志］は一つの理念にすぎないために、占有獲得はやはり一方的な行為［先占］によってのみ生じうるであろうし、このような理念は共同的意志による分配〔Austeilung〕としての占有獲得の制限的条件にすぎないであろう」（VzRL.223）[12]。

第三節　私的所有とその公共的制約

三・一　暫定的占有と決定的占有

カントによれば、共同の権力の確立の以前の、あるいはそれを捨象した自然状態においても私的占有が、暫定的にではあるが、すでに存在しうる。「自然状態においてもやはり、ある現実的だが、暫定的〔provisorisch〕にすぎない外的な私のものおよび君のものが生じうる」（MS.256：⑪八一頁）。このように自然状態において私的占有が暫定的に存立しうるのは、共同的意志が潜在的に存在し、これによって私的占有が承認されるからである。「取得の理性的権原は、万人のアプリオリに合一した」「意志の理念のなかにのみある。この理念はここでは〔自然状態において〕不可欠の条件として」「暗黙に前提されている」（MS.264：⑪九二頁）。「このような権力〔国家権力〕が確立される以前に〔自然状態において〕もたしかに法や法律の諸根拠が存在する。ところで、これらの根拠をなすのは潜在的あり方における共同的意志である」（RzRph.482）。

このように自然状態においてもすでに私的占有が可能であるが、それが他人によって損われるばあいに、これを抑制する共同の権力が欠けており、私的占有は暫定的に可能であるにすぎない。自然状態においては「権利が争われるばあい」、「実効ある判決を下すべき権能もなかった」。「たとえ、それぞれ各人の権利の諸概念に従って、外的なあるものが先占によって」「取得されうるとしても、この取得はそれ自身のために公的な法律による裁可をまだ与えられないかぎり、たんに暫定的〔provisorisch〕にとどまる」（MS.312：⑪一五四頁）。私的占有が「確定的な（決定的な）〔peremptorisch〕」ものとして保障されるのは、共同的意志に基づいて国家権力が確立されることによってである。「外的ななにかを自分のものとしてもつことは」「市民的状態においてのみ可能である」。「このような現実的状態において見出される占有は確定的占有であろう」（MS.257：⑪八二頁）。

市民的状態における確定的占有は、自然状態における暫定的占有を確実なものとして保障するにすぎず、両者の占有の形式は同一である。「市民的組織は、各人に自分のものを保障するだけで、本来それを成立させ、規定するのではないような法的状態であるにすぎない」（ibid.）。「自然状態における私のものおよび君のものにかんする諸法則は、形式から見れば、市民的状態において諸法則が規定するものと同一のものを含む」。「相違は、市民的状態においてはこれらの諸法則が（分配的正義に従って）執行されるための諸条件が指示されることにあるにすぎない」（MS.312 : ⑪一四五頁／Vgl. MS.256 : ⑪八二頁）。このように、自然状態における占有と国家における占有との関係を潜在的、暫定的占有から顕在的、確定的占有への移行として捉えることはカントに独自のものである。

暫定的占有から確定的占有への移行についてカントはさらにつぎのようにいう。自然状態において、ある個人の占有が暫定的に承認されるのは、彼がその真の保障のために市民的状態の実現を「待ち構え（期待し）〔erwarten〕」、「準備する（覚悟する）〔vorbereiten〕」かぎりでである。「共同的意志の法則のみに基づきうる状態〔市民的状態〕にたいして期待と覚悟〔Erwartutng und Vorbereitung〕をもつことにおける占有」が「確定的、法的な占有である」。「主体がこの状態に向けて準備するばあいに、この状態を快諾せずに、主体の一時的占有を妨害しようとするような者にたいして、主体はこの状態に入るまえに、抵抗することは正当である」（MS.257 : ⑪八二頁）。カントは、各人が自然状態において権利を承認されるのは、この状態を脱却して国家（市民的体制）を設立する「期待と覚悟」をもつかぎりであると見なしているが（Ⅵ・二・二）、このような見解は私的占有の保障へも適用される。

根源的共有（およびそこにおける共同的意志）はいかなる状態においても（自然状態においても、国家においても）前提にされなければならない。「すべての他の人格とともに（公民的状態において）共同占有をなす、ある人格に対してだれかに帰属するもの」が「事物における権利」（物権）と呼ばれる（MS.260 : ⑪八七頁）。このように、〈根源的共有（潜在的共同意志）→根源的取得→国家（顕在的共同意志）→私的所有〉という過程が想定される。根源的共有は理念として自然状態においてだけでなく、市民状態においても前提とされる。いかなる状態においてもそれぞれの私的占有の正当性は共同的意志の理念に照らして、吟味されなければならない。

三・二　私的所有と国家による普遍的所有

所有と国家との関係についてカントは、国家は土地の「普遍的所有権」をもち、国家支配者は土地の「最高の所有（権）者」であると見なす。「土地は、外的諸事物を自分のものとしてもつことを可能とする最高の条件であり、これらの事物の可能な占有と使用は最初の取得権をなすのであるから、すべてのこのような権利は国土支配者（領主）〔Landesherr〕としての、あるいはむしろ最高の所有（権）者〔Obereingentümer〕（土地の支配（権）者〔dominus territorii〕）としての主権者から導出されなければならない」（MS.323：⑪一六八頁）。「したがって、最初の所有（権）は国家に所属する」。「国家は市民にたいして相続的利用と、このように相続されたものの処分とを許容するにすぎない。というのは、すべての国家権力はこのような普遍的所有権に基づくからである」（RzRph.482f.）。

カントがこのように国家に「最高の所有権」を認めるのは、個人の私的所有を否定するためではなく、国家によるその保障を徹底させるためである。自然状態において、根源的共有のもとでも潜在的な共同的意志に基づいて、土地が各自に分配され、このように私的占有が「暫定的に」成立すると見なされたが、同様の論理によって、市民的状態においては、顕在化された共同的意志に基づく占有が国家による「普遍的占有」として表象され、それが分配をつうじて私的占有へ転化され、後者は「確定的」になると見なされる。「この最高の所有者権は市民的合一の理念にすぎず、これは、特殊的な所有権の規定に向けて、人民に属するすべての者の私的所有権〔Privateigentum〕が、ある公共的な普遍的占有者のもとで必然的に合一することを」、「法的諸概念に基づく区分（土地の分割）の必然的な形式的原則に従って表象するためのものである」（MS.323f.：⑪一六八頁以降）。根源的共有と分配による私的占有の成立とが理念的なものであったように、国家による土地の普遍的所有とその分配も基本的には理念的なものである。

カントは、国家支配者が普遍的所有の名のもとに土地を直轄地として私的に使用することを批判する。「この点から見れば、最高の所有権者（所有者）はなんらかの土地にたいするいかなる私的所有権（私的所有）をもたない」。「したがって、最高の命令権者は」「いかなる直轄地をも、すなわち彼の私的利用のための（宮廷の維持のための）いかなる土地をもつことはできない。というのは、このような土地をもつことができるとするならば」、「土地のあらゆる所有権は統治者（政府）の手にあると見なす危険を」「国家が犯すことになるであろうから」（MS.324：⑪一六九頁）。しかし、ここでは、土地が公共の目的のために国有のもとにおかれることそのものが否定されているのではないであろう。

三・三　所有の公共性の現代的意味

カントが根源的共有と国家による普遍的占有とに注目した基本理由の一つは所有の公共性の配慮にあると思われる。彼によれば、共有のもとにある土地の一部を個人が私的に使用することが共同的意志によって承認されることをつうじて、私的占有が可能になるが、このことは自然状態においても国家においても該当する。「事物における権利とは、私がすべての他人とともに（根源的なあるいは設立された）総体的占有をなす事物を私が私的に使用する権利のことである」（MS.261：⑪八八頁）。個人の私的占有は「公共的な普遍的占有者」（MS.323：⑪一六八頁）としての国家支配者によって承認されるが、この承認は無制約ではなく、私的占有が公共的目的と調和するかぎりのみ行なわれるであろう[13]。

私的占有がいかなる状態においても共同的意志によって承認され、公共性に一致しなければならないというカントの見解は現代の諸問題を考察するさいに、重要な示唆を与える。今日、環境（自然的環境および歴史的、文化的環境）の破壊が深刻化するなかで、環境の公共的性格とその所有のあり方との関係が問題となっている（〈環境はだれのものか〉）。環境は多数の住民の生活に影響を与えるので、公共的性格をもち、一種の公共財となっている。一般的に事物の所有は事物の使用、収益、処分を含み、これらの要素の比重の相違に応じて、いずれの所有形態が環境の保全にふさわしいかも異なる。一方で、環境が私的所有のもとにおかれるばあいには、所有者の都合によって、公共性にふさわしく維持されない可能性が生じるが、所有者がその利用を地域住民に開放することも可能である（オープン・アクセス）。他方で、環境の保全のためにはそれを共同的所有、国家的所有のもとにおくことが有効であるが、これらの所有のもとでも社会の特定の目的のために環境が破壊されることがある。いかなる所有形態のもとであれ、環境が公共の福祉のために、維持されるよう、社会的な規制が必要であろう。

共同的所有にかんしては「コモンズ（共有地）」がしばしば話題になっている。カントにおける根源的共有の概念は、「コモンズ」のあり方の検討にとって興味深い内容を含むと思われる。現在でも、伝統的な共有地が残存している（共有地ではないが、入会地のように住民の利用権が慣習的に承認されている土地もある）。近代化の進展によってこのような共有地が急速に喪失されており、環境保護のためにもその再生が課題になっている[14]。

地球の表面は（理念上）根源的に共有のもとにあるというカントの見解は今日の〈グローバル・コモンズ（地球的共有）〉にとっても先駆的なものといえる。カントはモンゴルにおいて砂漠が共有のもとにあったことに注目しているが（MS265：⑪九四頁）、国境をまたがる山岳、河川、国際的管理、また、公海、北極、南極の管理、さらには宇宙空間の利用も課題となっている。これらは無主物ではなく、人類全体の共有物であり、人類の共同的意志に基づかずに先占によって取得されてはならないであろう[15]。国家の内部では私的所有は公共的目的に合致するかぎりで、正当性をもつが、これと同様に、国際関係においても地球の利用は世界市民（〈地球民〉）の観点（Ⅵ・八・一）に合致しうるように、利用されなければならないであろう。

第四節　近代思想におけるカント所有論の位置

四・一　私的所有と国家

カントの所有論は先行の近代の思想家たちの所有論と比較して、いかなる特徴をもつであろうか。ホッブズによれば、共同の権力が存在しない自然状態においては「所有（権）〔propriety〕も支配（権）〔dominion〕もなく、私のものと君のものとの明確な区別もなく、各人が獲得したもののみが彼のものであり、しかも彼がそれを保持しうるあいだのみそうであるにすぎない」（Lv.I.13：（一）二一四頁）。「国家〔Commonwealth〕がないところでは」「あらゆるものは、力によって獲得し保持する者のものとなるが」、「それは不確実なものにすぎない」（Lv.I.24：（一）一三八頁）。「所有は国家の設立とともに始まる」（Lv.I.15：（一）一三七頁）。

これに対して、ロックによれば、自然状態においてもすでに所有（権）〔Property〕が一定の仕方で（各人が、他人の所有を侵害しないという自然法に従うことによって）存在しているが、自然状態における所有はまだ十分には保障されておらず、所有を確実なものとするためには、共同の権力をもつ国家を設立しなければならない。「大部分の人間は公平と正義［自然法］を厳格には順守しないので、この状態における所有（権）の享受はきわめて不安定で不確実である」（TG.II.123：一二七頁）。「人びとが結合して公共体を設立し、統治に服従しようとする大きなまた主要な目的は彼らの所有の保全である」（TG.II.124：一二八頁）。

自然状態と国家との関係について、ホッブズがその不連続面を強調するのに対して、ロックはその連続面を重視する。ホッブズによれば、所有は、共同の権力が確立される国家においてはじめて可能となるが、ロックによれば、自然状態においてすでに存在している所有が国家において確実化されるにすぎない。カントは、自然状態においても私的占有が暫定的に可能であると見なす点で、基本的にロックに近い見解をとるが（第Ⅵ章、二・二）、つぎに見るように、自然状態における私的所有の成立にかんしてカントは、ロックとは異なる見解を示している。

四・二　取得の権原と労働

ロックは、他の先行の近代の思想家たち（グロティウス、プーフェンドルフら）と同様に、土地はもともと共有されていた（原始的共有）という前提から出発しながらも、共有の土地の一部に労働を投下し、そこから収益を獲得することが共有地の最も有効な利用であると見なし、私的所有を正当化する。「土地とそこにおけるすべての事物」を神は「人間に共有のものとして与えた」（TG.II.26：三二頁）。「自然が準備し、そのままにしておいた状態から彼［人間］がとり出すものは、なにであれ、彼はそれに自分の労働を混合したのであり」、「このことによってそれを自分の所有物〔Propriety〕とする」（TG.II.27：三三頁）。「どの部分をとるにせよ、それについてすべての共有者の明確な同意に依存するのではない」（TG.II.28：三四頁）。

これに対してカントはつぎのようにいう。「土地の加工（開墾、耕作、排水など）は土地の取得のために不可欠であろうか。そうではない。というのは、（加工〔Spezifizierung〕の）これらの形式は偶有性にすぎないので」、「それらが主体の占有に属すことができるのは、実体［土地］があらかじめこの主体自身のものとして承認されているかぎりであるからである」（MS.265：⑪九三頁）。「ある土地にはじめて加工を行ない、区画を設け、あるいは一般に形態を与えることはこの土地の取得の権原を与えるものではない」。「諸事物を擬人化して、あたかもだれかがこれらの事物に労働を投下することによってこれらの事物に彼にたいする拘束を負わせ、彼以外のいかなる他人にも利用させせないようにするかのように、それらの事物にたいして直接的に権利をもつと思い込む」ことは、「密かに支配的となっている迷妄」である（MS.269：⑪九八頁）。

このような批判はロックを名指ししてはいないが、彼の見解にたいする批判につながるであろう[16]。この批判は三つの柱をもつ。第一に、事物の「実体」は土地であるが、労働は土地の「偶有性」を変化させるにすぎないから、労働によって土地を取得することはできない。第二に、労働産物は他人の同意なしに取得されうるかのように主張されるが、ある個人の事物にたいする権利は彼のこの事物にたいする直接的な関係にではなく、他人との関係（他人の同意）に基づいて成立する。土地はもともと根源的共有のもとにあり、その土地が、ある個人によって取得されるためには、この共有における共同的意志の承認が必要である。第三に、「最初の取得」は基本的には先占であり、労働による加工は先占の変様にすぎない。「最初の取得にかんする問題が主題になるばあいに、加工は占有獲得の一つの外的な印にすぎない。この印は、より少ない労力のみを必要とする他の多くの印によって代用される」（MS.265：⑪九四頁）[17]。

四・三　取得の権原と同意

ロックに先立って、グロティウスは所有権の起源についてつぎのように述べていた（『戦争と平和の法』一六〇九年）[18]。人類は元来すべての事物（その基礎は土地）を共有していたが（「原始的共有〔communio primaeva〕」）、やがてそれは、「分割によるように明白に〔expresso〕であるか、先占によるように暗黙に〔tacito〕であるかのいずれかの一種の協約」をつうじて私的所有物に転化した。共有が私的所有に転化されるためには、共有者たちの同意が必要であるが、彼らの明白な同意によって共有物が分割される以前には、暗黙の同意に基づいて、最初の占有者が共有物を私的所有物にすることができた。グロティウスのこのような見解は、当時興隆しつつあったブルジョアジーの私的所有権に理論的根拠を与えた。

フィルマーはグロティウスを批判し、事物の原始的共有（共有物にたいする諸個人の平等な権利）を否定して、アダムの万物にたいする本源的な「私的支配権」を想定し、君主の支配権をアダムの支配権からの長子相続として正当化しようとした[19]。フィルマーがグロティウスを批判するさいの論拠の一つは、原始的共有から私的所有への転化のさいに必要とされるすべての共有者の同意なるものは不可能であることにあった。

プーフェンドルフは、原始的共有から私的所有への転化にかんするグロティウスの見解を擁護し、つぎのように主張した（『自然法と民族の法』一六七二年）[20]。原始的共有は、人びとの同意に基づく「積極的共有」ではなく、事物が特定の個人の私的所有物になっていないという意味での「消極的共有」である。

ロックは、各人は共有物に労働を加えたものを共有者の「明白な同意や契約」なしに、取得できると見なすことによって（TG.II.28.：三四頁）、フィルマーによるグロティウスにたいする批判を回避できると考える。また、ロックは、取得の権原はたんなる先占にあるのではなく、事物にたいする能動的な作用としての労働にあると見なし、このことによって生産ブルジョアジーの立場を表現した。

カントは、共有から私的所有への転化のためには同意が必要であると見なすが、同意を理念化し、「アプリオリに合一した意志」として捉え、また、グロティウスにおける「暗黙の同意」を「潜在的共同的意志」として捉えているといえる。[21] ロックが労働（加工）を取得の権原として先占よりも優先させるのに対して、カントが先占を労働に優先させたことは後退であるとしばしば批判される。[22] しかし、所有の権原としての労働の位置を相対化することは必ずしも後退ではないであろう。労働起源説は植民地において〈開拓〉の名のもとに先住民族の土地を略奪するという役割を果たすこともある。カントは、欧州諸国がアメリカ、アフリカ、オーストラリアなどにおける土地を「無主」と見なし、そこに植民し、開拓によって土地を取得したことを批判する（EF.358：⑭二七五頁／MS.266：⑪九五頁）。

近代の社会思想においては多くのばあい、原始的共有は、諸個人の平等な私的所有権を根拠づけるうえでの重要な前提として想定された（ただし、ホッブズ、ルソーはこのような想定をしていない）。グロティウスは『聖書』を援用しつつ、神は土地およびそのうえのさまざまの事物を共有物として与えたと見なし、このような原始的共有は仮構ではなく、歴史的に実在したことを、古代の記録に基づいて明らかにし、また、アメリカ・インディアンにおいては原始的共有が現存していることに注目している。ロックもアメリカ・インディアンにおける原始的共有に言及している（TG.II.30：三五頁）。これに対して、カントによれば、「原始的共有」は「経験的で時間的な条件に依存している」と見なされてはいるが、じつは「虚構の、だがけっして証明されない」ものにすぎない（本章、三・一）。経験的に実在しうる共有は、私的占有からの転化としての（派生的な、設立された共有）である（MS.251：⑪七四頁／MS.258：⑪八四頁）。歴史的に実在したと仮構される「原始的共有」から理念的な「根源的共有」が区別される（本章、三・二）。

四・四　国家における公共的占有――ルソーとの近似性

私的所有と国家との関係についてのカントの見解はルソーのものにきわめて近い。ルソーは『社会契約論』においてつぎのように主張する（Ⅵ‐二・三）、諸個人は一般意志に基づいて国家（共同体）を設立するさいに、彼らのすべての権利を国家へ譲渡しながらも、同時にその諸権利を国家によって保障される。所有権についても同様であり、諸個人は占有権を国家へ譲渡することをつうじて、国家によってその諸権利を保障される。国家は社会契約に基づいて、諸個人から財産を全面的に譲渡され、「全財産を支配することができる」（CS.I.9：三八頁）。「この譲渡において独特な点は、共同体が諸個人から財産を受け取るさいに、彼らからそれを奪うのではなく、逆に彼らにその合法的な占有〔possession〕を保障し」、「享受を所有（権）〔propriété〕に変えるにすぎないことにある。占有者たちは公共的財産の受託者（保管者）〔dépositaires〕と見なされ、彼らの権利は国家のすべての成員から尊重される」（CS.I.9：四〇頁）。「各人が自分自身の土地にたいしてもつ権利はつねに、共同体が土地全体にたいしてもつ権利に従属する」（CS.I.9：四〇頁）。

一方で、「共同体の各成員は、共同体が形成される時点で、自分を共同体に与える。すなわち……、彼自身と彼のすべての力（彼が占有する財産はその一部をなす）を与える」（CS.I.9：三七頁）。国家は彼らの「全財産を支配することができる」（CS.I.9：三八頁）。他方で、このばあいに個人の占有は「持ち主の変化によって、本性を変化させるのでも、主権者の手において所有となるのでもない」（CS.I.9：三七頁）。このように、諸個人は国家によって「公共的財産の受託者」と見なされることによって、彼らの権利を保障される。

カントによれば、共同的意志に基づいて国家を設立するさいに、個人はすべての自由（権利）を全面的に放棄するが、このことによってこの外的自由は国家によって確実なものとして保障され（Ⅵ‐二・三）、これと同様に、個人の占有も「公共的な普遍的占有者」としての国家支配者によって保障される（本章、三・二）。カントにおいては、ルソーから摂取された「公共的占有」の観念が純化され、これとともに、「公共的占有」の担い手としての国家は「公共的な普遍的占有者」として理念化される。諸個人が「公共的財産の受託者」であるとは主張されていないが、私的所有はこのような国家をつうじて、公共性にふさわしいものへ制限されると見なされているといえる。

四・五　私的所有の範囲

近代思想においては、私的所有がどの範囲まで認容されるかが重要な問題となった。ロックによれば、個人が所有できる土地や収穫物は、自分の生活のために利用できる範囲、腐敗、荒廃させずに維持できる範囲内のもの（TG.II.31：四三頁／TG.37：五一頁）、他人が十分に利用できる事物を残す範囲内のもの（TG.II.27：三三頁／TG.33：五一頁）である。しかし、貨幣が発明されると、所有のこのような制限は解除される。貨幣は毀損されず、維持可能であるため、それと交換可能な事物は拡大し、所有にかんする人びとのあいだの不平等が増大する。貨幣の発明は人びとの「暗黙の同意」に基づくのであるから、このような不平等もやむをえないことになる（TG.II.45：五〇頁／TG.II.50：五四頁）。

ルソーは『社会契約論』においてつぎのようにいう。私的所有が許容される土地は、①だれも居住していない土地（無主の土地）、②自分の生活にとって必要な範囲の土地、③自分の労働によって加工した土地に、限定される。このような理解はロックの見解を踏まえたものと思われる。しかし、ルソーは『不平等起源論』においては私的所有を社会的不平等の起源と見なし、これを厳しく批判していた。自己労働に基づく私的所有は最初から不平等（「自然的不平等」）をはらんでいたが、農業と冶金の発達とともに、拡大し、とくに貨幣の発明によって不平等は深刻になり、社会における支配、暴力（ホッブズがいう戦争状態）を引き起こしたといわれる（『不平等起源論』第二部、邦訳、一〇一～一〇三頁）[23]。

これらに対して、カントは所有の限界についてつぎのように述べているにすぎない。「外的な取得可能な客体の量および質にかんして無規定であることはこの課題を」「解決の最も困難なものとする」（MS.265：⑪九五頁）。「ここで問題となるのは、土地を占有獲得する権能はどこまで及ぶかである。それは、土地を自分の力のなかにもつ能力が及ぶ範囲内、すなわち、この土地をこのように専有しようとする者が防衛できる範囲内である」（MS.265：⑪九三頁）[24]。カントの主張は抽象的であるが、私的占有は共同的意志によって承認され、公共性に一致しなければならないことを基本にしている。このような見解は、私的所有の無制約な拡大が進行する現代においても重要な意味をもつであろう。

第Ⅷ章　カントの教育論と人間観――自然素質の均衡的発達の意味

第一節　カント教育論の射程

一・一　カントの人間発達論の評価

カントが教育を主題として扱っているのは『教育学〔Immnuel Kant über Pädagogik〕』においてである。これは、彼の委託を受け、教育学講義にかんする手稿や覚書をリンク〔F. Th. Rink〕が編集し、一八〇三年（カントの死の前年）に刊行したものである。(1)カントの教育学講義は一七七六～七七年冬学期、一七八〇年の夏学期、一七八三～八四年冬学期、一七八六～八七年冬学期に行なわれた。第一回と第二回の講義は批判期よりもまえに、第三回と第四回の講義は批判期の前半に属す（『基礎づけ』は一七八五年、『実践理性批判』は一七八八年）。

『教育学』はカント哲学研究者のあいだで地味な扱いを受けてきた。(2)その理由はまず、そこでは実用的素質の発達についての考察にかなりの比重がおかれていることにあると思われる。他方で、戦後日本の教育思想界においては、「人間のすべての自然素質を均衡的〔proportionierlich〕に発達させる」（Pd.446：⑰二二五頁）という『教育学』における文言が、現代の教育観にとっても先駆的なものとしてしばしば紹介されてきた。(3)しかし、これにたいしては、「自然素質の均衡的発達」という見解は、カントの思想形成の途上過程で理性中心の立場が未確立な段階で表明されたものにすぎないとも指摘された。さらに戦後日本の教育基本法（一九四七年）をめぐってもカントの教育論が話題となった。その第一条において教育の目的が「人格の完成」におかれたが、同法の制定過程では、「人格」とその「完成」という用語がカントの影響のもとに、道徳を基本としているのではないかという疑念が出された。

一・二　教育学・倫理学・人間学

カントの教育論の基本特徴を明らかにするさいには、彼の全体的人間観を考慮する必要がある（Ⅱ‐一・四）。このような人間観が無視されるために、教育が道徳原理の適用という狭い視点から理解されがちになる。人間は技術的、実用的、道徳的階層を含む全体であるが、技術的、実用的、道徳的素質の発展の結果としてこのような全体へ形成される。人間の発達を考察する教育論は人間存在をダイナミックなものとして把握する。そのさいに重要なのは実用的素質の発展（人間学において考察される）と道徳的素質の発展（道徳論において考察される）との関係である。

『教育学』をこのような関係において理解するためには、教育学講義が行なわれた一七七〇代前半～一七八〇年代前半の倫理学的見解、および人間学的見解を視野に収める必要がある。[4] カントはこの時期にほぼ毎年倫理学（あるいは道徳哲学）についての講義を行なったと伝えられるが、『倫理学講義』（一七七〇年代後半）は、第一、二回の教育学講義に近い時期のものと推定される。[5] その末尾では教育に言及されており、その内容は『教育学』のものと共通性をもつ。また、『道徳哲学遺稿』における一七七〇年代後半の部分もこの文脈で考慮に値する。第三回の教育学講義（一七八三～八四年）は『純粋理性批判』（一七八一年）のあとに、第四回の教育学講義（一七八三～八四年）は『基礎づけ』（一七八五年）のあとに行なわれたが、『教育学』のなかには批判期の道徳論――とくに『基礎づけ』において明らかにされる理性の自己立法＝自律の思想は反映されていない。この著作に示される倫理思想は全体として一七七〇年代後半の水準にあるといえる。しかし、カントは一七七〇年代にすでに実用的次元と道徳的次元を明確に区別し、実践的理性（道徳中心の立場を確立していたのであり（Ⅱ‐一・三）、『教育学』が啓蒙主義や博愛主義（汎愛主義）の影響のもとにあると

いう解釈は、のちに述べるように（本章、三・一）、不適切である。(6)

人間学にかんしてはカントは一七七二〜七三年冬学期以降、晩年の一七九五〜九六年冬学期まで講義を行ない（その覚書が『人間学遺稿』に所収）、四回の教育学講義それぞれに近い時期の人間学講義の聴講ノートが残されている。とくに一七七五〜七六年の人間学聴講ノートは第一回の教育学講義（一七七六〜七七年）の直前のものであり、末尾には、『教育学』と重なる内容が示されている（KgS.XXV.723）。

一・三　学校知・世間知と教育

カントは『教育学』において、人間形成にかんして道徳的次元を技術的、実用的次元から区別しながらも、実用的素質の発達を重視する。彼は、それまでの学校教育においては技術的素質（認知的素質も含む）の発達（知識・技能の伝授）に偏向していたことを批判し、実用的教育との関連で道徳的教育を行なうことを主張する。さきに見たように（Ⅰ・一・二、Ⅱ・一・二）、「人間知」が「学校知」と「世間知」を含み、「学校知」だけでは「杓子定規的」になり、実践においては「世間知」が必要であるとカントは主張する。このような立場から一七七〇年代の『人間学遺稿』においてはつぎのようにいわれる。「いつの時代にも、学校（学院）をまえにした学習と、生活をまえにした学習との二種が区別されてきた。知見を獲得することと、これを使用すること［が区別されてきた］」。「世間においてたんなる学校知を使用する者は杓子定規の者である。学校知を世間知とする者［が必要である］」（KgS.XV.658）。人間を①熟練させ、②怜悧にさせ、③知恵あるものにする「教え」という「三つの教え〔Lehren〕」の区分に「学校知、実用知、道徳知」という区分が対応させられる。これらの区分は人類の〈開化－文明化－道徳化〉という区分に対応する。(7)

『教育学』においては学校的陶冶、実用的陶冶、道徳的陶冶が区別される（Pd.456：⑰二四一頁）。これまでは学校において知識・技能の伝授（伝達）が行なわれるのに対して、世間における生活（人生）のための教育は家庭で行なわれてきたが（Pd.453：⑰二三五頁）、カントは新しい学校において両者の教育を統一しようとする（本章、四・一（三））。(8)

第二節　自然素質の発達と教育

二・一　自然素質とその発達

『教育学』においては教育の基本目的は「人間のすべての自然諸素質の発達」におかれる。まず、「自然諸素質〔Naturanlagen〕」あるいは「自然的諸素質〔natürliche Anlagen〕」という用語はカントにおいて初期から多用されている（Ⅳ-二・二）。「素質〔Anlage（n）〕」は、諸能力の素地となる性質である。〈Anlage〉がすでに生来の（自然的な）ものという意味あいを含むが、カントはこの意味を強調するために「自然諸素質」という用語を基本とする。[9] つぎに、「発達（発展、展開、開発）〔Entwicklung〕」はたんなる成長や伸長とは異なり、潜在的なものの顕在化というダイナミックな過程を含む。カントは「萌芽〔Keime〕からの展開」という表現も使用する。「人間のなかには多くの萌芽が含まれており、われわれの仕事は」、「人間性をその萌芽から展開させる〔auswickeln〕ことにある」（Pd.445：⑰二二四頁）。教育の目的は、人間の自然諸素質を人間自身から「引き出す〔herausbringen, herausholen〕」（Pd.441：⑰二一七頁／Pd.477：⑰二七八頁）ことにある。[10]

カントの自然目的論によれば、「すべての自然素質の発達」は人間に特有のものではなく、すべての自然存在者（生物）に共通のものであり、その発達は自然自身における内在的目的に従うよう、定められている（Ⅳ-二・二）。[11]「ある被造物のすべての自然素質は、いつかは十全に合目的的に発達させられるよう、定められている」（AG.18：⑭五頁）。しかし、他の動物のばあいとは異なって、人間においては自然素質の発達は意識的、人為的に行なわれるのであり、そのために、教育が必要となる。動物は本能に従って（短期間の養育を受けるだけで）、自分でその自然素質を発達させることができるが（Pd.441：⑰二一七頁）、人間は長期間の教育を必要とする。「人間は教育を必要とする唯一の被造物である」（Pd.441：⑰二一七頁）、「人間は教育によってのみ人間となることができる」（Pd.443：⑰二二一頁）。[12]

二・二　教育における自然と人為

ところで、人為としての教育にたいしてはルソーによって批判が出された。彼は、文明が人間の本性〔自然〕を発達させずに、これを損なったと見なし、人間形成において人為的働きかけを可能なかぎり排除することを主張した（Ⅱ‐四・三）。カントはルソーのこのような批判を念頭において、つぎのようにいう。「人間の本性を発達させるためには、われわれはどこから出発するのか。われわれは未開の（粗野な）〔roh〕状態から出発すべきなのか、すでに開化〔ausgebildet〕された状態から出発すべきなのか」。「しかし、われわれがこのような〔開化された〕状態から出発して展開するばあいでも、やはりたえず再び未開の状態へ逆戻りしており、そのあとでようやく再び新たにその状態から高まったことをわれわれは見ている」（Pd.446f.：⑰二二六頁以降）(13)。自然状態と文明状態とは相互に「循環」しながら、結合に向かっていくとカントは見なす（Ⅱ‐四・三）。

カントはこのように文明状態にたいして否定と肯定の二面的態度をとるが、このことと関連して、人為としての教育の限界とともにその積極的意味にも留意する。ルソーは当時の学校教育を厳しく批判しつつも、教育は「一つの人為（技、技法）〔art〕」であると見なしていたが（『エミール』邦訳、上、二五頁）、カントはこの点での積極的教育の役割をいっそう重視する。「人間にあっては自然素質の発達は自ずから生じるのではないので、すべての教育は一つの人為（技、技法）〔Kunst〕である」（Pd.447：⑰二二七頁）(14)。

二・三　自然素質の発達と市民社会

教育は世代から世代へ継承される歴史的な営みである。「教育は人為であるが、それを完全に実現するためには多くの世代を経なければならない」（Pd.446：⑰二二五頁）(15)。また、人間のさまざまな自然素質の発達は個々人の努力のみによっては不可能であり、社会においてもたらされる。

自然素質が十全に発達させられるのはとく市民社会（文明社会）〔bürgerliche Gesellschaft, société civile〕においてである。ルソーが、文明社会（市民社会）においては人間の自然素質の発達が妨げられていると批判するのに対して、カントは市民社会の肯定面にも留意する。『普遍史観』においてはつぎのようにいわれる。「市民社会においてのみ、自然が与えたすべての素質を発達させるという自然の最高の意図が人類において達成されうる」（AG.22：⑭一〇頁）。市民社会は基本的には実用的次元に属すが、そこでは実用的素質が発達させられるだけではない。市民社会は道徳的素質の発達を自動的にもたらすのではないとしても、道徳的素質を含む諸素質の発達の基盤である（Ⅱ-四・三）。自然諸素質（道徳的素質を含め）の十全な発達は最終的には世界市民的状態において達成される。「普遍的な世界市民的状態」が「人類のすべての根源的素質が発達させられる母胎」である（AG.28：⑭一九頁）。道徳的素質の発展は、「個々人の任意の一致から期待されうるのではなく、世界市民的に結合した体制としての人類において、またそれへ向け前進する地上の市民の組織によってのみ期待されうる」（Ath.333：⑮三三〇頁）。

このように、市民社会の担い手としての市民（公民）を育成することが教育の主要目的の一つである。自然的教育（幼少期における）から区別される実践的教育の目的は、「自分自身を保存し、また、社会のなかで成員となり、しかも内的価値を自分自身にとってもちうるような、自由に行為する存在者」としての「人格性」を形成することにある（Pd.455：⑰二四一頁）。ここでの「人格性」は、孤立した人格の内面性を意味するのではなく、社会において他人と共同しながら、自立的に自由に行為するあり方を意味する（Ⅱ-二・三）。「人間は市民へ陶冶される」。「そのさいに人間は自分の意図に従って市民社会を導くとともに、自分を市民社会へ順応させることを学ぶ。最後に道徳的陶冶をつうじて人間は人類全体に関する価値を獲得する」（Pd.455：⑰一四一頁）。[16]『人間学』の末尾においても同様の文脈でつぎのようにいわれる。人間の使命は、「人びとともに社会のなかに存在し、そのなかで芸術と学問をつうじて開化し、文明化し、道徳化する」ことにある（Ath.324：⑮三一七頁）。人間は実用的陶冶を経て、道徳へと高められる。実用的生活と道徳的生活とのあいだには区別（不連続性）と関連（連続性）とがあるが（Ⅱ-四・三）、ここでは関連の面が重視されている。

第三節　素質の階層と発達

三・一　自然素質の諸層

人間の素質は〈技術的素質－実用的素質－道徳的素質〉に区分され、これらに〈開化－文明化－道徳化〉が対応させられる（Ⅱ-二・一）。このような区分はすでに一七七〇年代の『人間学遺稿』に登場する。そこでは〈熟達－怜悧－知恵〉の区分が示され、それぞれ〈開化－文明化－道徳化〉に対応させられる（RzAth.659）。また、第一回の教育学講義に近い時期の『倫理学講義』においては、〈熟達の命法（蓋然的命法）－怜悧の命法（実用的命法）－倫理の命法（道徳的命法）〉が区分される（なお、『倫理学講義』においても『教育学』においても、「技術的〔techinisch〕」という表現は使用されない）。しかし、より広く見れば、人間存在の基底をなすのは動物的階層であり、人間の素質は〈動物的素質－技術的素質－実用的素質－道徳的素質〉に区分される（Ⅱ-二・一）。『教育学』においては、これに対応して、〈保育（養育）〔Pflege〕－教化（開化）〔Kultur〕－洗練化（文明化）〔Zivilisierung〕－道徳化〔Moralisierung〕〉という四つの階層が区分される（Pd.449f.：⑰二三一頁以降）（本書では〈Kultur〉、〈Zivilisierung〉を一般的にはそれぞれ「開化」、「文明化」と訳すが、教育学的文脈ではそれぞれ「教化」と「洗練化」と訳す）。

①「保育（養育）〔Pflege〕」は、子どもに適切な栄養を与え、健康を増進させ、身体を発達させることをめざす（Pd.441：⑰二一七頁/Pd.443：⑰二二〇頁）。なお、保育と教化との中間に「訓練〔Diszplin〕」あるいは「訓育〔Zucht〕」の段階がおかれる。それは、「動物性」あるいは「野生性〔Wildheit〕」の制御を意味する（Pd.442：⑰二一九頁/Pd.449：⑰二三一頁）。

②「教化（開化）〔Kultur〕」は「熟達〔Geschicklichkeit〕」のために認知的・技能的素質を発達させ、「未開性〔Rohigkeit〕」を脱却させる（Pd.444：⑰二二二頁/Pd.451：⑰二三三頁）。熟達は、「すべての任意の目的のために十分である能力」をもつことを意味する（Pd.449：⑰二三一頁）。認知的・技能的能力の形成は「学校的（学課的）・機械的な〔scholatisch=mechanisch〕

形成陶冶」であり（Pd.455：⑰二四一頁）、「教示〔Unterweisung〕」をつうじて行なわれる（Pd.442：⑰二二八頁）。

③「洗練化」（文明化）Zivilisierung」は、「粗野性〔Grobheit〕」を除去し、怜悧〔Klugheit〕を形成する。怜悧は、熟達を世間に適用し、他人と巧みに交際する実用的能力である（Pd.455：⑰二四二頁）。洗練化はとくに「行儀よさ〔Artigkeit〕」という形態をとる（Pd.450：⑰二三一頁）。子どもは実用的素質の発達をつうじて「社会の構成員」、「市民」として育成される（Pd.455：⑰二四一頁）。この点で〈Zivilisierung〉は「文明化」、「市民化」、さらには洗練化という意味をかねそなえる（Ⅱ - 四・二）。このための実践的教育は認知的・技術的能力の教化のための「教示」から区別されて、「教導〔Anführung〕」と呼ばれる（Pd.455：⑰二四一頁）。

④「道徳的陶冶」、「道徳化」は、「万人によって必然的に是認される」「善き目的」を選択するような心術を育成することをめざす（Pd.450：⑰二三二頁）。

結論として②〜④の陶冶に対応し、教示によって「個人としての価値」を、教導によって市民としての「公共的価値」を、道徳的陶冶によって、「人類全体に関わる価値」を子どもに獲得させることがめざされる（Pd.455：⑰二四二頁）。

三・二　「自然素質の均衡的発達」とはなにか

「人間のすべての自然素質の均衡的発達」という主張は『教育学』において二回登場するが（Pd.445：⑰二二四頁／Pd.446：⑰二二四頁）、この主張が批判期以降のカントの思想に一致するかどうかがしばしば問題とされた。しかし、この主張はじつはカントの人間形成論の基本をなすのであり、批判期以降にも継承される。

まず、人間のすべての素質あるいは才能〔Talente〕の発達という観念は早くからカントにみられる。一七七〇年代後半の『人間学遺稿』においては、「人間のすべての才能を発達させる」ことは「人間の使命」である（RzAth.608）といわれ、『普遍史観』においても、「ある被造物のすべての自然素質は、いつかは十全に合目的的に発達させられるよう、定められている」（AG.18：⑭五頁）といわれる。人間存在はさまざまな内部階層から構成される具体的全体である（Ⅱ

-二・一）。人間の「すべての自然素質の十全な（全面的な）〔vollständig〕発達」（AG.18：⑭五頁）は、それぞれの素質が制約されずに発達させられるとともに、さまざまな素質が偏らずに、相互にバランスよく「均衡的に（比例的、調和的に）〔proportionierlich〕」発達させられること（Pd.445：⑰二四二頁／Pd.445：⑰二四頁）を意味する。

素質や才能の調和による人間形成（全人教育）という理想は古くは古代ギリシアの「カロカガティア」（知育、徳育、美育、体育の調和）にさかのぼり、ルネッサンスにおいては「普遍人（全体人）〔uomo universale〕」が理想とされた。近代においてはイギリスの道徳感情学派（シャフツベリー、ハチソン）、ルソーらがこの理想を継承した。この点から見れば、「すべての素質の均衡的発達」という思想自体は必ずしもカントの独創的なものではない。しかし、「すべての能力の均衡的（調和的）発達」という表現そのものは彼の時代やそれ以前には類例が乏しい[18]。先行の教育観を継承し、このような総括的表現を使用した点で、カントは先駆的であるといわなければならない。

「すべての自然素質の均衡的発達」という『教育学』における表現は、人格の中心的構成要素としての理性（道徳性）を他の心的、身体的要素と並列するものであり、カントの基本的立場と相反すると見なされがちである。また、「自然素質の均衡的発達」という表現は『教育学』の前半において二回のみ登場し、カントの他の論稿には見られないので、この表現は啓蒙主義や博愛主義（ルソーやバゼドウ）の影響のもとで一時的に使用されたにすぎないというも解釈が出された。しかし、カントは人格を〈自然的階層－技術的階層－実用的階層－道徳的階層〉という重層構造として捉えており（Ⅱ-二・三）、人格のこの構造にふさわしく、それぞれの階層における素質を発展させることを「諸素質の均衡的発達」と見なしていると思われる。「諸素質の均衡的発達」という用語は、さまざまな素質が緊張なしに併存しながら、発達するかのような印象を与えるが、「均衡的発達」はたんに平面的で静態的ではなく、立体的で動態的でもありうる。カントは理性（道徳性）を中心としながらも、身体、感性、認知、社交性などにかんする諸能力を均衡的に発達させることをめざす。

このような見解は批判期にも後期にも継承されており、『教育学』に特有なもの、未熟なものではない。『基礎づけ』

においてはつぎのようにいわれる。「自然」が「その諸素質の分配のさいに合目的的に作用した」とすれば、「その〔意志の〕真の使命は……、それ自体で善い意志を生み出すことであるはずである」（Gr.396：⑦一七頁）。ここでは、理性的意志の優位のもとの諸素質の「分配」について語られている。『道徳形而上学』においてもつぎのようにいわれる。「これらの〔自然素質の〕自然的完成のなかでとくにどれを、また相互に比較するさいにいかなる割合（比率）〔Proportion〕で自分の目的とする」かは、各自の「理性的反省に委ねられる」（MS.445：⑪一三二頁）[19]。

三・三　人間性の開発と人格の完成

日本の「教育基本法」においては、教育の目的は「人格の完成」にあるとされる。しかし、同法の制定をめぐる議論においては、「人格の完成」は、理性や道徳性を中心とするカント的な用語と見なされ、これをめぐって議論が戦わされた。「人格の完成」が狭い人格主義的なものであることに反発する論者は、「人間性の開発」を教育の目的とするよう主張した（本章、六・二）。カント倫理学の通説的イメージにおいても「人格の完成」はカント的なものと受け取られがちである。

しかし、じつはカント自身は「人間性の発達（開発）」を教育の基本とし、その内容を「すべての自然素質の均衡的発達」と見なしており、「人格の完成」に言及することはまれである。彼においては「すべての自然素質の発達」は第一義的には個人、人格についてではなく、人間、厳密には「人間性（人類性）」についていわれる。「人間性の自然素質全体を」「引き出す〔herausbringen〕」こと（Pd.441：⑰二一八頁）、「自然素質を均衡的に発展させ、そのさまざまな萌芽から人間性を発展させる〔auswickeln〕」こと（Pd.445:⑰二二四頁）に教育の役割があるとされる。ここでは明確に、「人間性の発達（開発）」が教育の目的と見なされているといえる。なお、カントは「人間性の発達」（Pd.447：⑰二二七頁）を「人間性の完成〔Vervollkommung〕」（Pd.444：⑰二二二頁）といい替えることもある。また、彼は『道徳形而上学』の『徳論』においては「人間の能力（自然素質）の開発〔Kultur〕」としての「自分の完成〔Vollkommenheit〕」（「動物的存在者としての自分の完成」と「道徳的存在者としての自分の完成」）が「人間の自分自身にたいする不完全義務」の基本におかれる（MS.387：⑪二五一頁／MS.391f.：⑪二五七頁以降／MS.444f.：⑪三二五頁以降）。

ここで、問題となるのは人間性の発達（開発）と人格の完成との関係である。人間性を体現するのは個々の人格である。人格によって自然諸素質の内容はさまざまであり、それぞれの素質の発展の結果、人格は全体として、他の人格と異なる独自の存在者となる。[20] この意味で、人格の発達は人間性の発達を基礎としながらも、固有の意義をもつといえる。なお、カントはまれに「人格としての完成」（MS.386:⑪二五〇頁）に言及することもある。「世界人権宣言」（一九四八年）においては「人格（人間個性）の十全な発達（発展）〔full development of human personality〕」（第二六条、第二項）が基本的人権として国際的に承認されるようになり、「子どもの権利宣言」（一九五九年）においても「人格の十全で調和的な発達〔full and harmonious development of human personality〕」の権利がうたわれている。

一方で人格の「諸素質の発展」は「人間性の発展」を基礎にするが、他方で後者は前者として実現されるのであり、両者が相互に関連している。人格の発達と人間性の発達とのこのような関係は、尊厳が第一義的には「人格における人間性」に属し、人格は人間性を内在させるものとして尊厳をもつと見なされる（Ⅱ-三・二）ことに対応しているといえる。この点では世界人権宣言における規定は、カントの見解と一致する面をもつ。

ところで、「完成」にかんしてはつぎのことに注意する必要がある。人間精神の「完成〔perfection〕」、「完成可能性〔perfectibilité〕」という言葉はフランス啓蒙主義（コンドルセら）において用いられ（ルソーもこの用語を用いている）、カントもこれを継承するが、「完成〔Vollkommenheit〕」についてはとくにヴォルフ学派の用法を念頭においている（Vgl. KpV.41：⑦一八一頁）。〈Vollkommenheit〉の原意は、〈欠けることのない状態に到達する〔vollkommen〕こと〉であるが、〈Vollkommenheit〉は結果としての完成されたあり方（状態としての完全性）という意味と、このような状態に向けた作用（過程としての完成化〔Vervollkommen〕）という意味を含み、カントもそれを二重の意味に理解している。[21]

カントはヴォルフ学派の「完成」概念のつぎのような問題点を指摘する。第一に、ヴォルフ学派における「完成」概念は「空虚で無規定」であり、「われわれにふさわしい最大量を見出すのには役立たない」（Gr.443：⑦八五頁）。第二に、この学派においては完成（完全性）の状態が「目的」とされ、目的の実現が完成化の過程とされるが、そのさいに、どこまで発展すれば、完成といえるかが問題となる。人間は、「自分において自然素質がどこまで到達するかを知ることはできない」（Pd.443：⑰二二一頁）。完全性の「より低次の段階からより高い段階」への「無限の進行」（Kpv.123：⑦三〇一頁）、「ある完成から別の完成への前進」（MS.446：⑪三二八頁）があるのみである。[22] 第三に、完全性を目的としてあらかじめ特定することは他律になる。完成を行為の目的とするばあいには、意志は「自分で自分を規定する」のではなく、「予見された行為の結果が意志に作用して生じる動機」によって規定され、「他律」に陥る（Gr.444：⑦八七頁）。[23] 教育基本法の制定過程において、教育の目的として「人格の完成」を主張した論者のなかには、カントが批判する「完成」の理解と一致する論者があり、反発を招いた（本章、六・二）。

第四節　素質の発達と教育の役割

四・一　素質の発達段階と教育の段階

カントは〈動物的素質－技術的素質－実用的素質－道徳的素質〉のそれぞれの発達にかんして、子どもの年齢に応じた教育を構想している。「子どもは、その年齢にふさわしいことのみを教示されなければならない」（Pd.485：⑰二九二頁）。さまざまな素質の発達のための教育の段階をカントは必ずしも体系的に説明してはいないが、整理すれば、さきに見た〈訓練－教示－教導－道徳的陶冶〉の四段階（本章、三・二）のまえに保育がおかれ、〈保育－訓練－教示－教導－道徳的陶冶〉の五段階が区別されるといえる。[24]

（一）保育と訓練

乳幼児の時期には「保育（養育）〔Verpflegung〕」が重要となる。保育は、栄養提供（Pd.457：⑰二四四頁以降）や運動能力、感覚器官（Pd.466：⑰二六〇頁）の例に示されるように、とくに動物的素質の発達と密接に関連する。適切な栄養を与え、健康を増進させ、身体を発達させることが保育の基本内容をなす。

〈Verpflegung〉も〈Wartung〉も同様に、〈守り育てる〉という意味をもつが、両者のあいだには意味あいの相違がある。〈Wartung〉の原意は、〈見守り、保護する〉ことである。カントは、〈Wartung〉（養護）を、「子どもがその力を危険な仕方で使用しないように、両親があらかじめ配慮すること」と説明する（Pd.441：⑰二一七頁）。彼によれば、動物は成長につれ、自分に危害を加えないような仕方で力を使用するようになるので、その成長の最初の段階では一種の「保護〔Schutz〕」を必要とするとしても、本来的意味での保護は必要としない（ibid.）。〈Wartung〉においては、〈危険から守る〉という消極的な意味あいが強いが、これに対して、〈Verpflegung〉（保育）においては、「世話（ケア）〔Besorgung〕」（Pd.452：⑰二三五頁）という積極的な意味あいが強い。なお、〈Unterhaltung〉は、〈支える〉という原義をもち、ここからから、〈扶養する（世話し、養う）〉という意味が派生した。

訓練〔Disziplin〕は、すでに見たように（本章、三・一）、動物的衝動を制御し、野生性を除去するための消極的な働きかけである（Pd.442：⑰二一八頁／Pd.449：⑰二三一頁）。子どもの発達の初期の段階においては身体と感覚器官の練習（修練）〔Übung〕が重視されなければならない（Pd.466f.：⑰二六〇頁）。訓練は、つぎに見る教示（知識・技能の伝授）に先行する。「まず最初に行なわれるべきなのは訓練であって、教示〔Information〕ではない」（Pd.469：⑰二六四頁）。

（二）**知識・技能の伝授としての教示**

子どもに熟達性を獲得させるためには、基礎的な知識や技能を子どもに「伝授する（伝達する）〔informieren〕」ことが必要である[25]。これが狭義の〈教えること〔Lehren〕〉であり、「教示〔Unterweisung〕」あるいは「教授〔Belehrung〕」と呼ばれる（Pd.449：⑰二三一頁）。〈unterweisen〉は、なにかを〈示し、手引きする〉ことである（Pd.449：⑰二六四頁）。また、〈belehren〉（Pd.44：⑰二頁）は〈lehren〉よりも、「理解させる」という意味合いが強い。『教育学』においては〈Unterweisung〉が基本用語とされるが、『倫理学講義』においては〈Unterricht〉という用語が重視される（VE.313：

⑳二七九頁以降）。後者は、〈整え、正しい道を示す〉ことを意味する。

カントにおいては知識も技能もともに技術的次元（熟練に関係する）に属す。子どもに知識や技能を獲得させ、その技術的素質（熟達）を発達させることはおもに学校において行なわれる。学校における教示は「教授的（教訓的）〔didaktisch〕」である（Pd.455：⑰二四一頁）。それは「学校的（学課的）－機械的な陶冶〔scholastisch=mechnische Bildung〕」とも呼ばれる（ibid.）。言語教育は伝授の基礎をなすが、機械的、形式的暗記によるよりも、具体的な「感性的印象」から出発する会話や読み物による方が適切であるといわれる（Pd.472f.：⑰二七一頁）。

認知的・技能的能力を発達させること（教示）は段階的に行なわれなければならない。『倫理学講義』においては教育法との関連でつぎのようにいわれる。「教授〔Belehrung〕」は、「自然と経験」によるもの、「説話〔Erzälung〕」によるもの、「議論（立証、推論）〔Raisonment, Vernünfteln〕」によるものを含むが（本章、四・二（四））、第一のものが基礎とされなければならず、「子どもが経験のなかでたえず見出しているもの」から出発し、第二、第三の指導に進んでいく必要があるといわれる（VE.315：⑳二八二頁）。

（三）生活の教導

世間における実際生活のためには怜悧、実用的能力が必要である。怜悧は、熟達性を他人に適用したものであるので、時期としては知識・技能の伝授としての教示が「最初の第一の陶冶」であり、実用的陶冶がこれに続く（Pd.455：⑰二四二頁）。実用的陶冶は「教導（生活指導）〔Anführung〕」によって行なわれる（Pd.452：⑰二三五頁）[26]。教導は、「学習したことを実行するばあいに」、「それを導く」ことを意味する。それは、「生活（人生）のため」の教育である（ibid.）。（〈Unterricht〉と〈Anführung〉との区別はわが国の学校教育における学習指導と生活指導との区別とかなり重なる）。カントの時代までは教導は家庭において（家庭教師をつうじて）行なわれてきた。カントは、それまでの学校教育が知識や技能の伝授に偏ってきたことを批判するとともに（ibid.）、それまでの家庭教育の狭さをも指摘し、教示と教導とを結合する場としての新しい学校を期待する（本章、五・三）。

四・二　道徳的陶冶の課題

（一）道徳的素質の発達

教育は保育（養育）と陶冶（人間形成〔Bildung〕）との二段階に大きく区分されることがあるが（Pd.452：⑰二三五頁）そのさい後者は〈認知的・技能的陶冶－実用的陶冶－道徳的陶冶〉に下位区分される（Pd.455：⑰二四一頁）。カントは実用的素質の発展を重視するが、それが道徳的素質の発展とどのような関係があるかが、あらためて問題となる。

道徳的陶冶は実用的陶冶に続く。「道徳的陶冶は、人間が洞察すべき原則に基づくかぎりで、最後の陶冶である」（Pd.455：⑰二四二頁）。これに対して、実用的陶冶は「人間にあっては最後に位置するが、価値の点では第二の位置を占める」（Pd.486：⑰二九三頁）。ここで、怜悧の陶冶が「人間にあっては」「最後に」位置するといわれるのは、現実の経験的な人間（狭義の人間）にとっては、市民（さらには世界市民）として生活することが重要であり、道徳的陶冶は実用的陶冶において具体化されなければならないと見なされるためであろう（本章、二・三）。これに対して、価値の序列の点では道徳性が怜悧に優先すると考えられているのであろう。このような見解は、道徳的陶冶と実用的陶冶とが連続と不連続との二重の関係にあるという見解に対応する（Ⅱ－一・二）。

（二）品性の陶冶

『教育学』においては道徳的教育のさいに「品性〔Charakter〕」の陶冶が重視される（Pd.481：⑰二八五頁）[27]。ここでの〈Charakter〉は経験的次元での性格ではなく、道徳的な次元での性格、「品性」を意味する。品性は、「格率に従って行為する能力」（Pd.481：⑰二八四頁）、「確固とした決意」に従って行為する能力（Pd.487：⑰二九六頁）を備えることである（本章、四・三）[28]。品性の基本内容をなすのは第一に、「従順〔Gehorsam〕」である。それは、指導者などの絶対的意志に受動的に服従する従順と、自分が善として認めた意志に服従する自発的な従順とに区別されるが、前者から後者へと移行していかなければならない（Pd.481：⑰二八五頁）[29]。品性の第二の基本形態は「誠実〔Wahrhaftigkeit〕」である。

それは、真理を述べ、虚言をしないことである（Pd.484：⑰二八九頁）。虚言は自分の人格における人間性の侵害となる点で、自分自身にたいする関係におけるものと見なされている。[30] 品性の第三の基本形態は「社交性〔Geselligkeit〕」である（Pd.484：⑰二九〇頁）。社交性は実用的次元に属すが、それが品性にとっても道徳的に必要であるといわれる。[31]

（三）道徳的義務の分類

カントは道徳的義務を簡単に分類しているが、そのさいに自分自身に対する義務を重視し、この義務がこれまで軽視されてきたことを批判する。[32] 自分自身に対する義務の基本は、自分の人格における「人間性の尊厳」を放棄しないことにある（Pd.488：⑰二九八頁）。[33] 他人に対する義務の基本は他人における「人間の権利」の尊重にある（Pd.489：⑰二九九頁）。[34] 他人における「人間の権利」の尊重は他人にたいする完全義務に属し、「不完全義務」としての好為（慈善〔Wohltun〕）の義務に優先する（Pd.490：⑰三〇一頁）。[35]「人間の権利」の尊重は基本的には法的なものであるが、『教育学』においてはそれが重視される。

（四）道徳教育の方法

道徳的陶冶は子どもの発達段階に応じて行なわれなければならない。一方では、「道徳的陶冶は、人間が洞察すべき原則に基づくかぎりで、最後の陶冶である」（Pd.455：⑰二四二頁）。しかし、他方で、道徳的陶冶は「常識（健全な人間悟性）にのみ基づくかぎりにおいては、初期から直ちに、すなわち自然教育においても直ちに留意されなければならない」（Pd.455：⑰二四二頁）。ここでは、のちに『基礎づけ』において示される常識と道徳との親近性（Gr404：⑦二九頁）が念頭におかれているともいえる。

道徳的陶冶の方法についてはつぎのようにいわれる。子どもに諸義務を具体的な「実例や指示」をつうじて示す必要がある（Pd.488：⑰二九七頁）。キリスト教会では「機械的な教理問答法〔mechanisch=katechetische Methode〕」がよく使用されるが、これは歴史的、記述的な〔historisch〕事柄については有効であるとしても、道徳については適切ではない（Pd.477：⑰二七八頁）。理性（とくに実践的理性）の陶冶のためには「ソクラテス的に手続がとられ」なければならない（対話法、助産術）。理性的、実践的認識を子どもに「もち込む〔hineintragen〕」のではなく、それを子どもから「引き出す〔herausholen〕」ことが必要である（ibid.）。子どものなかから、自分で考える力を引き出すためにはソクラテス的対話法が必要である。ただし、この力が低い段階の子どもにたいしては問答指示法もそれなりの効果をもつのであり、両者の方法を組み合わせることが重要であろう[36]。

道徳においては明確な根拠に基づいて行為することが必要であるが、そのために重要なものは議論である。子どもは「あらゆることについて論じる〔vernünfteln〕必要はなく」、「正しく指導〔wohlziehen〕されるべきことにかんしてその諸根拠を知る必要はない」が、「義務が問われるばあいには、直ちにその諸根拠を知らなければならない」（Pd.477：⑰二七八頁）。ここでは、各人が自分で思考することが前提とされる（Pd.453：⑰二三七頁）。〈vernünfteln〉は〈resonieren〉、〈argumentieren〉と密接な関連をもち、根拠を他人にたいしても明らかにすることを含む。道徳においては、行為について自ら考え、また他人と議論することが必要である。道徳教育においても、子どもの発達段階に応じてこれが行なわれるようにしなければならない[37]。

（五）道徳は教えられうるか

ここで、〈道徳は教えられるか〉という問題に言及しておこう。この問題は『教育学』においては扱われていないが、道徳教育の根本問題として古来議論されてきた[38]。このばあいの道徳にかんして道徳的価値の内容、道徳的思考および道徳的行為が区別されるべきであろう。道徳的諸価値の内容はしばしば徳目という形態をとり、それらが所与のものとして前提とされ、教示され、伝授されうると見なされることが多い。これに対して、道徳的価値についての思考そのものは形式的なもの（単数）であり、道徳的諸価値の内容には依存しない。道徳が〈教えられる〉といわれるばあいに問題なのは、それは知識・技能のように、教示されるという意味であるのかどうかである。

この問題にかんしてしばしば引き合いに出されるのは、「徳は教えられ〔gelehrt werden〕うるのであり、またそうされなければならない」という『道徳形而上学』の『徳論』におけるカントの主張である（MS.477：⑪三七〇頁）。まずここで述べられているのは、徳は「生得的」ではなく、「教えられる」ことによって、「獲得される」ということである。しかし、徳は知識や技能のように教示されるのではない。徳についての「教説〔Doktorin〕」（徳論）は教示されるかもしれないが、徳にふさわしく行為する力は「たんなる教説（教授）〔Lehre〕」によっては獲得されない。道徳は「義務のたんなる表象」によっても、「訓戒〔Ermahnungen〕」によっても学ばれることができず、「人間の内的な敵〔欲求〕との闘争の試み」によって「訓練（修練）〔üben〕される」にすぎないというストア派の見解をカントは肯定的に紹介している（ibid.）。

　道徳教育法についてカントはつぎのようにいう。道徳にかんする講述（授業）の方法にかんして、教師が生徒の「理性」に問い質し、生徒の思考力（自分自身で考える力）を育成するためには、ソクラテス的な対話法〔dialogische Leseart〕（MS.478：⑪三七一頁）が重要である。これに対して、従来の（教理）問答法〔katechetische Leseart〕は、すでに教示されたことについて生徒の「記憶力」を問い質すのにすぎず、これによっては子どもにおいて、自分で考える力は育成されない。『徳論』におけるこのような見解の主旨は『教育学』におけるそれと基本的に同一である（本章、四・二（四））。

　道徳教育をめぐる議論ではしばしば徳と徳目とが混同され、いずれも教えられるかのように主張される。しかし、カントによれば、徳そのもの（形式）と諸徳（内容）とは区別され、前者は一つ（単数）しかないが、後者はさまざま（複数）である（MS 393：⑪二六〇頁）。徳は、「義務を遵守するさいの人間の意志の強さ」（MS.405：⑪二七四頁）、「義務を遵守するさいの格率の強さ」（MS.394：⑪二六一頁）を意味し、心術や思考法と結合する（Gr.436：⑦七五頁）。諸徳の内容（徳目はそれを示す）は「教説」として「教えられうる」としても、徳そのものは「教えられうる」とはいえないであろう。なお、カントは徳論を「徳の諸義務」の体系と見なし（MS 393：⑪二六〇頁）、徳の内容を義務の内容に対応させているが、これについてはつぎのことに注意する必要がある。すでに述べたように（I・四・三）、徳の諸義務は基本的な道徳的諸関係において格率の普遍化可能のテストを経た結果として示される。道徳的自律は格率のこのような自己吟味に基づくのであり、徳そのものや諸徳を習得するまえに、そのための批判的思考力を習得することが重要である。

この力の習得とは無関係に、徳の諸義務が教えられることは他律となるであろう。

（六）哲学することと道徳的に考えること

「道徳は教えられるか」という問いは、「哲学は教えられるか」という問いと結合している。この点にかんして、「哲学を学ぶことはできず、哲学することを学ぶことができるにすぎない」（KrV.B865f.：⑥一一五頁以降）という『純粋理性批判』における主張の意味を確認したい〈〈教える〔lehren〕〉ことと、〈学ぶ〔lernen〕〉こととは表裏一体であるので、〈哲学を教えること〉は、〈哲学を学ぶこと〉に置き換えることができる）。ここでは「学ぶ」ことの二つの意味が区別されているといえる。まず、「歴史記述的な〔historische〕認識」は学ぶことができる。できあいの知識としての哲学も学ぶことができる。しかし、理論体系としての哲学はつねに未完成であり、ある哲学理論を学んだとしても、哲学を学んだとはいえない。したがって、学ぶことができるのは理論体系（理説）としての哲学ではなく、それを産み出すために哲学的に思考すること、すなわち「哲学する」ことにすぎない。歴史記述的なものとしての哲学は「理性の才能」を「訓練する」ための素材にすぎない（KrV.B866：⑥一一六頁）[39]。哲学を学ぶことについてのこのような見解は、『道徳形而上学』において、「徳を教える」ことにかんしていわれたことと一致する。実践哲学は、〈よりよく生きること〉について思考することをめざすのであり、子どもを、このように思考できるようにすることが道徳教育の目的であろう。〈道徳は学ぶことはできず、道徳について考えることを学ぶことができるにすぎない〉というべきであろう。

四・三　子どもの自発性と強制

（一）格率と自由

カントは道徳的行為における格率の役割を重視するが（Ⅰ-三・二）、『教育学』においてもつぎのようにいわれる。道徳においては、たんに習慣に従ってではなく、行為の根拠に対する洞察に基づいて、行為することが必要である。そのさいに、それぞれの行為者が「あらかじめ設ける」「主観的規則」としての「格率」が重要になる（Pd.481：⑰二七五頁）。

「行為の道徳的価値の全体は善の格率において存立する」（Pd.475：⑰二八四頁）。格率は「自分自身の自由を使用する能力」（Pd.453：⑰二三七頁）と結合している。教育においても、子どもが、自分で立てた格率に従って行為できるようにすることが求められる。「生徒が、習慣に基づいてではなく、自分の格率に基づいて善く行為する」ことが必要である（Pd.475：⑰二七五頁）。「自分でその適切さを洞察した格率に従って行為することを子どもは学ぶべきである」（Pd.480：⑰二八三頁）[40]。

たんなる訓練においては「模範、威嚇、懲罰」が重視されがちであるが、そこでは子どもは受動的立場におかれる。これに対して、道徳的教育においては、行為が子ども自身の格率に基づき、子どもの自主性が生かされるように指導する必要がある（Pd.457：⑰二七五頁）。子どもは一定の発達段階に到達すれば、格率に基づき、「熟慮して、自分の自由を使用する」ことができるようになる（Pd.452：⑰二三五頁）。道徳的発達段階に応じて、子どもをそこへ高めることが重要であるが、格率にはいくつかの段階がある。カントは「学校の格率〔Schulmaxime〕」と「人間性の格率」との区別に言及している（Pd.481：⑰二八四頁）。前者は「学校規則〔Schuhlgesetz〕」と結合し、後者は道徳法則と結合する[41]。カントは、子どもの格率を、学校内部で妥当する格率から、人間全体に妥当する格率へ高めることをめざしているといえる。

（二）**自由と強制**

格率は主観的な規則にすぎないので、それはさらに、他人たちにとっても「必然性」をもつ「普遍的」規則と一致しなければならない（Pd.482：⑰二八六頁）。普遍的規則に従うことは強制を伴う。そこで、格率を自主的に立てる自由と、普遍的規則による強制とがいかに一致するかが問題になる。「教育の最も大きな問題の一つは、法則の強制への服従を、自分の自由を自分のために使用する能力といかに合一させうるかである」（Pd.453：⑰二三七頁）。

『倫理学講義』においては、行為主体が格率を道徳法則に一致させ、自分を自分で強制することによって真に自由となると説明される（VE：152ff.／⑳一〇七頁以降）。批判期においてはこの見解が理性の自律（自己立法）の思想へ高められる（Gr.432f.：⑦七一頁／KpV.32f.：⑦一六七頁）。『教育学』においては格率と道徳法則の関係には言及しないまま、「自由の強制」（自由への強制）について語られる（Pd.452：⑰二三八頁）。子どもがまだ格率を自分で立てることができない段階では、大人が子どもに規則を与え、子どもを外部から強制することが必要であるが、このことは、格率を立てる子どもの能力の育成と接続するように、行なわれなければならない。子どもを強制することは、「子どもが自分自身の自由を使用できるように指導するためである」ことを、「子ども自身にたいして具体的に示す必要がある」（Pd.454：⑰二三八頁）。カントは、子どもに早期から、できるだけ自由にさせ、子ども自身の目的の達成の自由は他人の同様の自由と共存する範囲で保障されることを、子どもの発展段階に応じて学ぶように指導することを主張する。このようにして、子どもにたいする外的強制はしだいに子ども自身による内的強制に転化し、自由と一致するようになる。(42)

（三）　教育的賞罰の役割

教育においては、子どもの自発的活動をつうじた自己発達を援助することが重要であるが、そのさいに一定の外的強制も必要になる。この強制は処罰において具体的形態をとる。ルソーは『エミール』において、子どもにたいする強制と処罰を可能なかぎり排除するよう主張する。これに対して、カントは、普遍的規則に一致する格率に基づいて子どもが行為することができるまで、最低限の強制（処罰）が必要であると見なす。たとえば学校規則の違反は処罰されなければならない（Pd.481：⑰二八四頁）。

カントは処罰を「自然的処罰」と「道徳的（精神的）処罰」とに区分する。前者は、欲求することが自然的制約によって実現されず、自然の否定的反作用を受けるという意味のものと、他人によって「人為的に」加えられる物理的処罰という狭義のものとを含む（Pd.482：⑰二八七頁）。ルソーはこれに先立ち、両種の「自然的処罰」のなかで前者の種のみを肯定した。(43)カントも物理的な（狭義の自然的な）処罰を批判する。それは子どもの反発を招き、かえって子どもを強情にする。また、処罰は怒りや動作を伴うものではなく、その意味が子どもに理解されるように、行なわれなければならない。自然自身による処罰のほかに、軽蔑や屈辱を与えるという精神的、道徳的な処罰が必要であり、物理的処罰は補助的、限定的なものとすべきである。ただし、不名誉や恥の意味は青年期に理解可能になるので、不名誉や恥をもたらす処罰はそれ以前の段階の子どもにはふさわしくないともいわれる（Pd.482f.：⑰二八七頁以降）。

処罰の反対は報償（褒美）の付与であるが、報償の付与にも限界がある。処罰を恐れて悪行を避けようとする人間は「奴隷根性」に陥るが、報償の獲得を動機として善行をなそうとする人間は「商売根性」に陥る（Pd.482：⑮二八七頁／Vgl. VE.6：⑳七三頁）。また、賞賛や名誉を得るために善行をなし、非難や不名誉を回避するため、悪行を控えることは他者依存的であり、自立的ではない（Pd.480f.：⑮二八四頁以降）(44)。

第五節　教育学の体系化構想

五・一　教育の体系

カントによれば、それまでの教育の「技（技法）〔Kunst〕」にかんしては「機械論」が多かったが、これを「学問」へ転換しなければならない（Pd.447：⑰二二八頁）。教育学によって教育の技は、「一つの連関づけられた努力」となることができる。「教育の目的全体の体系的概念、およびその目的を達成するための方法にかんする体系的概念」を提示することが教育学の課題となる（Pd.475：⑰二七四頁）。この課題を達成するためには、人間のさまざま素質の重層的結合の構造を明らかにすること、年齢に応じたそれぞれの素質の発達段階を明らかにすることが必要となる。『教育学』においては教育の分類についていくつかの異なった説明が行なわれている。それらの相互連関には不明確な面がある（『教育学』の編集上の問題もその背景にあるかもしれない）。カントの作業はまだ試行的であるが、少なくない点で高い水準を示している。

（一）保育と陶冶

『教育学』の序論に相当する最初の箇所では、教育が「養護〔Wartung〕」あるいは「保育〔Verpflegung〕」と「陶冶（人間形成）〔Bildung〕」とに区分され、陶冶はさらに「訓育〔Zucht〕」と「教示〔Unterweisung〕」とに区分される（Pd.443：⑰二二〇頁）。「訓育」は「訓練〔Disziplin〕」ともいい替えられ、『教育学』の全体においてはむしろ訓練が基本とされる

（Pd.449：⑰二三一頁／Pd.452：⑰二三五頁）。訓練は、「人間がその動物的衝動によってその本分としての人間性から逸脱しないように予防する」ことを意味する（Pd.442：⑰二一八頁）。なお、訓練の概念はより広く、「練習（修練）〔Übung〕」を含む点で、教示に含められることがある（Pd.466：⑰二五九頁）。

訓練（訓育）も教化（教示）も人間の動物性を人間性へ高めるものであるが、前者が消極的であるのに対して、後者は積極的である（Pd.442：⑰二一八頁）。教示は知識や技能を子どもに伝授し、子どもの技術的素質を発達させる。教示は「教化（開化）〔Kultur〕」（Pd.444：⑰二二二頁）とも呼ばれる（四・一（二））。

これらの区分を図示すれば、つぎのようになる。

- 養護・保育
- 陶冶
  - 訓練（訓育）
  - 教示（教化）

（二）教化・洗練化・教導

さきの分類では実用的素質の発達と道徳的素質の発達に言及されていないが、序論的部分ののちの箇所では、実用的素質の発達のための「洗練化（文明化）〔Zivilisieren〕」と、道徳的素質の発達のための道徳化が加えられ（Pd.449f.：⑰二三一頁以降）、教育は〈訓練－教化－洗練化－道徳化〉に区分される。

さらにのちの箇所では教育は「世話（ケア）〔Besorgung〕」（あるいは保育）と「陶冶」とに大別されたうえで、陶冶は消極的なものとしての訓練と積極的なものとしての「教示」および「教導（生活指導）〔Anführung〕」とに区分される（Pd.452：⑰二三五頁）。教示は知識や技能を子どもに伝授することによって、子どもの技術的素質を発達させる。教導は、教示されたものを社交に適用させて、実用的素質を発達させる（四・一（三））。以上の教育の区分を図示すれば、つぎのようになる（なお、ここでは訓練と道徳的陶冶には言及されていない）。

- 保育――（動物的素質の発達）
- 陶冶
  - 訓練
  - 教示――技術的素質の発達
  - 教導――実用的素質の発達

五・二　自然的教育と実践的教育

（一）自然的教育と人為的教育

『教育学』の後半部分（編者によって「論述（本論）〔Abhandlung〕」という見出しを付された部分）においては「自然的教育」と「実践的教育」とが区分される。自然的教育は、「人間と動物とに共通である」とされる。それはとくに家庭における乳幼児の保育を意味し（Pd.455：⑰二二四頁）、栄養の提供、身体の発育の援助を含む。

自然教育はとくにルソーの見解を念頭においたものである。彼は、子どもが自然との接触をつうじて自ら学習するという「自然的教育」を重視し、子どもに「教え込む」ことをやめ、子どもを悪徳や誤謬から守るという「消極的教育」を主張した。「初期の教育はまったく消極的であるべきである」。それは「徳や真理を教え込むのではなく、心を悪徳から、精神を誤謬から守る」ことでなければならない（『エミール』第一編、岩波文庫、上、一三一頁）。カントもこれとほぼ同様の主張を行なっている。「早期の教育は消極的でなければならない」。「自然の配慮を越えて、もう一つの新しい配慮を「人為として」付加する必要はなく、自然をただ妨害しないようにすればよい」（Pd.459：⑰二四七頁）。カントはルソーの影響のもとにこのような観点から保育についてかなり詳細に論じている。

（二）自然的陶冶と実践的陶冶

カントは自然的教化と実践的教化とを区別する。自然的教化としておもに挙げられているのは身体と感覚の訓練あるいは修練である。運動能力と感覚器官の「使用（修練）〔Übung〕」を「子ども自身が自力で行なう」ことが重要である

（Pd.466：⑰二六〇頁）。カントが重視するのは「遊び」である。遊びは自由な活動であるが、子どもは遊びをつうじて身体と感覚を鍛えるとともに、一定の技能を向上させる（Pd.468：⑰二六三頁以降）。なお、「精神の自然的教化」として「自由な教化」と「学校的陶冶」とが区分されることがある。「自由な教化」は遊びによるのに対して、学校的教化は仕事と労働によるといわれる[45]（Pd.470ff.：⑰二六六頁以降）。

実践的教化は精神的陶冶に関係するが、とくに実用的陶冶（実用的教化）と道徳的陶冶（道徳的教化とは呼ばれない）とを含むといわれる（Pd.469：⑰二六六頁）。ここでとくに技術的陶冶（認知的、技能的陶冶）の位置が問題になるが、これはのちに「心的能力〔Gemütskräfte〕の自由な教化」に含まれる。じっさいにここで考察のおもな対象とされるのは認識能力の教化であり、すぐあと見るように、下級認識能力の教化と上級認識能力（悟性、判断力、理性）の教化とを含む（Pd.472：⑰二六九頁以降）。

このようにカントの説明は錯綜しているが、これを整理すれば、つぎのようになるであろう[46]。

- 自然的陶冶
  - 保　育
  - 自然的教化
- 実践的陶冶
  - 技術的陶冶
  - 実用的陶冶
  - 道徳的陶冶

（三）教化の区分

『教育学』の「論述」部分の後半においては「一般的教化」と「個別的教化」とが区分され、さらに前者は「自然的な一般的教化」と「道徳的な一般的教化」とに区分される（Pd.475：⑰二七五頁）。

まず、「自然的な一般的教化」は修練（練習）と訓練によるものであり、そこでは子どもは大人に服従し、受動的である。これに対して、「道徳的な一般的教化」によって子どもは格率に基づいて、自主的に行為するようになる（Pd.475：

⑰二七五頁）。つぎに、「個別的教化」は熟達の育成をめざすが、それは悟性能力の教化を意味する。ここでの悟性は広義の認知的能力であり、感覚、構想力、認識力、記憶、注意力、ウィットなどの低次の認識能力（ibid.）と高次の認識能力（Pd.476：⑰二七六頁以降）をも含む。さらに、感情の陶冶も心的能力の個別的陶冶に属す（Pd.477：⑰二七八頁）。なお、判断力と理性は認識に関係するだけではなく、道徳的実践にも関係するといわれるが（ibid.）、認識能力の教化から区別される本来の実践的能力については立ち入った考察がない。また、道徳教育についても論じられるが（Pd.480ff.：⑰二八三頁以降）、これが一般的な教化に属すのか、個別的教化に属すのかは明らかではない。

心的能力のこのような区分を図式化すれば、つぎのようになる。

- 心的能力の教化
  - 一般的教化
    - 自然的な一般的教化
    - 道徳的な一般的教化
  - 個別的教化
    - 低次の悟性能力の教化
    - 高次の悟性能力の教化
    - （道徳的な一般的教化）

五・三　学校教育と家庭教育

カントによれば、これまで学校の役割は知識・技能の伝授のための教示におかれ、社会生活における実用的能力を発達させるための教導は家庭で（とくに「家庭教師によって）行なわれてきた。学校教師〔Lehrer〕は知識や技能の「伝授者〔Informator〕」であるのに対して、家庭教師〔Hofmeister〕は「生活（人生）の指導者〔Führer〕」である（Pd.452：⑰二三五頁）。[47] ところで、学校教育と家庭教育との関係をめぐって、ルソーとカントのあいだには理解の相違がある。ルソーは『エミール』において、学校における教育は、知識や技能を教え込むだけでなく、社会において他人を利用して出世する実用的能力をも与えることをめざし、文明の堕落と結合してきたと批判する。[48]

カントは当時の家庭教育の欠陥を指摘する。「一般的にいえば、熟達［の育成］の面についてだけではなく、市民の性格［の形成］の点でも、やはり公教育の方が家庭教育よりも長所をもつ。家庭教育はしばしば、家庭の欠陥を［教育へ］もたらすだけではなく、この欠陥を増殖し、伝播させもする」（Pd.453：⑰二三七頁）。家庭における狭さや閉鎖性を克服することが学校における公教育の課題となる。カントは公教育の意義をつぎの点に見出す。そこでは子どもは、権利の点で自分が他人と同等であることを学ぶ。「そこではだれも特典を享受しない。というのは、人間は成績（努力の成果）によって他人よりも傑出することをつうじてのみ、［他人から］注目されるからである」。「そこにおいては、人間は自分の力を（他人との比較で）見定めることを学ぶとともに、それが他人の権利によって制限されることを学ぶ」。このようにして公的教育は「将来の市民の最善の模範を与える」（Pd.454：⑰二三九頁）。

カントはこのように私教育（家庭教育）と公教育（学校教育）とを比較したうえで、両者の結合が必要と見なす。すなわち、基礎的な知識や技能の伝授（教示）と実際的な生活指導（教導）とを結合し、善き家庭教育を促進するような新しい教育施設の設立をめざす（Pd.451：⑰二六一頁／Vgl. Pd.452：⑰二三五頁）[49]。彼はそのさいに、当時バゼドウによって実験されつつあった「汎愛学舎〔Philanthropium〕」に注目する（Pd.467：⑰二三四頁）[50]。

これまで見たカントの主張を整理すれば、教育はつぎのように区分されるであろう。

- 保育――家庭教育
- 陶冶
  - 訓練――家庭教育と学校教育
  - 教示――学校教育 ┐
  - 教導――家庭教育 ├ 新教育施設
  - （道徳的陶冶） ┘

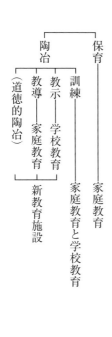

五・四　ルソー・バゼドウ・ボック

ルソーの『エミール』が『教育学』に与えた影響は（とくに幼児教育にかんして）多くの箇所で確認できる。[51] カントがルソーから摂取した教育思想の基本は、子どもが自然との接触とのなかで自発的活動をつうじてその素質を自分で発達させる可能性をもつこと、子どもにたいする人為的働きかけとしての教育（狭義の）はこのような子どもの自主性の配慮と助成を基礎とすることである。カントは教育学の講義にさいして第一回はJ・B・バゼドウの『方法書』（一七七〇年）を、あとの三回はF・S・ボックの『教育術教科書』（一七八〇年）をテキストとして使用した。『教育学』の構成や基本概念の点でこれらの著作からの直接の影響は見られない。[52] しかし、バゼドウはルソーの強い影響を受けており、バゼドウとカントとのあいだにいくつかの基本的な点で類似点が認められる。

第一に、バゼドウはルソーの見解を継承し、子どもの立場から世界の認識と自分の生活についての認識を重視している。また、ボックは子どもの発達段階について立ち入って考察している。カントは『教育学』においてはこの点についていっそう詳細に分析しているが、それがバゼドウの影響によるものか、『エミール』からの摂取に基づくカント独自のものであるのかは断定できない。

第二に、バゼドウはコメニウスの感覚論やロックの経験論の影響のもとに、子どもの経験の発展に基づく認識の発展に注目する。カントの認識論は理性主義的であるが、認識の発展過程における経験論的要素をも考慮する。彼は、子どもの認識を経験をつうじて具体的なものから抽象的なものへ段階的に高めるための教育を主張し、例示や絵図による形象化の効果を指摘し（Pd.476：⑰二七七頁）、構想力や判断力を重視する（Pd.472：⑰二七〇頁）。[53]

第三に、バゼドウはルソーの影響のもとで子どもの自発性を配慮するが、カントは子どもの自発的活動をいっそう強調する。彼は知識の一方的な教え込みを批判し、知識の習得を子どもの「自主的思考」の促進と結合することを重視する。実践的には自主的判断に従った（格率に基づく）行為への教育を強調し、訓練のさいにも、子どもが「自由を感じる」ようにする必要性を指摘する（Pd.464：⑰二五六頁）。[54]

バゼドウ、ボックとカントとの第四の共通性は実用性の重視にある。バゼドウは、「事柄についての知識」を手段として生活に適用する能力として怜悧を重視し、ボックは「世界知」の獲得と応用を重視する[55]。カントは一七七〇年代には人間学的考察の進展とあいまって、実用的な生活領域、およびそこにおける能力の発達に注目しており、実用性の重視はバゼドウの直接的影響によるものではないであろう。なお、バゼドウとボックは道徳（良心）、道徳教育の役割を強調するが、道徳を各人の幸福と民族（国家）の幸福と結合しており[56]、カントにおけるように実用的次元と道徳的次元とを明確に区別していない。

最後に、バゼドウが提唱した「汎愛主義〔Philanthropismus〕」にたいするカントの関係について触れておきたい。『教育学』においてはバゼドウの評価は教育組織（「汎愛学院〔Philanthropium〕」）およびそこでの教育法にかんするものに限定され、汎愛主義の思想そのものについては言及されていない[57]。たしかに他者への「人間愛」について語られるが（Pd.499:⑰三一五頁）、それは道徳の基本にはおかれず、その意味は限定的に理解されている。「好為（慈善）〔Wohltun〕」が人間愛の表現とされるが、それは不完全義務であり、他人の権利の尊重についての完全義務に従属するといわれる（Pd.490f.：⑰三〇一頁）[58]。

第六節　「人格の完成」と「人間性の開発」——教育基本法第一条をめぐって

六・一　教育基本法の制定時の論争

カントの人間観と教育論をどのように理解するかは日本の教育とも深く関係する。教育基本法の第一条においては、「教育は、人格の完成を目指し」て「行われなければならない」とされている。「人格の完成」という表現はいかにもカント的に見えるため、これをめぐってさまざまな議論があった。

戦後の教育基本法の制定（一九四七年）に向けての議論においては、教育の目的を「人格の完成」とするか、「人間性の開発」とするかが大きな論点となった。一九四六年九月に教育刷新委員会が設立され、教育基本法のための建議もその任務となり、第一特別委員会がこれを分担した。この審議の過程で、教育の目的を「人格の完成」におく案が提出されたが、これを人格主義的、道徳主義的なもの、また個人主義的なものとして批判する論者は「人間性の開発」を主張した。活発な議論をへて「教育刷新委員会」の建議（同年一二月）においては教育の目的が「人間性の開発」におかれたが、政府が議会（当時は帝国議会）に提出した法案（一九四七年三月八日）においては教育の目的は「人格の完成」とされ、この法案が議会で議決されて、一九四七年三月二五日に公布された。政府案が「人格の完成」を採用したのは、当時文部大臣の田中耕太郎の意向に従ったものといわれるが、彼は強い人格主義的傾向をもっていた[59]。彼は人格の完成についてつぎのように述べていた。「自分の自由を勝手気儘に活用する」ことではなく、「自然科学、精神文化、芸術、道徳、宗教などの一層高い教養をもって磨かれた理想的意味での人間」を育成することが重要である（「教育の理念と政策」、一九四六年五月）。また、彼は教育基本法の制定後につぎのように述べている。「人格の完成は、完成された人格の標的なしには考えられない。そうして完成された人格は経験的人間には求められ得ない」。「教育は結局個人の倫理化である」（田中耕太郎『教育基本法の理論』有斐閣、一九六一年、七九頁、八一頁）[60]。

六・二 「人間性の開発」か「人格の完成」か

教育基本法の制定をめぐる議論に先立っては、「個性の育成」が重視された。文部省が作成した新教育方針（一九四六年六月）においては「人間性・人格・個性の尊重」がうたわれているが、田中の前の文部大臣の前田多門は「個性の育成」や「個人の完成」を重視していた。ここには、第一次アメリカ教育使節団の報告書（一九四六年三月）において個人の価値と尊厳の尊重が強調されていたことの影響が見られる。しかし、「人格の完成」を強調する論者はこれを「個性の伸長」から峻別し、個人が経験的なあり方を超えて倫理的あり方へ高まることを求め、さらに「完成された人格の標的」、人格の「理想の姿」、人格の完成の「普遍的基準」を想定する。

「人格の完成」の人格主義的、道徳主義的傾向にたいしても、「個性の伸長」の個人主義的、経験論的傾向にたいしても批判的な論者は、これらに「人間性の開発」を対置し、この主張が最終的に教育刷新委員会において優勢となった。その中心論者の一人の務台理作はつぎのようにいう。「人格の完成」は「抽象的で、その解釈がなかなかはっきりしない」。

「人間のいかなる努力によっても完成をめざすというごときことは、そう容易なことではない」。「完成」は「教育で期待できるものではない」。人格の完成は「非常に基準的」である。また、「人格というものを静的に見るきらいがある」。これに対して、「人間性の開発」は「ダイナミックな具体性」をもつ。「人間性の開発は人格主義」「より、人間主義」「の方に近づ」き、「教育の上でのぞましい」[61]。「人格の完成」を主張する論者はこれに反論し、「人間性の開発」論は基準や理想をもたず、人間における動物的本性をもそのまま肯定していると見なした[62]。

けっきょく、教育の目的を「人格の完成」におく教育基本法の法案が議会で可決されたが（一九四七年三月）[63]、そのあと文部省が出した「教育基本法の制定の要旨」にかんする訓令（一九四七年五月）においては、「人格の完成とは、個人の価値と尊厳の認識に基づき、人間の具えるあらゆる能力を、できる限り、しかも調和的に発展せしめることである」と説明された。ここでいわれる「人格の完成」は、田中らが主張するように人格の倫理的、精神的側面を偏重したものではない。ここでは「人間性の開発」に言及されていないが、「人間」の「あらゆる能力」の「調和的発展」という表現は「人間性の開発」を考慮したものであろう。以後、文部省訓令における人格の完成のこのような説明が標準的なものと受け取られるようになった（文部省による教育基本法の英訳においては人格の完成は〈full development of personality〉となっている）[64]。このような説明の主旨は、翌年の「世界人権宣言」（一九四八年）における「人格（個性）の十全な発展〔full development of human personality〕」のそれに近いものとなっている。ただし、この宣言の表現は個人主義的、経験論に理解されることが多い。

それでは、人格の完成のこのような理解はカントの教育論とどのように関係するであろうか。田中耕太郎はキリスト教的な人格主義の立場から「人格の完成」という規定に固執した。彼はカントに直接に言及していないが、カント倫理学の通説的理解に依拠していると思われる。[65] この点では、人格の完成という規定を批判するがわも同様であろう。しかし、すでに見たように（Ⅱ - 二・三）、カントは狭い人格主義の立場に立ってはいない。彼は教育についても、「自然諸素質を発展させ、さまざまな萌芽から人間性を展開する」ことをその目的と見なす（Pd.445：⑰二二四頁）。務台理作は、「人間性の開発」が「ダイナミックな具体性」をもつと見なしたが、カント自身がこのような見解を示しているのである（本章、三・二）。ただし、カントはこのように「人間性の開発」を「人格の発達」（あるいは「人格の完成」）の基礎におきながらも、前者へ後者を解消しているのではない（本章、三・三）。この点では、文部省訓令が理解する「人格の完成」はカントにおけるそれと共通面をもつ。

ところで、人間性にかんしては、カントはこれを抽象的、形式的に理解しているにすぎず、人間や人格の共同的、社会的内容を度外視しているという批判（ヘーゲルらによる）がある。しかし、カントは、人びとを市民社会と世界市民社会の担い手として形成することとめざし、このような観点から人格性を理解する（本章、二・三）。彼によれば、教育は、「自分自身を保存し、また、社会のなかで成員となり、しかも内的価値を自分自身にとってもちうるような、自由に行為する存在者」を形成することにある（Pd.455：⑰二四一頁以降）。ここでは、簡単にではあるが、人格（人格性）と社会との関係が考慮されており、人格を原子論的に狭く理解することが戒められている。教育基本法（旧法）においては、教育は、「平和で、民主的な国家及び社会の形成者として」「個人の価値をたっとび」、「自主的精神に充ちた」「国民の育成」をめざす（第一条）とうたわれているが、これはカントの見解と基本において一致する（しかし、二〇〇六年の同法の改正によって、「個人の価値をたっとび」、「自主的精神に充ちた」という表現が削除され、カントの精神は後退させられた）。

六・三　現代日本の教育とカント教育論

（一）人格の完成のその後の解釈

先述の文部省訓令において、「人格の完成」は人間の「あらゆる能力」の「調和的発展」を意味するといわれているが（本章、六・二）、このことは結果としてカントの見解と重なる。しかし、教育基本法の制定当時の議論においては〈人間性－人間－人格（人格性）－個人（個性）〉の関係が未整理であり、この点についてのカントの豊かな思想を生かすことはできなかった。このため、文部省訓令における解釈によって論争に決着はつけられず、火種が残された。人格の経験的、個人主義的な理解を批判する論者のあいだでは、人格を経験的な「個人」から峻別し、前者に精神的、共同的な内容を与えるため、それを伝統的な文化や倫理と結合しようとする動きが繰り返された。

田中耕太郎は「人格の完成」を人格主義的、道徳主義的に理解する立場からつぎのように主張する。「人格の概念は個性から区別される」。「個性はいわば自然的なもので価値盲目的である」。「これに反して人格は人生の目的を前提とし、価値概念に関係している」（『教育基本法の理論』、七三頁）。「人間の道徳的使命」（同、八一頁）を重視する田中には、文部省訓令における見解は経験論にすり寄ると見えるであろう（ただし、田中は同訓令に直接には言及していない）。教育法令研究会『教育基本法の解説』においては人格の完成にかんして、諸能力の調和的発達（個性の伸長）という側面と、真善美の価値基準に従う完成という側面とに言及されているが（本章、六・二）、基本は後者におかれ、この点で田中の見解に近い。そこでは「人間性の開発」にかんして、「人間性」は、「人間が動物と共有する野生的なものをも含むように考えられやすい」、「開発」においては、「普遍的なものからの価値評価が考えられず、自然の野生をそのまま伸ばすというように誤解されるかもしれない」といわれている（『教育基本法の解説』、六二頁）。

田中耕太郎はキリスト教的、擬似カント的な人格主義の立場から「人格の完成」を理解するが、わが国においては戦前から、「人格の完成」を個人の精神的な営みと見なし、これを儒教的な修養（修身）と結合し、さらに伝統的な倫理と接続させられがちであった[66]。田中は戦前の教育における極端な国家主義や軍国主義には反対するが、教育勅語における徳目（儒教的徳目を含む）に必ずしも反対していない[67]。他方で、務台理作は教育基本法制定のための審議においては「人格の完成」という規定を批判したが、同法の制定以降は、「人格の完成」という規定を国家主義的傾向の歯止めとして評価するようになり、「人格主義」という表現を肯定的に使用してもいる[68]。

（二）人格の完成と愛国心

天野貞祐は京都学派に属し、カント研究者でもあり、戦前に徳目の強制に反対した経験をもち、教育刷新委員会の委員として「人格の完成」という規定に替え、「人間性の開発」という規定を主張した一人である。しかし、彼は文部大臣の在任中に（一九五〇～五一年）、教育基本法は抽象的であるので、「教育勅語に代るもの」として、徳目を示す公的文書が必要であると主張し、「国民実践要領」を提案した。[69]そこでは四一の徳目が掲げられ、第一の項目として、人格の尊厳が挙げられるが、人間性の開発や個性の伸長には言及されていない。国家については、それは「倫理的、文化的な共同体」として「われわれの存在の母胎」であるとされ、「祖先から国を伝え受け、子孫へそれを手渡して行くものとして国を危からしめない責任」、「愛国心」がうたわれている。「国民実践要領」は多方面から批判を浴び、天野はこれを撤回し、文部大臣辞任のあと個人の責任でそれを公表した。[70]

しかし、「国民実践要領」の基本内容は一九六六年の「期待される人間像」（中央教育審議会答申・付記）において、やや形を変えて再登場する（それをまとめた中心の高坂正顕は天野の後輩であり、やはり京都学派に属すカント研究者であって、「国民実践要領」の素案の執筆に参加した）。「期待される人間像」においては「人格」と「個性」とが区別される。人格の本質は、「自ら自分自身を律すること」「本能や衝動を純化し向上させること」ができるという自由にあり、また、自由は責任と結合しているといわれる。これに対して、個性は経験的なものとして他の人間の個性から区別される独自性をもつといわれる。「人格をもつという点では人間はすべて同様であるが、個性の点では互いに異なる」。「個性を伸ばすこと（個性の開発）」は「個人の尊重」に基づくといわれるが、それは人格の完成と同じではないと主張される。「人間性の開発」にも言及されるが、それが人格の完成、個性の伸長といかに関係するかについて説明はない。人格の責任は「日本民族の共同の責任」に接続され、人格の自覚は「愛国心」と結合される。「生命の根源に対する畏敬の念」という独自の項目があり、「民族の生命」にも言及されている。ここでは個性から区別される人格が普遍的なものと見なされ、そこへ民族文化の伝統が内容として盛り込まれる。「期待される人間像」も批判にさらされたが、それが示した方向は一九八〇年代以降学習指導要領（とくに「道徳の時間」にかんする）をつうじて教育現場に浸透し、教育基本法の改訂（二〇〇七年二月）によって一つの区切りを迎えた。

（三）憲法改定と「人格」の再規定

教育基本法の改訂に向けての議論においては、第一条における「人格の完成」という文言を個人主義的として批判する声が改定論者のあいだで強かった。これに対して、同法の改訂に反対する論者は、個人の尊厳をあいまいにして国家や伝統文化を優先させる傾向にたいする歯止めとしてこの文言の存続を主張した。このような論争の方向は同法の制定のさいの論争の方向とは逆である。改訂された同法の第一条において「人格の完成」という文言は残されたが、先述のように（本章、六・三）、「自主的精神に充ちた」「国民の育成」という表現から、「自主的精神に充ちた」という部分が削除され、「人格の完成」の保守主義的理解が強まった。

日本国憲法の改定をめぐる近年の議論においては、日本国憲法の「個人の尊重」（第一三条）、「個人の尊厳」（第二四条）にたいして批判が出されている。伝統保守の立場に立つ論者は、「個人の尊厳」の観念がアメリカ由来のもので、占領軍の圧力のもとで憲法に取り入れられたと見なし、経験論的、個人主義的な個人から精神的な「人格」を区別して、これを伝統的な文化や倫理と結合しようとする。その典型例は、第一三条における、「すべて国民は、個人として尊重される」という部分を、「人として尊重される」に変更しようという主張（自由民主党の「改正草案」二〇一二年）である。ここでは、「個人」から区別される「人」（人格）は精神的、共同的なものであり、さらに国家、社会、伝統と結合する共同的なものと見なされる。(71)

カントは人格を、人間性によって支えられた共同的なものと見なし、これを特定の共同体（民族など）と直接に同一視することを批判しているが、日本におけるこのような動向はこれとは対照的である。〈人間性－人間－人格－個人〉についてのカントの見解を再検討し、そこから学ぶ意義は増しているといえる。

カント実践哲学と応用倫理学　注

(1)ジープは「応用倫理学」という用語に替えて、「具体的倫理学」という用語を提唱し、その内部に従来の応用倫理学を「領域倫理学」として位置づける。L・ジープ『具体的倫理学――自然倫理学と文化倫理学の基礎』(二〇〇四年、邦訳『ジープ応用倫理学』丸善株式会社、二〇〇七年)、一一頁、一四頁、二七頁。

(2)厳密にいえば、カントの思想形成過程においては、原理的考察が先行し、その応用として諸学が示されたのではなく、むしろ後者が前者を促進した。彼は最初期の一七五〇年代には当時の自然科学に刺激され、その原理の解明に強い関心をもったが、一七六〇年代に形而上学、論理学、倫理学、および自然地理学の講義を開始し、一七七〇年代にはこれらの科目に人間学、自然法の講義を加えた。形而上学の根拠づけの研究が進められ、その成果が一七八〇年代の『純粋理性批判』、『実践理性批判』などに示され、一七九〇年代には道徳的原理の応用として『人間学』、『道徳形而上学』などが出版された。

(3)〈taugen〉の原義は、「ふさわしい」、「ふさわしい能力をもつ」ことであり、ここから、「役立つ」という意味が派生した。

(4)カントは、数学による大砲の軌道計算と力学(摩擦、空気抵抗などの認識)との関係、力学と機械術との関係を理論(科学)と実践(技術)との結合の例として挙げる(TP.276:⑭一六五頁)。

(5)カントによれば、〈Pedanterie, pedantry〉には二つの意味がある。第一に、それは、学校(学界)に閉じこもり、「世間知」を欠く立場を意味する。第二に、〈Pedant〉は、形式や細部に固執する「形式詮索者〔Formalienklauber〕」(『論理学』KgS.IX.46f.:⑰六四頁以降/『ペーリッツ論理学』KgS.XXIV.523:⑳四七三頁/Vgl. MS.206:⑪一七頁)を意味する。カントは、ドイツ人には杓子定規の傾向があることを指摘する(Ath.319:⑮三〇八頁)。

(6)〈Schule〉は教育機関だけでなく、研究機関、学派をも意味する。〈Schulkenntnis〉は学界においてはスコラ学、ヴォルフ学派の哲学をも念頭においたものであろう。『純粋理性批判』においても「哲学の学校概念」と「哲学の世間概念」とが区別され、真の哲学者は「理性の技術者」でなく、「人間理性の立法者」であると述べられている(KrV.B866f.:⑥一一七頁)。

(7)この指摘は『基礎づけ』におけるつぎのような見解と通底する。道徳については「通常の人間理性(常識)の実践的判定能力」は哲学者の「理論的判定能力よりもはるかに優れている」(Gr.404:⑦二八頁)。

(8)カントも純粋数学と応用数学との、純粋論理学と応用論理学との区別との類比で「道徳の純粋哲学」と「道徳の応用哲学」とを区別する(Gr.410:⑦三八頁)。『純粋理性批判』においては「純粋哲学」と「応用哲学」とが区別され(KrV.B876:⑥一二四頁)、『基礎づけ』においては道徳の「純粋哲学」とその「応用」部門としての人間学とが区別される(Gr.390:⑦九頁/Gr.441:⑦二〇頁)。『自然の形而上学』は、『純粋理性批判』において示された認識原理の応用であり、これが経験的自然科学の基礎とされる（MS.214f.：⑪二七頁以降／『自然の形而上学』Kgs.IV.469：⑫七頁）。〈純粋理性批判－自然の形而上学－自然科学〉の段階の区別に対応して、実践哲学においても〈実践理性批判－道徳形而上学－実用的人間学〉の段階が区別される。

（9）「決疑論（事例疑問解決法）〔Kasuistik, casuistry〕」は、行為がそれぞれのケース〔casus〕において規則に従っているかどうかを判断するという説あるいは方法である。元来は中世のキリスト教において信者の良心が個々の行為において直面する疑問に解決を示すためのものであった。カントも『宗教論』において良心の決疑論に言及している（Rlg.186：⑩二五〇頁）。

（10）実践においては悟性は技術的規則や実用的規則に関わるであろう。また、道徳においては悟性の機能は認識上のもの（概念、カテゴリーなど）に限定されるであろう。

（11）判断力と理性との関係はつぎのようにも説明される。判断力によって普遍のもとにあると見なされた特殊が普遍的と必然的に結合していることを確認するのは理性である（Ath.199：⑮一三〇頁）。理性のこのような理解は、規則の適用においては規則がケースと外的、偶然的に関係づけられるにすぎないという批判にたいする反論となりえるであろう。また、理性は判断力をつうじて、悟性における概念を拡張するといわれる（『人間学講義』KgS.XXV.1039：⑳三六四頁）。このことは、概念の意味を確証し、吟味することを伴なうであろう。道徳的実践においては理性は規則に照らして行為に判決を下しもする。法則のもとにあると判断力によって認められた行為にのみ責任が問われるが、この責任は「理性の判決」によって明確になる（MS.438：⑪三一五頁）。カントは、「立法する理性」と「適用する理性」（『人間学講義』KgS.XXV.1039：⑳三六四頁）とを、また、「立法的理性」と「執行的理性」（『人間学遺稿』RzAth.714）とを、さらに「判断する理性」と「支配する理性」あるいは「行為を規制する理性」（『人間学遺稿』RzAth.182）とを区別することもある。ここでは、①法則の立法、②法則の行為への適用、③法則の執行（法則に従った行為の実行）の諸段階で理性が作用し、理性は②の段階では判断力の機能を含むものとして広義に理解されている。

（12）カントは道徳的法則を複数形で使用することがあるが（Gr.389：⑦八頁／Gr.412：⑦四〇頁／Gr.460：⑦一一〇頁／KpV.114：⑦二八九頁）、それがなんらかの内容を含むかどうかは明らかでない。

（13）カントが挙げる例においても格率の重層性が見られる。「資産をあらゆる方法によって増やす」という格率（KpV.27：⑦一五九頁）は生活原則に関係するものである。「他人から寄託されたものであることが第三者によって証明されないばあいには、これを自分のものとする」（Ibid.）という格率は特定の状況における行為に関係する。カントにおける格率の性格については、御子柴善之「「格率」倫理学再考」（『理想』六六三号、一九九九年）、小野原雅夫「晩年におけるカントの格率概念」（日本倫理学会『倫理学年報』第五〇集、二〇〇一年）、参照。

（14）意志は道徳法則を立法し、自律的であるが、選択意思は自然法則に依存し、他律的ともなりうる。このことは『実践理性批判』においても言及されていたが（KpV.33：⑦一七〇頁）、全体として批判期においては明瞭にされていなかった。また、格率を立てるのが意志なのか、選択意思なのかも明確ではなかった。「意志の格率」という表現も用いられた（KpV.32：⑦一六七頁）。

（15）〈Willkühr〉は〈Will〉（意志）と〈küren〉（選択する）の結合である。カントもつぎのようにいう。「〈Willkür〉（選択意思）は〈Keir〉（選択）、〈Küren〉（選択する）に由来する」（『形而上学』KgS.XXVIII.589：⑲三二七頁）。

（16）道徳的な普遍性は、「すべてのばあいにすべての理性的存在者」に妥当することを意味し（KpV.25：⑦一五五頁）、理性的存在者のあいだの関係を前提にしている。このことは、実践的理性の自律（自己立法）が道徳的共同体（「諸目的の国」）において「完全な規定」を与えられるといわれる（Gr.436：⑦七六頁）ことにおいて明確に示される。拙著『実践と相互人格性――ドイツ観念論における承認論の展開』（北海道大学図書刊行会、一九九七年）二七頁、六九頁、七九頁、参照

（17）ヘーゲルは『精神現象学』において、カントが実践的理性による法則の立法の機能を法則の内容の普遍性の吟味（査法）の機能に引き下げると批判する（「理性」の章、C、c）。ただし、カントにおいては厳密には吟味されるのは格率の内容である。

（18）F. Kaulbach. *Einführung in die Philosophie des Handelns.* 1982. 邦訳『行為の哲学』（勁草書房、一九八八年）、一七五頁。

（19）『判断力批判』においては、自然の目的論的考察のさいには「理論的（観照的）―反省的判断力」が作用するのに対して、道徳的目的論においては「実践的判断力」が作用するが、この「実践的判断力」は規定的であるだけでなく、反省的でもあるといわれる（KU.456：⑧一四五頁）。なお、〈道徳法則－格率－行為〉の関係においては〈実践的・反省的判断力〉に言及されていない。

（20）現代日本の法学界においても田中成明はつぎのようにいう。「判決が三段論法推論の結論として獲得されるというのは、あくまでも裁判過程の形式論理的構造の説明である」。「判決の正当化の過程と、その現実の発見の過程とは同じではない」。「大抵の場合は、法規範の意味内容の確定や事実認識など、判決の作成におけるいっさいの活動は、相互に連関した一連の過程として同時的あるいは不可分に行なわれる」（『現代法理論』有斐閣、一九八〇年、二三六頁）。磯村哲もつぎのようにいう。「法規範への生活事態の包摂」は、「かんたんな既存法規の適用」にかんしてもつぎのように行なわれる。「第一に、複雑な生活現象のなかから、小前提を構成しうる法的に有意味な事態をとり出し確定することは、関係する法規範の適用の顧慮とともに評価的選択的になされる。第二に、関係する法規範の意味・妥当範囲が決定されなければならないが、この確定作業も個別的事態の顧慮のもとに評価的になされる」。この過程は「規範と生活事態の間の不断の相互作用、視線の往復」ということができる（磯

村哲編『現代法講義』有斐閣、一九七八年、八七頁）。

(21) カウルバッハ、前掲訳書、二五三頁。

(22)『倫理学講義』においてはつぎのようにいわれる。「自分自身にたいする義務」は「すべての義務のなかで最も重要なものであり」、「他人にたいする義務が順守されるための条件である」（VE.146f.：⑳一〇二頁）。

(23) 立場の交換についてのこのような見解はアダム・スミスの影響を受けたものと思われる。拙著『カント実践哲学とイギリス道徳哲学』（梓出版社、二〇一二年）、一九二頁以降、一九七頁以降、参照。

(24) カントは『徳論』においては嘘（不誠実）の禁止を自分自身にたいする完全義務に含める。嘘は他人に損害を与えなくても、自分の人格における人間性を損なうという理由で、禁止される（MS.429：⑪三〇三頁）。なお、カントは『倫理学講義』においては一方で、嘘は他人にたいする義務よりも自分自身にたいする義務を侵害すると見なしながら（VE.147：⑳一〇三頁）、他方で、誠実（嘘の禁止）を他人にたいする義務に含める（VE.286ff.：⑳二五一頁以降）。

(25) この論文においてカントはB・コンスタンの批判に対して反論するが、両者の主張はかみ合ってはいない。友人の命を狙い、自分にも危害を加えかねない追手が、「真実［を告げること］を要求する権利」をもつかどうかをコンスタンが問題にしたことを念頭において、カントは、真実を告げない（不誠実である）という法的な権利や義務があるかどうかを問題とする。カントによれば、善意の嘘は直ちに法的処罰の対象とはならないが、そこから生じる否定的結果にたいして法的責任が問われるのに対して、真実を告げたばあいは、そこから生じる否定的結果に責任は問われない（『人間愛からの嘘』KgS.VIII.426f.：⑬二五四頁以降）。カントは問題を法的次元に限定されるが、コンスタンが「権利」に言及するさいには、その道徳的意味をも考慮していると思われる。なお、カント自身も権利は道徳にも存在することを認めている（Vgl. MS.488：⑪三八五頁）。

(26)『倫理学講義』においてはつぎのようにいわれる。一般的には、嘘は他人の特定の権利を侵害しないとしても、人間性の権利を侵害するので、道徳的に許容されない（VE.287：⑳二五二頁）。しかし、他方で窮余の嘘についてつぎのようにもいわれる。なにを「窮余」と見なすかが恣意に委ねられがちなので、一般には窮余の嘘は容認されないが、限定的なケースでは許容される。たとえば、強盗によって金のありかを告げるよう脅迫されるばあいに、強盗は、真実の言明を「不当に利用しようとしている」のであるから、これを拒否することは許容される（VE.288f.：⑳二五四頁）。また、強盗にたいしてイエスかノーかの回答を保留することは真実の隠蔽であるが、直ちに虚偽ではない（VE.287：⑳二五二頁）。このように窮余の嘘についてのカントの見解は必ずしも一定しない。谷田信一「カントの実質的義務論の枠組みと「嘘」の問題」（カント研究会編『批判的形而上学』11、理想社、一九九〇年）、二五三頁以降、『全集』⑬解説、四八七頁以降、菅沢龍文「カント『道徳形而上学』における嘘

の禁止」（法政大学『哲学年報』第二四号、一九九二年）、一〇五頁以降、参照。

第Ⅱ章

（1）「人間の観察〔Beobachtung〕」はイギリスの思想家によって触発された。一七七二〜七三年の『人間学講義録』においては、「イギリスの著作者たちの［人間についての］観察の偉大な貯蔵」に言及されている（KgS.XXV.1.2.1.7）。『人間学』においてはヒューム、スウィフト、ホープなどによる人間観察がしばしば紹介されている。『美と崇高の感情の観察』（一七六四年）においても「イギリスの観察者たち」に言及されている（KgS.II.233：②三五五頁）。「経験と観察に基づく」「人間の本性の研究」を主題としたのはヒュームの『人間本性論』である。拙著『カント実践哲学と道徳哲学』一一五頁以降、参照。批評の精神はスコットランド学派（ハチソン、ヒューム、スミスの道徳感情学派を含む）の基本をなす。月刊誌『スペクテーター』（一七七一〜七二年）がこれを代表していた（『人間学』においてもその引用が見られる）。この学派においては〈Critique〉（批評）は文芸を越えて、社会や文明全体にも向けられた。『純粋理性批判』から始まるカントの三批判書はこのような批評の精神を徹底し、批判を哲学的原理へも向けたものである（Vgl. KrV.B766f.：⑥三四頁以降）。「観察者、注視者〔observer, speculator〕」は、事実を注意深く見て取るだけでなく、それに距離をおき、それを批判的に考察する者を意味した。浜田義文『カント倫理学の成立』（勁草書房、一九八一年）、三五頁、七五頁、二一五頁以降、拙著『カント実践哲学と道徳哲学』一八六頁以降、参照。

（2）技能と怜悧との関係についてのカントの説明は著作によってさまざまである。『基礎づけ』、『実践理性批判』においては「私的な怜悧」と「世間的な怜悧」とが区別されるが（Gr.416：⑦四六頁／KpV.3：⑦一七五頁）、前者の怜悧は技能と同一視される。『判断力批判』においては怜悧は技能の延長上で理解され、独立した位置を与えられておらず、怜悧と幸福との関係に言及されていない（UK.432f.：⑨一一二頁以降）。

（3）『人間学遺稿』（一七七三〜七五年）においては教説が、人間を「①熟練したものにするもの、②怜悧にするもの、③知恵あるものにするもの」に区分され、これに対応して、「学校的知、実用的知、道徳的知」、「開化、文明化、道徳化」が区別される（RzAth.659）。『倫理学講義』（一七七〇年代後半）においても「技能の命法」、「怜悧の命法」、「道徳の命法」が区別される（VE.4.18：⑳二七頁）。なお、すでに『道徳哲学遺稿』（一六六〇年代中ごろ）において「怜悧あるいは技能」と「知恵」とが、「実用的なもの」と「道徳的なもの」とが区別されている（RzMph.92f. 112）。

（4）『人間学講義』（一七八〇年代中ごろ）においてはつぎのようにいわれる。「人間学は［人間の道徳知に役立つ。というのは、道徳はその動機を人間学から汲み出さなければならないからである。人間学がなければ、道徳は学校的なものになり、世間へまったく適用できないであろう」（KgS.XXV.2.1211）。カントの人間学的関心は、スコットランド学派のなかでもとくにヒュームによって触発された可能性が高い。ヒュームにおいては、自然の学から区別される「人間の学」は「経験と観察」に基づき、認識論も含む広義の道徳哲学を意味する。それは人間を「社交的存在」として捉え、「交際、仕事、娯楽における人間のふるまい」、「世間のなりゆき」を考察する（『人間本性論』序論）。カントはヒュームとは異なり、道徳哲学を人間の学から分離しつつ、実践哲学全体において不可欠なものとして位置づけるといえる。拙著『カント実践哲学とイギリス道徳哲学』一一三～一一八頁、参照。

（5）カントにおいて〈Welt〉はいくつかの意味をもつ。第一に、それは、「私と共同の関係をもつ他の存在者の全体」（Ath.130：⑮二八頁）を意味し、人間の自己閉鎖的なあり方（自己中心主義者〔Egoist〕としての）と対比される。第二に、〈Welt〉は法的、政治的文脈では、個別的諸民族を超えた国際社会を意味する。人間学は最終的には「世界市民」、世界市民的体制の実現をめざす（Ath.333：⑮三三〇頁）。第三に、最広義の世界は、自然と人間を含む全体である。自然にかんする「世界知」が自然地理学〔physische Geographie〕の対象であるのに対して、人間にかんする「世界知（世間知）」は実用的人間学の対象である（KgS.II.443：『さまざまな人種』②四一五頁／KgS.IX.157：『自然地理学』⑯一六頁／Vgl. Ath.122：⑮一五頁）。寺田俊郎は「世界市民」を広い意味に理解し、第一の意味の世界および世界市民を「思考様式」に関わるものと見なす。「世界市民の哲学としてのカント哲学」（カント研究会編『世界市民の哲学』晃洋書房、二〇一二年）、五二頁以降。

（6）自然地理学は人間の生活にとっての自然的環境を理論的に考察するのに対して、人間学は人間の生活を実用的見地から実践的に考察する。両者の学は世界認識の二つの部門をなす。カントは最初期に、学生が、「経験の不足を補うのに十分な歴史的知識をもたずに、早くから理屈のこね方を学ぶ」という傾向をもつこと指摘し、学生を「実践的理性に向けて準備させることができるようなもの」のための「楽しく分かりやすい見本」として地理学を位置づけていた（『一七六五～六六年冬学期講義計画広告』KgS.II.312：③二三三頁）。のちに開始された人間学も同様の性格をもつであろう。また、カントは同じ文脈で、哲学を学ぶのではなく、「哲学することを学ぶ」ことが重要であると主張している（KgS.II.307：③二二六頁）。自然地理学の講義は、カントが最も早く開始した講義（論理学講義、形而上学講義と並ぶ）に属す。彼はケーニヒスベルク大学への就職の翌年の一七五六年に地理学の講義を開始し、一七九六年まで四八回行なった。この講義は習俗的地理学、政治的地理学をも含み、これらの分野は人間学的考察と重なる。

（7）カントの倫理学的考察はまず一七五〇年代中ごろにドイツのヴォルフ学派やクルジウスの影響を受けたが、一七六〇年代には（一七六四年の『美と崇高の感情の観察』）道徳感情学派（ハチソンら）の影響、その直後に（一七六四～六五年の『美と崇高の感情の観察・覚書』）ルソーの影響を受け、ヴォルフ学派の合理論的倫理学にたいして批判的となった。カントの倫理学的研究は一七七〇年代に本格化し、彼はルソーの意志論の影響のもとに実践的理性中心の立場を明確にし、ハチソンらの道徳的感情論に明確に距離をとるようになり、批判期には実践的理性の自己立法＝自律の思想を確立した。これと並行して、一七七〇年代に人間学的研究が開始されるが、その内容上は一七七〇年代後半以降後期まで大きな変化は見られない（拙者『カント実践哲学とイギリス道徳哲学』一七～四一頁、参照）。

（8）当時の「生理的人間学」の典型はプラトナーの『医者と哲学者のための人間学』（一七七二年）に見られる。この書においては生理学、心理学、人間学の段階が区分されるが、生理学が重視される。カントは人間学講義の開始時にそれについての情報を得た。彼はプラトナーの人間学を「思弁的人間学」（『人間学講義』KgS.XXV.1.472）、「学校的人間学」（『人間学講義』KgS.XXV.2.856. 1210）と呼んでいる。

（9）二〇世紀には一方で経験的な自然的人類学に対抗し、他方で抽象的な人間論（カントの見解を含む）に対抗し、「哲学的人間学」（シェーラー、プレスナー、ゲーレン）が登場した。しかし、それは自然科学や人間科学の知見を利用しながらも、新たな思弁的枠組みを導入している。この点については、茅野良男『哲学的人間学』（塙書房、一九六九年）、奥谷浩一『哲学的人間学の系譜』（梓出版社、二〇〇四年）、参照。

（10）なお、『シュトイリン宛の書簡（一七九三年五月四日）』においては、「①私はなにを知ることができるか（形而上学）、②私はなにをすべきか（道徳学）、③私はなにを望んでよいか（宗教）」、さらに④「人間とはなにか（人間学……）」が「純粋哲学の分野」の課題といわれ、「世界市民的立場」からのものには限定されていない（KgS.XII.429：㉒二〇四頁）。『純粋理性批判』においても、「①私はなにを知ることができるか、②私はなにをすべきか、③私はなにを望んでよいか」という問いが「理性の関心」であるといわれるが（KrV.B832：⑥八九頁）、「人間とはなにか」の問いには言及されていない。

（11）高坂正顕は、カント本来の人間学は超越論的なものであり、実用的人間学はそれを用意すると見なす（『カント』理想社、一九九七年、初出、一九三九年、四五、六三頁）。坂部恵は、「人間とはなにか」を考察するのは実用的人間学であるが、四つの問いの全体へ回答するのは「広い意味の人間学」であると解釈する。氏は、カントが「超越論的人間学」に言及している（KgS.XV.395：⑮三八七頁）ことに注目し、実用的人間学は狭い学校知への反省（人間理性の自己認識）を含み、これを超越する点で、「超越論的」であると解釈する（『理性の不安』勁草書房、一九七六年、五四頁以降）。ヤスパースは、〈人間とはなにか〉の問いにたいしては、「カントの著作全体が回答」であると見なした（K. Jaspers. *Die gossen Philosophen*. Bd.1. 1958. 邦訳『カント』理想社、一九六二年、二四〇頁）。宇都宮芳明は当初はこれを批判し、実用的人間学によって、「人間とはなにか」の問いに回答が出されていると解釈したが、のちには、「狭義の人間学」（実用的人間学）から「広義の人間学」（道徳を核とする）を区別し、「人間とはなにか」の問いに答える人間学は後者の人間学であると主張する（『哲学の視座』弘文堂、一九七八年、三二頁以降、五四頁以降）。氏はとくに、カントが「人間の全体的規定（使命）」についての学を道徳学（道徳哲学）と見なし、この学を「世界概念」（「学校概念」と対比される）による哲学と関係づけていること（KrV.B866ff.：⑥一一六頁以降）に注目し、この学が広義の人間学に相当すると解釈する（『カントと神』岩波書店、一九九八年、二二九頁以降）。和辻哲郎も、カントの道徳学が「最も根源的なアントロポロギー」であると見なしていた（『人間の学としての倫理学』岩波全書、一九七一年、初出、一九三四年、四〇頁以降）。井上義彦は、「人間存在に関する根本問題を考察する（哲学的）人間学」（〈人間とはなにか〉の問いに答える学）はカント自身によっては完成されなかったと見なす（『カント哲学の人間学的地平』理想社、一九九〇年、iii頁）。

（12）本章、注1、参照。

（13）現代の哲学的人間学の創始者の一人のシェーラーは人間を階層構造において捉えようとしたが（M. Scheler, *Die Stellung des Menschen im Kosmos*, 1928, 邦訳『シェーラー著作集』13、「宇宙における人間の位置」白水社）、カントはそれに先立って、道徳を頂点としながら、人間の内的階層構造を把握しようとしたといえる。

（14）第I章、注1、注4参照。

（15）〈Menschheit〉が理性面と感性面の統一として広義に理解されている例としてつぎのようなものがある。「〈Menschheit〉の特殊な自然素質」は「人間本性の特殊な素質」であり、「人間の理性に固有ではあるが、必ずしもいかなる理性的存在者にも妥当はしない特殊的な性向」である（Gr.425：⑦六〇頁）。「〈Menschheit〉の偶然的条件のもとでのみ妥当するものはいかなる理性的存在者にも向けられる普遍的概念」ではない（Gr.425：⑦六〇頁）。「〈Menschheit〉が道徳性をつうじて自分に与えることができる価値」（KpV.71：⑦二二六頁）、「実践的な純粋な理性が〈Menschheit〉にたいして設ける限界」（KpV.85：⑦二四八頁）について語られる。

（16）リッターは初期カントの法哲学の形成にかんして「人間性の権利」を重視するが、そのさいに、「人間性」が「実在的要素」をも含むことに留意する（Ch. Ritter, *Der Rechtsgedanke Kants nach frühen Quelen*, 1971, S.193, S.320）。しかし、リッターは、この実在的側面が理念の側面といかに関係するかについて説明していない。このため、彼の解釈はカントの法思想の批判主義を弱め、それを自然法の伝統に近づけると、ケアスティングによって批判されている（邦訳『自由の秩序』ミネルヴァ書房、二〇一三年、一四八頁）。なお、〈Menschheit〉が人類を意味する用例としてつぎのようなものがある。〈Menschheit〉が「自分の道徳的使命」を達成する努力が必要である（『人類史の憶測上の始原』VII.117：⑭一〇五頁）。「動物的類としての〈Menschheit〉」と「道徳的類としての〈Menschheit〉」とは区別される（同、VII.117:⑭一〇六頁）。「あらゆる自然素質の発展は「〈Menschheit〉において達成される」（AG.22:⑭一〇頁）。「犯罪者の人格における〈Menschheit〉にたいする（類にたいする）

尊敬」（MS.363：⑪二一八頁）。

（17）『道徳形而上学』においては、実践的理性に基づく〈Menschheit〉（humanitas practica）〉から、「満足や苦痛という共通の感情にたいする情感的な〔ästhetisch〕感受性」に基づく〈Menschlichkeit（humanitas aesthetica）〉が区別される（MS.456f.：⑪三四二頁）。『道徳形而上学準備稿』においては〈Menschheit〉と〈Menschlichkeit〉との関係がつぎのように説明される。〈Menschheit〉は「実体的な〈humanitas〉」であるが、〈Menschlichkeit〉は「偶有的な〈humanitas〉」である（KgS.XXIII.398）。『倫理学講義』においては、〈Menschlichkeit〉は「他人にたいする同情や共感」、「人間愛（博愛）」、「共感的感情」を意味するが、これは、「傾向性からの愛」に基づくものと、「責務からの愛」に基づくものとを含み、後者のみが道徳的なものであるといわれる（VE.250：⑳二一一頁／VE.282：⑳二四七頁）。〈Menschlichkeit〉、〈Humanität〉（人間味）は「人づきあいのよさ〔Leutseligkeit〕」（VE.256：⑳二一一頁／VE.294：⑳二六〇頁／VE.302：⑳二六九頁）と同義に理解されることもある。『判断力批判』においては、〈Humanität〉は「共感的感情〔mitteilende Gefühl〕」および「心を他人に伝達する能力」を意味するといわれる（KU.355：⑧二六四頁）。『人間学』においては、享楽と道徳とが結合したあり方が〈Humanität〉と呼ばれる（Ath.277：⑮二四四頁）。

（18）ヨーロッパでは〈inidivivudual, Individuum〉が一般的には「個体」を意味する（人間以外の存在者にも適用）ので、個人を意味するものとしてしばしば〈person〉が使用される。心理学では〈personality〉は個人の性質や能力の総体（性格）という経験的意味に理解される。なお、カントは『人間学』において「人間の性格」を個人〔Person〕、両性、民族、人種、人類の次元で説明しており、〈Person〉を経験的意味に理解している（Ath.285ff.：⑮二五五頁以降）。

（19）カントは〈Person〉、〈Persönlichkeit〉をさまざまな次元で理解している。①認識の面では人格性は、意識の変化のなかで自己同一性を維持する個人主体を意味する（MS.223：⑪三九頁）。この人格性はさらに経験的心理学における次元（Ath.127：⑮二三頁）、合理的心理学、論理学における次元（Ath.134：⑮三四頁／KgS.XXVIII.1：『形而上学（一七七〇年代）』⑲一二四頁）、超越論的統覚に関係する超越論的次元（KrV.A365：⑤七二頁／KrV.B408：⑤一〇六頁）とに区分されることもある。②実践的文脈では人格は選択意思〔Willkür〕をもち、自由であり（MS.226：⑪四二頁）、またそのことに基づいて自分の行為に責任をもつ（MS.223：⑪三九頁／Rlg.26：⑩三四頁）。『論理学』においても、意識の同一性としての「心理学的人格性」と、帰責の主体としての「実践的人格性」とが区別される（KgS.XXVIII.1.296：⑲一五一頁）。

（20）『宗教論』においては、人格性そのものは、「まったく知性的に見られた人間性の理念」（Rlg.28：⑩三七頁）といわれる。『道徳形而上学』においては、「人間」は「その人間性の面から見て、自然的諸規定から独立した人格性（本体人）として、自然的規定を伴なう同一の主体、すなわち人間（現象人）から区別して、表象される」（MS.239：⑪六一頁）といわれる。ここでは、人間性の理性的側面を人格性が明確に表現することが指摘されている。しかし、人間性が類の次元に属すのに対して、人格性は個の次元に属すという相違を看過すべきではない。

（21）「人格の状態」という用語は論稿によって異なった意味をもつが、整理すれば、三群に区別されるであろう。①身分（地位）、経済的状態（貧富の状態）などの人格の外的な社会的状態（VE.224：⑳一八四頁／MS.468f.：⑪三五八九頁以降）。②年齢、性別、健康などの人格の内的な自然的状態（MS.468f.：⑪三五八九頁以降）、③快・苦、満足・不満、幸福・不幸などの内的な心理的状態（VE.210：⑳一六八頁／VE.215：⑳一七四頁以降／Gr.450：⑦九五頁／KpV.60：⑦二一一頁／KpV.88：二五一頁）。④気質、才能、技能などの内的な属性や能力。これについてはつぎのようにいわれる。人間の気質は「人格の内的価値の一部」をなすように見えるが、「内的で無条件的な価値」をもたない（Gr.393：⑦一三頁）。仕事における技能、勤勉は「市場価値」を、趣味、気質（機知、想像力、陽気など）は「感情価値」をもつにすぎない（Gr.434f.：⑦七四頁）。「技能の価値は状態に関係するにすぎない」（VE151：⑳一〇七頁）。社交も「状態としての価値」をもつ（VE169：⑳一二六頁）。人格の内的価値以外のこれらの価値は相対的で、交換可能である。Ⅲ-三・一、参照。

（22）『道徳哲学遺稿』の一七六〇年代に属す部分においてはつぎのようにいわれる。「エピクロスは状態の価値にのみに目を向け、人格の内的価値を知らなかった。ゼノンは状態の価値を容認せず、人格の価値のみを真の善として認めた」（RzMph.176）。

（23）カントにおいて「人間性の尊厳」が定式化されるのは一七七〇年代後半以降と思われる。『倫理学講義』（VE.316：⑳二八三頁）および『道徳哲学遺稿』の一七七〇年代末の断片（RzMph.307）においてこの概念がしばしば使用されるようになる。なお、内容面から見れば、より早い時期に人間性の尊厳に言及されている。『美と崇高の感情の観察』（一七六四年）においては「人間本性の尊厳」について語られ（GSE.127：②三三五頁／KgS.II.219：②三三七頁）、『道徳哲学遺稿』の一七七三〜七五年の断片においては、「自分自身の人格においても他の諸人格においても人間性は神聖で不可侵であると」述べられている（RzMph.165f.）。

（24）カントは「自分の人格における人間性と他人の人格における人間性」の尊重にかんして必ず、自分の人格における人間性の尊厳を他人の人格における人間性の尊厳のまえにおいている。逆の順序の方がカントの思想にふさわしいようにも見えるが、カントはそのようには表現しない。大局的にみれば、人間性は自他の人格に共通の根本的なものであり、自分の人格における人間性の尊重と他人の人格における人間性の尊重とは相互であり、いずれかが優先するのではない（このことにかんしては、宇都宮義明『人間の間の倫理』以文社、一九八〇年、一九九頁、拙著『実践と相互人格性』六〇頁、参照）。それにもかかわらず、カントがこのように主張するのは、自分にたいする義務が他人にたいする義務に優先することを念頭におくためであろう（Ⅰ-五・二）。しかし、自分の人格における人間性を尊重できない人間は他人の人格における人間性を尊重できないという面もある。今日では、凶悪な犯罪を企てる人間のなかには、自分の人格における人間性を尊重できずに、自暴自棄的になり、他人の攻撃に走るばあいが少なくないことが指摘されている。

(25) 日本国憲法の第二四条、および教育基本法の前文では「個人の尊厳」がうたわれている。しかし、国際的には多くのばあい「人間の尊厳」が基本とされる。世界人権宣言（一九四九年）、第一条では「人間の尊厳〔human dignity〕」が、ドイツ基本法（憲法に相当、一九四九年）、第一条では、「人間の尊厳〔Menschenwürde〕」、ヨーロッパ連合基本権憲章（二〇〇〇年公布）、第一条でも「人間の尊厳〔human dignity〕」がうたわれている。日本国憲法や教育基本法の規定はアメリカ的観念の影響を受けており、カントを源流とする観念と比較して、経験論的、個人主義的性格が強い（Ⅷ・六・三、参照）。

(26) D・ビルンバッハーもつぎのように指摘する。カントは、人間性の道具化を禁止するが、「人間性という抽象概念がいかに道具化されうるのであろうか」。「人間をたんなる手段とするならば、人間性の尊厳は軽視されうる。しかし、手段としての人間はつねに具体的な人間でのみありうる」『自然と利害関心との間の生命倫理学』（二〇〇六年、邦訳『生命倫理学』、法政大学出版局、二〇一八年）、三八九頁以降。なお、カントが人間性の手段化について語ることがまれにある。『倫理学講義』においては、性器は人格の一部であり、売春する人間は自分の人間性を道具として使用するといわれる（VE.208：⑳一六七頁）。しかし、ここでの人間性の道具化は身体の手段化の結果として生じるというべきであろう。

(27)『倫理学講義』においてはつぎのようにいわれる。「人格は」「自分の労働によって他人のための手段ともなりうるが、当人が人格、目的自体であることをやめないかぎりで、そうである」（VE.150：⑳一〇六頁）。『道徳形而上学』においてはつぎのようにいわれる。「人間が、ある貸借契約によって、ある他者にたいして」「賃金を受ける代償として」「ある勤労の義務を負いうる」。ただし、そのさいに主人が、「自分の従属者の労力を任意に利用する権能をもつ」ならば、従属者は奴隷と変わらなくなる（MS.330：⑪一七六頁以降）。この指摘は日雇い労働者や小作人についてのものであるが、現代の労働者、今日のブラック企業における労働者についても該当するであろう。

(28) 尊厳概念の「ストッパー」の役割、その「インフレーション」の傾向についてはビルンバッハーが論じている。彼が直接に念頭においているのはカトリック神学における主張であるが、カントの尊厳概念も「重々しい響き」のために、このように機能していると述べている。なお、ビルンバッハーは、他の価値との比較考量を許さない「強い意味での尊厳」と、それを許す「弱い意味での尊厳」とを区別し、胎児、死者、人類には後者の尊厳を認める（邦訳、ビルンバッハー『生命倫理学』、一〇二頁、一〇六頁以降。ビルンバッハー「生命原理における人間の尊厳」加藤泰史編『尊厳概念のダイナミズム』法政大学出版局、二〇一七年、一八五頁、一九五頁、一九七頁以降)。

(29)〈Kultur〉は、〈土地の耕作〉を意味するラテン語の〈colere〉に由来し、〈動植物の飼育の世話〉、〈人間の能力の開発〉という意味に転化した。これに対して、〈zivilisieren〉は本来、社会的意味をもつ。その原義は、「〈civis〉になること(市民化)」、「都市化(都雅化)〔Urbanisieren〕」であり(Vgl.KgS.VII.45:『論理学』⑰六三頁)、そこから「洗練化」という意味が派生した。フランス語の〈policer〉も、「〈police〉の成員となる」という原意をもち、そこから洗練化という意味が派生した(〈policé〉は英語では〈polite〉)。〈bürgerlicher Zustand〉は、ルソーにおける〈état civil, état civilisé〉に対応し、これは、〈état naturel〉と対比される「文明的状態」、「市民的状態」を意味する。カントも〈Zivilzustand〉という用語を使用することがある(RzAth.888f.)。日本ではしばしば精神文化と物質文明とが対比されるが、カントの用法では〈Kultur〉と〈Zivilisierung〉とのあいだに精神的と物質的との区別はない。

(30)カントにおいてルソーからの影響は「『美と崇高の感情の観察・覚書』(一七六四〜六五年)以後顕著になる。「私は、人間を尊敬することを学ぶ」という有名な言葉もこの覚書に含まれる(KgS.XX.44:⑱一八六頁)。本章の注7、参照。

(31)ルソーは『社会契約論』、『エミール』(およびその一部の「サヴォアの副牧師」)において、「①人類が自然から開化へ進展してきたことがわれわれの力を弱めることによって、②文明化が不平等と相互の抑圧によって、③道徳化と称されるものが反自然的な教育と心術の誤った形成によって、引き起こされた損害」について論じている(Ath.326:⑮三二〇頁)。「ルソーが学問の影響についての考察〔『学問芸術論』〕と人間の不平等についての考察〔『社会契約論』と『不平等起源論』〕において、開化と人間的種族という自然とのあいだの不可避的な抗争を指摘したことはまったく正当である」(『人類史の憶測上の始原』Kgs.VIII.116:⑭一〇五頁)。なお、カントにおいて〈wild〉と〈roh〉との区別は必ずしも明確ではなく、いずれもルソーの〈sauvage〉に対応する。多くのばあいに〈wild〉は、「訓練を受けない粗放なあり方」を意味し(Pd.441:⑰二一八頁/Pd.444:⑰二二二頁/Pd.451:⑰二三三頁/Ath.324:⑮三一五頁)、訓練と対比される(Pd.444:⑰二二二頁)。〈roh〉は元来は、「手を加えられないなまの状態」、「未発達な状態」を意味し、そこから、「洗練されない粗野なあり方」という意味が派生した。カントは〈roh〉を「未開」という意味で「開化」と対比するばあい(Pd.441f.:⑰二一八頁以降/Pd.444:⑰二二二頁)と、文明化(風儀よく〔gesittetet〕なり、洗練される〔verfeinernt〕こと)と対比するばあい(Pd.446:⑰二二六頁/Pd 492:⑰三〇四頁/Ath.244/⑮一九六頁)とがある。後者のばあいには文明化が開化(広義)の一形態と見なされている。なお、〈wild〉が開化と、〈roh〉が文明化と対比されることもある(RzAth.780)。

(32)『人間学遺稿』の一七八〇年代の部分においてはつぎのようにいわれる。「ルソーの意図したことの全体は、人間が文明のすべての長所を自然状態のすべての長所と合一できるような状態へ人為をつうじて人間をもたらすことである。ルソーが求めたのは、自然状態に戻ることではなく、そこに立ち戻って［現状を］眺めるべきであること、両極端［自然と文明］を合一させること［である］」（RzAth.890）。カントのこのようなルソー解釈はルソー自身のつぎのような見解と基本的に一致する。「共和国においては自然状態のすべての長所は市民（文明）状態のすべての長所と結合されるであろう」（『エミール』第二編、岩波文庫訳、上、一一五頁）。めざされるべきなのは、「市民状態のなかで生活する自然人」、「都会に住むよう作られた野生人である」（同、第三編、同訳、上、三六頁）。

第Ⅲ章

(1) 生命倫理（学）〔bioethics, Bioethik〕の対象は多くのばあい生命や生物一般ではなく、医療技術における人間の生命であるので、それを〈biomedical ethics〉と呼ぶ方が適切である。広義の生命倫理（動物倫理を含め）はむしろ環境倫理と関連する。〈biomedical ethics〉はしばしば「生命医学倫理（学）」と訳されるが、問題になっているのは医学よりは技術としての医療であるので、本書では「生命医療倫理（学）」という訳を採用する。

(2) カントの見解はフィヒテのものともヘーゲルのものとも異なる。フィヒテは『自然法の基礎』においては、人格が他の人格とそれぞれの身体を媒介にして、相互作用すると見なし（NR.69：九一頁）、この点で身体の役割を重視するが、『道徳論の体系』においては身体を人格の自由な行為の「道具」と見なす（FSW.IV.69：邦訳『フィヒテ全集』⑨、九一頁）。ヘーゲルは一方で、生命や肉体は精神の「手段」であり、意志は身体を「占有取得する」と見なすが、他方で、肉体は「人格の現存在」であり、肉体の侵害は人格の侵害を伴なうとも述べる（Rph. §48）。

(3)『倫理学講義』においては、自由意思に従った自殺がつぎのような矛盾を含むことが指摘される。「ある人間が自分の身体を破壊し、このことによって生命を自ら断つかぎり、彼は自分の選択意思を使用したのであるが、この使用によって選択意思そのものを破壊したことになる。しかし、そうすれば、自分の選択意思を破壊するこの力は自由な意思そのものと矛盾することになる」（VE.185：⑳一四二頁）。このような立場からストア派の自殺論はつぎのように批判される。賢者が自殺によって安らかな死をめざすのは、この世になんらの幸福をも見出せないからではなく、そもそも幸福になんらの価値も認めないからといわれる。しかし、人間が自分の意志に従って自由にこの世を立ち去ることができるという主張は、「私の自由を自分の破壊のために」「使用する」ことである（VE.191：⑳一四八頁以降）。自殺がはらむ矛盾について『道徳形而上学』においては、これとはやや異なった説明が行なわれる。「人間は、義務が問題であるかぎり、したがって、生きているかぎりは、人格性であることを放棄することはできない」。自殺のさいに「人間がすべての責務から免れる権能を――すなわち、いかなる権能も必要としないかのように自由に行為する権能を――もつはずであるというのは矛盾である」(MS.422f：⑪二九四頁)。

(4) フィヒテも、「自分の生命を危険にさらす」ことと、「自分の生命を破壊する」こととを区別する(『道徳論の体系』FSW. IV.263：邦訳『フィヒテ全集』第九巻、三一六頁)。

(5) カントは『道徳形而上学』においては、「祖国を救済するために、……死ぬことが決まっているような状況に身を投じることは自殺であるか」を決疑論的問題としている(MS.424：⑪二九五頁)。なお、カントによれば、国王は戦争において生命を賭けるよう家臣に命令することはできるが、家臣に自殺を命令することはできない(VE.188：⑳一四五頁)。戦前の日本では兵士の玉砕や民間人の自決が強制され、また、兵士を武器の替わりに使用する特攻隊の出撃が命令されたが、これらは事実上の自殺の強制であろう。近年ではイスラム過激派による自爆テロへの信奉者の動員もこれと類似する。

(6) カントの時代に最新の技術であった種痘(ジェンナーによる一七七六年の考案)は副作用を伴ない、その安全性について疑問が出されていた。

(7) カントは、「身体そのものに関する義務」と関連して、「身体を管理する支配権」、「指導権」について語っているが(VE.198：⑳一五五頁)、このことは、身体が所有物であることを意味しない。「身体の管理」は健康管理を意味する。本章、注2、参照。

(8) M・トゥーリー「妊娠中絶と子殺し」(一九七二年)、邦訳「嬰児は人格か」(エンゲルハート他『バイオエシックの基礎』東海大学出版局、一九八八年)、一〇二、一〇七頁。

(9) P・シンガー『実践の倫理』(第一版、一九七九年)、邦訳(昭和堂、一九九一年)、一〇八頁以降。シンガーらが主張する自律＝自己決定は、すでにロックによって主張されたものである。ロックは『人間知性論』においては、「心の決定」によって行為を行ない、あるいは控える力能をもつ人間が人格として自由であると述べている(II.21.9-10：岩波文庫、一三四～一三六頁)。また、『市民政府論』においては、人格の自己決定は法の範囲内で認められ、人格は法を立法すると述べている(TG.II.57：六〇頁/TG.II.66：六九頁)。

(10) アングロサクソン圏において生命倫理学のスタンダードとなっているビーチャム・チルドレス『生命医療倫理の諸原理』(初版、一九七九年、第三版邦訳『生命医学倫理』、成文社、一九九七年、第五版邦訳『生命医学倫理　第五版』、麗澤大学出版会、二〇〇九年)においては慈恵〔benfiencce〕、無危害〔non-malfience〕、正義と並んで、自律が生命医療倫理の原理とされ、とくに他人に危害を与えないかぎりでの自己決定＝自律が重視される。樽井正義は、カントにおける自律としての自己決定は個人性と普遍性の「二つの契機」を含み、後者の契機は、「自他の人間性への配慮と、それを可能にする共同体の秩序への寄与」を意味すると見なす。「バイオエシックスとカント倫理学」(牧野英二・中島義道・大橋容一郎編『カント』情況出版、一九九四年)、二四四頁以降。

(11) エンゲルハート「医療と人格概念」(一九八二年)、邦訳「医学における人格の概念」(エンゲルハート他編『バイオエシックの基礎』)、二六頁以降。

(12) 日本ではアングロサクソン的な〈パーソン〉論の限界が指摘されるようになった。第一に、それはさまざま人間のあいだに、人格をもつ者と、もたない者とを区別する(〈人格―非人格〉の二分法)。第二に、人格以外のもの(生命や身体)をすべて物件、所有物と見なし、これらを任意に手段化することを容認する(〈人格―物件〉の二分法)。第三に、人格を他の人格から切り離し、孤立的に理解する(原子論)。〈パーソン〉論の批判としては、加藤尚武・加茂直樹編『生命倫理学を学ぶ』(世界思想社、一九九八年)所収の蔵田伸雄、田村公仁、浜野研三の論文、森岡正博『生命学への招待』(勁草書房、一九八八年)、第九章、参照。

(13) H・T・エンゲルハート「医療と人格概念」、邦訳、二二頁。

(14)『法論』の別の箇所ではつぎのようにいわれる。「同様に男女はともに、子を養育する責務を引き受けることなしには、子を彼ら相互の作り物(人工物〔res artificialis〕)として産出することはできない」(MS.360:⑪二二五頁)。ここでは新生児にかんして「作り物」という表現が肯定的に用いられるが、これは両親の子にたいする関係を「物権的債権」というカント独自の概念で理解することに由来する(Ⅵ・五・一、参照)。

(15) ビルンバッハーは、胎児や死者は「弱い意味での尊厳」、「弱い保護権」をもつにすぎないと見なすが(第Ⅱ章、注27、参照)、カントにおいてはこの点での強弱の区別はなく、胎児や死者にも人格として〈強い尊厳や権利〉を認めていると思われる。

(16) 樽井正義は、インフォームド・コンセントにおいては患者と医師とのあいだに共同意志が形成されることに着目する。「バイオエシックスとカント倫理学」、二四八頁以降。本章、注10、参照。

(17) カントは、「他人の権利の関係するすべての行為は、その格率が公開性と一致しなければ、不正である」(EF.381:⑭三〇七頁)と述べているが(第Ⅵ章、注7、参照)、公開性の原則は個人相互の合意や契約のさいにも必要であり、情報公開がその条件となるであろう。

(18) 代表的見解は、J・フレッチャー「倫理学と安楽死」(一九七三年)、邦訳(エンゲルハート他編『バイオエシックスの基礎』)、一三五頁以降に見られる。

(19) 平田俊博は、「カント倫理学においてはＳＯＬに対するＱＯＬの優位が確定している」と断定する。「バイオエシックスとカント倫理学」(土山秀夫・井上義彦・平田俊博編著『カントと生命倫理』、晃洋書房、一九九五年)、四〇頁以降。井上義彦は、カントは、「生きるに値する」生命の質の基準を道徳性、人格性に求める点と見なしながら、ＱＯＬに近づくと述べている。「カント倫理学と生命倫理」(同書)、一八頁、二〇頁。

(20) カントは『宗教論』においてつぎのようにいう。道徳的完成は孤立的にではなく、共同体において行なわれる。「最高の道徳的善は個々の人格の自分自身の道徳的完成のための努力のみによっては実現されず、よき心術をもつ人間の一つの体系に向けたまさに同一の目的のための一つの全体へ諸人格が統合することを必要とする」(Rlg.97f.：⑩一二九頁)。カントによれば、倫理的共同体は具体的には教会を意味するが(Rlg.99：⑩一三一頁以降)、各人が相互に道徳的に完成しあう共同の場をより広く理解することもできるであろう。人間の自然素質(道徳的素質を含む)の発展は共同体(市民社会、世界市民社会)において可能となるというがカントの基本見解である(Ⅱ・四・一、Ⅷ・二・三)。

(21) E・W・カイザーリングは、「生命の質」は「必ずしも固定したあり方」ではなく、「医学的治療によってだけでなく」、「周囲の人間の愛や配慮」によって改善されうると述べている。「生命の神聖性と生命の質は両立可能か」(一九八三年、邦訳『バイオエシックスの基礎』)、一一一頁。塚崎智はSOLとQOLの両立をめざすカイザーリングの見解に着目するが、カントとのその関係には言及していない。「生命の神聖性と生命の質の問題」(土山秀夫他編著『カントと生命倫理』)、一二〇頁以降。

(22) 盛永審一郎は、カントの立場において尊厳死が容認される可能性を指摘している。曽我英彦・棚橋實・長島隆編『生命倫理のキーワード』(理想社、一九九九年)、一七六頁。

(23) 人胚を含む人間の尊厳をめぐる諸説の分類としては、森永審一郎『人受精胚と人間の尊厳』(リベルタス出版、二〇一七年)、一二八頁以降、参照。蔵田伸雄は、人胚は「可能な人格」として「道徳的共同体」に所属し、このようなあり方にふさわしく扱われなければならないと主張する。「尊厳という価値について——人間と胚と胎児の価値」(『理想』第六六八号、二〇〇二年)、「人間の胚と人間の尊厳」(生命倫理学会『生命倫理』第一三号、二〇〇三年)、「人間の尊厳を守る責任——カントと人間胚の議論」(日本カント協会『カントと責任論』、理想社、二〇〇四年)。山本達はドイツのホネフェルダーの見解を念頭におき、個的人間の尊厳とは別に類的な人間の尊厳を基準に、人胚をその発生段階にふさわしく扱うことを主張し、すべての発達段階における人胚に尊厳を一律に承認する硬直した見解を訂正しようとする。なお、山本はやはりホネフェルダーの解釈に従って、人格性が人間の自然(本性)に素質として備わっているというカントの主張から、誕生以前のすべての人個体が尊厳(人間性)をもつという結論を引き出すが、人間の自然素質についてのカントの見解を援用したこのような解釈には飛躍がある。「ヒトゲノム解析、遺伝子医療での人間の尊厳という問題」(『理想』前掲号)。

(24) ビルンバッハーは、胎児や死者とともに、類には、弱い意味での尊厳のみを認める。第Ⅱ章、注28、本章、注15参照。

(25) 着床前の胚の扱い、とくにいわゆる「余剰胚」の扱いは人間性と人類性の観点から考察されなければならない。本章、注23の蔵田伸雄「人間の胚と人間の尊厳」、参照。

(26) ハバーマス『人間の自然の将来』(二〇〇一年)、邦訳(『人間の将来とバイオエシックス』法政大学出版局、二〇一四年)、二八頁、四八頁、七二頁、八五頁、一〇六頁以降。ハバーマスの見解の批判的検討としては、品川哲彦「ハバーマスの類倫理再考」(『生命倫理学研究資料Ⅴ』、二〇一一年、科学研究費報告書、課題番号20320004)、参照。

(27)「人類の根幹のなかには種の保存のためのさまざまな素質が根源的、合目的的にまとまって存在しており、これらの素質の展開によって不可避的な遺伝的相違が派生する」(『哲学における目的論的原理の使用について』kgS.VIII.176：⑭一四五頁)。カントは人類の多様性の基本を風土などの自然的環境の影響にではなく、「遺伝的多様性」に見出す(kgS.VIII.178：⑭一四七頁)。

(28)『自然地理学講義要綱・広告』(KgS.II.3：②二六一頁/KgS.II.9：②二六八頁)、『さまざまな人種について』(KgS.II.435f.：③四〇五頁以降)、『哲学における目的論的原理の使用について』(KgS.VIII.175：⑭一四三頁)、参照。

(29)カントは〈Geschlechtsneigung〉(性的傾向性)を基本用語とするが、〈Geschlechtstrieb〉(性衝動)という用語を使用することもある(RzAth.483)。〈Geschlechtsneigung〉は生得的な「情念〔Leidenschaft〕」の一種であり(Ath.267/⑮二三〇頁)、人間の他の人間にたいする〈Neigung〉とも特徴づけられる(RzAth.800)。

(30)この点にかんしてケアスティングは、カントの見解が、種の保存という自然目的や社会的要請から夫婦の性交を分離した点で、「徹底的に解放的な性格」をもつと評価するが、このような評価主張は誇張と思われる(W. Kersting, *Wohlgeordnete Freiheit*, Dritte Auflage. 2007. 邦訳『自由の秩序』二三九頁)。なお、今日の日本では出生率の低下による人口減少のなかで、子作りをしない夫婦を攻撃する論潮が見られるが、これはカントの見解に従っても、偏見である。

(31)夫婦の〈全人格的結合〉については、V・六・一、参照。

(32)この点ではカントの見解とヘーゲルの見解とのあいだに基本的対立はないであろう(ヘーゲルが夫婦による性器の相互使用についてのカントの主張を批判するにもかかわらず)。第V章、注61参照。

第Ⅳ章

(1)認識論においてもカントは人間中心主義の立場をとるといえる。彼によれば、認識の対象は、人間が感覚的素材(質料)に悟性によって先天的な形式、秩序を与えることによって成立するのであり、人間の認識は対象に受動的に従うのではなく、対象を能動的に「構成する」(KrV.XVI：④三二頁)。

(2)この種の批判の典型はリン・ホワイトに見られる。『機械と神』一九六八年、邦訳、みすず書房、一九九二年。第三章。

(3)ベーコンは「精神と事物の交わり」、「精神と宇宙の結婚」について語っており、科学・技術をつうじた人間と自然との調和的結合を主張している。デカルトも科学・技術による自然の支配を主張したため、ベーコンとともに人間中心主義の先駆者としてしばしば見なされている。しかし、彼は、人間を宇宙(自然)の中心におく立場を不遜として批判している。拙著『環境思想を問う』(青木書店、二〇〇三年)、五二頁以降、参照。

(4)カントは、人間の技術を意味するものとしてはおもに〈Kunst〉という用語を用いる。〈Kunst〉は「芸術」を、また自然と対比で「人為」を意味することがある。『判断力批判』においては〈Technik〉は人間についてだけでなく、自然についても認められる（UK.193：⑧四五頁／UK.233：⑧九七頁）。

（5）カントは当時の地質学的、古生物学的知見に基づいて、過去の地球の大変動に注目している（UK.428：⑨一〇五頁／Vgl. SF.88：⑱一二一頁）。一七五五年にリスボンを震源とし、ヨーロッパ諸国へ及ぶ巨大な地震と津波が発生し、これが神の摂理についての楽観論に衝撃を与えた。カントは地震の直後（一七五五～五六年）に地震にかんする三つの論稿を発表し、この地震と、当時ヨーロッパで生じた異常気象との関係にも言及し、地球変動全体にも注目している（KgS.I.412ff.：①二七五頁以降）。

（6）カントは「自然素質〔Naturanlage〕」という用語をさまざまな著作において多用している。『基礎づけ』においてはつぎのようにいわれる。人間は「理性的存在者」として、「その自然素質を拡張して、いっそう改善する」ことを意欲する（Gr.423：⑦五六頁）。人間は「より大きな完全性に向かう素質」をもっており、これは人間性にかんする「自然の目的に属す」（Gr.430：⑦六七頁）。『宗教論』においても人間の善への「自然素質」（Rg.41：⑩五五頁）、「道徳的素質」（Rlg.36：⑩四七頁）について語られる。

（7）カントはリンネ（『自然の体系』一七三五年）を念頭におき、人間は狩猟によって環境に適切な数へ肉食動物を調整し、生態系の調和の維持の手段となったと見なす（UK.427：⑨一〇四頁）。

（8）第Ⅲ章、注27、28、参照。ヘルダーは『人類史の哲学の構想』（一七八四年、八五年）において文化と風土との関連を重視し、「風土学〔Klimatologie〕」を提唱し、「風土共同体」を想定している。カントはこの著作の論評（一七八五年）において、「生理学的・病理学的風土学」を「人間の思考能力と感覚能力の風土学」へ高めることが課題として残ると見なす（KgS.VIII.59：⑭五六頁）。カントにおいては人間生活にたいする風土の影響の点で、地理学は人間学と密接な関連をもつ。地理学は自然的地理学、道徳的（習俗的）地理学、政治的地理学に区分されるが（『自然地理学』KgS.IX.157：⑯一六頁）、自然的地理学も人間の地理的、風土的制約の説明を含む点で、人間学的考察に関連する。

（9）『哲学の目的論的原理の使用について』（一七八八年）においてはつぎのようにいわれる。「人類の原始時代から、自分における素質が徐々に発展して、ある気候に完全に適合するまでに多くの世代を経る必要があった」（KgS.VIII.175：⑭一四三頁）。

（10）カントは最初期の『天界の一般自然史と理論』（一七五五年）において機械論の立場から宇宙の生成について論じているが、それはつぎの点でニュートンの機械論とは異なる（KgS.I.339f.：②一四二頁以降）。カントは一方で、宇宙の調和を神の意志に求める立場を批判するために、機械論の立場を採用するが、他方で、この調和を自然自身における「目的に適う適切な配置」（KgS.I.346：②一四七頁）に求める点では、目的論を採用する。『純粋理性批判』においてはつぎのようにいわれる。悟性によって把握される自然法則は「自然の機械的結合」にかんするものである。ただし、生物（有機体）のような自然の考察のためには、そこに「目的論的結合」を見出すことが必要である（KrV.

B716：⑤三六五頁）。しかし、自然を機械的結合として捉えることと、自然全体の統一の根底に目的を見出すこととは対立しない（KrV.B722：⑤三六六頁）。『判断力批判』においては目的論的考察は反省的判断力に基づくと見なされる。なお、『純粋理性批判』の応用としての『自然形而上学』（一七八六年）は機械論に基づき、有機体については考察していない。井上義彦は環境問題にとっての『判断力批判』における目的論的自然観の意義に注目するが、機械論と目的論との両立可能性に力点をおき、人間と自然との共生にとっての自然の目的論的考察の意味には言及していない。「地球環境問題とカントの目的論の意義」（『西日本哲学会年報』第六号、一九九八年）、一〇八頁以降。

（11）カントは最初期の『天界の一般自然史と理論』（一七五五年）において宇宙の生成の起源を星雲に求める説（カント＝ラプラス説）を提唱しており、宇宙と地球の歴史を考察した先駆者である。

（12）今日では遺伝子操作や臓器移植において遺伝子や臓器は部品のようなものとして手段化される。なお、有機体論も自然の支配の観念とまったく無縁ではない（たとえば、ヘーゲルにおいては自然と人間とが有機体論的に理解されるにもかかわらず、精神による自然の支配が主張される）。

（13）「有機的存在者〔organisiertes Wesen〕」は厳密には、「有機化され、また自分を有機化する存在者〔organisiertes und sich organisierendes Wesen〕」を意味する（UK.373：⑨二九頁）。カントは『判断力批判』においては「生物〔Lebewesen〕」という用語をほとんど使用しないが、これは物活論における〈Leben〉の概念の乱用にたいする警戒によると思われる（UK.329：⑨五五頁／UK.394：⑨五八頁）。

（14）御子柴善之はつぎのようにいう。「人間が理性的存在者として地上における特殊位置を主張することは、同時に人間存在の有限性・問題性を意識化することであり、この有限性の意識をもって人間は他人や人間以外の存在者に関係することになる」。なお、御子柴氏は、人間存在の有限性として、人間が「有機的ー合目的的自然を全体として把握できない」という認識上の限界を重視する。御子柴善之「カントと環境倫理」（『別冊　情況』カント没後２００年、二〇〇四年一二月号、情況出版）一二〇頁以降。

（15）適意あるいは快には三つの種類がある。①感覚的快は「快適」と呼ばれ、低次の認識能力、関心を満たすことである（UK.209：⑨六四頁）。②より高次の快は美的なものであり、対象への関心から離れた「自由な適意」である（UK.210：⑨六五頁）。美的な快は観想的なものであり、欲求能力を伴わない（UK.209：⑨六四頁）。③最高の快は「知的（道徳的）快」であり、道徳的な善と道徳的感情をもたらす（UK.209：⑨六三頁／UK.271：⑨一四九頁）。

（16）自然の美が関わるのは自然（それについての表象）の実質的内容（感覚諸要素）ではなく、「さまざまな表象の結合における形式」（UK.190：⑧四二頁／UK.224：⑧八四頁）である。「なんらかの対象の形式（この対象の表象の実質的なもの、すなわち感覚ではなく）」が「この形式についての純然たる反省において……この客観にたいする快の根拠」をなす（UK.190／⑧四二頁）（たとえば、鳥のさえずりが美しく聞こえるのは、個々の音やそれらの群の実質にかんしてではなく、それらのあいだの一定の秩序という形式にかんしてである。表象のあいだのこのような結合をもたらすのは構想力である）。

（17）自然の崇高の背後に神の崇高が想定されるばあいがあるが、このばあいでも、神の「意志に適う心術の崇高」を人間が自分自身のなかに認めることが必要となる。そうでなければ、神への信仰は迷信となってしまう（UK.263：⑧一三九頁）。

（18）このような美的自然観は、イギリスの詩人のホープ（『人間論』一七三三〜三四年）の影響を受けた可能性がある。カントは『天界の一般的自然史と理論』（一七五五年）においてニュートンの自然学的考察を念頭におきつつ（本章、注9、参照）、これをポープの自然の美的考察と重ね合わせていた（KgS.III.349：②一四九頁／KgS.II.360：②一六二頁／KgS.II.366：②一六八頁）。『判断力批判』はバークの『美と崇高についてのわれわれの観念の起源』（一七五七年）によって刺激されたが、自然の崇高についてのカントの観念はそれ以前にポープの影響を受けていたとも想定されうる。

（19）ゼールは、人間の自然にたいする美的関わりが人間の生活の普遍的形式をなし、「自然美学」（より限定的には「美しい自然の倫理学」）が「自然倫理学」に含まれると見なす。M・ゼール『自然美学』（一九九一年、邦訳、法政大学出版局、二〇一三年）、三八八頁以降。ただし、ゼールは『判断力批判』にはきわめて簡単に言及しているにすぎない。高畑祐人は、カントの崇高論が、人間中心主義における自然の手段化の正当化にたいして反省を促す〈「批判的」人間中心主義〉というべき立場を表明していると解釈する（「自然にたいする尊敬はいかなる意味で可能であるか」『名古屋大学哲学論集』第九号、二〇〇八年）。

（20）宇都宮芳明は『判断力批判』における「自然の愛顧」の概念に着目する（『カントと神』岩波書店、一九九八年、一七一頁以降）。中村博雄も、『判断力批判』において示される「自然の恩恵」を重視し、外的合目的性（人間にとって有用性）の側からではなく、「自然の側から」説明されていることに注意を促す（『カント『判断力批判』研究』東海大学出版会、一九九五年、二二五頁以降）。ただし、氏はこの考察を環境倫理には関係づけていない。

（21）カントはリスボン地震の直後の『地震の歴史と博物誌』（一七五五年）においてつぎのようにいう。人間は自然の運動の好都合な結果を期待し、その否定的な結果にたいしておののく。しかし、地球の変動は災害（地震など）をもたらすとともに、「恩恵」（地熱など）ももたらすのであり、狭い視野で自然の害悪や便益を理解すべきではない。自然の変動に対応するために、過去の経験に学び、また科学的知見に基づいて生活様式の工夫を行なう必要があることをもカントは重視する（KgS.I.431：①二九八頁／KgS.I.457f.：①三二〇頁以降）。『判断力批判』においてはつぎのようにもいわれる。「われわれにとって快適ではなく、個々の点では目的に反する事物」（「害虫」であっても）、その扱いの仕方によっては、「諸事物の目的論的秩序の、楽しみで啓発的な展望を与える」（UK.379：⑨三八頁）。

(22) 宇都宮芳明は、「自然の愛顧」は「神の愛顧」につながると指摘する（『カントと神』一七三頁以降）。カントは、「美しい自然の恩恵にかんして、人間は、「だれかに感謝の念をもつ必要を感じるであろう」と述べているが（UK.445：⑨一三〇頁）、これは神の愛顧（恩恵）への感謝を意味する。カントによれば、感謝の念〔Dankbarkeit〕は、自分が受けた好為〔Wohltat〕にたいして恩義を感じることであるが、それは好為者〔Wohltäter〕にたいする「尊敬の感情」である（MS.455ff.：⑪三四〇頁以降）。カントは動物（長年使役した馬など）にたいする感謝にも言及しているが、動物にたいする義務が間接的であるのと同様に、動物にたいする感謝も間接的である（MS.443：⑪三二三頁）。

(23) リッケンはカントの見解を念頭において、つぎのように主張する。人間は唯一の道徳的主体であるが、その義務の直接的対象を人間以外の生命環境へ拡張することは可能である（F. Ricken, *Anthro- pozentrismus oder Biozentrismus?* 1987. 松田純『遺伝子技術の進展と人間の未来』知泉書館、二〇〇五年、二〇六頁以降、二三一頁以降）。この見解は拙論と共通性をもつが、その根拠を十分には示しておらず、また、それをカント自身の思想のなかに見出してはいない。Y・H・キム（著者はドイツ留学のさいに韓国人の彼と知りあった）は、道徳的能力をもたない存在者（人間以外の存在者を含む）にも人間は義務を負うという見解をカントのなかに見出す。Y. H. Kim, *Kantischer Anthropozentrismus und ökologische Ethik.* 1998. 171ff., 185f. しかし、キムにおいては、人間以外の存在者にたいする義務が、間接的なもの（人間の自分自身にたいする義務からの派生）にとどまるのか、直接的なものとも理解されるべきであるのかがあいまいである。

(24) カントが人間以外の存在者にたいする義務を否定するのは神秘主義や擬人化への警戒にもよると思われる。彼は『道徳形而上学』において「人間以下の存在者」と「人間以上の存在者」（天使や神）とを区別し（MS.413：⑪二八四頁）、後者は人格的存在者ではあるが、「経験の対象」ではないので、義務の対象ではないと見なす（MS.442：⑪三二二頁）。しかし、非経験的存在者にたいする関係のこのような神秘化が人間以下の自然的存在者にたいする関係においても生じるとはかぎらないであろう。

(25) カントによれば、「同情〔teilnehmende Empfindung〕」は自然的感情であるかぎりでは、それ自体では道徳的でないが、それが能動的好意となるばあいには、道徳的義務となる。カントは同情の対象を、苦痛を感じる能力をもつ動物にも拡大する。ショーペンハウアーは『道徳の基礎について』（一八四〇年）において、カントが動物を「人間にたいする同情の練習のための病理学的、学習用の人体模型」として扱うと批判する。ショーペンハウアーは道徳の基礎を同情（共苦）〔Mitleid〕におき、この立場を人間の動物にたいする関係にも適用する（Schopenhauer, *Über die Grundlage der Moral.* §8, §19. 邦訳『ショーペンハウアー全集』第九巻、白水社、一九七三年、二五九頁、三六四頁以降)。

(26) P・シンガーはベンサム(『道徳と立法の原理序論』一七八九年、第一七章、第四節、注)とショーペンハウアーの見解を継承し、「快・不快を感じる能力〔sentiency〕」をもつ動物は、苦痛を与えないように扱われなければならないと主張する(『動物の解放』)。動物の苦痛にたいする同情へのカントの言及はベンサムとショーペンハウアーに先立つというべきであろう。なお、ルソーも「憐憫(同情)〔pitié〕」を重視し、動物の苦しみを自分のものとすることに言及している(『エミール』第四編、邦訳、岩波文庫、中、三〇頁)。

(27) 人間中心主義と自然中心主義との対立の克服の方向については、拙著『環境思想を問う』、九一頁以降、九六頁以降、参照。

(28) 本章、注7、参照。

(29) 樽井正義は、ヨナスがカントの倫理思想のなかに未来志向を見出していること(『責任という原理』一九七九年、邦訳、東信堂、二〇〇〇年)を念頭におき、カントの倫理思想のなかに「世代間倫理」の要素を見出す(「環境倫理学とカントの哲学」『現代思想』カント 一九九四年三月臨時増刊、三二六頁)。

第V章

(1) この講義ではアッヘンヴァル〔G. Achenwall〕の『自然法〔*Ius naturae*〕』第五版(一七六三年、初版は一七五〇年)がテキストとして使用され、このテキストと共通の術語が多用されているが、その意味内容はテキストにおけるものと必ずしも同一ではない。

(2) 一九七〇年代のカントの所有論の研究については、第Ⅶ章、注1の文献を参照。一九七〇年代以降のカントの法論全体の代表的研究としてはつぎのものがある。Jeffrie G. Murphy, Kant. *The Philosophy of Right*, 1970. Christian Ritter, *Der Gedanke Kants nach den frühen Quellen*, 1971. Friedrich Kaulbach, *Studien zur späten Rechtsphilosophie Kants und ihrer transzendentalen Methode*, 1982. Hans-Georg Deggau, *Die Aporien der Rechtslehre Kants*, 1983. Wolfgang Kersting, *Wohlgeordnete Freiheit*, 1984(二〇〇七年の第三版が『自由の秩序』として邦訳)、所有論との関係でのカントの法論の研究については、第Ⅷ章、注2を参照。

(3) カントは自然法の講義を一七六七年度冬学期(翌年三月まで)から一七八七年度冬学期まで、道徳哲学の講義を一七五六年度冬学期から一七八七年度冬学期まで行なっているが(いずれの講義の準備稿も『カント全集』第一九巻に所収)、そこでは、法論と徳論とを道徳形而上学のなかで統一することは意識されていなかったと思われる。後期の『ヴィギランティウス 道徳形而上学』(一七九三年冬学期の講義録と推定)においては法論と徳論との関係づけが試みられるが、両者の統一には至っていない。

(4) 初期のフィヒテは道徳的原理から法を説明することを批判する。彼は、カントの『法論』がまだ刊行されていない段階で、『永遠平和論』のなかにカントの「法哲学の根源」を読み取ろうとし、そこにおける「許容法則」の叙述(EF.347f./⑭二五九頁)

から示唆を得て、道徳が禁止せず、容認する行為が法の対象になると解釈した（NR.13：二三頁）。拙著『現代に生きるフィヒテ――フィヒテ実践哲学研究』（行路社、二〇一七年）、四九頁、五五頁、参照。当時のカント学派の法論の理解については、ケアスティング『よく秩序づけられた自由』（初版、一九八四年、第三版、二〇〇七年、邦訳『自由の秩序』ミネルヴァ書房、二〇一三年）、九三頁以降、田端信廣『書評誌に見る批判哲学』（晃洋書房、二〇一九年）、二五九頁以降が詳しい。

（5）『道徳形而上学』においてはつぎのようにいわれる。法則は法においては、「他人の意志でもありうる意志一般の法則」であるのに対して、道徳においては、「君自身の選択意思の法則」である（MS.389：⑪二五四頁）。しかし、行為は法においてもっぱら自他関係に基づき、道徳においてもっぱら自己関係に基づくと理解することは適切ではない。一方で、法においても自分の権利の基本は「自分の人格における人間性の権利」とされ、その尊重が義務とされるのであり（MS.236：⑪五六頁）、自己関係が問題になる（Ⅳ-三・六）。また、法においても、行為の格率の普遍化可能性が求められるばあいには、自己関係（格率の自己一致）が問われる。他方で、道徳においても、格率の普遍性は、それがいかなるばあいにもだれにも妥当することにあり（KpV.25：⑦一五五頁）、相互主観性を含む。拙著『実践と相互人格性』一一一頁以降、参照。

（6）「私が他人にたいして拘束される（責務を負わされる）〔verbunden〕と認めることができるのは、私が同時に私自身を拘束するかぎりでのみである」（MS.417：⑪二八六頁）。「倫理学は」「独自の義務（たとえば自分にたいする義務）をもつが、法と共通の義務をももち、共通でないのは義務づけの仕方のみである」（MS.220：⑪三五頁）。

（7）『法論』の刊行のさいに序説部分の配列に不備が生じたこともこのような混乱に影響していると思われる。ルードヴィッヒ〔B. Ludwig〕は『法論』を新たに編集した版を出版した（Feix Meiner の哲学文庫の第三六〇巻に所収）。岩波版『全集』⑪の巻末にアカデミー版とルードヴィッヒ版との対照表が納められている。

（8）〈Sittenlehre〉はつぎのような異なった次元をもつ。〈Sitte〉、〈sittlich〉、〈Sittlichkeit〉も同様である。①法から区別された道徳の固有の特徴を明らかにする最狭義の道徳論。②法と道徳とを根拠づける道徳的基礎論（MS.242：⑪六三頁）。③法と道徳とを含む広義の道徳論。道徳的諸義務を示す実質的道徳論としての「徳論〔Tugendlehre〕」は③に含められる。『道徳形而上学の基礎づけ』と『実践理性批判』においては①の道徳論が、『道徳形而上学』の序論においては②の道徳論が、『道徳形而上学』全体においては③の道徳論が示される。なお、〈Moral〉（「道徳」よりも「道徳学」を意味する）は③に対応することもある。多くの邦訳では、»Metaphysik der Sitten«における〈Sitte〉が法を含むものと理解されるためであろうか、「道徳」から区別され、「人倫」と訳される。しかし、この訳語は③に該当しても、①には該当しない。»Grundlegung der

Metaphysik der Sitten« においては、»Sitte« が、法を含むと考えられていないので、それを「人倫」と訳すことは適切でない。また、カントは③の意味の〈Sitte〉を、ヘーゲルのように、法と道徳とをアウフヘーベンするものとは見なしていない。

(9)『宗教論』においては動機の従属関係が「悪の根源」との関連で考察されている。悪の第一の根源は、法則の順守を動機としながら、これを他の動機よりも弱いものとし、法則の順守を貫徹できないという「心胸の弱さ」にあり、悪の第二の根源は、法則の順守という動機以外の動機を必要とするという「心胸の不純」にあり、悪の第三の根源は、道徳的動機と非道徳的動機との「いずれをも格率へ採用する」が、道徳的動機よりも非道徳的動機を優先させるという「動機の道徳的秩序の転倒」にある（Rg.29f.：⑩三八頁以降）。このように厳密に見れば、行為の道徳性は、適法的動機のみに基づくのではなく、適法的動機を他の動機よりも優先させることをも含むであろう。

(10)「法的立法」は、「この義務についての観念が」「それ自体で行為者の選択意思の規定根拠であることを要求しないが、それでもなお、責務に適合する動機を必要とするので、外的動機を法則と結合できるにすぎない」（MS.219：⑪三三頁）。ここでは「外的動機」は「外的強制」を内容としており（MS.220：⑪三四頁）、行為者が、義務の遂行の外的強制を意識し、適法的動機に基づくことが念頭におかれていると思われる。なお、外的強制を回避するという心理的動機に行為が基づくこともあろう。

(11) 片木清は法における仮言命法と定言命法との関係についてつぎのようにいう。法における行為は、動機の面では「主観的任意性（経験的性格）」をもつが、義務法則への拘束という「普遍的客観性（先験的性格）」をももち、前者については仮言命法が、後者については定言命法が成立する（『カントにおける倫理・法・国家の問題』法律文化社、一九八〇年、三九頁以降、七八頁）。ケアスティングは、法の法則は定言命法でも仮言命法でもなく、「強制諸権限が対応している諸義務を根拠づけることへと特殊化された定言命法の一つの型」であると述べる（邦訳『自由の秩序』、六二頁、八二頁）。

(12)〈nach einem allgemeinen Gesetz〉はしばしば、〈普遍的法則に従って〉と訳されるが、この訳は、〈普遍的法則の順守〉を直ちに意味すると理解されやすい。各人の自由は普遍的法則に服従すれば、他人の自由と必然的に一致するのであり、他人の自由との一致のためにあえて普遍的法則への服従に言及する必要はないであろう。カントが問題とするのは、「格率が普遍的法則とされるばあいの自分自身との一致」（MS.380：⑪二四三頁）である。ここでの普遍的法則はまったく形式的なものであり、普遍妥当化の手続きに関係している（Ⅱ-三・二、四・一）。求められているのは、〈普遍的法則というものから見て（に照らして）〉、首尾一貫して（自分と一致して）、ということである。

(13) 現代の法学においても行為にたいする責任能力（帰責能力）を問うさいに、行為が自由意思に基づき、規範意識を含むことがその要素となるという見解があるが、規範意識は適法的動機、適法的格率と結合するであろう。

(14) 目的をもつことは行為者の自発的作用である。『徳論』においては、このような目的がさらに、「同時に義務である」ことが要求される。「同時に義務である目的」は多義的である。それは、①義務を同時に内容として含むような目的を意味する。義務を内容とする目的の実現は、義務の自発的遂行を意味する。②「同時に義務である目的」は、「もつことが同時に義務である」ような目的を意味する（MS.410：⑪二八一頁）。それは、行為者によって任意に立てられる目的から区別される。このような目的をもつよう、行為者が自分を強制することが要求される。③「義務である目的」を立てることは、「人間一般を目的とする」ことを意味する（MS.395：⑪二六二頁）。このような目的は、目的自体としての、自他の人格における人間性につながる。

(15) 目的は意欲に関連する。「〈このことが君をつうじて生じるべきである〉という命題と、〈それが君をつうじて生じることを君が意欲すべきである〉という命題とは相互に異なる」（VzTL.393）。「格率が普遍的法則となるべきことを君が意欲しうるような格率は、同時に義務である目的を根拠にもつ」（VzTL.398）。この見解は『基礎づけ』におけるつぎのような定言命法と関連する。「汝の格率をつうじてそれが普遍的法則となることを同時に意欲することができるように、そのような格率に従ってのみ行為せよ」（Gr.421：⑦五三頁）。ここで、格率の普遍化が「考えられうる」ことだけではなく、「意欲されうる」ことも求められるのは、とくに不完全義務が念頭におかれるためであるが（Gr.424：⑦五八頁）、『徳論』における目的についても同様である（MS.390f.：⑪二五五頁以降）。

(16) 法における〈格率の普遍化〉の定言命法の性格について日本においてはつぎのような代表的な解釈がある。①片木清によれば、格率の普遍性の定言命法は広義の法と道徳とに共通する。広義の法においては、格率の内容がどうであれ、格率が他人の格率と一致することが求められるのに対して、狭義の法は「力の均衡」に基づく点で、人間相互の功利的、実用的関係を前提とする。片木氏は、義務の理念のみを内容とする「道徳性の動機」から、そうでない「適法性の動機」とを区別し、「狭義の法」が適法性の動機を含むのに対して、「広義の法」はさらに道徳性の動機をも含むと解釈する。しかし、なぜ広義の法が道徳性の動機を含むのかについて明確な説明がない（『カントにおける道徳・法・国家の問題』、二八頁、三五頁、四四頁以降、五五頁、五八頁、九五頁）。②中島義道によれば、批判期のカントにおける定言命法はもともと適法的行為（「義務に適った」行為）を命ずるものであり、これがさらに限定されて、「適法的行為を普遍的に成立させる」のが道徳的行為（「義務からの」行為）と見なされている。『道徳形而上学』においては、定言命法が法と道徳とに共通することが意識され、〈動機にかかわらず、外的に行為せよ〉という定言命法を法に固有なものとして捉えられるとともに、動機の道徳性を含む徳論の原理が明らかにされる。しかし、中島氏は、後期カントにおいて、法にとって格率の普遍化が必要と見なされているかどうかについて言及していない（『カントの法論』（筑摩書房、二〇〇六年、一七〇頁以降、一七三頁以降）。③小野原雅夫は、「道徳形而上学への序論」において示された普遍化可能な格率についての定言命法を、法と道徳とに共通の「普遍的定言命法」と呼ぶ。小野原氏によれば、利己的動機から出発する行為であっても、義務が遵守されるかぎり、その行為の格率は普遍化可能であり、法にたいしても道徳にたいしても中立的である。しかし、氏も、法的行為が普遍化可能な格率を必要とする理由を立ち入って説明していない。また、徳論において義務の順守が目的とされることに氏は注目するが、徳論のこの特徴について詳細な検討を行なっていない（「定言命法の体系」浜田義文・牧野英二編『ドイツ哲学論考』法政大学出版局、一九九三年、二一五頁、二一八頁、二二一頁以降）。

(17)〈Recht, droit (jus)〉は「法、正」および「権利」という意味をもつので、両者の意味を区別するため、ドイツにおいては前者は客観的な〈Recht〉、後者は主観的な〈Recht〉と呼ばれる。単数形の〈Recht〉は「法」の意味で、複数形の〈Rechte〉は「権利」の意味で使用されることが多い（フランス語の〈droit〉についても同様）。

(18) 法における人格のあいだの相互強制は物体のあいだの「作用と反作用との相当性」との類比で説明される（MS.233：⑪五一頁）。なお、カントの見解全体を考慮するならば、法における強制はまったく外的ではないであろう。公法（国家）において明らかになるように、相互強制は自他の共通の意志に基づくのであり、行為者はこの強制に同意する。行為者はそれを受け入れる内的根拠をもつであろう。この点についてヘーゲルはつぎのようにいう。法における相互強制は個別的意志と普遍的意志との関係から派生するのであり、カントのように、法をあらかじめ個別的意志のあいだの相互強制の関係と見なすことは不適切である（Rph. §94）。

(19) カントがつぎのよう述べるさいには、法における権利と義務の相関性を最初から前提とすることを批判している思われる。法は、「法則に照らした拘束性（責務）という部分」と、「自分の選択意思によって他人を拘束する権能」とから「合成されると考えてはならない。法の概念は普遍的な相互強制と各人の自由との結合の可能性において直接的に定立されうる」（MS.232：⑪五〇頁）

(20)「道徳形而上学への序論」のなかに「道徳形而上学の区分」が含められながら（MS.218：⑪三三頁）、「法論の区分」のあとで「道徳形而上学の一般的区分」が再び示されるが（MS.240：⑪六〇頁）、ここにも編集上の混乱が現れている。本章、注7、参照。

(21) キケロの義務論は道徳と法の全体に及ぶが、権利との関係には言及していない。法律についての彼の著作においても同様である。キケロの義務論のカントの義務論にたいする影響、両者の相違については、浜田義文『カント哲学の諸相』（勁草書房、一九九四年）、第五章、参照。

(22) ホッブズは『リヴァイアサン』においてつぎのようにいう。「権利〔Right〕は、なにかを行ない、あるいは控えるという自由のなかにあるのに対して、法〔Law〕は行為者をそれらのいずれかに決定し、拘束する。したがって、義務と自由とが異なるように、法と権利とは同一の事柄にかんして両立しない」（Lv. II.14：（一）二一七頁）。拙論「近代自然権論の創始者としてのホッブズ」（石崎嘉彦・厚見恵一郎編著『シュトラウスの政治哲学』ミネルヴァ書房、二〇一九年、一五七頁）、参照。

（23）カントはウルピアヌスの定式を念頭におき、法的義務を、①「君を他人にとっての手段とせず、他人にとって同時に目的であれ」（「誠実であれ」）という自分自身にたいする内的義務、②「だれにたいしても不正を行なうな」という他人にたいする外的義務、③「各人にとって自分のものが保持されるような社会を他人とともに結成せよ」という包括的義務を挙げるが、いずれの義務も他人との関係において各人の「人格における人間性の権利」から生じると見なしている。カントの見解とウルピアヌスの定式との関係については、菅沢龍文「定言命法による私法論」（『法政大学文学部紀要』第四八号、二〇〇三年）、参照。

（24）「フランス人権宣言」においてはつぎのようにいわれる。「人間は自由、かつ権利の点で平等なものとして生まれ、生存する」（第一条）。自然的諸権利は「自由、所有、安全および圧制への抵抗である」（第二条）とされ、自由がその筆頭におかれる。「世界人権宣言」（一九四八年）においても、「すべての人間は生得的に自由であり、尊厳と権利の点で平等である」（第一条）とされる。

（25）カントは「フランス人権宣言」を「人間性の諸権利にかんする宣言」と呼ぶことがある（RzRph.612）。このような見解はルソーの思想を念頭においたものであろう。ルソーは『社会契約論』において、「自分の自由を放棄することは」、「人間性の諸権利〔droits de l' humanité〕を放棄することである」（CS. I.44：二二頁）と述べ、『エミール』においても、「人間性の諸権利を確立する〔établir〕こと」について言及している（第五編、邦訳、下、二二八頁）。カントは『美と崇高の感情の観察・覚書』（一七六四〜六五年）においておそらく『エミール』のこの叙述を念頭において、「人間性の権利を確立する〔herstellen〕」ことについて語っている（KgS.V.44：⑱一八六頁）。「人間性の権利」は『美と崇高のの感情の観察・覚書』における用法のほかに、『法哲学遺稿』の一七六九〜七〇年代の断片（RzRph.456）、『道徳哲学遺稿』の一七七〇年代はじめの断片においても（RzRph.162）見出され、それ以降かなり頻繁に用いられる。『倫理学講義』（一七七〇年代後半）においても「人間の権利」、「人間性の権利」の概念が区別されている（VE.252：⑳二八七頁）。カントの思想形成過程においては「人間性の権利」の概念がむしろ「人間性の尊厳」の概念に先行している。「人間性の尊厳」という表現が明確な形で多く使用されるようになるのは一七七〇年代中ごろ以降——『道徳哲学遺稿』（RzMph.165f.）、『倫理学講義』（VE.149：⑳一〇五頁／VE.177：⑳一三三頁／VE.196：⑳一五三頁）などにおいて——である。なお、すでに『美と崇高の感情の観察』において、おそらくハチソンの影響のもとに、「人間本性の美と尊厳の感情」に言及されている（KgS.II.217：②三三五頁）。

（26）本章の注23で言及したように、カントは、〈誠実に生きよ〉

というウルピアヌスの定式は「内的義務」を意味すると見なし、自分の人格における「人間性の権利」の尊重は自分自身にたいする法的義務であると述べる（MS.240：⑪六一頁）。しかし、この義務は道徳的なものではないかという疑問が生じうる。『法論準備稿』、『徳論準備稿』および『ヴィギラティウス 道徳形而上学講義』（一七九三～九四年の講義録）においては、当の内的義務は倫理的なものと見なされている（VzRL.277／VzTL.386／KsS.XXVII.2.1.527）。カントによれば、自分自身にたいする義務は道徳に特有なものである（MS.220：⑪三五頁）。『法論準備稿』においては、人格が自分自身を強制する権能は「人間性の権利」、「内的権利」と呼ばれ、倫理学に属するとされるが、他の人格を強制する権能は「外的権利」と呼ばれ、法学に属するとされている（VzRL.276）。誠実は倫理的義務（自分自身にたいする完全義務）である（MS.429f：⑪三〇三頁）。

(27) 自分の人格における「人間性の尊厳」は自分自身によっても、他人によってもたんに手段として扱われないことにあるが、自分の人格における「人間性の権利」は、他人が自分をたんに手段として扱わないよう、他人を強制する権能であり、さまざまな権利の根底にあるものである。「人間性の権利に基づき、他人との関係において自分の価値を、一人の人間がもつ価値として主張する」ことが必要である。「他人にとって自分をたんに手段とせず、他人にたいして同時に目的であれ」という自分にたいする義務が主張されるが（MS.236：⑪五六頁）、このような義務は他人にたいする権利を伴うといえる。「人間性の権利」の性格をめぐる問題については、菅沢龍文「カント『法論』における内的完全義務」（浜田義文・牧野英二編『近代ドイツ哲学論考』、法政大学出版局、一九九三年）、二三八頁以降、「意志の主体と外的強制」（カント研究会編『自由と行為』晃洋書房、一九九七年）、一四六頁以降、参照。

(28) 『永遠平和論』においては共和制の条件として、「（人間としての）自由」、「（従民としての）依存」、「（公民としての）平等」が挙げられる（EF.349f.：⑭二六二頁以降）。これら三者の説明は『理論と実践』におけるものとかなり異なり、『法論』におけるものともやや異なる。「人間としての自由」については、「外的（法的）自由」は、「私があらかじめ賛同することができたもの以外のいかなる外的法則にも従わない」ことにあるといわれる。この自由は『法論』における「法則的自由」に対応するであろう。「従民としての依存」は、「共同である立法への従属」である。「公民としての平等」については、注では、「他人をなにかへ拘束できるばあいに、自分も逆に同様の仕方で拘束されうる」点での「外的平等」に言及されている。この平等は『法論』において示された相互強制の点で「市民的平等」に相当するであろう。

(29) 「バージニア権利章典」の第一条においては、「万人は本性的に等しく自由であり、独立している」と述べられている。

(30) カントは〈Verbrüdung〉（同胞的結合）という表現も使用している（VzRL.139f.：⑱二七八頁）。〈fraternité〉はドイツ語の〈Brüderschaft〉（兄弟関係のような同胞性）に対応する。

(31) ロールズの『正義論』においては善にたいする正義の優先が主張され、その説明のためにカントの見解が援用されている(J. Rawls, *Theory of Justice*, 1971, §6, §40, §68, 一九七一年、邦訳『正義論』、二〇一〇年、紀伊國屋書店)。しかし、そこにはつぎのような問題点がある。第一に、ここでいわれる善も正義もカントの理解と一致せず、むしろカントにおける幸福と正(権利)〔Recht〕に対応する。第二に、カントは「正義〔Gerechtigkeit〕」をおもに分配的正義の意味で(とくに裁判との関係で)使用しており、現代の正義論より限定的に理解している。第三に、ロールズが依拠するのはカントの道徳論(とくに自律論、道徳共同体論)である。彼は社会契約論における手続きを重視するが、カントの法論における社会契約論を考慮していない。のちに彼はカント理論を踏まえ、「構成主義」を主張するが、そのさいに参照しているのはやはりカントの道徳論(人格、道徳共同体、格率の普遍化の理論)である。ハバーマスは『道徳意識とコミュニケーション行為』(一九八三年、邦訳、岩波書店、一九九一年)においてロールズの思想を手続き的に徹底させ、カントにおける格率の普遍化の理論を相互主観性の次元で摂取したが、『事実性と妥当化』(一九九二年、邦訳『事実性と妥当性』上・下、未來社、二〇〇二年、二〇〇三年)においてはカントの法論に注目する。ケアスティングは、善にたいする正義の優先という見解はカントの法論において明確に示されていると解釈するが、ロールズの見解にかんして指摘した問題点はクリアしていないように思われる(邦訳『自由の秩序』二二七頁以降)。

(32)『徳論準備稿』においてはつぎのような叙述がある。「各人は自分の幸福を追求し、また自分の幸福を促進する目的をもって公民的結合に加入しもする」(VzRph.535)。

(33) 幸福追求の権利は一七七六年の「バージニア権利章典」、それに続く同年の「アメリカ独立宣言」においてうたわれた。日本国憲法、第一三条にもその影響が見られる。カントは「アメリカ独立宣言」には言及していない。なお、プロイセン一般ラント法(一九七四年)においては、「他人の権利を妨害しないかぎり、自分自身の幸福を追求し、促進することができるという自然的自由に人間の諸権利は基づいている」(総論、三八条)と述べられている。本章、注40も参照。

(34) のちにJ・S・ミルは『自由論』(一八五九年)において、個性の発展を幸福の主要な要素と見なし、各人が他人の幸福を損なわないかぎりで、自分の幸福を追求することが尊重されるべきであると主張したが(邦訳『自由論』岩波文庫、一一五頁、一二七頁)、このような見解はカントの見解と共通性をもち、ここにもカントの思想の〈リベラルな〉面が示されているといえる。

(35) プロイセン一般ラント法には「救貧制度およびその他の慈善施設」についての条項が含まれていた。プロイセンやオーストリアにおいては官房学が絶対主義を支えていたが、そこではポリツァイによる臣民の幸福の配慮がうたわれていた。カントの批判は官房学におけるパターナリズムにも向けられていると思われる(拙著『時代に生きるフィヒテ』、一三三頁以降、参照)。

なお、ルソーは、人民は自分の幸福をよく理解しているとはかぎらないので、一般意志によって啓蒙され、強制されなければならないと主張するが（CS.II.7：六〇頁）、幸福についてのカントの見解はこれにたいする批判をも含むかしもれない。

（36）カントは『理論と実践』（TP.298：⑭一九九頁）、『人間学』（Ath.331：⑮三二七頁）においてもブロカルド法（一一世紀にブルカルト［ドイツ語表記］が編集した格言風の教会法規集）のこの部分を援用しているが、著作によってその表現はやや異なる。なお、キケロはこれに先立って、「人民の安泰が彼らにとって最高の法でなければならない」と述べていた（『法律について』Ⅲ・3）。ホッブズやロックも、「人民の安泰が最高の法である」という表現を援用している。

（37）ハバーマスは「社会国家［Sozialstaat］」（福祉国家を含む）のパターナリズム的性格を批判しているがこのことは、カントにおける正（権利）と善（幸福）の分離を彼が評価していることと関連するであろう（邦訳『事実性と妥当性』下、一四二頁、『討議倫理のための補論』一九九一年、邦訳『討議倫理』法政大学出版局、二〇〇五年、一七頁、三一頁）。ハバーマスに近いマウスによれば、カントは絶対主義のもとでの福祉政策を批判するが、国家による各人の幸福追求の自由の保障を主張しており、その実現のための普遍的手続きを問題としている（I・マウス『民主主義論の啓蒙のために』一九九二年、邦訳『啓蒙の民主制理論』法政大学出版局、一九九九年、二三八頁、二四〇頁）。また、ケアスティングによれば、カントにおいては、幸福を度外視した権利の形式が重要であるが、「自己規定に基づいて生きる権利」の保障は自由権に含まれ、ここに「社会国家」の基礎づけを見出すことができる（邦訳『自由の秩序』、四〇頁）。

（38）本章、注36、参照。フィヒテの社会福祉論については、拙著『現代に生きるフィヒテ』、六八頁以降、一二四頁、ヘーゲルのそれについては、拙著『承認と自由』（未來社、一九九四年）、二五六頁以降、参照。

（39）フォアレンダーは、「ドイツの政治的状態の後進性」にもかかわらず、カントが「政治的に進歩的な洞察」をもっていたと評価する（Karl Vorländer, *Kant und Marx*, 1911, S.310）。これに対して、メッツガーは、カントは権利主体を「裕福な家長」に限定しており、「大地主的に物事を考えている」と見なす（W. Metzger, *Gesellschaft, Recht und Staat in der Ethik des deutschen Idealismus*, 1917, S.98.）。このような否定的評価は長いあいだ有力であった。片木清もこれに基本的に同意する。氏は、プロイセンの一般ラント法の「ヤヌス性」（近代性と保守性の二重性）がカントの法論、国家論にも現れていると指摘するが、どちらかといえばその保守性を重視する（『カントにおける倫理・法・国家の問題』、一四八頁、三〇〇頁、二五〇頁、三九二頁）。三島淑臣は、カントの私法論が「前近代的＝グーツヘルシャフト的イデオロギーの色彩」を帯びているという否定的評価をも、「近代（市民）社会の法理を典型的に把握・表現している」という肯定的評価をも批判する（『理性法思想の成立——カント法哲学とその周辺』成文堂、一九九八年、一八六頁以降）。後者の評価の典型として、ザーゲはカントを「ドイツにおける自由主義的思想家」と見なす（R. Saage. *Eigentum Staat und Gesellschaft bei Immanuel Kant.* 1973. S.14, 101.）。バッチャもカントの法論のなかに「初期ブルジョア的態度」を見出す（Z. Batscha. *Materialien zu Kants Rechtsphilosophie.* 1976. S.17.）。これら両極の評価に対して三島氏は、カントの私法論には「全体性への視点」が含まれており、「前近代的」と見える契機が「近代批判的」契機となっていると見なす。前掲書、一一八頁以降。

（40）カントは『永遠平和論準備稿』において当時現存のラント法にたいして「最良ラント法」のための理性的原理を示そうとしている（KgS.XXIII.163f.：⑱二九四頁）。ただし、彼がプロイセン一般ラント法についてどれだけの情報を得ていたかは定かではない。

（41）『純粋理性批判』においてはつぎのようにいわれる。「現代はまさに批判の時代であり、すべてのものは批判にさらされなければならない」（KrV.A.VII：④一八頁）。理性は「精査と吟味をつうじた探求する批判」のための自由をもつが、「理性の発言はつねに自由な市民の意見の一致にほかならない。いかなる市民も自分の疑念を、またそれぞれの拒否権さえをも、留保なく、表明することができなければならない」（KrV.B.766：⑥三四頁）。「自分で解決できない考えや疑問を公共的に判断に委ねることはこの自由に属す」（KrV.B.780：⑥四六頁）。「批判」は基本的には啓蒙の立場に基づくが、カントはとくにスコットランド学派（ハチソン、ヒュームら）を念頭においていると思われる。『純粋理性批判』の直接的課題は、独断的な形而上学にたいするヒュームの批判によって刺激され、形而上学の基礎としての純粋理性を批判することであるが、ヒュームは「自由な思想家」（KrV.B.781：⑥四七頁）としてその批判を宗教、社会、文明の全体に向けている。第Ⅱ章、注2、参照。

（42）『啓蒙とはなにか』の二年後の『思考を方向づけるとはなにを意味するか』（一七八六年）においてはつぎのようにいわれる。「われわれが他人に自分の思想を伝達し、他人もわれわれにそうするというように、いわば他人とともに共同して考える」ことがなければ、「われわれはどれだけのことを、どれほどの正しさもって考えるであろうか」。「自分の思想を公的に伝達する自由を人間から奪い取る外的権力は彼らから思考する自由をも奪い取るであろう」（KgS.VIII.144：⑬八四頁）。『人間学』においては、「知恵に到る格率」として、「自分で考えること」、「他人の立場に立って考えること」、および「自分自身と一致して考えること」が挙げられる（Ath.201：⑮一三二頁／Ath.228：⑮一七二頁／Vgl. UK.294：⑧一八一頁）。カントによれば、「他人の立場に立って考える」ことは、「自分の判断を他人の理性と照らし合わせて、吟味する」ことを意味する。「言論の自由」が拒否されるならば、「われわれの判断の正当性を吟味するための有力な手段」が奪われる（Ath.128f.：⑪二五頁）。

（43）金慧は、『啓蒙とはなにか』においては言論の自由は立法過程にも関わるのに対して、『理論と実践』においては統治者による権利侵害にたいする抗議に限定されていると指摘する。『カントの政治哲学』(勁草書房、二〇一七年)、六五頁以降。この指摘は興味深いが、両者の著作における言論の自由の区別は相対的にすぎないであろう。前者の著作においても、立法された法律のこの点での欠陥にたいする意見表明に言及されており(Auf.39:⑭三〇頁)、また、後者の著作においては、立法された法律にたいする異議表明が、法律の改正に間接的につながることが念頭におかれている(TP.304:⑭二〇四頁以降)。この点では、異議表明も公的言論の一部であり、立法への参加と並ぶ積極的役割をはたすという網野壮介の見解が的確であろう。『共和制の理念』(法政大学出版局、二〇一八年)、三一七頁以降。

(44) 言論の自由についてのカントの見解については、宇都宮芳明『カントと啓蒙精神』(岩波書店、二〇〇六年)、二九頁以降、加藤泰史「啓蒙・他者・公共性」(『別冊 情況』カント没後200年)、一九三頁以降、加藤泰史「理性批判と公共性の問題」(渡邊二郎監修『西洋哲学史再構築試論』昭和堂、二〇〇七年)、二八五頁以降、斎藤拓也『カントにおける倫理と政治』(晃洋書房、二〇一九年)、第六章、第二節、第四節、第五節、参照。なお、牧野英二は、カントは国家権力による検閲を批判しながら、理性による検閲を主張していると解釈するがこのような主張は学部の争いにおいては直接に示されていない。『遠近法主義の哲学』(法政大学出版局、一九九六年)、二二九頁以降。

(45) ここで問題なのは大学教員の言論の自由である。当時のドイツの大学は官立であり、大学教員も公務員であったので、国家やその下部組織の大学のために言論の自由が制限されざるをえないかどうかは切実であった。カントは、教員は学者として国家や所属大学のためにではなく、「共同体(公共体)全体の成員」、「世界市民社会の成員」(Vgl. Afk.37:⑭二八頁)として思考するのであり、その内容を表明する「無制限な自由」をもつと主張する(Afk.38:⑭二九頁)。大学における言論の自由については、加藤泰史「理性の制度化と制度の理性化」(『ヘーゲル學報』第五号、二〇〇三年)、六四頁以降、参照。

(46) ロックは、当時興隆しつつあった中産階級(ジェントリーや大中の商工業者など)の立場を擁護したが、経済的に十分に独立せず、政治的教養に乏しい階級(下層農民、零細な商工業者など)には参政権を認めていない。

(47) フランスでは一七八九年に世界で最初に成年男子の普通選挙が実施されたが、一七九五年には制限選挙となり、これが一八四八年まで継続した。プロイセンでは一八四九年以降「三階級選挙」という独自の制限選挙制(成年男子は選挙権をもつが、所得によって三選挙区に区分され、いずれの選挙区も同数の下院議員選出のための選挙人が割り当てられた)が一九一八年まで続いた。イギリスでは一八三二年の選挙制度の改革によっても複数票制が残存し、一九一八年に全廃された。

(48) 弁証法的ともいうべきこのような関係は、国家の設立のさいに個人は自分の自由の全体を国家へ放棄しながらも、国家をつうじてそれを再び獲得するといわれること(VI・二・三)と同様の性格をもつ。また、夫婦は、「一つの共同的意志に基づいて」「共同体」を形成し、そのもとで身体の相互利用を許容されるともいわれる（RzRL.543／Vgl. VE.210：⑳一六九頁）。ここにも国家と個人との関係との類比が見られる。

（49）家社会は、生計にかんする経済的側面から見られるばあいには、「世帯〔Hauswesen〕」と呼ばれる（MS.276：⑪一〇八頁／MS.279：⑪一一二頁／MS.360：⑪二一五頁）。

（50）カントは『人間学』において、自然によって与えられた女性の優位として、種の保存、社会の開化と洗練化（社交性と、風儀よさ）を挙げているが（Ath.306：⑮二八七頁）、ヤウホ〔U.P.Jauch〕（邦訳ではヤウヒ）はカントの見解をつぎのように解釈する。男性は肉体的な強さの過剰にとらわれているため、理性によるその制限を必要とするのに対して、女性は社交性を発展させ、道徳性に高まるのであり、〈Versittlichung〉の点で男性よりも優位にある。このように男女のあいだには、肉体的強さと社交的熟練との「力の均衡」があり、男女の同権はこのことに基づく（『性差についてのカントの見解』（専修大学出版局、二〇〇四年、二三八頁以降）。ただし、ここでの〈Versittlichung〉の性格はあいまいである。それはカントの用語ではない。カントは〈gesittet〉について語っているが、それは、「風儀がよい、洗練された」という実用的意味のものであり、道徳的意味のものではない。ヤウホにおいては女性にかんして実用的次元と道徳的次元とが連続的に理解されている。杉田聡はカントの自律思想のなかに女性の性的自己決定を読み込み、「男権主義的理性」にたいする批判の可能性を見出す。カントにおいて女性が財産権の主体と見なされ、結婚が女性にとっての生活保障の場と見なされていると、氏は評価する（『カント哲学と現代』行路社、二〇一二年、二八五頁以降、二八九頁以降）。

（51）同様の傾向はフィヒテの『自然法の基礎』（NR.325：三八二頁）とヘーゲルの『法哲学』（Rph. §171）にも見られる。

（52）ロックによれば、人間は生来自由であるが、子はこれを行使することはできず、親へ服従しなければならない（TG.II.61：六四頁）。子が成人になるまで、親は子にたいして「一種の支配権」をもつが（TG.II.55：五八頁）、親のこの権利は、子の保護の義務を伴なう（TG.II.56：五九頁）。子は成人になったあとも、親による保護に報いる（親への尊敬に基づき、親を援助する）義務をもつ（TG.II.66：六九頁）。ロックはカントよりも子の自由の制限、親への義務を厳格に理解している。なお、夫婦関係についてロックは夫婦同権を基礎にしながらも（TG.II.53：五七頁）、「最後の決定権」は、「より有能で強い」夫に属すと見なす（TG.II.82：八五頁）。

（53）一八世紀末のドイツにおける奉公人の位置については、若尾祐司『ドイツにおける奉公人の社会史』（ミネルヴァ書房、一九八六年）、九三頁以降が詳しい。

（54）ロックも、奉公人〔servant〕や奴隷〔slave〕を含む大家族を前提にしていた（TG.II.85：八六頁）。また、アッヘンヴァル（カントが法哲学講義において使用したテキストの著者）は「家族〔familia〕」を、夫婦、親子、奉公人から構成される「家父長的社会〔societas herilis〕」と見なす。また、彼は「奉公人〔famlus〕」と「奴隷〔servus〕」とを区別し、前者は自由な契約に基づき、家長に一時的、限定的に服従するにすぎないのに対して、後者は契約に基づかずに、家長に継続的、全面的に服従すると述べている。「プロイセン一般ラント法」（一七九四年）の「家長と下人（奉公人）〔Gesinde〕の義務・権利」の条項では、下人は契約（口頭の契約でもよい）に基づくのに対して、家内従業者〔Hausofficier〕は文書の契約に基づいて特定の仕事に従事するとされている。ここでの下人はカントにおける奉公人とは異なるが、家内従業者はカントにおける使用人に近い。この法律では下人の酷使に一定の制限が設けられたのみであり、奉公人についてカントが危惧した事態が生じうる。

(55) ローマ法においては〈ius personale〉（人格の権利）は、人格の権能、資格にかんする権利という意味での〈人格の法〉（今日の人格権とは異なる）を意味したが、のちに訴訟との関係で対人権としての債権へも拡張され、カントもこれに従っている。これに対して、ヘーゲルによれば、ローマ法における人格権は人格そのものの権利ではなく、ある身分における人格の権利にすぎない（Rph. §40）。

(56) カントによれば、「債権〔ein persönliches Recht〕」は、「自由の法則に従って、私の選択意思によってある他人の選択意思を特定の行為へ規定する能力という意味で、他人の選択意思を占有する」権利である（MS.271：⑪一〇一頁）。なお、「物権〔Sachenrecht〕」は厳密には「物件における権利〔Recht in einer Sache, ius in re〕」であり、「物件への権利〔ein Recht auf einer Sache, ius ad rem〕」から区別される。後者は厳密には「物件にかんする債権（対人権）〔ein persönliches Recht in Ansehung auf einer Sache, ius ad rem〕」であり、債権に属し、他人によって給付されるべき物件にたいする権利を意味する（MS.362：⑪二一七頁）。

(57) カントは私法上の権利を「物権〔das Sachenecht〕」、「債権〔das Persinenrecht〕」、「家族権〔das häusliche Recht〕」に区分することがある（VzRL.238）。ローマ法の伝統では物権（対物法）〔ius in res〕、債権（対人法）〔ius personale〕にたいする家族権（家族法）の位置は明確ではなく、家族権が対人権〔ius personale〕に含められることもあった。一八世紀以降のドイツにおけるローマ法体系の近代化（パンデクテン法学）のなかでも家族権の位置についてさまざまな見解が出された。カントに先立って一八世紀の中ごろに「人格における対物的権利〔ius reale in personis〕」、「対人的でかつ対物的な権利〔ius personale ut personis〕」などの概念が使用されていた（J. G. Darjes . W. A. Lauterbachs など）。ただし、これらの概念は意味内容の点でカントの「対物的に対人的な権利」とは同一ではない。Christian Ritter, *Der Rechtsgedanke Kants nach den frühen Quellen*, 1971, S.330, Reinhard. Brandt, *Eigentumstheorien von Grotius bis Kant*, 1974, S.259 参照。一九世紀にはカントの影響のもとに、家族法を「対物的に対人的な権利」として性格づける法学者（G. H. Heise など）も登場した。カントの「物権的債権」については、菅沢龍文「定言命法によるカントの家社会論」（『法政大学文学部紀要』第五二号、二〇〇六年）、参照。

(58) 三島淑臣はカントにおける家族員の「全人格的結合」を重視する。氏は、この結合を「物権か対人権かという二分法の枠組み」で説明することの限界を指摘しながらも（『理性法思想の成立』、一六九頁）、「物権的対人権」をつぎのように肯定的に評価する。この権利は、「人格的結びつきの排他的無比性（代替不可能性）を背景としつつ、その占有がいかなる第三者（所持者）にも対抗して対象を回復しうるという準物権的な対抗力をもっていること」「だけを主として」意味する（前掲書、一六八頁以降）。

(59) フィヒテ（『自然法の基礎』）とヘーゲル（『法哲学』）は半家父長的な小家族を前提とし、もはや奉公人を家族に含めていない。一八世紀から一九世紀のドイツにおける家族の変化、ドイツ観念論におけるその反映については、若尾祐司『近代ドイツの結婚と家族』（名古屋大学出版会、一九九六年）、五五頁以降、参照。ドイツ観念論における家族観の推移については杉田孝夫のつぎの系統的研究を参照。「ドイツ観念論における家族観」（『お茶の水女子大学 人文科学紀要』第四六巻、一九九三年）、「カントの家族観」（『お茶の水女子大学 人文科学紀要』上・下、第五二巻、五三巻、二〇〇〇年、二〇〇一年）、「フィヒテの家族観」（『お茶の水女子大学 人文科学紀要』第四四巻、一九九一年）、「ヘーゲル家族論の現代的意義」（日本ヘーゲル学会編『ヘーゲル哲学研究』第一一号、二〇〇五年）、参照。また、比較的最近の研究としては、高柳良治『ヘーゲルの社会経済思想』（こぶし書房、二〇一五年）、三三二頁以降、参照。

(60) 物権だけでなく、債権も占有に関係し、両者の総合としての物権的債権も占有権の延長上にある。カントは、物権は物件の占有に関わるのに対して、債権は「他人の選択意思の占有」に関わると見なす（MS.271：⑪一〇一頁）。後者は契約に基づくが、これは所有権の他人への「移転」のためのものである（MS.271：⑪一〇二頁）。この点で債権は物権を基礎としており、物権から完全に独立してはいない。物権的債権も同様であろう。カントは、妻、子、奉公人は占有の対象となり、それらの人格の状態が占有することができると主張する（MS.247f.：⑪六九頁以降）。これに対して、ヘーゲルは人格権を本来の意味に理解し、対物権もその派生と見なす。彼によれば、カントは人格権を対人権と混同しており、カントが対人権と呼ぶものは、「譲渡されるべき権利」（物権に属す）にすぎない（Rph.§40）。

(61) ドイツの中世以来の伝統的家族は「全き家〔ganzes Haus〕」と呼ばれた。それは、①生殖と養育、②家系の維持、③経済的機能（家族員の扶養、社会経済の基礎）、④政治的機能（家父長の参政権）、⑤宗教的機能（神と全体への恭順）、⑥文化的機能（情緒的結合をつうじた人間形成、教育）などをもつ。近代的家族においては②・⑤の機能は縮小され、③の経済的機能も社会的性格を失う。カントも②・⑤の機能を考慮しないが、家族を社会経済の基本単位と見なす傾向を残している。近代的家族においては④の情緒的結合が重視されるが、カントはフィヒテやヘーゲルと比較して、この側面を際立たせず、人間愛を道徳に限定する（Ⅲ・五・三）。カントがいう夫婦の全人格的結合はヘーゲルにおいてはつぎのように捉え直される。夫婦は相互に各自の人格を放棄しながら、一体化し、各自の権利を得る。この関係は「人倫的な」ものであり、たんに法的でも、たんに道徳的でもない（Rph. §162, §167）。これに先立ち、フィヒテもつぎのように述べていた。夫婦は相互に自分を相手に捧げながら、結合する。このような関係はたんに「法理的なもの」でなく、「自然的で道徳的なものである」（『自然法の基礎』FSW.III.317, 325：『フィヒテ全集』⑥三七一頁、三八一頁）。フィヒテの家族論においては伝統的家系の維持、家庭の社会経済的機能、宗教的機能は考慮されないが、夫のみが市民権をもつと見なされる点では、家父長的要素が残されている（『道徳論の体系』FSW. IV.328ff.：『フィヒテ全集』⑨三九一頁以降、拙著『現代に生きるフィヒテ』九四頁）。ヘーゲルの見解はこれに近いが、夫婦の愛情がより強調される一方で、家父長制（とくに農村の土地所有者における）が重視され、また、家族における恭順の心術が宗教と国家の支えとして位置づけられる（Rph.203. Zusatz）。ヨーロッパ、ドイツにおける家族の社会的役割の歴史的変化については、O. Brunner, *Neue Wegen der Verfassungs- und Sozialgeschichte*, 1918.（邦訳、ブルンナー『ヨーロッパ――その歴史と精神』岩波書店、一九七四年、一五一頁以降）、参照。

第VI章

（1）〈Untertan〉（〈subject〉,〈sujet〉）は必ずしも封建的な君主国家における〈臣民〉を意味するのではなく、国家に服従する人民を意味するので、本書ではそれを〈従民〉と訳す。ルソーが明らかにしたように（CS.I.6：三一頁）、近代国家の成員は立法の主体として〈公民〔Staatsbürger, citoyen〕〉であるとともに、〈従民〉であるという二重の性格をもつ（Vgl. MS.315：⑪一五八頁）。

（2）「国家体制の原理は市民の幸福ではない。幸福はせいぜい本来の目的［国家体制の維持］のための手段でありうるにすぎない」（VzRph.554）。

（3）カントは『理論と実践』において「家父長的統治〔väterliche Regierung (imperium paternale)〕」と「祖国的統治〔vaterländische Regierung (imperium patrioticum)〕」とを区別する。前者においては統治者が市民の権利を否定しながら、市民に恩恵を施す。これに対して、後者においては、市民は第一に、統治者としての父君〔Vater〕に依存するのではなく、自分が生まれ育った土地〔Land〕としての祖国〔Vaterland〕を母胎とし、第二に、自分の権利を他の市民との共同の立法に基づいて保護、保持する（TP.290f.：⑭一八七頁以降）。両者の統治の相違については、斎藤拓也『カントにおける倫理と政治』、第九章、第三節、参照。

（4）〈Politik〉は〈polis〉に由来し、ポリスにかんする事柄（それについての学）を意味したが、やがて、統治に関わる政治を意味するようになった。カントは『永遠平和論』以外の論稿では〈Politik〉という概念をあまり使用せず、『永遠平和論』においてもこれを基本的には〈政策〉という意味に理解する。彼は「理論的法論」としての〈Moral〉（道徳学）と「執行的法論〔ausübende Rechtslehre〕」としての〈Politik〉（政策学）との関係を原理論と実践論の関係として捉えてもいる（EF.370：⑭二九一頁）。なお、「公法の諸原則」が「アプリオリに認識されうる〈Politik〉」に関係づけられる（MS.378：⑪三〇二頁）さいには、〈Politik〉は政治を意味するであろう。『人間愛からの虚言』においてはさらに政策とその実施とが区別される。①「あらゆる経験的条件を捨象する」「法の形而上学」の段階、②「これらの［公法の］概念を経験の事例に適用する」「政策の原則」の段階、③「政策上の課題の解決の段階」が区別される。③は政策の「手配と配置〔Veranstaltung und Anordnung〕」の段階であり、「行政（法による管理）〔Rechtsverwaltung〕の機構をめざす」「諸法令〔Dekrete〕」をつうじて行なわれる（KgS.VIII.429：⑬二五八頁以降）。

（5）カントは国家にかんして、政策（技術）と道徳（理念）とを結合するための「超越論的公式」として第一に、「他人の権利にかんするすべての行為は、その格率が公開性と合致しなければ、不正である」という〈公法における公開性〔Publizität〕の原則〉を掲げる（EF.381：⑭三〇七頁）。他人にたいする行為の格率の妥当性は、この格率が公表され、万人の同意を得られることによって確証される。隠された格率に従う行為は他人との信頼関係を確立することはできない。格率の公開性は、すでに言及した言論の自由とも結合する（本章、五・四）。カントはとくに国際関係（条約など）における格率の公開性の意義を重視する。「超越論的公式」の第二原則は、「公開性を必要とするすべての格率は権利（法）と道徳とにともに合致する」というものである。格率は「公衆の権利」と一致し、その結果として「公衆の目的（幸福）」とも一致しなければならないとされる（EF.386：⑭三一四頁）。政治における公開性の意義については、金慧『カントの政治哲学』、四一頁以降、斎藤拓也『カントにおける倫理と政治』、二七二頁以降、参照。

（6）国家における「知恵（英知）」と「怜悧、思慮（才知）」との関係については、網谷壮介「政治・道徳・怜悧」（政治思想史学会『政治思想史研究』第一四号、風行社、二〇一四年）、三五八頁以降、斎藤拓也『カントにおける倫理と政治』、二六一頁以降、参照。

（7）法的原理の実行としての政策のためには判断力が必要であるが、原理をケースへ適用する規定的判断力だけでなく、ケースにおいて原理や規則を見出す反省的判断力も必要であろう（I・四・三）。H・アレントは『判断力批判』における美的判断力としての反省的判断力を政治にも拡張しようと試みた（『カント政治哲学の講義』一九八二年、邦訳、法政大学出版局、一九九四年）。牧野英二はこの構想を展開し、複数主義的政治において、反省的判断力に基づき、「他者の立場に立つ」ことの意義を強調する（『遠近法の哲学』弘文堂、一九九六年、一七二頁以降）。なお、アレントと牧野氏においては共通感覚が重視されるが、これはカント自身の国家論とは一致しないであろう。アレントの見解の批判的検討としては、金慧『カントの政治哲学』、一四七頁以降が注目に値する。

（8）このような歴史観は、道徳的、法的理念の実現をめざす人間の自由な活動についてのカントの見解とは対立し、ヘーゲルの見解に接近するようにも見える。カントにおいては自然の合目的的過程と人間の実践との関係は重層的である。「自然はこのような［永遠平和の］意図の点で、すなわち、人間自身の理性が人間にたいして義務とするこの目的にかんして、いったいなにを行なうのか」。「また、人間が自由の法則に従って行なうべきであるが、行なっていないことを、自然はこの自由を損なわず、人間が行なうであろうことを確実にするということを、強要によっていかに保障するのであろうか」（EF.365：⑭二八四頁）。人類史における自然の目的と人間の自由な活動との関係の理解にかんしてはつぎのことも考慮する必要がある。第一に、自然の目的に従った国家の設立は、認識論的には『判断力批判』において明らかにされるように、「構成的原理」に基づいて客観的に認識されるものではなく、「統制的原理」に基づいて反省的判断力によって、あたかもそのようなものと見なされるにすぎない（UK.404：⑨七三頁／Vgl. UK.457f.：⑨一四七頁）。第二に、このことは実践にも影響を及ぼす。共和制や世界市民社会の理念は、「構成的原理」に基づいて、「人間相互のきわめて活発な作用と反作用［和合と抗争］のただなかに存在する平和への期待」を客観的に生じさせるのではなく、「統制的原理」に基づいて、「この平和の理念に向かう自然的傾向があるという、無根拠ではない推測によって、人類の使命としての理念を熱心に追求するために」役立つにすぎない（Ath.331：⑮三二八頁）。自然の目的に適合して、その実現をめざす人間の活動にとって、「統制的原理」が実践的に同時に「構成的原理」としても作用するといわれる。「〈目的としてのあるものに適合して行為せよ〉という統制的原理は同時に構成的であり、すなわち実践的に規定的である」（UK.457：⑨一四八頁）。自然は人間に国家の設立を目的として課し、その実現を援助する。国家の設立はまったく人間の活動から独立に自動的にもたらされるのではなく、人間の活動を必要とする。また、国家の設立は実践的理念によっても導かれる。これらの点で、カントの自然目的論の立場からの歴史観においては、ヘーゲルの歴史観におけるように、人間の活動は「理性の詭計」によって支配される受動的なものではない

（9）本書では〈Bürger〉を「市民」と、〈Staatsbürger〉を「公民」と訳し、〈bürgerlich〉も基本的に「市民的」と訳す。〈Bürger〉はラテン語の〈civis〉（英語では〈citizen〉、仏語では〈citoyen〉）に由来し、〈civitas〉（共同体）の成員を意味した。近代には政治的共同体の担い手は都市住民（狭義の市民）としての商工業者となり、これが拡張されて、「市民」は国家の自立的成員を、〈civil society〉は近代国家を意味するようになった。カントはおそらくルソーにおける〈citoyen〉と〈bourgeois〉との区別（CS.I6：三一頁）を踏まえ、公民としての〈Staatsbürger〉をたんなる都市〔Stadt〕の住民（商工業者）としての〈Stadtbürger〉（都市市民）から区別することがあるが（TP.295：⑭一九四頁）、〈Bürger〉を〈Staatsbürger〉と同義に理解することが多い。

（10）ホッブズとロックは、自然状態が過去に存在し、また国家

の機能が喪失されれば、それが復活するとも述べている（Lv. I.13：（一）二二二頁／TG.I4：二一頁）。ただし、彼らは自然状態を経験的なものでなく、国家の度外視によって論理的に想定されるものと見なしていると解釈できる余地がある。

（11）カントにおいては〈bürgerliches Recht〉は公法に属し（MS.242：⑪六四頁）、今日におけるように民法（私法に属す）を意味しない。

（12）古代ローマ以来、自然法は、実定法を規定する普遍的なものと見なされたが（このような理解はストア派に淵源する）、これを自然状態と関連させていない。ホッブズも自然法を、すべての状態に妥当する普遍的な法（理性の掟）と捉えており、必ずしも自然状態に特有の法とは理解していない（Lv.I.14：（一）二一六頁）。自然法と市民法とは相互に他方を含むともいわれる（Lv.I.13：（一）二二三頁）。ロックは自然法を自然状態に特有の「原初的な自然法〔original law of nature〕」（TG.II6：三五頁）と見なすばあいと、国家においても妥当する「基礎的な自然法〔fundamental law of nature, fundamental natural law〕」（TG. II.134：一三五頁）と見なすばあいとがある。カントはこのような曖昧さを除去するために、「自然法」を理念的なものに純化し、これを、自然状態に特有の「自然的法」から区別したともいえる。

（13）「自然状態」についてホッブズもつぎのように述べていた。「各人の各人にたいする戦争から、なにごとも不正ではありえないことが帰結する」（Lv.I.13：（一）二一三頁）。カントは『宗教論』においては（Rlg.97：⑩一二九頁）道徳的自然状態について語るさいには、これを戦争状態と見なしている（本章、注48、参照）。また、『法論』においては、平和のための国際的組織が結成される以前は、諸国家は自然状態＝戦争状態にあると見なしている（MS.344：⑪一九四頁）。

（14）ホッブズもつぎのように語っていた。「戦争は、力づくで争う意志が言葉あるいは行為によって十分に明示されている期間にほかならない」（『市民論』第一章、第一二節）。「戦争は戦闘や闘争の行為のみにあるのではなく、戦闘によって争おうとする意志が十分に知られている期間に存在する」。「戦争の本性は実際の闘争のなかにあるのではなく、その反対〔平和〕に向かういかなる保障もないすべての期間における闘争への明らかな志向のなかにある」（『リヴァイアサン』Lv.I.13：（一）二一〇頁）。なお、カントの時期には『リヴァイアサン』は普及されておらず、彼は『市民論』を念頭においていたと推定されるが、前者の著作の基本内容の情報を得ていた可能性もある。

（15）自然状態についてカントがつぎのように語るさいには、ルソーの見解を念頭においていたと思われる。「未開人の無目的な状態は人類におけるすべての自然素質の発展を抑制してきたが、人類がおかれた害悪を媒介にして、ついに人類がこのような状態を脱却して、市民的体制に入らざるをえないようにした」（AG.25：⑭一五頁）。ルソーは『不平等起源論』においてつぎのように述べていた。最初の自然状態においては人びとは森林のなかで散在して生活しており、本来の規範も存在しなかった（第一段階）。しかし、産業と技術（とくに農業と冶金）の発達とともに人びとの欲望は増大し、私的所有が誕生し、各人のあいだに対立が生じ、さらに支配と隷従、暴力と略奪が横行するようになった（第二段階）。このような「不便さ」を除去するために、国家が設立されたが、このような国家はじつは強者の支配を正当化するものであった（第三段階）。ルソーはこのような第三段階を第一段階の本来の自然状態から区別し、「新しい自然状態」と呼ぶ（『不平等起源論』第二部、岩波文庫訳、一二七頁）。ホッブズがいう戦争状態はこの状態の一面を表現する（同訳、一〇七頁）。『社会契約論』においてはつぎのようにいわれる。「自然状態のなかで生活することを妨げるもろもろの障害がその抵抗力によって各人がこの状態にとどまろうとして用いうる力に打ち勝つまでに到達したため、人びとは国家へ移行しなければならなくなった」（CS.I.6：二八頁以降）。カントの『人類史の憶測上の始原』（一七八六年）は聖書を素材にしつつ、弁明批判の点では『不平等起源論』を念頭においていると思われる（KgS. VIII.115ff.：⑭一〇四頁以降）。

(16) 自然状態についてのホッブズ、ロック、ルソー、カントの見解は各自の人間観とも関連する。ホッブズによれば、人間は根本的には利己的、排他的である。ロックにおいてはこのような見解は緩和され、人間は自然状態においても自然法に従い、他人の自由を侵害しない範囲で行為するといわれる。ルソーは『不平等起源論』においてつぎのようにいう。自然状態においては各人の「自愛〔amour de soi-même〕」は他人への「同情（憐憫）〔pitié〕」と調和していた（邦訳、岩波文庫、七四頁）。しかし、文明状態においては自愛は排他的な「利己心〔amour-propre〕」へ変質する。人間が本性上利己的であるという観念は文明状態の産物にすぎない（同訳、一〇一頁）。カントはつぎのような独自の見解を表明する。人間は本来「社交性〔Geselligkeit〕」と「非社交性〔Ungeselligkeit〕」を兼ね備え、「非社交的社交性」をもつ（AG.20：⑭八頁）。非社交性はホッブズの説を、社交性はプーエンドルフらの説を踏まえたものであろう。非社交性は人間のあいだに抗争や戦争をもたらしたが、実用的素質を発展させ、文明の原動力ともなったといわれる（AG.21：⑭九頁／Vgl. EF.363：⑭二八三頁）。

(17) ホッブズはつぎのようにいう。「このような状態〔自然状態〕を離脱し、仲間を求めるべきである」(De Cive.I.13)。カントは、つぎのようにいう。われわれは「自然状態を離脱し、すべての他人と……相互に結合しなければならない」(MS.312：⑪一五三頁)。なお、カントは、〈自然状態を離脱しなければならない〉というホッブズの言葉を援用しているが（Rlg.97：⑩一二九頁）、ホッブズは直接にはこのような主張していない。

(18) ホッブズにおいて信約〔convenant〕、約定〔pact〕は契約〔contract〕の一種であるが、契約の相手がそれを履行するまでのあいだ相手を信用するという特徴をもつ（Lv.I.14：（一）二二二頁）。

(19)「野生的で無法律な自由」といわれるものは、ルソーがいう自然状態における自由を念頭においたものであろう。『社会契約論』においては「自然的自由」は、「個人の力以外に制限をもたない」自由と見なされる（CS.I.8：三六頁）。

（20）カントは〈gemeinsamer Wille〉を契約などにおける個別的意志の相互の「共通の意志」という意味に理解することがあり（MS.271：⑪一〇二頁）。これはルソーの〈volonté de tous〉（集合意志）に近い。逆にカントは「総体意志〔Gesammtwille〕」を「普遍的意志」と同義に理解することもある（MS.342：⑪一九二頁）。フィヒテは『自然法の基礎』において、ルソーの〈volonté générale〉に対応するものとして〈gemeinsamer Wille〉を基本とする。拙著『現代に生きるフィヒテ』、五七頁、二〇九頁、三〇五頁、参照。ルソー、カント、フィヒテの国家論の関係全般については、拙論「ルソー・カント・フィヒテの国家論」上・中・下（札幌大学外国学部『言語と文化』第七七号、二〇一二年、第七八号、二〇一三年、第八二号、二〇一五年）参照。

（21）カントは占有にかんして、「根源的共有〔ursprüngliche Gemeinschaft（communio originalia）〕」を伝統的な「原始的共有〔anfängliche Gemeinschaft（communio primaeva）〕」から区別し、前者は理念的であるのに対して、後者は歴史的であると見なすが（MS.251：⑪七四頁）、このような区別と類似の区別が社会契約にも生じる。

（22）カントはつぎのようにもいう。「主権者」は「その優先権を、ある契約からではなく事実によってもつ」。「最高の実力は同時に法に先行する」（RzRph.583）。「自然の秩序は、実力と強制が先行することを欲する。というのは、実力と強制がなければ、人間自身はけっして、立法するよう結合されるに至ることはできないであろうから」（『永遠平和論・準備稿』KgS.XXIII.169）。片木清はカントのこのような主張を「実力先行説」と呼び、批判する（『カントにおける倫理・法・国家の問題』、一八九頁以降、二〇九頁以降）。

（23）ロックは、代議制を主張した先駆者であるが、彼がいう代議制は直ちに議会制民主主義を意味しない。彼は立法府の成員に、人民が選出する代議士のほかに、君主および貴族（元老院）を含める（TG.II.139：一四三頁）。

（24）ロックは、連合権（外交権）は執行権からいちおう区別されるが、実際にはほとんど分離できないと述べる（TG.II.146：一四九頁／TG.II.148：一五〇頁）。

（25）〈roi〉はラテン語では〈rex〉であり、〈regere〉（指揮、統治する）に由来し、「統治者」を意味する。ルソーにおいてもこのことが念頭におかれ、〈roi〉は「国王」を直ちに意味しない。〈prince〉に対応するラテン語の〈princeps〉は古代ローマでは「首長」を意味した。また、〈magistrat〉は古代ローマでは高級官僚を意味した。ルソーはこれらを行政に限定する。

（26）ルソーが批判する主権の分割は、立法権と執行権への分割のほかに、課税権、交戦権への分割、国内行政権と対外的な交渉権への分割を含む（CS.II.2：四四頁）。

（27）〈Regent〉は〈rex〉と同様に、〈regere〉（統治）に由来し、行政の長を意味する。カントも〈princeps〉を〈Regent〉と同義と見なしている（MS.316：⑪一五九頁）。邦訳ではしばしば

〈Regent〉が〈元首〉と、〈Oberhaupt〉が支配者（統治者）と見なされているが、この訳は行政の長と立法の長との関係をカントの見解とは逆に理解しており、不適切である。

(28) カントは、最高の立法者である元首が三権の統合を表現すると見なすばあいがある。「国家における三権」は、「理性にアプリオリに由来する合一された人民の意志の三つの関係」であり、「国家元首の純粋な理念」である（MS.338：⑪一八七頁／Vgl. MS.315：⑪一五八頁）。「国家元首は三重の人格を代表する」（RzRph. 567）。なお、カントにおいては三権における「命令権者〔Befehlhaber〕」の位置は必ずしも明確ではない。それは最高の立法者としての元首と同一視されるばあい（MS.319：⑪一六三頁）、行政に限定されるばあい（MS.316：⑪一五九頁／MS.323：⑪一六八頁／MS.326：⑪一七一頁／MS.328：⑪一七四頁）、司法にかんするばあい（MS.331：⑪一七八頁）がある。

(29) モンテスキュー（『法の精神』、一七四八年）は立法権と執行権との相互牽制を重視するが、立法権に優位を与えず、裁判権の独立を必ずしも明確にしてはいない。また、彼は、人民と貴族が庶民院と貴族院をつうじて立法に参与し、君主は立法権と執行権をもち、三つの身分（階級）のあいだの相互牽制が三権の均衡の基礎をなすと見なす。ロックは、立法権の優位のもとで、「政治権力のそれぞれの部分」が「異なった人間に委ねられる」ことをつうじて「均衡される」（TG.II.107：一一〇頁）と主張するが、そのさいに、身分制を念頭において、「異なった人間」を異なった階級（君主、貴族、庶民）という意味に理解していた可能性がある。なお、ロックも立法権の優位のもとでの「国家の諸権力の従属関係」について語っている（TG.II.149：一五一頁）。

(30) カントは〈Autokratie〉（単独支配・専決）を〈Despotismus〉（専制）から区別する。前者は統治者の数に関係するのに対して、後者は三権すべてを支配する全権的統治を意味する。『永遠平和論』においては〈Autokratie〉は〈Monarchie〉（君主制）と同義とされるが（EF.353f.：⑭二六五頁）、『法論』においては〈Autokrat〉（あるいは〈Selbstherrcher〉）は〈Monarch〉から区別される。後者は「最高の権力」をもち、「主権者を代表する」のに対して、前者は「すべての権力」をもち、「主権者そのもの」であると見なされる（MS.338：⑪一八八頁）。

(31) ロックは立法府の形態として君主制、寡頭制、民主制を区別する（TG.II.132：一三三頁）。これに対して、ルソーにおける君主制、貴族制、民主制の区別は「統治（政府）の形態」、執行権にかんするものであり（CS.III.3：九四頁）、共和制はこれらの分類には属さない。「法によって治められる国家はいかなる行政形態におけるものであっても、共和制と呼ばれる」（CS.II.6：五九頁以降）。カントの見解はルソーのこのような見解に近い。

(32) カントは『法論』においては理念としての共和制を「純粋な共和制」、「唯一の正当な体制」、「本来の意味での法的体制」と見なしている（MS.340：⑪一九〇頁）。代議制を含む体制は「真の共和制」と呼ばれる（MS.341：⑪一九〇頁）。

（33）カントはつぎのようにいう。「専決的に〔autokratisch〕支配するが、そのさいに共和的に……統治する」ならば、「人民はこのような国家体制に満足する」（SF.87：⑱一九頁）。人民の自己立法に基づく国家は「最善の体制」であるが、「それが直ちに生じるのではない」ので、「とりあえず」、「君主が同時に専決的に支配していても、共和的に（民主的にではなく）統治する」ことが必要である（SF.91：⑱一二四頁）。

（34）立憲君主制（制限君主制）にかんしてカントは、「イギリスは国家体制としては民主制であるが、統治様式の面では君主制である」（RzRph.522）と述べている。ただし、彼はイギリスにおける立憲君主制を「制限された君主制」と見なすことにつぎのように懐疑的態度を示すこともある。イギリスにおいては君主は議会によって制限されているかのようにいわれるが、これは「虚構」であり、じっさいには（戦争開始の決定に見られるように）「無制限な君主」、「絶対君主」としてふるまってきた（SF.90：⑱一二三頁）。また、人民の抵抗権が容認され、最高命令権利者の制限が主張されるように見えるが、じっさいには、「主権者は……自分の執行官〔Minisiter〕をつうじて同時に……専制的にふるまい」、「これを制限する力が存在するかのように人民にその代議士をつうじてイメージさせる」という「幻惑策」が使用される（MS.319：⑪一六三頁）。プロイセンにかんしては、「私は国家の最高の下僕にすぎない」というフリードリッヒ大王の言葉は「代表制の精神」に合致しているとカントは見なしており（EF.352：⑪二六六頁）、広義の代表制を念頭においているといえる。また、彼は、「国家権力の人員（支配者の数）がより小さければ、だが、代表化〔Repräsentation〕がより大きければ、それだけより国家権力は共和制の可能性に一致する」（EF.353：⑪二六六頁）とも述べる。君主制においては支配者が最小でありながら、普遍的意志の代表化が最大になり（代表者〔Repräsentante〕が最多になるのではなく、邦訳には混乱が見られる）、この点で君主制が貴族制と民主制とに優越するといわれる。

（35）ルソーは共和制から民主制（直接民主制）を区別し、後者の成立の条件として四つを挙げている。第一に、国が小さく、人民が容易に集まることができ、相互の交流が親密であること、第二に、習慣がきわめて単純で、多くの事務や面倒な議論を省略できること、第三に、人民のあいだで財産がほぼ平等であること、第四に、奢侈がきわめて少ないか、まったく存在しないこと（CS.III.4：九六頁以降）。ルソーの民主制の理解は二面的である。一方で、民主制においては立法権が執行権と結合しており、また、多数者による少数者の支配という不自然なあり方が存在する（CS.III.4：九六頁）。さらに、「民主制ほど、内乱や内紛が生じやすい政治はない」（CS.III.4：九七頁）。他方で、「一般意志の単一の行為によって現実に政府が設立されることは民主制の政府の特有の長所である」（CS.III.17：一四〇頁）。なお、ルソーは、イギリスの議会において、下院と委員会とのあいだでの往復運動をつうじて、立法が行政（法の執行）に移行するとも述べており、ここでは議会制民主主義を評価しているともいえる（CS.III.17：一三九頁）。

(36) 統治者が契約に違反するばあいには、人民は統治者に服従する義務を負わないという結論が論理的には生じるが、プーフェンドルフは人民の抵抗権には消極的立場をとった。

(37) 服従契約が一方的なものであり、双務的なものではないことについてつぎのようにいわれる。「人民と主権者とのあいだにはいかなる契約も生じない」。「というのは、全権力の委任はすでに抵抗の権能の断念を含むからである」。そこにおいて契約が成立するとすれば、それは「無償の契約」、「黙認された」契約である（RzRph.593）。

(38) ザーゲによれば、カントはホッブズと同様に「契約論上の一元主義」の立場に立つが、ホッブズのように、社会契約を服従契約に解消はせず、ルソーに依拠して、服従契約を社会契約に包摂する（R. Saage. *Eigentum, Staat und Gesellschaft bei Immanuel Kant.* S.50.）。しかし、このような解釈は適切ではない。まず、ホッブズもルソーも服従契約を認めておらず、社会契約と服従契約との優劣関係を問題にしていない。つぎに、カントは社会契約と服従契約とを表裏一体のものと見なす。マウスは、カントが服従契約（君主と貴族とのあいだのような）を否定し、結合契約を主張している（一段階説）と解釈するがこれも適切ではない（邦訳、『啓蒙の民主制理論』、二三三頁以降）。なお、フィヒテは『自然法の基礎』において二段階説をとり、国家を設立する「公民契約」（NR.152：一八五頁）と、権力を特定の人物（集団）に委任する「委任契約」（NR.165：一九九頁）とを区別する。拙著『現代に生きるフィヒテ』、二二一頁、参照。

(39) フィヒテは『自然法の基礎』において人民集会についてのルソーの見解を変形して受容する（NR.173：二〇八頁）。本章、注42、参照。

(40) カントはモナルコマキズムを批判する。人民の抵抗権の「最たるものは、個別的人格（君主）としての元首にたいしてその権力の乱用（暴政）を口実に彼の人格を、ましてや生命に危害を加える（暴君殺害という外見のもとでの君主征伐論）権利である」（MS.320：⑪一六四頁）。アッヘンヴァルは、元首が人民とのあいだの「服従契約」に違反するばあいには、人民は元首に抵抗し、これを退位させる権利をもつと主張するが（『自然法』第五版、一七六三年）、カントはこれを批判する（TP.301：⑭二〇四頁）。

(41) 片木清はカントにおける「抵抗権否認の理由の弁証」について詳細に考察している。『カントにおける倫理・法・国家の問題』、二六二頁以降。

(42) カントによれば、支配にたいする人民の異議申し立て〔Beschwerde（gravamen）〕は最高支配者へ直接にではなく、大臣をつうじて伝えられ、人民は最高支配者にたいしても、大臣にたいしても抵抗することはできない（『理論と実践・準備稿』KgS.XXIII.134：⑱二六八頁）。なお、カントはつぎのように、契約に違反した支配者にたいする人民の抵抗を限定的に擁護することもある。「あらゆる反乱〔Aufruhr〕が暴動〔Rebell〕なのではない。すなわち、根本契約を自分で破った支配者への服従を拒否する反乱はそうではない」(RzRph.590)。「反逆する人民によって暴君にたいしてなんらの不正も行なわれないが、統治一般、人類にたいしては不正が行なわれる」(RzRph.523)。「共和制は、人民が法律に従わずに、扱われたと自分で信じるさいに、大臣や行政官にたいして服従を拒否するという人民の権利である」(『理論と実践・準備稿』KgS.XXIII.159：⑱二九一頁)。マウスは、カントにおいては抵抗は消極的なものだけでなく、積極的なものをも含み、後者の中心は言論による抵抗にあると見なす(邦訳『啓蒙の民主制理論』、七六頁以降)。ちなみに、ホッブズも人民の抵抗権をまったく否定しているのではない。彼は従民に、自分の身体を国家から防衛する権利、自分の利益に反する命令への不服従の権利、徴兵の強制への不服従などを認めている(Lv.II.21：(二) 九六頁以降)。

(43) フィヒテは人民の革命権の代償として「監督官制〔Ephorat〕」を導入する。監督官は統治者の行為の是非にかんして統治者と人民とのあいだに立って判断するが、統治者の行為についての否定的判断は人民集会において承認されることによって、統治者は解任されるといわれる。拙著『現代に生きるフィヒテ』、六二頁、参照。

(44) 人民主権の実現は人民の陶冶に依拠するという思想はフィヒテ、ヘーゲルにおいて独自に展開されていく。前掲拙著、六六頁、一八四頁以降、『承認と自由』、二六五頁、参照。

(45) 斎藤拓也は共和制の実現にとっての「思考様式の変革」の意義を重視し、これをまず政治家や思想家にかんするものと見なす。『カントにおける倫理と政治』、第八章、第五節。上からの改革のためにはそういえるが、人民の下からの陶冶も考慮されなければならないであろう。なお、カントは国家にかんして「思考様式の変革」に言及することは少ない(TP.291：⑭一八八頁／TP.304：⑭二〇九頁)。

(46) カントがつぎのように述べるさいにはドイツ(とくにプロイセン)における革命をめぐる加熱した議論にたいしては冷やかなようにも見える。「誹謗・中傷をこととする連中」は「無邪気な酒場政談を、国家を危険にさらす改革熱、ジャコバン風、暴徒化といい立てる」(SF.86：⑱一一八頁)。カントは表面的政談にたいしては批判的であるが、革命に含まれた歴史的原理については深い理解が必要と見なしている。

(47) 注目すべきことに、『法哲学遺稿』においてはつぎのようにいわれる。「フランスにおいては国民議会〔Nationalversammlung〕は憲法制度を変更することができた」。「というのは、無制限な全権に従って決済することを国王が許可したあとで、国民会議が全人民の代表となったからである」(KgS.XIX.595f.)。ルイ一六世は国家の財政危機の打開のために増税を実施しようとして、貴族層の抵抗を受け、「三部会」を一七〇年ぶりに開催した(一七八九年五月)。しかし、第三身分は「三部会」の構成を批判し、「国民会議〔Assemblé nationale〕」を設立し(同年六月)、他の聖職者身分、貴族身分の代表もこれに合流して、さらにこれが「憲法制定国民会議〔Assemblé nationale constituante〕」に再編された(同年七月)。カントは革命前夜のこの動きに着目したともいえる。

(48) カントはつぎのようにもいう。「革命が一度成功して、新しい体制が設立されるならば、その革命の開始と遂行が適法的でないという理由で、従民……が事物の新しい秩序に順応する責務を免れることができない」（MS.322：⑪一六七頁）。「革命の暴動」によって、「より合法的な体制が達成される」ばあいには、暴動者は処罰されるであろうが、「古い体制に復帰することは許されないであろう」（EF.372：⑭二九五頁）。

(49) フィヒテも『フランス革命論』において革命の原理とその実現の方法とを区別し、前者を正当、後者を不適切と見なした。拙著『現代に生きるフィヒテ』、五〇頁以降、参照。

(50) カントはすでに『美と崇高の感情の観察・覚書』（一六六〇年代中ごろ）において『エミール』の影響のもとで、「人間を尊敬する」こと、「人間性の権利」に言及し（KgS.XX.44：⑱一八六頁）、さらに人間の意志の自由と独立（KgS.XX.65f.：⑱一九七頁/KgS.XX.91f.⑱二一一頁）、「普遍的意志」（KgS.XX.145：⑱二三一頁）にも言及しているが、意志の自由と「自由の法則」、「道徳法則」との関係（KgS.XX.137：⑱二二三頁/KgS.XX.147：⑱二二七頁）、道徳的自由と政治的・社会的自由との関係はまだ明確にしていない。拙著『実践と相互人格性』、四八頁以降、参照。

(51) 道徳的共同体における集団的自己立法が困難であるため、カントは『宗教論』においては、「倫理的共同体」の立法者は人民でなく、神であると見なす（Rlg.98:⑩一二九頁）。ここでは、人民の自己立法との類比における道徳的自己立法＝自律の思想は後退する。政治において自然状態から市民的状態（国家）へ移行するように、倫理においても「倫理的自然状態」（善の原理にたいするたえざる闘争が行われる戦争状態）から「倫理的市民的状態」（善の原理の勝利が確定される状態）へ移行しなければならないとされる（Rlg.95：⑩一二六頁）。「最高の道徳的（人倫的）善」はそれぞれの人格の努力のみによっては実現されず、「共同の目的」をめざす「倫理的共同体」において実現される（Rlg.97：⑩一二九頁）。政治的共同体と倫理的共同体とは異なった次元にあり、一方で、後者は前者を基礎とするが（Rlg.94：⑩一二五頁）、他方で、前者においては倫理的自然状態が残存しうる（Rlg.95：⑩一二六頁）。カントにおける政治的共同体と道徳的共同体との関係については、拙論「カントにおける道徳的共同体と自由の思想（下）」（『帯広畜産大学研究報告 Ⅱ、第六巻、第三号、一九八四年）、四九六頁以降、拙著『実践と相互人格性』、七四頁以降、参照。

(52) J. Habermas, *Faktizität und Gültung. Beiträge zur Diskurstheorie des Rechts und des demokratischen Rechtsstaats*. 1992. 邦訳『事実性と妥当性』、未來社、上、二〇〇二年。ハバーマスは道徳的自律を「私的自律」と呼び、人権は私的自律、道徳的自己決定に基づき、道徳的に根拠づけられると見なす（邦訳、一二二頁、一二八頁）。しかし、第一に、カントにおいて道徳的自律はたんなる自己決定ではなく、普遍的な法則の自己立法にある。それは内面的ではあるが、他者との共同性を含んでおり、

「私的な」ものではない（Ⅲ・三・一、第Ⅲ章の注10、参照）。第二に、法における権利が道徳的自律によって根拠づけられるという理解はラフである。第三に、道徳的自律が人権と直接的に結合するとはいえない。権利は人格の自立性を前提するとしても、必ずしも自己決定や自律を前提してはいない。

(53) ハバーマスは私的自律（人権）と政治的自律（人民主権）とを真に結合するのは討議倫理学の手続きであると見なす（邦訳、一三一頁以降）。討議倫理学における「普遍化の原則」はカント倫理学における格率の普遍化の原則の相互主観的変形であるが（邦訳『道徳的意識とコミュニケーション的行為』岩波書店、一九九一年、一〇八頁以降）、『事実性と妥当化』においては前者の原則の法論への適用のさいにカントの『法論』に着目されるようになる（第Ⅴ章、注31）。そのさいにハバーマスはカントにおける立法の手続き主義的な要素を肯定的に評価しながらも、そのつぎのような弱点をも指摘する。カントは、「制定法が人民の意志に由来するかどうか」の基準を抽象的に示したにすぎず、合意に基づく立法の手続きについて立ち入った考察を行なってはいない（邦訳『事実性と妥当性』下、未來社、二〇〇三年、二三七頁以降）。マウスはハバーマスの討議倫理を継承し、カントの法論において示される立法的手続きの理論に注目する（邦訳『啓蒙の民主的批判』、一三二頁以降）。

(54) ケアスティングは『よき秩序の自由』の初版（一九八四年）においてはルソーとカントとの共通性を重視していたが、第二版（一九九三年）および第三版に追加された「緒論」ではルソーとカントとの区別を強調する（邦訳『自由の秩序』、一八頁以降、二七四頁、三五三頁）。ケアスティングはハバーマスの解釈をつぎのように批判する。カントの契約論は、先行の主意主義的な契約論を脱却し、契約を手続き的に理解する点で、「民主的手続き主義」の根本を示す、ルールズらの契約論をも乗り越える方向を示すが、ハバーマスはこの点を正当に理解していない（前掲訳、一九頁以降）。

(55) イギリスのヴォーンはつぎのように主張する。ルソー以前においては契約論は「個人主義の礎石」となっていたが、ルソーにおいては契約論は、「それまで人間の精神が考えたかぎりでの絶対的なものとしての集団主義への入口を形成する」。とくに、「統合された自己」に基づく一般意志は集団主義の基礎をなす（*The Political Writings of Jean Jaques Rousseau*, Vol. I, Intorduction & noted by C. E. Vaughan, 1915. p.20, p.39.）。ルソーの思想を全体主義的と評価することの是非については、拙著『現代に生きるフィヒテ』、二二六頁以降、参照。

(56) Ernst Cassierer, *Das Problem Jean Jaques Rousseau*, 1932. 邦訳『ジャン＝ジャック・ルソー問題』みすず書房、一七九四年。

(57) カントによれば、道徳において感性（欲求）からの独立は消極的な自由であるが、自律は積極的な自由である（KpV.33：⑦六九頁）。道徳的自律は道徳的法則の自己立法に基づくが、道徳的法則は自他の人格の意志の「全面的一致」（KpV.28：⑦六一頁）から生まれる。自己立法は自他の全面的結合のため条件を生み出す点で、高次の自由をもたらす。政治的自己立法においては自他の関係における自己立法のこのような特徴がより明確になる（拙著『実践と相互人格性』、三八頁以降、七四頁以降、参照）。

（58）カントの戦争放棄の構想は、フランス革命のさなかに主張された見解の影響も受けた可能性がある。一七九一年のフランス憲法においては征服戦争の放棄がうたわれ、一七九三年のジャコバン憲法においては他国への不干渉がうたわれた。しかし、ナポレオンのもとで外国の干渉への対抗が対外侵略に転化し、これらの原則は否定されるようになる。

（59）兵士の道具化は第二次世界大戦における日本の特攻隊に典型的に見られる。今日では、兵器のハイテク化によって兵士の犠牲が減少するかのように主張されるが、兵器を使用する兵士もますます戦争遂行の装置の一部となり、道具化されている。

（60）小野原雅夫は永遠平和についての定言命法と仮言命法との関係の観点から、日本国憲法第九条にかんして理念的側面と現実的側面との関係に留意している（「平和の定言命法と平和実現のための仮言命法」日本カント協会編『日本カント研究』7、理想社、二〇〇六年、七九頁以降、「日本国憲法における定言命法と仮言命法」日本カント協会編『日本カント研究』15、理想社、二〇一四年、一七頁以降）。日本国憲法全体にカント思想が与えた影響については、杉田孝夫「カントと日本国憲法をつなぐ」（同書、二二頁以降）、参照。

（61）〈Völkerrecht〉はローマ法以来の〈ius gentium〉に対応し、「諸民族の法」（すべての民族に共通の法）を意味する。〈ius gentium〉はしばしば「万民法」と訳されるが、「万民」という表現は一国家の内のすべての人民を意味するのか、すべての民族（所属国家の相違を超えたすべての人民）を意味するのかが明確でない。〈international〉という用語は一九世紀以降に普及したが（一八世紀末のベンサムによる使用が最初といわれる）、本書では〈Völkerrecht, law of nations〉の内容を考慮し、「国際法」と訳す。このばあいの国は国家に限定されない。カントは、〈Völkerrecht〉よりも〈Staatenrecht〉の方が適切と見なし、国家相互の関係を重視する（MS.343：⑪一九三頁）。〈Völkerrecht〉、〈Völkerbunde〉についても同様である。

（62）カントは、各国が共和国となることを永遠平和の条件と見なすが（EF.349f.：⑭二六二頁）、共和制の採用を国際連盟への加入の条件としていないようにも見える。「いかなる国家も他の国家の体制と統治に暴力的に干渉すべきでない」（EF.346：⑭二五六頁）といわれる。また、「ある強力で啓蒙された民族が自分を共和国……へ形成することができるとすれば、この共和国が他の諸国家にとって連盟的統一の中心点となり、その結果これらの国と連結するようになるであろう」（EF.356：⑭二七一頁）といわれるさいは、革命後のフランスが期待されているといえるが、すべての加盟国が共和制であることは求められていない。

（63）「超大国」といわれるばあいに、具体的にどの国が念頭におかれているかは不明である。一七世紀初にフランスのアンリ四世はフランスの主導による「キリスト教共和国」を構想した（サン・ピエールとルソーもこれに言及している）。本章、注66、参照。

（64）グロティウスは平和のための国際組織として〈societas gentium〉（国際社会）に言及しているが、これはカントにおける国際連盟の次元に対応する。ドイツではカントに先立って、Ch・ヴォルフが〈societas maxima〉（最大社会）を構想している。これは主権をもち、民主制をモデルとする。これはカントにおける国際国家の次元に対応するであろう。なお、柳原正治は、このような世界国家の権限が限定されていることを指摘する（『ヴォルフの国際法理論』有斐閣、一九九八年、一一四頁以降）。

（65）『普遍史観』においては、「国際連盟」は「統一的な支配力」をもつといわれる（AG.24f.：⑭一三頁以降）。ただし、古代ギリシアのポリス間のアンフィクチオン同盟がその先例として挙げられており、『法論』における地域的な国家結合に近い性格をもつ。『法論』においてはアンフィクチオン同盟が国際連盟と同様の性格をもつといわれる（MS.344：⑪一九四頁）。『判断力批判』においては、「すべての国家の一つの体系」としての「世界市民的全体」に言及されるが（UK.432：⑨一一二頁）、その内容は明確ではない。『宗教哲学』（一七九三年）においては、「世界共和国としての国際連盟」について語られ、それは「国家連邦〔Staatenverein〕」、「結合した自由な諸民族の共和国」であるともいわれる（Rlg.34：⑩四五頁）。ここでは「国際連盟」と「国際国家」とは区別されていない。

（66）カントの永遠平和論はサン・ピエール〔St. Pierre〕の『ヨーロッパにおける永遠平和のための草案（計画）』（一七一三年）によって刺激された。すでに『倫理学講義』（一七七〇年代後半）において「普遍的国際会議」にかんするサン・ピエールの構想に言及され（VE.318：⑳二八四頁）、『普遍史観』（AG.24：⑭一三頁）、『理論と実践』（TP.313：⑭二二一頁）においてもこの構想に言及されている。カントはルソーの紹介（『サン・ピエール師の永遠平和論の抜粋』、一七六一年）をつうじてその情報を得たと思われる。サン・ピエールは「キリスト教共和国」の設立によるヨーロッパにおける平和の実現をめざす。この国際組織は「強力な国家連合〔confederation〕」であり、加盟各国にたいして裁判権とともに強制権をもつが、同時に加盟国の統治権を尊重しなければならないとされる。このような構想は、一七世紀末にフランスのアンリ四世が提唱した「ヨーロッパ共和国の大計画」を踏まえたものである。この国際組織はキリスト教宗派の相違を超え、ヨーロッパ諸国のあいだの紛争の調停をめざした。また、この組織は君主国連合という性格をもっていた。ルソーはのちにサン・ピエールのこの構想に懐疑的になり、つぎのようにいう。各国の君主は平和のための国際組織に容易には同意しないので、その実現のためには、強力な大国による強制という「凶暴で恐ろしい手段」が必要であろう。『エミール』と『社会契約論』においては、国際組織が各国の主権を損なうと批判されている。

（67）カントにおける国際連盟と国際国家との関係については、三島淑臣『理性法思想の成立』、二七八頁以降、宇都宮芳明『カントと神』、三六七頁以降、寺田俊郎「カントのコスモポリタニズム」（『別冊　情況』カント没後２００年）、一八〇頁以降、森禎徳「カント平和論の原点」（カント研究会編『世界市民の哲学』）、二八頁以降、石田京子『カント 自律と法』（晃洋書房、二〇一九年）、一九一頁以降、参照。

(68) アメリカなどの大国は国連の決議に基づかずに、他国に軍事攻撃を加えている。組織的な面でも、常任理事国に特権（拒否権など）が与えられるという不平等が残存している。加盟国の市民の意志（国家の意志でなく）を国際組織に反映させるための方式としてはEUにおける「ヨーロッパ議会」が重要な試みであろう。

(69) カントは「戦争の法・権利〔Recht des Krieges, ius belli〕」という用語をまれにしか使用しない。ただし、『法哲学遺稿』においては「戦争の権利」と「平和の権利」とにかんしてつぎのようにいわれる。国際関係において「法的状態は戦争の法〔Kriegesrecht〕であるか、平和の法〔Friedensrecht〕かである」（RzRph.598／Vgl. RzRph.524f.）。『法論』における「戦争への法・権利」と「戦争における法・権利」とは広義の戦争の法に含まれるといえる。なお、なお、〈Recht zum Krieg, jus ad bellum〉は「戦争への法」よりも「戦争への権利」を意味するであろう。

(70) グロティウス（『戦争の法と平和の法』一六二五年）は戦争への権利・法にかんして戦争の正当な理由として、①自国の生命、身体の防衛、②自国の財産（所有権や人間に対する支配権を含む）の回復、③他国の処罰を挙げる。また、彼は戦争における権利については戦争の正当な理由として、それが支配権力のあいだのものであること、宣戦布告によって開始されることを挙げる。なお、グロティウスは敵国の人間の殺傷、その財産の破壊と略奪、その財産の取得、捕虜の取得が許容されると主張する。このように、彼は残虐な戦闘行為を規制しようとするが、戦争の権利をかなり広く認めている。グロティウスの正戦論については、太田義器『グロティウスの国際政治思想』（ミネルヴァ書房、二〇〇三年）、一三三頁以降が詳しい。カントより少しまえにヴァッテル〔Emirich de Vattel〕（『国際法』、一七五八年）は戦争の正当な理由のなかから実質的理由を排除し、手続きにかんする形式的な理由のみを問題とした（戦争理由の無差別）。正戦論とカントの平和論との接続を主張している例として、谷田信一「戦争と平和の倫理とカントの平和論」（日本カント協会編『カント研究』1、理想社、二〇〇〇年）、参照。

(71) カントは自衛権の発動の条件として二点を挙げている。まず、公民（人民）は主権者の所有物ではなく、主権者は公民を戦争のための手段として使用することは許されない（MS.345：⑪一九五頁）。つぎに、戦争の開始は国家の決定に基づかなければならないが、そのためには公民の同意を必要とする（MS.346：⑪一九六頁）。共和制のもとでは公民は戦争に容易に同意しないので、戦争開始は生じにくい（EF.351：⑭二六四頁）。戦争において最大の負担と犠牲を求められるのは統治者ではなく、公民であるから、共和制においては、戦争および戦後復興のための経済負担について国民は理性的な判断を下すであろうといわれる（EF.351：⑭二六四頁／TP.311：⑭二二〇頁／Vgl. AG.281：⑭八頁）。

(72) グロティウスは不法な国家に対する干渉を容認するが、ヴァッテルはこれを禁止する。ある民族の内部で政治的紛争や内乱が生じたばあいに、その一方の勢力を外国が援助することをサン・ピエールは容認する。

(73) カントは『法論』において、「不正義な敵にたいする権利に限界はない」と述べている（MS.349：⑪二〇一頁）。このような敵としての国家は、普遍化されるばあいに国際平和を否定するような格率を表明する国家である。このような国家はすべての他の国家の利益と自由を脅かすので、他国はこれに対抗する権利をもつ。しかし、このような国家が体制を自分で確立する根源的権利を他国が侵害してはならない。平和を脅かさない体制を採用するよう他国が働きかけることが許されるにすぎない。このように、「不正義な敵にたいする権利」は、「質的には」無制限でなく、「量的に」無制限であるにすぎないといわれる。ハバーマスは、人権侵害を行なう国にたいする国際的な「人道的介入」を是認するが（セルビアにおける少数民族への弾圧にたいしてなど）、そのための公正な基準が問題となる。カントによれば、このような国が、「不正義な敵」であるとしても、軍事的介入は回避されなければならない。

(74)『永遠平和論』の執筆動機の背景にバーゼル条約（一七九五年）にたいする批判があることが多くの研究者によって指摘されている。フランス革命のあと近隣諸国がそれへの干渉のための同盟を結成し、その加盟国のプロイセンはスイスのバーゼルでフランスと単独で講和条約を締結した。これはライン川左岸の帰属にかんして秘密条項を含む欺瞞的性格をもっていた。カントは、国際関係において「格率の公開の原則」（本章、一・三）に反するものとしてつぎの点を挙げるさいには、このことを念頭においていると思われる。①条約締結のさいに条文を自国の好都合に解釈できる表現にすること、②他国が悪い意図をもつかのようにねつ造し、他国の優位という脅威を攻撃の口実とすること、③大国の外へのつながりを断ち切る位置にある小国を大国が併合することを格率にすることなど（EF.385：⑭三一一頁）。ただし、カントは条約における秘密条項そのものを欺瞞的なものとして批判しているのではない。彼は『永遠平和論』の第二版においては「永遠平和のための秘密条項」を付加し、これを肯定的な意味に理解している（EF.368：⑭二八九頁）。山根雄一郎は『永遠平和論』にたいするバーゼル条約の影響を過大視することを戒めている。「平和の形而上学」（坂部恵・佐藤邦康編『カント哲学のアクチュアリティー』ナカニシヤ出版、二〇〇八年）。

(75)「国際（諸民族）法〔Völkerrecht, ius gentium〕」は「諸国家法〔Staatenrecht, ius publikum civitatium〕」とも呼ばれる（MS.343：⑪一九三頁）。また、「世界市民法（世界市民的権利）〔weltbügerliches Recht, ius cosmopoliticum〕」は「国際国家法〔Völkerstaatsrecht, ius gentium〕」とも呼ばれる（MS.311：⑪一五二頁）。〈Völkerrecht〉は〈Völkerstaatsrecht〉から区別されるにもかかわらず、いずれもラテン語の〈ius gentium〉に対応させられている。ここでは、

国際国家〔Völkerstaat〕が念頭におかれ、この組織における法が国際国家法〔Völkerstaatsrecht〕といわれて、これが世界市民法に属すと見なされているという解釈が生じるかもしれない。しかし、世界市民法は世界市民的組織の有無やその形態には依存しない。

(76) カントはつぎのようにいう。「自然は彼ら［諸民族］をすべてともに（彼らの居住地が球状であるため……）一定の限界へ閉じ込めたのであり、地上の住民が生活できる土地の占有はつねに、ある特定の全体の一部としてのみ」「考えうるので」、「すべての民族は根源的に占有の共同体〔Gemeinschft〕（共有〔communio〕）のなかに」、「可能な物理的相互作用〔Wechselwirkung（commercium）〕のなかに、すなわち、相互の交流を申し出る人民相互の汎通的な関係にある」（MS.352：⑪二〇四頁）。ここでは土地の共有〔Gemeinschaft, communio〕が物理的な相互作用〔Wechselwikung, commercium〕と関連させられている。〈Gemeinschaft, commercium〉は広くは共同と相互作用という意味をもつ。

(77) 世界市民権における訪問権の位置づけについては、福田俊章「世界市民と国家の「外部」」（カント研究会『世界市民の哲学』）、五四頁以降、参照。森禎徳は、公表性が情報公開を伴なうと見なし、訪問権とのその関係を重視する（「『永遠平和論』のリアリティ」日本カント学会編『日本カント研究』11、理想社、二〇一〇年）。

(78) 今日、移住権は亡命者や難民にたいしても承認されるようになったが（一九五四年の「難民の地位に関する条約」、一九六七年の「難民の地位に関する議定書」）、この権利をどこまで保障すべきかをめぐって、最近ＥＵやアメリカにおいて深刻な対立が生じている。これらの国々において、移住者の受け入れやそれへの特別の配慮を住民の利益との均衡に反するとして「ねたむ」雰囲気が強まっている。カントの主張はこれをあらかじめ見とおしていたかのようである。

(79) 訪問権についてのカントの見解は、近代の始めに国際法の基礎を示したヴィトリアの主張（一五三九年「戦争の法について」）を念頭においたものとも思われる。ヴィトリアは「交際と交流の権利」を国際法上の権利として認めたが、ヨーロッパ人（とくにスペイン人）との交流を拒否する他の大陸の住民（とくにアメリカ大陸）をヨーロッパ人が支配することを正当化した。カントはこのような見解を拒否する。彼は、中国と日本が植民地化を防止するために、ヨーロッパ諸国との交易を制限したことは賢明であったと評価する（EF.358：⑪二七五頁）。カントの植民地批判については、牧野英二「コスモポリタニズムとポストコロニアル理性批判」（カント協会『批判哲学の今日的射程』理想社、二〇〇五年）、平子友長「カント『永遠平和論』のアクチュアリティ」（東京唯物論研究会『唯物論』第七九号、二〇〇五年）、参照。なお、平子氏は植民地支配、植民地戦争へのカントの批判という観点からハバーマスの見解のヨーロッパ中心主義的傾向を批判する（「ハバーマス『カント永遠平和の理念』の批判」藤谷秀ほか編『共生と共同、連帯と未来』青木書店、二〇〇九年）。

(80) 菅沢龍文は訪問権とともに商業精神を重視し、両者は相互に補完しあって世界市民権を構成すると解釈する。「世界平和と基本的人権、その指標としての「訪問権」」(『法政大学文学部紀要』第七六号、二〇一八年)。

(81) ハバーマス『他者の受容』、一九九六年(邦訳、法政大学出版局、二〇〇四年)。

(82) 日本は戦後、平和憲法のもとで、国際的緊張を引き起こすのを自制することによって、諸外国との経済交流を推進したという経験をもつ。これはカントの理念に一致するであろう。

(83) カントが、共和制においては国民は平和的志向をもち、戦争に同意しないであろうと述べていることも楽観的であると批判されることがある(ハバーマス、前掲訳書、一九八頁)。たしかに、共和国が平和への傾向性をもつとしても、それが自動的に具現するのではない。現実の歴史においては共和国の国民が排他的なナショナリズムに駆り立てられ、戦争に同意することが少なくなかった。しかし、国家の戦争を抑止するのは最終的には国民であり、共和制はそのための不可欠の条件である。

(84)〈cosmopolitarism〉.〈cosmopolitism〉(〈Weltbürgertum〉)は〈cosmos〉(世界)の成員としての〈politēs〉(市民)、すなわち世界市民(ドイツ語では〈Weltbürger〉)に由来する。なお、カントは世界市民主義を法的、政治的な意味に理解するだけでなく、より広く、論理的(認識論的)、美的、実践的、道徳的意味にも理解し、「自己中心主義〔Egoismus〕」と対比させられた複数主義〔Pluralismus〕と同義と見なすばあいがある(Ath.128ff.:⑮二五頁以降)。カントにおける世界市民概念の包括的意味については、寺田俊郎「世界市民の哲学としてのカント哲学」(カント研究会編『世界市民の哲学』)を参照。

(85) カントの世界市民主義はケーニヒスベルクにおける彼の経験をも背景とするといえる。同市はドイツ全体における有数の国際港湾都市であり、近隣のリトアニアやポーランドとの交流(陸路、河川をつうじた)のほか、ヨーロッパ各国との交流が行なわれ、そこでは多くの外国人が平和的に居住していた。世界市民的な雰囲気に満ちた同市においてカントは諸外国の思想と文化を吸収しながら、独自の思想を形成できたといえる。『人間学』においては、「世界市民としての人間についての認識」を獲得するためにケーニヒスベルクはふさわしいと述べられている(Ath.120f.:⑮一三頁)。

(86) カントによれば、ドイツ人はつぎのような民族性をもつ。「ドイツ人はいかなる民族の誇りをももたず、いわば世界市民として自分の祖国にも固執しない」(Ath.318:⑮三〇七頁)。ドイツ人は「自分の祖国に熱狂的には束縛されない」(Ath.317:⑮三〇六頁)。彼はドイツ民族の長所として、誠実性、深く熟考する理性をもつことを挙げるともに(Ath.317f.:⑮三〇五頁以降)、その短所として、既存の社会秩序に追従し、上下関係に固執すること、独創性を欠き、杓子定規であることを挙げる(Ath.319:⑮三〇八頁)。カントによるドイツ人の愛国心の評価については、渋谷治美「カントと愛国心批判」(日本カント協会編『日本カント研究』8、理想社、二〇〇七年)、カントにおける愛国主義と世界市民主義との関係については、加藤泰史「カントと愛国心」

（同書）、参照。なお、カントの世界市民主義とフィヒテの民族主義とがしばしば対比されるが、カントは民族の文化的、政治的多元性を無視してはいない。また、フィヒテは排他的な愛国主義を主張しているのではなく、ナポレオンの支配の排除のあとにドイツとフランスとの連携に基づくヨーロッパの連合を構想している。拙著『現代に生きるフィヒテ』、一四九頁以降、一七四頁以降、参照。

第Ⅶ章

（1）このことについてはシラーのつぎのような証言がある。「所有権の導出はきわめて多くの思想家が苦労して取り組んでいる要点であり、この点についてカントからその『道徳形而上学』においてなにか期待してもよい、と私は聞いている。しかし、同時にこの点についてカントはそれまでの諸観念にもはや満足しなくなり、そのため出版を思いとどまったと聞く」（シラー『エルハルト宛手紙（一七九四年一〇月二八日）』）。

（2）一九七〇～八〇年代におけるカント所有論についての代表的研究としてはつぎのものを参照。R. Saage, *Eigentum, Staat und Gesellschaft bei Immanuel Kant*, 1973. Z. Batscha, *Materialien zu Kants Rechtsphilosophie*, Einleitung, 1976. H.-G. Deggau, *Die Apoorien der Rechtslehre Kants*, 1983. W. Kersting, *Wohlgeornete Freiheit, Immanuel Kants Rechts-Staatsphilosophie*, 1984 (1. Aufl.), 2004（3. Aufl.、邦訳『自由の秩序』）、K. Kühl, *Eigentumsordnung als Freiheitsordnung. Zur Aktualität der Kantischen Rechts- und Eigentumslehre*, 1984. 日本における研究としてはつぎのものを参照。片木清『カントにおける倫理・法・国家の問題』（前出）。樽井正義「カントの所有論」（三田哲学会『哲學』第七五号、一九八〇年）。拙論「カントの所有論――可想的占有の相互主観的根拠づけをめぐって」上・下（『帯広畜産大学研究報告』第Ⅱ部、第六巻、第四号、一九八五年、第七巻、第一号、一九八六年）、三島淑臣『理性法思想の成立』（前出）。

（3）カントの所有論の方法については、メッツガーは「私法上の諸問題（所有など）のカントのスコラ的な扱い」を批判している（W. Metzger, *Gesellschaft, Recht und Staat in der Ethik des deutschen Idealismus*, 1917, S.18.）。また、カッシーラーもカントの私法論（所有論を中心とする）のなかに「ますます支配的となる図式的立場への傾向」を指摘している（E. Cassierer, *Kants Leben und Lehre*, 1921, S.426.）。

（4）マックファーソン『所有的個人主義の政治理論』（一九六二年、邦訳、合同出版、一九八〇年）。ただし、この著作ではホッブズからロックまでの系譜が主題とされ、カントには言及されていない。ザーゲはカントにおける所有的個人主義を重視する（*Eigentum, Staat und Gesellschaft bei Immanuel Kant*, S.23.）。これとは異なり、三島淑臣は、カントの所有論が「単に私的なものでなく、社会的＝全体的契機をはらむ」と述べている（『理性法思想の成立』、一四九頁）。

（5）カントは『法論準備稿』において占有（あるいは取得）の

経験的性格と非経験的性格との関係を「二律背反」として捉え、その解消について詳細に検討しているが（VzRL.212-236）、『法論』においてはこの「二律背反」には簡単に言及されているにとどまる（MS.255：⑪七九頁）。英知的占有は「アプリオリな総合的命題」に従うともいわれる。経験的占有については、その侵害が不法であることは法の原則の分析から帰結するのに対して、英知的占有は経験を超えて拡張されなければならず、それについての命題は総合的になるとされる（MS.249f.：⑪七二頁以降／MS.255：⑪八〇頁）。

（6）フィヒテ（『自然法の基礎』）もヘーゲル（『法哲学』）も占有において主体の事物にたいする関係を理性的なものと捉えるが、「英知的占有」という用語を使用していない。

（7）許容法則は命令法則からも禁止法則からも区別される（MS.223：⑪三八頁）。石田京子「カント法哲学における許容法則の位置づけ」（日本カント協会『日本カント研究』8、理想社、二〇〇一年）、石田京子『カント 自律と法』、一四二頁以降、網谷壮介「カントと許容法則の挑戦」（井上達夫・長谷部恭男編『法と哲学』第一号、信山社、二〇一五年）、参照。

（8）カントは、一時的に占有主を欠く「空主物〔erledigtes Ding（res vacua）〕」から「まったくの無主物〔herrenloses Ding（res nullius）〕」を区別し、後者は実在しないと見なす（MS.294：⑪一三二頁）。また、取得に先立つ土地が無主物ではないことに関連してつぎのようにもいわれる。「たとえある土地が自由である（空いている）、すなわちだれにたいしても開かれていると見なされる……としても、その土地が本性上また根源的にすべての法的行為に先立って自由であるとはいえない」（MS.250：⑪七四頁）。

（9）『法論』の普及版（アカデミー版など）においては編集の手違いによってカントの原稿の配列に乱れがあり、第一節の法的占有の概念の演繹の部分に突然、根源的共有にかんする叙述が挿入されている（MS.250-251：⑪七三頁）。B・ルードヴィッヒは、新しい編集を行ない、根源的共有にかんする当該の叙述を削除しているが、その理由は明らかにされていない。第V章、注9、参照。

（10）モンゴルなどにおいては「土地全体が人民に帰属しており」（MS.265：⑪九四頁）、「土地の私的所有権がまったく存在しない」（MS.324：⑪一六九頁）といわれる。

（11）カントは、先占が「許容法則」に基づくとも述べている。「われわれは自分の選択意思の一定の対象を占有獲得したのであるから、他人がそれらの使用を控えるという拘束性を課する」「権能」が「許容法則」によって与えられる（MS.247：⑪六八頁）。このことは、「選択意思の対象を自分のものとすることは可能である」という実践的理性の要請が許容法則であるといわれる（MS.246：⑪六八頁）こととも関係する。

（12）この点にかんしてザーゲはつぎのように述べている。「土地の分割可能な総体的占有のこのような理念は自然状態において暫定的な一般意志を補足するものであり、国家に関わるその制度的対応を最高の所有者という概念のなかにもつ。この最高の所有者は、根源的な総体的占有がそうであるように、私的所有の廃棄を帰結とするのではなく、反対に私的所有の法的保障をもたらすためのものとされる」（Saage, *Eigentum, Staat und Gesellschaft bei Immanuel Kant*, S.55）。デッガウも「土地の分配的かつ集合的な総体的占有」（Deggau, *Die Aporien der Rechtslehre Kants*, S.107f.）について、また、ケアスティングも「有限な財産の分配格率としての先占」（邦訳『自由の秩序』、一八九頁）について語っている。

（13）日本国憲法においても個人の所有権は公共の福祉のために制限されうるとも規定されている。「財産権の内容は、公共の福祉に適合するやうに、法律でこれを定める」（第二九条）。なお、公共性の内容にかんして重大な争いがあるばあいに、その名目のもとに私有権を制限することが憲法のこの条項に合致するかどうかが問題になる。このことは軍事基地、空港、大型道路の建設のために土地収用法を適用するばあいなどに生じる。

（14）コモンズの欠陥として、その利用が開放的なために、野放図になること（共有地での過放牧などの例）がG・ハーディンによって指摘されている（『コモンズの悲劇』、一九六八年）。しかし、彼の主張は一種の思考実験であり、歴史的事実に一致しないという批判がそのあと出された。コモンズについての経済学的立場での見解としては、植田和弘『環境経済学』（岩波書店、一九九六年、一六二頁以降）、諸富徹・浅野耕太・森晶寿編『環境経済学講義』（有斐閣、二〇〇八年、二七三頁以降）、宮本憲一『公共経済のすすめ』（有斐閣、一九九八年）。社会学的立場での見解としては、宮内泰介『コモンズの社会学』（鳥越皓之編『自然環境と環境文化』有斐閣、二〇〇一年）。

（15）モンゴルにおいては「土地全体が人民に帰属し、したがって、土地を使用する権限がいかなる個人にも認められている」（MS.265：⑪九四頁）。海洋については、自分の居住地を保全し、防衛される範囲が特定の人間や集団（民族）の占有に属すが、その占有を海洋全体に拡大することはできないといわれる（MS.269：⑪九九頁）。『永遠平和論』においては、海洋と砂漠は「居住不能な部分」、「無主の地帯」と呼ばれるが（EF.358：⑭一七四頁）、ここでの無主は本来の所有論的意味のものではないであろう。

（16）カントのこの叙述にかんしてR・ブラントはつぎのように述べている。「カントがロックの『第二統治論』を知っていたことを実証できるとは思われない」。「カントが〈きわめて古い意見〉について述べるとき、だれのことを考えていたかは不明であり、この連関ではカントはロックの名を挙げていない」（R. Brandt, *Eigentumstheorien von Grotius bis Kant*, 1974, S.254, S.267）。

（17）ローマの法の伝統では原始的取得にはいくつかの形態があり、「加工〔specificatio〕」は「先占〔occupatio〕」、「付合〔accesio〕」（付属物の所有は本体の占有から生じる）、「果実取得」（果実の所有は現物の所有から生じる）などと並ぶものにすぎなかった。カントの見解はこの伝統を踏まえたものといえる。なお、カントもつぎのように述べることがある。「私はなにかを最初に造形したばあい」、「それはやはり私によって変様させられたものである。しかし、このような仕方で私は」「使用の優先権によって万人を排除することができる」(VzRL.233)。

(18) H. Grotius, *De jure nelli et pacis*. Lib.II, Cap.II.2.

(19) R. Filmer, *Observations Conserning the Government upon Mr Hobs Leviathan, Mr Millton against Salmasius, H. Grotius DE JURE BELL ET PACIS*, 1652. ロックがおもに批判の対象としているフィルマーの著書は《Patriarcha or the Natural Power of Kinds》(『族長論』、一九八〇年)である。

(20) S. Pufendorf, *De jure naturae et gentum*, 1672, Lib. IV, Cap. IV, §2, §3.

(21) ルソーは『社会契約論』においては、私的所有が労働に基づくと見なすが(CS.I.9:三八頁)、労働による先占の名のもとに植民支配が行われることを批判している(CS.I.9:三九頁)。彼は『エミール』においても労働起源説を主張している(邦訳、上、一四三頁、一四六頁)。これに対して、彼は『不平等起源論』においては、自然状態における私的所有の発生の過程をつぎのように批判的に叙述していた。最初の段階では人間は自然をさまよいながら、他の人間と平等に自然を利用していた。人間は広大な自然のなかで孤立して生活し、他の人間とほとんど接触がなかったため、自然の利用をめぐって他の人間とのあいだで衝突が生まれる余地はほとんどなかった(第一部、八二頁)。つぎの段階では、人間は定住し、家族が利用する事物がその財産となった。ここには私的所有の萌芽が見られる。この段階でも、人間のあいだで自由と平等は維持されていた(第二部、九六頁)。しかし、農業が登場し、土地分配が行なわれるなかで私的所有が発生する。労働を投下したものが、他人の同意なしに私的所有物と見なされるようになる(第二部、九九頁)。このようにして発生した私的所有が人間のあいだの社会的不平等と支配の根源となった。国家はこのような不平等を覆い隠し、正当化し、固定する役割を果たした(第二部、一〇六頁)。なお、ルソーは労働投下説の肯定面と、それが実力による土地の排他的支配と結合するという否定面とを指摘している(CS.I.9:三八頁以降)。

(22) この点でケアスティングのつぎのような主張が注目に値する。グロティウスとプーフェンドルフにおけるような私的所有の「契約論的根拠づけの決定的に重要な点は、所有権を相互人格的関係のなかで基礎づけることにある」。「アプリオリな意志の総合的統一についてのカントの所説は、方法論的に不明確であった、契約による所有という観念の主要な内容を明確に再構成する立場を叙述している」(邦訳『自由の秩序』、二〇一頁)。ただし、ケアスティングは自然状態における潜在的共同意志の存在というカントの思想を明確にしておらず、カントによる所有権の相互人格的関係基礎づけの特徴を十分に際立たせてはいない。

(23) カントにたいするこのような批判の先駆はショーペンハウアーに見られる(『意志と表象としての世界』、一八一九年、第四巻、第六二節)。リサーはロックにおける「労働による所有」をカントにおける「実力所有」の立場に対立させている(Kurt Lisser, Der Begriff des Rechts bei Kant, in *Kant-Studien*,

Ergänzungshefte, Nr.58, 1922, S.39.)。ボリーズも同様の主張を行なっている（Kurt Borries, *Kant als Politiker*, 1928, S.108）。メッツガーは、カントは「大地主的に考えていた」と見なす（Metzger, *Gesellschaft, Recht und Staat in der Ethik des deutschen Idealisimus.* S.98）。バッチャは、カントの先占説はドイツの初期ブルジョア的立場の後進性を表現していると述べるが（Batsch. *Materialien zu Kants Rechtsphilosophie*, S.17）。ロックの労働起源説も実力説の要素を含むことを指摘する。ケアスティングも、カントの見解を実力説と見なすことを批判する（前掲邦訳、二〇三頁）。

(24) 一九世紀末のヨーロッパでは、砲弾の射程距離の三カイリ以内を領海と見なす説が有力となったが、カントはこれを踏まえていると思われる。

第Ⅷ章

(1) リンクは編集序言で、カントの委託によって、渡された手稿や覚書を編集したと述べている（Pd.439／⑰二一三頁）。カントは同時期に論理学にかんする手稿をイェッシュに渡し、イェッシュは論理学講義のいくつかの聴講ノートを参考にして、編集した。しかし、教育学については聴講ノート類が残されていたかどうかは不明である。なお、リンクはカントから同様に自然地理学の編集を委託されたが、自然地理学講義については多くの聴講ノートが残されており、今日これらとリンク編集の講義録との比較も可能となった（邦訳『自然地理学』⑯、解説、四八三頁、邦訳『論理学』⑰、解説、四四一頁以降、参照）。アカデミー版編集者のナトルプは、リンクが『教育学』の編集のさいに、カントの覚書を忠実に再現したのか、その趣旨を明確にするためにのみ表現に手を加えたのか、配列をアレンジしたのかなどについて疑問を提出している（KgS.9.569）。

(2) フォアレンダーは、「とてつもなく多くのカント文献があるなかで、カントの教育学はこれと比較して、まれにしか扱われてこなかった」と述べている。K. Vorländer, Neue Begründung der Ethik auf kantischer Grundlage. *Kant-Studien*, Bd.23, 1918. 日本においては末吉悌次『カント実践的教育論』（刀江書院、一九五〇年）がカント教育思想の包括的紹介書であり、森昭「カントの教育思想の研究」（『大阪大学文学部紀要』4、一九五〇年）は本格的論文として先駆的である。宇都宮芳明「カントの教育論」（『理想』六一一号、理想社、一九八四年）はカントの『教育学』の基本内容と現代的意義を簡単に示している。カントの人間論における『教育学』の位置づけについては、渋谷久『カント哲学の人間学的研究』（西田書房、一九九四年）、第三〜八節、が詳しい。カントの倫理学全体における『教育学』の位置づけについては、隈元泰弘「カントの教育の思想とその現代的意義」前編、後編（『梅花女子大学文学部紀要』第三一号、一九九七年、第三〇号、平成一一年）、カントの教育思想を同時代のドイツの教育制度と教育学との関係で理解するものとしては、藤井基貴「一八世紀ドイツ教育思想における『教育学』の位置づけ」（日本カント協会『日本カント研究』7、理想社、二〇〇六年）、一八世紀ドイツ教育思想におけるカント教育論の位置、日本におけるカント教育論の受容については、藤井基貴「カントにおける『教育学』——教育学におけるカント」（『静岡大学教育学部研究報告』人文・社会・自然科学篇、62、二〇一二年）、同「教育史におけるカント」（日本カント協会『日本カント研究』16、知泉書館、二〇一五年）、を参照。カントの教育論の現代的評価にかんしては、鈴木晶子『イマヌエル・カントの葬列』（春秋社、二〇〇六年）、カント教育論の現代的意義については、同「カントの教育学」（『現代思想』第二二巻、第四四号、青土社、一九九四年）、同「カントのタクト（Takt）」（『日本カント研究』16）を参照。最新の研究書として、鈴木宏『カントの批判哲学の教育哲学的意義に関する研究』（風間書房、二〇一七年）が刊行された。

（3）著者は勤務校で長年教職課程を担当してきたが、その経験では、都道府県の教員採用試験においてカントのこの文言が——「人間は、教育されなければならない唯一の被造物である」という文言と並んで——しばしば出題される。

（4）ヴァイスコップは『教育学』を『倫理学講義』、『人間学遺稿』と詳細に比較し、それらのあいだの類似性を指摘するだけでなく、『教育学』のなかに『倫理学講義』、『人間学遺稿』の内容が組み入れられていると推測しているが、その根拠は必ずしも明らかにされていない（T. Weisskop. *Immanuel Kant und Pädagogik*. 1977. 243ff. 352ff.）。

（5）一七七〇～八〇年代のカントの講義については多くの聴講ノートが出回っており、このことをカントも確認している（『一七九七年五月二九日の声明』KgS.12.367）。『倫理学講義』は、メンツァーが三名の聴講者のノートを整理し、編集したものであるが（一七七五年～一七八〇年の講義にかんするものと推定）、これとほとんど同一の講義録が現在さらに二種残されている。人間学講義、自然地理学講義、論理学講義については異なった時期の異なった聴講者による聴講ノートが残されている（邦訳『論理学』⑰解説、四〇七頁以降、邦訳『人間学講義』⑳解説、六四〇頁以降）ことと比較して、このことは不思議である。すでに出回っていた講義録を底本として利用した可能性が高い（邦訳『コリンズ道徳哲学』⑳解説、六一四頁以降）。メンツァーも、彼が利用した三種の講義ノートに先立って「原テキスト」が存在したと推定している。

（6）『教育学』における倫理学的考察の位置についてキューンはつぎのように述べている。『教育学』においてカントはルソー、イギリス経験論の影響のもとで「経験的人間」を重視し、倫理学の批判的考察をあえて避けており、この点に「教育学の劣位」がある（H. H. Kühn, *Die Pädagogik Kants im Verhältnis zu seiner Moralphilosophie*. 1897.）。ボルノウは第二次世界大戦後、『教育学』がバゼドウやルソーの影響を受けていることを認めながら、倫理的教育の意義を強調する点で、バゼドウやルソーとは異なると主張する（O. F. Bollnow, *Kant und Pädagogik*, 1954. 邦訳『教育者の徳について』玉川大学出版部、一九八二年、八九頁）。シューアは、『教育学』はルソーやバゼドウの博愛主義の影響を受け批判哲学の精神を欠くと見なす（J. Shurr, Zur Möglichkeit einer transzendentalen Bildungstheorie. In *Vierteljahrsschrift für*

Wissenschaft der Pädagogie, 50, 1974.)。日本でも篠原助市が戦後まもなくつぎのように述べた。「『教育学』は批判哲学よりも寧ろ批判前期の立場に、従って啓蒙教育学の立場に著しく接近してゐる」(『独逸教育思想史 上巻』創元社、一九四七年)。村井実も、『教育学』が「批判的業務」(批判哲学的考察)を欠くと見なす(『教育学入門』上、講談社、一九七六年、五五頁以降)。ただし、村井氏は、『教育学』は「理念主義」の立場に立ち、バゼドウの「実学主義的方向」とは異なると理解する(『教育思想』上、東洋出版、一九九三年、五九頁以降)。理想社『カント全集』所収の『教育学』の訳者の尾渡達雄も、『教育学』が、ルソーの影響下の汎愛主義の系譜に連なると見なす(「カントの教育論の性格について」広島哲学会『哲学』第一八集、一九六六年)。

(7) 第Ⅱ章、注3参照。第三回の教育学講義と同時期に属すと推定される『人間学遺稿』においてはつぎのようにいわれる。「すべての人間は二重に陶冶される。①学校によって、②世間(人間たちという意味の)によって」。「第一の陶冶においては人々は生徒としてたんに受動的である。第二の陶冶においては人生という巨大な演技において共演する者(社会人として)である。第一の陶冶は技能への陶冶であり、第二の陶冶は怜悧への陶冶である」。「熟達した人間が世間をもつことは、彼が学校規則順守的〔schulgerechtig〕でないこと、学校の形式を身に着けていない(交際において)ことを意味する」(RzAth.799f.)。〈schulgerecht〉は、学校や学院(学術界)の規則に忠実に従うことであり、〈pedantisch〉と密接な関連をもつ(第Ⅰ章、注5、参照)。一七七〇年代中ごろの『人間学遺稿』においては、「学校知」は「学校規則遵守的〔schulgerecht〕」であるといわれる(RzAth.658)。また、一七八〇年代中ごろの『人間学遺稿』においてはつぎのようにいわれる。〈schulgerecht〉は、「学校の方法に適合すること」であり、「根本性、完全性、適合性、明瞭性」を「認識の本質」とする(RzAth.1209)。ここではとくにヴォルフ学派が念頭におかれているといえる。

(8) 一部の研究者は、『教育学』において技術的、実用的陶冶と道徳的陶冶とのあいだに「アポリア」があると指摘する。小野原雅夫は、「アポリア」として、開化・文明化とのあいだの「断絶と飛躍」を指摘する。「自由への教育論」(『別冊 情況』カント没後200年)、二一七頁。大森一三も、文明化・開化から道徳化への移行を説明していない点に「アポリア」を見出す。「カント教育論における自由と開化のアンチノミー」(『日本カント研究』12、理想社、二〇一一年)、二一七頁。これらの解釈は、カントの全体的人間観における実用的階層と道徳的階層との連続面と不連続面との関係(Ⅱ・四・三)を十分に考慮していないように思われる。なお、小野原氏は、カントが両者のあいだの「連続性」を認め、「より総合的な議論」をめざしたとも述べており、このことによって「アポリア」は解消されることになるであろう。

(9) 第Ⅳ章、注6、参照。「素質」は生得的、自然的なものというニュアンスをもつ。ドイツ語の〈Anlage〉は〈anlegen〉に由来し、「あらかじめおかれたもの、基礎におかれたもの、賦与されたもの」という原義をもち、ここから「素質」という意味が派生した。カントは〈Anlage〉に〈Natur〉を付加し、「自然によってあらかじめおかれたもの」という意味あいを強調する。一七七〇年後半の『道徳哲学遺稿』においてはつぎのようにいわれる。「人間性の目的は、自然諸素質を促進することにある」（RzAth.298）。『基礎づけ』においてもつぎのようにいわれる。人間は、「その自然素質を拡張して、いっそう改善する」こと、「自分におけるすべての能力を発達させることを」「意欲する」（Gr.423：⑦五六頁）。『純粋理性批判』においても自然素質に言及されている（KrV.B425:⑤二〇頁）。なお、カントは「才能〔Talent〕」という表現も併用する（VE.177：⑳一三四頁／Gr.422：五六頁）。第Ⅳ章、注6、参照。

（10）ドイツ語の〈erziehen〉の原義は、「引き出す〔herausziehen〕」ことにある。これはラテン語〈educere〉に対応しており、後者は〈edu〉（「外へ」）と〈cere〉（「引く」）との合成として、「引き出す」という原義をもつ。

（11）一七七〇年代の『人間学遺稿』においてはつぎのようにいわれる。「いかなる被造物もその本性（自然）のすべての素質を合目的的に発達させることによって、自分の使命を達成することは自然の目的であると見なすことができる」（RzAth.896）。『人間学』においてもつぎのようにいわれる。「あらゆる被造物の本性のすべての素質が自分自身にとって合目的的に発達することによって、あらゆる被造物が自分の使命を達成すること」を自然は「意欲する」（Ath.329：⑮三二四頁）。

（12）一七七〇年代後半の『倫理学講義』においてもつぎのようにいわれる。「人為と教示〔Unterweisung〕……は、われわれが自然からすでに獲得している素質を完成しなければならない」（VE.167：⑳一二三頁）。「本性は動物においては自ずと発達するが、われわれにおいては人為によってのみ発達する」（VE.313：⑳二八〇頁）。同時期の『人間学遺稿』にも同様の記述がある。「人間は教育を必要なものとする動物である」（RzAth.621）。ルソーもつぎのように述べていた。「われわれは弱いものとして生まれる」。「われわれは援助を必要とする」（『エミール』第一編、岩波文庫訳、上、二四頁）。

（13）一七七〇年代中ごろの『人間学遺稿』においてはつぎのように記されている。「ルソーが考えたのは、市民社会（文明社会）が自然の使命から逸脱しているということである。しかし、人間性のより高い目的を完全に念頭におくならば、動物的な状態［自然状態］も人為も同様に自然の使命に従う。教育がめざすことは自然の使命を市民的（文明的）使命と最も可能な仕方で合一することである」（KgS.XV.617）。「ルソーは、未開な状態［自然状態］が、洗練された状態［文明状態］よりもよいかを問題とした。循環が閉じられ、終了するならば、後者の方がよい」（RzAth.778）。第Ⅱ章、注31も参照。

（14）〈Kunst〉には「人為」（「自然」と対比される）という意味と、「技（技法）」という意味があり、カントの時代には教育の技法や方法について活発に論じられた。ペスタロッチはルソーの見解を継承し、「技法」としての教育の役割を強調し、「方法

〔Methode〕」（彼特有の意味での）としての教授法の改善を主張した（『ゲルトルート児童教育法』邦訳、明治図書、一九七六年、八一頁）。なお、ルソーとカントにおいて〈art, Kunst〉はたんなる方法ではない。

(15) 一七七〇年代の前半から中ごろの『人間学遺稿』においてはつぎのようにいわれる。「人間のすべての才能、すべての萌芽を発達させる」ことは「人間の使命であるが、個人の使命ではなく、全体の使命である」（RzAth.608）。「動物はそれぞれ個別的にその使命を達成する。人間のばあいは、類が［世代の］産出（生殖）〔Zeugungen〕を継続していくなかで、その使命を達成する」（RzAth.781）。『普遍史観』においても同様の記述が見られる。「人間のばあいは、自然素質が十全に発達するのは類においてであって、個においてではない。自然が［その］人間の寿命を短く定めざるをえなかったとすれば、自然が与えた萌芽を、自然の意図に完全に一致する段階まで発達させるためには、おそらく自然は一つの世代から他の世代へ知見を伝えるというようにして、人間の産出をたえず続けなければならないであろう」（AG.19：⑭五頁）。『人間学』においてもつぎのようにいわれる。「被造物がその本性［自然］のすべての素質が合目的的に発達させられ、種が……自然の意図を実現することによって、すべての被造物がその使命を達成することを自然は意欲する。理性をもたない動物のばあいはこのことがじっさいに生じる」。「しかし、人間のばあいは類のみがこれを遂行する」（Ath.329：⑮三二四頁）。

(16)『普遍史観』においてはつぎのようにいわれる。「われわれは、体制の改造という多くの変革をへたあとでついに、自然が最高の意図としたものに、すなわち普遍的な世界市民的状態（人間のすべての根源的素質を発展させる母胎としての）にいつか到達するであろう、という期待をもつことができる」（AG.28：⑭一九頁）。『判断力批判』においてもこのことが確認される。市民社会においてのみ「自然素質の最大の発達が生じうる」。「しかし、たとえ人間がこのような社会を見出すほど怜悧であるとしても」、「自然素質の最大の発達のためにはさらに世界市民的全体が必要であろう」（UK.432／⑨一一二頁）。なお、『教育学』においては、市民社会、世界市民的状態について簡単に言及されているにすぎない（Pd.455, 499：⑰二四一頁、三一五頁）。

(17) 一七七〇年代中ごろの『人間学遺稿』においてはつぎのようにいわれる。「人間は本来は、野生的〔wild〕であるから、訓練されなければならず、また、人間は粗野〔roh〕であるから、伝授〔informierten〕され、教え込〔instruieren〕まれなければならない」。「人間は道徳へと陶冶されなければならない」（RzAth.652）。一七七〇年代後半の『人間学遺稿』にも同様の記述がある。「訓練〔Diszplin〕（あるいは訓育〔Zucht〕）」は「野生的な〔wild〕」あり方にたいして、教化（開化）は「未開な〔roh〕」あり方にたいして、洗練（文明化、市民化）は「粗野な〔grob〕」あり方にたいして、道徳化は「悪しき」あり方にたいして行なわれる（RzAth.780）。〈Kultur〉、〈Zivilisierung〉についてはⅡ‐四・一を、ルソーの用法との関係については、第Ⅱ章、注27、参照。

(18) カントのあとペスタロッチも、「人間の自然本性の諸力と諸素質を調和的に形成することによって」、「発展させられた人間性」を「教授の目的」と見なしている(『ゲルトルート児童教育法』邦訳、注、二四一頁)。

(19)『人間学』においてもつぎのようにいわれる。「一部は感性的で、一部は道徳的に知性的な人間の全体的目的」を考慮するばあいに、「風儀よい幸福の享受を獲得させうる……ための諸要素となり、それらの結合の割合となるものがどのようなものか」が問題になる(Ath.277:⑮二四四頁)。一七七〇年代後半の『道徳哲学遺稿』において、〈君を完成せよ〉というバウムガルテン(ヴォルフ学派に属し、カントはこの講義で彼の著作をテキストに使用した)の命題にかんしてつぎのようにいわれる。「〈君を完成せよ〉ということが意味するのは、〈能力と力をすべて、ただし均衡的に〔proportionierlich〕より増大させよ〉ということである」。そのさいに「とくにこれらの能力を使用する制御力、すなわち自由で理性的な選択意思」が重要である(RzAth.219)。一七七〇年代の『人間学遺稿』においてもつぎのようにいわれる。「私は動物として身体をもつ。私はこのような身体によって触発されるかぎりで心〔をもち〕、身体を制御するかぎりで、理性〔をもつ〕」。「人間は、判断のさいの、および欲望のさいの自己支配によって、また訓練によって一つの調和的全体〔ein harmonisch[es] Ganze〕となる」(RzAth.663)。

(20) カントは個性の多様な発達にかんして、サクラソウを例として、つぎのようにいう。「サクラソウを根から移植するばあいには、すべてまったく同じ色のものしか得られないのに対して、サクラソウの種をまくばあいには、まったく異なるきわめてさまざまな色のものが得られる」。「自然はやはりこのようにサクラソウのなかに萌芽を含ませておいたのであり」、「この萌芽を発展させるためには、これにふさわしい播種と移植のみが肝要である」(Pd.445:⑰二二四頁)。

(21)『倫理学講義』においては、「事柄の完全性」は、「事柄を構成するすべての条件を満たしていること」、「十全〔Vollständigkeit〕一般」であるのに対して、「人間の完全性」は、「人間のすべての任意の目的を実現するための力、能力、有能についての十全性」であるといわれる(VE.32:⑳四一頁)。『実践理性批判』においては、欠けることがない十分な状態が理論的な(超越論的、形而上学的な)完全性と見なされ、実践的な意味での完全性がこれから区別される。後者の完全性は、目的にとって十分であることを意味する(KpV.41:⑦一八二頁)。

(22)『倫理学講義』において人間の完成についてのバウムガルテンの見解がつぎのように批判される。彼は、人間の完成を、「任意の目的を実現するための」「人間の才能の促進」と見なすにすぎず(VE.177:⑳二三四頁)、本来の道徳的完成の特徴を明らかにしていない(VE.176:⑳二三二頁)。

(23) カントはさらに、人間の完成が狂信的に理解される危険性をも指摘する。『実践理性批判』においてはつぎのようにいわれる。ストア派は禁欲をつうじて道徳的完成を「英雄主義的に」

実現しようとするが、この「完成（完全性）」は「夢想された」ものであり、それを実現可能と見なすことは「狂信」である（KpV.86：⑦二四八頁）。道徳的完成は「無限の進行」、「不断の努力」をつうじてもたらされる（KpV.122f.：⑦三〇一頁）。

(24) 一七七〇年代後半の『人間学遺稿』、および同時期の『人間学講義』においては、①子どもの「自然の養育と発展」、②「野生性、悪性、および妄想の防止」のための「（自由の）消極的指導」、「訓練」、③「悟性の積極的教示」、④「理性と品性の形成陶冶」の段階が区分される（RzAth.791／Vgl. KgS. XXV.1.2.723）。ここでは、実用的素質の発展にかんする教導には言及されていない。

(25)『教育学』においては〈Information〉,〈Informator〉という名詞が用いられるが（Pd.455：⑰三二七頁／Vgl. VE.467：⑳二七九頁）、一七七〇代後半の『人間学遺稿』においては〈informieren〉あるいは〈instruieren〉（「教え込む」というニュアンスが強い）という用語が使用されている。「人間は……粗野〔roh〕であるから、伝授〔informierten〕され、教え込〔instruieren〕まれなければならない」（RzAth.652）。

(26) 本書においては、〈Anführung〉を「教導」と訳すが、これは、世間における生活を導くという実用的意味を含み、「善導」におけるような道徳的意味を必ずしももたない。

(27)『倫理学講義』においては「気質〔Temperament〕と「品性」とが区別される（VE.313：⑳二八〇頁）。『人間学』においては、個人（人格）の広義の「性格〔Charakter〕」は「天性〔Naturel〕」、「気質〔Temperament〕」、「品性」に区分される（Ath.292：⑮二六五頁）。

(28)『実践理性批判』においては、「品性は、不変の格率に従う実践的で首尾一貫した心術」を意味するといわれる（KpV.152：⑰二二四頁）。『人間学』においても、品性に対応する狭義の〈Charakter〉は「心術〔Denkungart〕」（〈Gesinnung〉とほぼ同義）と呼ばれ（Ath.285 ⑰：二五五頁）、これは、「確固とした原則に従って行為する意志の特性」を意味する（Ath.292：⑰二六五頁）とされる。

(29)「従順」については他の論稿ではあまり言及されていない。『倫理学講義』においては、「従順」は、訓練によって育成される第一のものであるといわれる（VE.315：⑳二八一頁）。なお、「従順」は、カントが第一回の講義のテキストとしたバゼドウの『方法書』において重視される。バゼドウの従順論については、金子茂「バゼドウの教育・教授論にみられる〝服従〟の役割」（『九州大学教育学部紀要』第13集、一九六八年）が詳しい。

(30)『道徳形而上学』においては、虚言の反対としての誠実性が人間の自分自身にたいする完全義務（他の人間にたいする義務ではなく）の基本とされる（MS.429：⑰三〇三頁）。

(31)『倫理学講義』においても『道徳形而上学』においても「社交の徳」に（簡単にであるが）言及されている（VE.298ff.：⑳二六四頁以降／MS.473ff.：⑪三六五頁以降）。

(32)『倫理学講義』においても他人にたいする義務よりも自分自身にたいする義務が基本的と見なされる（VE.146f.：⑳一〇二頁

／Vgl. MS.417：⑪二八六頁）。

(33) ただし、「人間性の権利」は自分自身にだけでなく、他人にも認められていると思われる。『倫理学講義』においても、「自分の人格および他の人格における人間性の尊重」が義務の基本と見なされる（VE.316：⑰二八三頁）。

(34) 他人における「人間の権利」の根底には「人間性の権利」がある（Pd.489：⑰二九九頁）。なお、『倫理学講義』においても、他人の権利の尊重は他人にたいする義務のなかで最も重要なものと見なされる（VE.268：⑳二三〇頁）。

(35)『倫理学講義』においては、他人にたいしては「好意、親切〔Wohlwollen, Gütigkeit〕の義務」よりも「責務、正義〔Schultigkeit, Gerechtigkeit〕の義務」が優先すると見なされる（VE.242：⑳二〇三頁／VE.264f.：⑳二〇七頁以降／VE.268：二三〇頁）。ルソーは、憐憫（同情）〔pitié〕が人類全体に拡大されるためには、正義と一致しなければならないと述べており（『エミール』第一編、邦訳、上、九三頁）、カントがこれを念頭においた可能性もある。

(36)〈Katechismus〉はカトリック教会における教理の教科書に由来する。『道徳形而上学』の『徳論』においては、（教理）問答的教授法から区別されるソクラテス対話法についてつぎのようにいわれる。「教師は教え子の思考過程を質問することによって、すなわち、一定の諸概念に向かう彼における素質を当該の事例において展開することによって、指導を行なう」。「生徒はそのさいに、自分自身に思考能力があることに気づき、反論することに……によって、教師が、……いかによく質問しなければならないかを自分で学ぶよう仕向ける」（MS.478：⑪三七一頁）。なお、カントは対話法の内容には言及せず、道徳的問答法の例のみを示している（MS.480f.：⑪三七四頁以降）。また、『実践理性批判』においても道徳的問答法に簡単に言及されている（KpV.155：⑦三四三頁）。鈴木宏はおもに『徳論』に依拠し、道徳的発達が低い段階の子どもにたいしては教師からの一方的質問も効果的であると見なす。氏はこの教授法の限界も指摘するが、『教育学』で重視される対話法を踏み込んで考察してはいない（鈴木宏『カント批判哲学の教育哲学的意義に関する研究』、七二頁以降）。

(37)『倫理学講義』においても教授法の一つとして「議論〔Raisonnment oder Vernunfteln〕による教授」に言及されている（VE.468：⑳二八二頁）。なお、ロックはとくに義務について、子どもの年齢に応じて、論拠を示し、子どもと論議することを重視したが（『教育に関する考察』邦訳、岩波文庫、一一三頁）、ルソーは子どもとの論議を批判し、子どもがこれをつうじて義務の根拠を理解することは不可能と見なす（『エミール』第二編、邦訳、上、一二五頁）。カントの主張はロックに近い。

(38) プラトンは『メノン』(94E) において、徳は教えられうるのか、訓練によって獲得されうるのか、生得的なものなのかという問いを立てているが、これへの彼自身の回答は必ずしも明快ではない。日本では二〇世紀末に「教育改革国民会議」が、「学校は道徳を教えることをためらわない」という提言を行ない（一九九八年）、これがそのあと学校における道徳教育に大きな影響を与え、二〇一八年からの道徳の〈教科化〉につながった。

(39)『論理学』(一七八〇年代の講義)においてはつぎのようにいわれる。「人は哲学を学ぶことはできない」。「理性を訓練し、自分自身で使用することをつうじてのみ学ぶことができる」(KgS.IX.25:⑰三六頁)。「理性の自分自身での使用」は、「自分自身で考えること」に基づく(KgS.IX.26:⑰三六頁)。これまでのすべての哲学体系は「理性の歴史」を示しており、これらを学ぶことは、「歴史的認識」を学ぶことであるが、それは「批判的能力の訓練の対象」として役立つにすぎない(KgS.IX.26:⑰三七頁)。哲学教育においても、問答法が、「講述によって教えられたものを問い質す」ことをめざし、歴史記述的認識にのみにふさわしいのに対して、ソクラテス的対話法は生徒自身の「理性原理」に訴える(KgS.IX.150:⑰二〇七頁)。『形而上学』(一七九〇年代の講義)においてもつぎのようにいわれる。「哲学者は哲学することができなければならず、そのために哲学を学んではならない」。「哲学的認識」は「哲学した人々から学ぶ」か、自分で「理性の原理から導出する」かであるが、たとえ「真の哲学を学ぶ」としても、哲学することができるわけではない。じっさいには真の哲学は成立していないのであるから、哲学を他人から学ぶことはできない(KgS.XXVIII.2.1.534:⑲二四五頁)。

(40)『倫理学講義』においては格率について簡単に言及されているにすぎない。「必要なことは、人間が格率に基づいて自分を定立すること、規則に従って自分の自由な行為を制限することである」(VE.153:⑳一〇九頁)。「理性的動因から強要される者は自由と矛盾せずに、強制される」(VE.35:⑳四五頁)といわれる。

(41)〈Schulgesetz〉は〈校則〉という意味のほかに、〈決まり切った規則〉という意味ももつ。カントはこれを否定的意味で使用することが多い。彼は〈Schulgerecht〉という用語も使用するが、それは、〈学校や学術界の規則を機械的に順守する〉ことであり(本章、注7)、〈pedantisch〉とも関連する(第I章、注5)。

(42)教育における自由と強制の関係については、小野原雅夫「自由への教育」(『別冊 情況』カント没後200年)を参照。私見では、道徳においてはこの問題の焦点は〈自律への教育〉にあり、格率に基づく子どもの自律性の獲得と外的強制との関係が重要である。この問題に注目しているのは宇都宮芳明である(『カントの啓蒙精神』岩波書店、二〇〇〇年、二三〇頁以降)。

(43)ルソーは処罰についてつぎのように述べている。子どもにたいしては「自然的障害」あるいは、「行為そのものから生じる罰」のみが与えられるのがよい(『エミール』第二編、邦訳、上、一一五頁)。「生徒は経験からのみ教訓を与えられるべきであり、いかなる罰も加えられてはならない」(同、一二九頁)。このことは「自然による教育」、「人間による教育」、「事物による教育」の区分と関連する。「われわれの能力と器官を発達させるのは自然による教育である。この発達の利用を示すのは人間による教育である。われわれを刺激する事物によってわれわれ自身が経験を獲得することは事物による教育である」(『エミール』第一編、邦訳、上、二四頁）。子どもは「自然の指導」に従って、自然との接触をつうじて自分の身体と感覚器官を訓練し、理性を準備するともいわれる（『エミール』第二編、邦訳、上、一八九頁以降、二〇二頁以降）。

（44）『教育学』の末尾で宗教教育について論じられているが、宗教はつぎのように道徳の立場から説明されている。神は人間にたいして立法者、かつ裁判官であり、宗教は「神の認識に適用された道徳」である。宗教は「道徳の全体の一部」にすぎない。善き行為は神への恐怖の回避や神からの報償の獲得を動機とするべきではない。良心は「神の代理人」と見なされることによって効力を得るが、良心がなければ、信仰は迷信になる（Pd.494：三〇七頁）。

（45）遊びが「自由な自然的教化」であるのに対して、学校における労働は強制的性格をもつが、やはり自然的教化に属すといわれる。バゼドウは労働と教育の結合に注目し、ペスタロッチがこれをいっそう重視した。

（46）『倫理学講義』においては、『教育学』のばあいとはやや異なった形で教育が分類されている（VE.313f.：⑳二七七頁以降）。これを整理して、図示すれば、つぎのようになる。

自然素質の発達――陶冶、訓練（消極的）……家庭教育
（自然状態）
（広義の）教示　訓練――誤謬の防止（消極的）
（市民状態）　　教示――知識の教授（積極的）　学校教育

この区別においては、人為的な付加なしに自然素質を発展させること（「自然状態にかんする人間の教育」）が「陶冶」と呼ばれ、これが人為的付加（「市民状態にかんする人間の教育」）としての「教示〔Unterricht〕」（あるいは「教授〔Belehrung〕」）から区別される（VE.313：⑳二七九頁）。このばあいの教示は広義のものであり、誤謬を防止する「訓練〔Diszplin〕」（消極的）と、知識を付与する狭義の「教示〔Doktorin〕（教え込み）」（積極的）とを含む。訓練も陶冶に含まれる。

（47）『倫理学講義』においては家庭教師について、〈Hofmeister〉（Pd.455：⑰二四一頁）のほかに〈Gouverneur〉というフランス語が用いられるが（VE.467：⑳二七九頁）、それは、貴族が召し抱える子どもの養育係（師傅）であった。フランスにおいては家庭教師は〈précepteur〉あるいは〈gouverneur〉と呼ばれたが、ルソーは、後者は「教えることよりも、導くことを任務とする」とみなす（『エミール』、邦訳、上、五一頁）。この見解はカントのものに近い。

（48）ルソーは『エミール』において当時の「学校における教育」にたいしても、「世間による教育」にたいしても否定的である。後者においては人は他人のことを考えているように見せかけながら、自分のことしか考えないとされる（『エミール』第一編、邦訳、上、二九頁）。ルソーは、「公教育はもはや存在せず、また存在することもできない」と述べるが、そのさいにとくに祖国や市民が不在な状態を念頭においている（邦訳、上、三九頁）。しかし、彼は晩年の『ポーランド統治論』においては祖国における公教育に言及している。なお、カントは、ルソーの影響を

受けた『美と崇高の感情の観察・覚書』（一七六四～六五年）においては、世間で生きていくためには、学校が必要であると見なし、「それからエミールの家庭教育からいかに学校が生じうるかをルソーが示すことが望ましいであろう」と述べている（KgS.19.29：⑱一七四頁）。この問題にかんしては、鈴木宏『カント批判哲学の教育哲学的意義に関する考察』、九三頁以降、参照。

（49）『人間学遺稿』においては、「学校をつうじた」陶冶と「世間をつうじた」陶冶とが区別されたうえで（本章、注7参照）、「世間のための学校をつうじた陶冶」に言及される（KgS.XV.799）。カントにおける公共的教育と私的教育との関係にかんしては、藤井基貴「カント『教育学』における公共的教育と私的教育」（中部教育学会『中部教育学紀要』第九号、二〇〇五年）、参照。

（50）「汎愛学舎〔Philanthropin, philanthropium〕」はバゼドウによって一七七四年一二月にデッサウに開設され、一七九三年に廃止された（バゼドウが関与したのは一七七六年まで）。カントは一七七六年の地元の新聞に、設立間もない汎愛学舎の紹介のための論文を寄稿している（KgS.2.419-452：③四一九～四二五頁）。そこでは、「汎愛学舎」における試みは「ゆっくりとした改革」ではなく、「迅速な革命」であると評価されている。カントは汎愛学舎の支援のために知人の子どもの同学舎への入学を推奨し、同学舎への基金を募集し（『ヴォルケ宛の手紙（一七七六年三月二八日）』KgS.10.191f.：㉑一〇三頁以降）、さらに弟子を同学舎へ派遣した。『教育学講義』（Pd.448f.：⑰二三〇頁／Pd.451f.：⑰二三四頁／Pd.467：⑰二六一頁）、『倫理学講義』の末尾（VE.319：⑫二八六頁）においても、一七七五～七六年の『人間学講義』（一七七五～七六年と推定）の末尾においても（KgS.XXV.722f.）汎愛学舎に簡単に言及されている。

（51）ヴァイスコップは、『教育学』においてエミールとの共通性の強い箇所を多数指摘している。Weisskop, *Immanuel Kant und Pädagigik*.

（52）カントがテキストとして使用したバゼドウ〔J. Basedow〕の著作の原名は、*Methodenbuch für Väter und Mütter der Familien und Völker* であり、ボック〔F. S. Bock〕のそれは、*Lehrbuh der Erziehungskunst zum Gebrauch für christliche Erzieher und künftigen Jugendlehrer* である。「体系的に見れば」、『教育学』はバゼドウ、ボックから「いかなる仕方でも影響を受けなかった」とヴァイスコップは断言する（ibid.）。

（53）カントはとくに地図の読解と作成、そこでの「場所的構想力」の役割に注目する（Pd.476：⑮二七六頁）。このことは、彼が地理学の講義を長年継続したこととの関係でも興味深い。カントにおける地理学と教育との関係については、広瀬悠三『カントの世界市民的地理教育』（ミネルヴァ書房、二〇一七年）、参照。

（54）子どもの自発性の尊重はペスタロッチによって強調されるが、カントはこれに先行する。フィヒテは一七九四年にペスタロッチと会見したさいに、当時ペスタロッチが抱いていた構想はカントの倫理思想と一致することを指摘した。当時はまだカントの『教育学』は公刊されていなかったが、彼の教育学的考察とペスタロッチのそれとのあいだには多くの点で共通性がある。拙著『時代に生きるフィヒテ』、二五六頁以降、参照。

(55) ボックも「杓子定規」と「世界知」とを対比し、「実践的怜悧」を主張する。

(56) バゼドウは一方で、民族を超えた人間愛を強調しながら、他方で愛国心を重視しており、後者の点でカントとは異なる。カントはつぎのようにいう。「世界福祉〔Weltbeste〕が祖国の利益に、あるいは自分自身の利得にならないとしても、彼ら〔子どもたち〕は世界福祉を喜ぶようにならなければならない」(Pd.499：⑰三二六頁)。

(57) カントは、バゼドウが宗教教育にかんして、信心のための内面形成のまえに礼拝という外的行為を要求しない点を評価する(『ヴォルケ宛の手紙(一七七六年三月二八日)』KgS.10.191f.：㉑一〇三頁以降)。

(58)『倫理学講義』においても人間愛に言及されるが(VE.254：⑳二一五頁／VE.297：⑳二六四頁)、その形態としての「好意〔Wohlwollen〕」はやはり他人の権利の尊重に従属させられる(VE.246：⑳二〇七頁／VE.268：⑳二三〇頁)。好意の限界は『道徳形而上学』においていっそう明確にされる。そこでは人間愛は「汎愛〔Philanthropie〕」とも呼ばれる(MS.450：⑪三三三頁)。

(59) 第一特別委員会の審議の過程においても、田中耕太郎の意向を受けて、文部省事務局(審議室)が「人格の完成」の素案を再三提出し、そのたびに批判を浴びた。教育基本法案については、事務局が作成した案にはいくつかの段階があり、一九四七年一月一五日の案までは「人間性の開発」となっていたが、同年一月三〇日の案では「人格の完成」とされ、これが同年三月八日の最終案で確定された。

(60) 教育法令研究会が教育基本法の制定後に編集した『教育基本法の解説』(一九四七年)は人格の完成を一方で、「人間の諸特性、諸能力をその全方向に」「発展せしめ、個人をそれぞれの能力に応じて、なるべく完成ならしめる」ことと見なすが、他方で、つぎのように述べる。「個々の人々の有する人間としての諸特性、諸能力を個性というならば、人格の完成とは、個性の伸張、完成であるということができよう。しかし、完成ということは、あるべき姿、完全性ということを予想する概念であって、その基準となるべきものは真、善、美の普遍的価値でなくてはならない。したがって、人格の完成とは、人間の諸特性、諸能力をただ自然のままに伸ばすことではなく、普遍的な基準によって、そのあるべき姿にまでもちきたすことでなければならない」(『教育基本法の解説』復刻版、日本図書センター、一九九八年、六〇頁以降)。教育法令研究会は文部省調査局審議課のなかに設けられ、教育刷新委員会での議論のためのたたき台の準備に寄与した。『教育基本法の解説』は辻田力(文部省調査局長)と田中二郎(東京大学法学部教授)の監修によるが、その理論的部分は文部官僚の安達健二の主導によると思われる。

(61) 務台理作の教育刷新委員会における発言については、杉原誠四郎『教育基本法の成立』(日本評論社、一九八三年)、九七頁以降、教育基本法制定後の発言については、「新教育の理論」一九四八年（『教育基本法文献選集』2、学陽書房、一九七七年、七七頁）、「民主主義教育の理念」、一九六一年（『教育基本法文献選集』1、学陽書房、一九七七年、二六〇頁）、に基づく。

(62) 教育基本法、第一条の「人格の完成」をめぐる議論については、前掲の杉原誠四郎『教育基本法の成立』、『教育基本法――その制定過程と解釈』（協同出版、一九七二年、増補版、文化書房博文社、二〇〇二年）、勝野尚行『教育基本法の立法思想』（法律文化社、一九八九年）、古野博明「教育基本法の意義と『人格の完成』概念」（日本教育法学会編『教育法学の展開と21世紀の展望』三省堂、二〇〇一年）、参照。平田俊博『柔らかなカント哲学』増補改訂版（二〇〇〇年、晃洋書房）、一八一頁以降、二〇〇頁以降、参照。

(63) 教育基本法案において「人間性の開発」が「人格の完成」に変更されたのは法制局の意向にもよるといわれる。「人間性の開発」という表現は一般に熟しておらず、法律用語としても問題があり、また、「人間性の悪性を是認する」と受け取られることがその理由に挙げられた。このように結果として、教育刷新委員会における、田中耕太郎が主導した当初の原案に文言が戻ることになった。

(64) 文部省関係者による「人格の完成」の英訳としては〈full development of personality〉のほかに、〈building up of well-round personality〉があり、「人間性の開発」の英訳としては〈cultivation of human nature〉や〈development of humanity〉があるが、それらのあいだにはニュアンスの相違がある。

(65) 平田俊博は、田中耕太郎には、「カントの人格の近代性も論理的緻密さも」欠けていると指摘している（平田俊博『柔らかなカント哲学』増補改訂版、一八四頁）。なお、教育法令研究会『教育基本法解説』においては、人格は「自己意識の統一体」、「自律性、自己決定性」によって統一された「人間の諸特性、諸能力」であるといわれ（前掲書、六〇頁）、ここではカントの人格の通説的理解が念頭におかれているといえる。

(66) 杉原誠四郎によれば、人格の完成という表現は大正期から昭和初期にまず宗教学者によって好まれたが、儒教における修養のなかにこれと共通の内容が見出されるようになり、儒教学者も人格の完成という表現を使用するようになったとのことである（『教育基本法』増補版、四六九頁以降）。務台理作も教育刷新委員会のなかで、人格の完成は戦時中もしばしば主張されたと指摘していた。

(67) 平田俊博によれば、田中耕太郎はカトリック的立場から、人間が「動物的素質を克服して、神性に接近する」ことをめざすと見なす点で、保守的であり、「克己や滅私奉公」という戦前の徳目とつうじる面をもつと批判する（前掲書、二〇二頁以降）。田中は人格主義と教育勅語とを両立可能と見なしていたという見解と、彼は教育勅語への直接的批判を注意深く避けているが、内心ではこれに批判的であったという見解がある。両者の見解の再検討としては、勝野尚行『教育基本法の立法思想』（法律文化社、一九八九年）、二三〇頁以降、四二頁以降、参照。

(68) 本章、注61、参照。
(69) 一九四九年に吉田茂首相は、教育勅語に代る「教育宣言」の必要について語っており、天野の「国民実践要領」はその意向を受けたものである。
(70) 当時の天野の立場を擁護するものとしては、貝塚茂樹『戦後教育改革と道徳教育問題』(日本図書センター、二〇〇一年)、三三九頁以降。
(71)「個人」を「人」に変更する理由について自由民主党の公式の説明はないが、「草案」の起草委員会の事務局長を務めた政治家の説明によれば、「個人として尊重される」は「個人主義を助長してきた嫌い」があり、「人の人格を尊重する」という意味で、「人として尊重される」に変更したとされる。この説明は明瞭でないが、ここでは「個人」にたいして「人」の共同的性格が、「個人」の経験的性格にたいして「人格」の精神的性格が重視されているように思われる。

あとがき

一　カントの実践哲学のアクチュアル化のための再解釈

本書では実践的原理の生活世界へ応用についてのカントの思想を広く考察し、その現代的意義を示そうとした。彼の実践哲学のアクチュアル化のためには図式的な解釈枠を更新する必要があるという問題意識のもとに、著者はいくつかの基本点について、これまでの有力な解釈とは異なる解釈を提案した。このことをつうじて、カントの実践哲学にかんして著者が長年抱いてきた疑問を解消しようとも試みた。それぞれの章で強調したかったことはつぎのことである。

カントは抽象的原理を現実へ図式的に適用するという批判がしばしば出されているが、彼は普遍的道徳法則を行為へ適用しようとしてはいない。彼が主張しているのは、格率の行為への適用のさいに、その普遍化可能性を吟味することである。この普遍化可能性は論理的整合性にだけではなく、実際の道徳的諸関係における首尾一貫性にも関わる。応用倫理的諸問題の解決のためには、問題ごとに格率の普遍化可能性を具体的に吟味しなければならない（第Ⅰ章）。

カントは道徳原理が適用される場を実用的生活領域としての世間と見なしている。彼は道徳的次元（倫理学）から実用的次元（人間学）を峻別するが、原則に固執して現実へのその応用を考慮しない立場を「杓子定規」として批判している。また、カントは人間と人格を、最上層の理性のもとにいくつかの階層を含む全体として具体的に把握し、そのなかで実用的階層に重要な位置を与えている。このような見解は理性と感性との二分法を越えるものである（第Ⅱ章）。

カントによれば、生命と身体は人格の最下層に属すが、人格の内的構成部分をなしており、人格における人間性にふさわしく扱われなければならない。そのさいに、カントは人格の部分や性質を手段として扱うことを一律に禁止してはいない。彼が主張するのは、人格における人間性を「同時に」目的自体として扱うことであり、目的自体としての扱いと手段としての扱いとが両立可能なばあいがあると見なしている。このことは生命倫理的諸問題の解決にも重要な示唆を与えるであろう（第Ⅲ章）。

環境倫理においては、カントは自然にたいする人間の優越を強調した点で、人間中心的であるとしばしば批判される。しかし、カントは、科学・技術を利用した人間による自然の支配を批判している。彼によれば、人間は道徳的存在としてのみ自然を越え出ることができるが、人間の道徳的卓越性、尊厳の自覚は人間の有限性（自然への依存を含め）の自覚と結合されなければならず、不遜に陥ってはならない。人間生活は自然の恩恵を受けており、また人間の道徳的完成も根本的意味では、自然から与えられた使命であるといわれる（第Ⅳ章）。

後期カントの『道徳形而上学』においては、法・権利は道徳とともに自由の実現として二つの部門に位置づけられる。道徳において義務が基本的であるのと同様に、法においても義務が権利に優先すると解釈されがちであるが、カント自身は権利を義務に優先させており、権利を法の核心におく。また、彼は権利を幸福から独立させるが、各人の幸福追求は他人の幸福追求を妨害しない範囲内で容認され、幸福の内容は各人の判断に委ねられると見なしている（複数主義）。カントの権利論は、フランス人権宣言を根拠づける先駆的なものである（第Ⅴ章）。

カントは国家の基本目的を成員の権利の保障に見出す。彼は国家の設立のための社会契約を、共同的意志に基づく根源的契約と見なし、国家の管理をこの理念に一致するものへたえず近づけられるよう求める。彼の社会契約論の独自性は、市民契約と服従契約とを表裏一体なものとして捉えることにも示され、人民の抵抗の制限の主張もこのことに由来する。国家機構にかんしてはカントは、議会制に基づくすべての国家形態を共和制と呼び、また、三権分立をモンテスキューよりも明確にした。カントの平和論は絶対的平和主義に基づき、空虚で硬直しているという批判が出されてきた。しかし、彼は永遠平和の理念の粘り強い実現をめざし、そのための段階的措置をも提案するという現実主義的アプローチをもとっている。戦争の法や国際連盟についての彼の構想はその後の歴史過程で少なくない点で実現され、これをより高い段階へ高めることが今日の課題となっている。人間性の権利の具現としての世界市民の権利はカントに独自のものであるが、現代のグローバル化のなかで国際的連帯のもとでその実現をめざすことが緊要になっている（第Ⅵ章）。

カントはユニークな仕方で私的所有を根拠づける。それによれば、根源的共有のもとにある土地の使用が個人に承認されることによって、私的所有が成立する。したがって、私的所有は共同意志に基づき、普遍的、公共的目的に合致する範囲内で許容される。このような見解は環境の保全にも指針を与えるものである（第Ⅶ章）。

カントの教育論にかんしては、教育学講義で示された「自然素質の均衡的発達」という観念が彼の人格論と一致するかどうかがしばしば話題となった。本書では、この観念は、重層的構造をもつ人格全体の発達の構想と結合しており、批判期と後期にも維持される基本的なものであることを確認した。日本では教育基本法の制定過程で、教育の目的を「人格の完成」とするか、「人間性の開発」とするかをめぐって論争があり、人格の完成はカント的であるとも見なされた。しかし、カント自身は人間性の発達（開発）を基本とし、人格の完成をその派生と理解している（第Ⅷ章）。

二　著者のカント研究と本書の位置

本書は著者のこれまでのカント研究を再編したものであり、これらの論文を各章に対応させれば、つぎのようになる。

第Ⅰ章

・「カントにおける道徳的共同体と自由の思想」上・下（『帯広畜産大学学術研究』第Ⅱ部、第六巻、第二号、一九八三年、第六巻、第三号、一九八四年）。

・「目的自体と人格的相互承認」（日本倫理学会『倫理学年報』第三二集、以文社、一九八三年）。

・「格率と判断力――カント倫理学の応用可能性をめぐって」上（札幌大学経済学会『経済と経営』第四〇巻、第二号、二〇一〇年)。本章の直接の基礎となったのはこの論文である。
第Ⅱ章は、ほぼ全体が書き下ろしである
第Ⅲ章
・「カント実践哲学と生命倫理学」上、下(札幌大学外国語学部『言語と文化』第七一号、七二号、二〇〇九年、二〇一〇年)。
本章の直接の基礎となったのはこの論文である。
・「カントの人格論と生命論」(『生命倫理研究資料集』Ⅴ(生命・環境倫理における「尊厳」・「価値」・「権利」に関する思想史的、規範的研究)、二〇一一年)。
・Die Tragweite der Person-Lehre Kants, in Michael Quante et. (hsg) : *Der Begriff der Person in systematischer wie historischer Perspektive.* 2019.
第Ⅳ章
・「「自然にたいする義務」と「自然にかんする義務」――カント義務論の環境倫理学的考察」(日本カント協会『批判哲学の今日的射程』(『日本カント研究』6)、理想社、二〇〇五年)。
・「カント実践哲学と環境倫理学」上(『札幌大学相互論叢』第二九号、二〇一〇年)。本章の直接の基礎となったのはこの論文である。
第Ⅴ章
・「権利のアプリオリな相互人格的根拠づけ――カントの法・権利論の意味」(日本カント協会『カントと人権の問題』(『日本カント研究』10)、理想社、二〇〇九年)。本章は、これに大幅に拡充したものである。
第Ⅵ章
・「カント政治哲学の射程――ルソー国家論との比較」(日本カント協会『カントと政治哲学の可能性』(『日本カント研究』14)、知泉館、二〇一三年)。

・「ルソー・カント・フィヒテの国家論」上・中・下（札幌大学外国語学部『言語と文化』第七七号、第七八号、第八二号、二〇一二年、二〇一三年、二〇一五年）。

第Ⅶ章

・「カントの所有論」上・下（『帯広畜産大学研究報告』Ⅱ、第6巻、第四号、一九八五年、第7巻、第一号、一九八六年）。本章の直接の基礎となったのはこの論文である。

・「私的所有と共同意志――カントの私的所有の根拠づけ」（社会思想史学会年報『社会思想史研究』第一〇号、北樹出版、一九八六年）。

第Ⅷ章

・「カントの教育学講義の意義――「自然素質の調和的発達」をめぐって」（札幌大学外国語学部『言語と文化』第六七号、二〇〇七年）。本章の直接の基礎となったのはこの論文である。

著者は長年、ヘーゲルの実践哲学を研究の中心としてきた。カント研究はやや遅れ、一九八〇年代中ごろにカント批判期の道徳論と後期の法論との関係、法論の前半の所有論を最初のテーマとした。ヘーゲルの承認論研究の過程でそのルーツとしてのフィヒテの承認論、さらにはカント相互人格論にも視野を広げるようになり、二つの著作――『承認と自由――ヘーゲル実践哲学の再構成』（一九九四年）、『実践と相互人格性――ドイツ観念論における承認論の展開』（一九九七年）を刊行した（大学院在学中に指導教員であった宇都宮芳明氏はカントの相互人格論を重視し、『基礎づけ』と『道徳形而上学』との関係にも留意されておられ、これが著者にとって導きの糸となった）。この研究をつうじて、カント倫理学をもっぱら、感性を度外視する形式主義的なものと見なす解釈に疑問を感じるようになり、これを解消する手がかりをスコットランド学派の道徳哲学に求め、『カント実践哲学とイギリス道徳哲学』（二〇一二年）を上梓した。そこではとくにA・スミスにおける「立場の交換」をつうじた共感の形成という思想のカントへの影響に注目し、ヒュームの人間論とスミスの道徳感情論がの影響がまずカントの『判断力批判』と『人間学』に、さらには道徳論にも間接的に及ぶことを明らかにしようとした。今回の著作では、このことを踏まえ、カントの全体的人間観に従えば、道徳的行為のさいにその状況と道徳的諸関係を具体的に考慮した格率の普遍化が求められることを示そうとした。

三　各方面への謝辞

本書を出版できたことは指導教員、先輩、同僚、若手研究者などの啓発のたまものであり、感謝申しあげるべき方々は多いが、宇都宮芳明氏のお名前のみを挙げることをお許しいただきたい。先生はカントの主著の翻訳と注解にも見られるように、カントのテキストの綿密な読解で知られるが、カント哲学について広い視野をおもちであった。著者が大学院博士課程の途中で倫理学研究室に所属を変更したさいに、「倫理学は幅の広い学問である」という助言を先生からいただいた。ヘーゲルを中心に社会倫理学的な勉強を基本にしてきた著者にたいしては、「倫理の原理的考察を深めるように」という注意をいただくと予想していたので、意外な印象を受けた。本書が先生のこのような精神をいくらかでも継承できていれば、望外の幸せである。

本書は勤務校の旭川大学学術図書の出版助成を受けて、刊行された。同大学は地方の私立大学として厳しい環境のなかで研究の促進のために努力を重ねてきた。長年の願いがかなって、同大学は市立大学へ移管の運びとなったが、これまで持続してきたグローカルな研究がさらに発展させられることを願ってやまない。

最後に、コロナ危機にも直面し出版事情が悪いなかで、行路社が『現代に生きるフィヒテ』に続いて本書の出版を引き受けてくださったことにたいしても謝意を表したい。

は行

ま行

ら行

【人名索引】

な行

は行

ま行

さ行

索引

主要な頁を太字で、注の頁をイタリックで示す。

【事項索引】

あ行

か行

著者紹介

高田 純（たかだ・まこと）

1946年、北海道生まれ。1970年、北海道大学文学部哲学科卒業。1975年、北海道大学大学院文学研究科（哲学専攻）、博士課程単位修得。1999年、文学博士（北海道大学）。帯広畜産大学助教授を経て、1987年、札幌大学教授。2017年、札幌大学名誉教授。2018年、旭川大学教授、現在に至る。

【主要著書】『ヘーゲル事典』（共著、未來社、1991年）。『承認と自由――ヘーゲル実践哲学の再構成』（未來社、1994年）、『実践と相互人格性――ドイツ観念論における承認論の展開』（北海道大学図書刊行会、1997年）。『環境思想を問う』（青木書店、2003年）。『カント実践哲学とイギリス道徳哲学』（梓出版社、2012年）。『現代に生きるフィヒテ――フィヒテ実践哲学研究』（行路社、2017年）。

【主要訳書】フィヒテ『道徳論の体系』（共訳、『フィヒテ全集』第9巻、哲書房、2000年）。クヴァンテ『ヘーゲルの行為概念』（共訳、リベルタス出版、2011年）。クヴァンテ『ドイツ医療倫理学の最先端』（共訳、リベルタス出版、2014年）。

カント実践哲学と応用倫理学

カント思想のアクチュアル化のために

2020年9月20日　初版第1刷印刷
2020年9月30日　初版第1刷発行

著　者――高田　純
発行者――楠本耕之
発行所――行路社 Kohro-sha
520-0016 大津市比叡平 3-36-21
電話 077-529-0149　ファックス 077-529-2885
郵便振替　01030-1-16719
装　丁――仁井谷伴子
組　版――鼓動社
印刷・製本――モリモト印刷株式会社

ISBN978-4-87534-450-6 C3010